Noirval
Un Défilé célèbre mal connu

La Vallée de la Fournelle : Quatre-Champs

ÉTUDE DE GÉOGRAPHIE, DE TOPONYMIE
ET D'HISTOIRE

PAR

L. LEROY
Agrégé de l'Université

IMPRIMERIE ELIE MAZEL
:: LARGENTIÈRE (ARDÈCHE) ::

1924

Noirval
Un Défilé célèbre mal connu

Noirval
Un Défilé célèbre mal connu

La Vallée de la Fournelle : Quatre-Champs

ÉTUDE DE GÉOGRAPHIE, DE TOPONYMIE
ET D'HISTOIRE

PAR

L. LEROY

Agrégé de l'Université

1924

En très respectueux hommage
à la mémoire

de Monsieur Edmond NIVOIT

Ingénieur, Inspecteur général,
ancien Directeur de l'Ecole des Mines

dont la bienveillante insistance m'a décidé à écrire
cette monographie de *notre petit pays.*

L. LEROY.
Professeur honoraire

LA FOURNELLE.

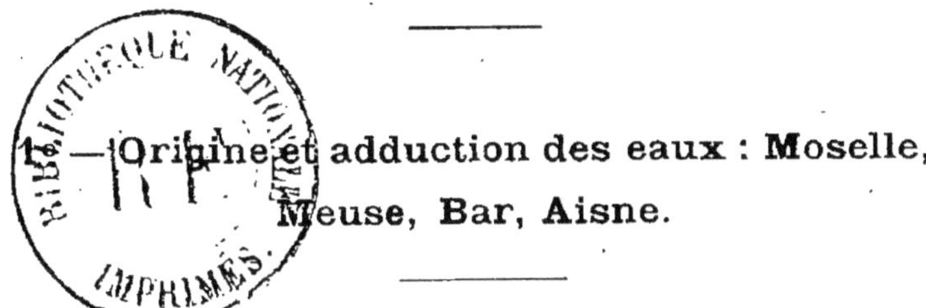

1. — Origine et adduction des eaux : Moselle, Meuse, Bar, Aisne.

En l'état actuel des connaissances géographiques et surtout géologiques, on peut assez aisément expliquer comment ont eu lieu les captures de l'Aire à *Grandpré*, de la Bar à *Châtillon-Noirval* et au *Chêne* ; comment aussi, d'une façon générale, se sont formés tous les défilés de l'Argonne.

Le bassin de la Meuse appartient, par son cours supérieur (1), à la région constituée par l'Ardenne et les Vosges, émergées successivement : l'Ardenne (2) d'abord, les Vosges ensuite.

Sur ces deux pilliers angulaires, îlots, du vaste archipel granitique qui est comme l'ossature de la France (Plateau Central, Bretagne et Vendée, Morvan, massifs des Maures, etc.) se sont déposées peu à peu les roches sédimentaires beaucoup plus tendres : schistes, grès, calcaires, terrains tertiaires, et quaternaires, etc., qui constituent comme la chair vivante de notre

---

(1) « Le cours inférieur du fleuve n'a paru et ne s'est dessiné qu'après le retrait au nord de la mer landénienne qui venait juspu'à Dinant battre les falaises de l'Ardenne. » (Gosselet : *l'Ardenne*).

(2) Egli définit ainsi le mot *Ardennes*. région de collines boisées. Venu, dit-il, de *Ard*, haut, *duena* dérivant du gaélique Dun, et signifiant : collines, d'où *Arduenna* (celt.), haute forêt. haut pays ; Il y a quelque chose d'un peu forcé dans cette version. La suivante d'Al. *Knox* semble plus logique et plus large : *Ard* (celt.) haut, hauteur. *Ard* (gaél.) a une deuxième forme *Aird* qui explique mieux les dérivés. 1e *Ardeuil*, (village), *sommet* et *source* qui domine Marveaux (v. p. loin) bataille (en 1650 et) en 1918, dites *d'Orfeuil*, ou encore de Vouziers ; 2° *ré*, ou *ray* (gaél.) =, *doux*, d'où *hauteur douce*. Nom d'une ferme voisine du Chesne, inclinée doucement vers le canal : de là, Ardré, ou Airdrée.

pays, et qui, en soudant ces pilliers épars, en ont fait l'unité profonde et magnifique.

Ces dépôts ont comblé le vaste golfe étendu entre les Vosges et l'Ardenne et ont formé :

1° le Plateau lorrain et ses dépendances ;

2° la longue chaînule jurassique qui joint le *Plateau de Langres* à l'Ardenne occidentale, ou *Plateau de Rocroi*, (1) en prenant les noms successifs de *Bassigny*, d'*Argonne, Hauts de Meuse, Thiérache*, véritable courtine de la défense d'Est, appuyée sur ces deux môles, et couverte, en avant, par les Vosges qui peuvent être tournées ; puis, plus loin encore, par le Rhin « à la robe verte ».

Au fur et à mesure que se comblait le golfe et qu'émergeaient les terrains sédimentaires, la mer en régressions se retirait au nord comme à l'ouest, et tout un réseau fluvial se dessinait peu à peu et lentement, des Vosges à la mer du Nord, à travers les Ardennes, suivant la pente naturelle du terrain.

Le bassin supérieur de la Meuse se développait d'abord en magnifique éventail depuis le *Honek* (1366m.) par *Bussang* (744 m), le *Ballon d'Alsace* (1250 m.) jusqu'au *Plateau de Langres* (504 m.) et comprenait :

a) la *Moselle* (2) véritable tête, branche mère du réseau, par l'abondance des eaux dues aux pluies, aux neiges, aux glaces des Vosges dont l'altitude dépassait de 5 à 600 m. celle d'aujourd'hui, et par ses affluents : *Moselotte, Vologne, Madon*.

b) la Meuse (3) accrochée et comme suspendue au flanc oriental du plateau de Langres, du Bassigny et de l'Argonne,

---

(1) Rocroi devrait s'écrire *Rau-Croix = Croix de Rau*, suivant d'ailleurs la prononciation, (eau comme dans *château*,) et aussi l'étymologie, et non Rocroi, *rocher du roi*, comme on le crut sous laRévolution en le changeant en *Roc-libre*, alors que la toponymie était science de presque tous inconnue et soumise aux plus étranges interprétations, On en verra quelques exemples dans ce travail. Rocroi a la même origine étymologique que *Rau-court — (Radulfi*-cortis, Raoulcourt, Raucourt) villa de *Raoul*, puis *Rau. —* Aujourd'hui *Rau* est un nom de famille assez répandu dans les Ardennes surtout dans les trois cantons de Raucourt, Beaumont, Buzancy.

(2) Meuse de *Mosa — mouse =* eau. De là dérivent *Moselle*, *Moselotte* : petite Mouse, petite Moselle ; puis *mousine, mousiner, mousinette*, etc. petite pluie, brouillard épais tombant en goutelettes fines et denses, caractéristique du climat ardennais.

(3) Meuse se transforme en Mouse, (Wallon) d'où *Mouson* (rivière) ; puis en *Maes, Mas* (Néerlandais), d'où *Maestricht*.

grossie à droite par le *Vair*, le Mouzon et la Chiers ; à gauche par l'*Aire*, la *Bar*, la *Vence*, et la Sormonne.

Toutes les rivières du cours supérieur, aux formes encore indécises, étaient alimentées par des pluies exceptionnelles, (1 à 2 mètres encore aujourd'hui), par les glaciers des Vosges, pointe extrême-nord de ceux des Alpes.

Cette masse ruisselante aboutissait de plain-pied au val de Meuse, longue faille longitudinale, en passant entre les *têtes de Hauts de Meuse*, errant et divaguant avant d'y arriver, sur le Plateau lorrain en une longue et large traînée de lagunes et de lacs ; puis, lentement, établissait, en le creusant, des lits plus réguliers et plus nets (1).

Elle laissait sur les plateaux, à 300 mètres d'altitude, ou beaucoup plus haut encore (800, 1000, 1200^m) dans les Vosges, et plus tard, sur les flancs des murailles jurassiques qui encadrent la vallée de la Meuse, à tous les étages où s'arrêtaient un temps ses eaux appelées vers le Nord, des galets, des cailloux, un cailloutis et des graviers d'origine vosgienne, charriés, déposés là par le courant ou par les glaces.

C'est le *charriage* si important dans la vie des glaciers et des fleuves, et, ici, particulièrement, de Commercy, où avait lieu la jonction des deux branches principales, Meuse et Mo

---

Quant à Mouzon (Ardennes) dont le nom a été déformé et substitué peu à peu à *Mouzon* (de *Mosomagus*) et qui a joué un si grand rôle dans toute notre histoire, surtout au moyen âge, il vient de *Mouse* — eau, et de *magus* — champ de l'eau, *fond de lac vêtu* surtout de prairies, d'où l'élevage du cheval dans la région. Le vocable celtique *Eposium* — *Yvois* ; *Epos = hyppos =* cheval. (Carignan aujourd'hui centre originel des chevaux de race ardennaise, si célèbres vient delà.)

(1) Les *Hauts de Meuse* s'appelaient encore naguère et improprement, *Argonne Orientale*, sans doute parce qu'ils font pendants, sur la rive droite, à l'Argonne proprement dite située sur la rive gauche. Ils s'élèvent brusquement au-dessus de la *Woëvre* dont le niveau s'est abaissé de 200 mètres, facilitant ainsi la capture de la Moselle, et l'écoulement des eaux vers la Meurthe et le Rhin. Ils atteignent 412^m à *Hattonchel*, 388 à *Douaumont*, 390 à *Ecurey*, à l'est de Dun. Les Hauts de Meuse, avec l'Argonne, couvrent militairement Verdun et la Champagne, c'est-à-dire la *route de l'est vers Paris*. C'est contre eux et contre l'Argonne qu'est venue se briser, en 1914-1916, la grande ruée des barbares. Ils furent, comme un siècle un quart auparavant (Valmy, 1792, et retraite de Brunswick), le tombeau de l'orgueil prussien. Ces deux faits suffisent à montrer leur importance primordiale, comme celle de toute l'Argonne, pour la défense de la France au N-E. : « *Là, on ne passe pas* » !

selle, jusqu'à Fumay où l'on en retrouve encore les traces, et où la Meuse eut à franchir le plus épais et le plus rude obstacle de son cours moyen.

Cette même masse d'eau et d'alluvions travaillera aussi plus tard à approfondir la vallée de la Meuse encore à l'état rudimentaire, et à la rendre ce que nous la voyons aujourd'hui « si large et si profonde pour un fleuve si amaigri « (1). C'est à proprement parler la drague naturelle qui creuse et réalise l'uniformité du lit du fleuve.

Mais l'approfondissement de celui-ci présentait de grosses difficultés et ne se fit que très lentement. Nous n'en citerons que deux.

Comme la Meuse coulait sud-nord, c'est-à-dire perpendiculièrement à la direction des roches sédimentaires, elle rencontra en plusieurs endroits des chaînons de calcaire jurassique transversaux épais, durs et formant digue :

1° — Le *chaînon de Dun-sur-Meuse* doublé un peu en aval par celui de *Létanne* qu'il lui fallut scier l'un et l'autre, travail d'érosion dont le résultat constitue les défilés de Dun et de Létanne ;

2° — le *front Sud de l'Ardenne* plus difficile encore par la nature de ses roches (schistes et grès, mêlés de sable et de quartz) et par l'épaisseur du Massif, longé sur toute sa base par la Chiers par la Meuse et la Sormonne.

Longtemps, le flot retenu forma là un lac très allongé qui baignait le pied du Massif Ardennais, et ce ne fut qu'après le retrait de la Mer landienne (2) qu'il trouva, entre les schistes et les granits, une issue vers le cours inférieur du fleuve par l'âpre et sauvage couloir de la Meuse (3), de Mézière à Dinant. issue située dans le même axe que la Vence, le *défilé de de Launois*, Vieil St Remy-Wagnon et le *Plumion*, tributaire de l'Aisne.

Pendant ce long travail d'érosion, les eaux d'amont pri-

---

(1) Gosselet et Vidal de la Blache. Carte de l'Etat-Major.

(2) Ainsi nommée de *Landen,* pays célèbre par l'origine des Carlovingiens (Pépin de Landen), bourg situé en Belgique non loin de Liège.

(3) « Il y a à tenir compte de la différence minéralogique des assises d'un côté et de l'autre. Cette différence est telle qu'elle suffirait à elle seule pour prouver qu'il y avait une *barrière infranchissable* entre le bassin de Dinant et le golfe de Charleville. » Gosselet : l'*Ardenne* p. 388-89.

rent une autre direction. Sur la rive gauche du fleuve, entre *Commercy et Beaumont*, la chaînule d'entre Meuse et Aire offrait

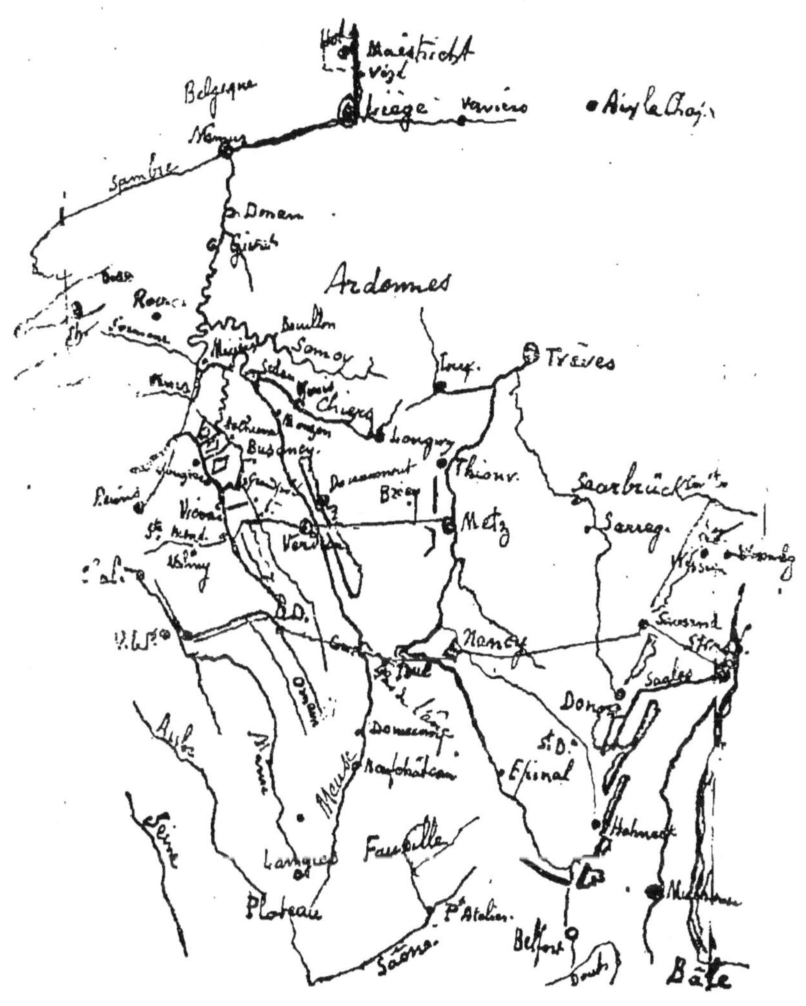

Origine des eaux.

une dépression sensible (1), des roches très perméables et une pente très forte vers la Bar, l'Aire et l'Aisne.

Il est donc probable que la Meuse supérieure continuant à suivre le grand sillon que forme sa vallée jusqu'à Stenay « pas-

____

(1) Les collines de la rive gauche de la Meuse ont en moyenne une altitude inférieure de 150^m à celle des Hauts de Meuse.

sait au nord de Beaumont, etc., de Stonne, et, traversant l'Argonne, gagnait ainsi la vallée de l'Aisne, la Seine et l'Océan. » (1).

Cette direction expliquerait naturellement l'existence d'un premier lac de Buzancy à Brieules-sur-Bar, à peine séparé par les vastes lagunes des Petites Armoises, de Bazancourt, Sy, Le Chesne, des *Etangs de Bairon* (12 kil. de long), fond d'un deuxième lac écoulé. Celu -ci sert de réservoir d'alimentation au *Canal des Ardennes* et forme une dépression dont l'étang de la *Morte-eau*, — autre reste du même lac, couvre en tout ou en partie, les territoires de Maire (2), la Neuville à Maire, Terron-lès-Vendresse (3), la Cassine, Malmy, Ambly, Chémery, Sauville, Tannay.

L'écoulement de ces lacs eut lieu par Grandpré et la Fournelle pour le premier ; pour le second, par le *défilé de Vigneul* (4) entre Bâlons et Tourteron ; — par le Chesne et Montgon où passe le canal ; et finalement, par le défilé de *Chémery-Connage*, vers la Meuse, par la Bar.

M. le Capitaine Vidal de la Blache (5) a indiqué une autre voie possible, plus abondante, plus courte, se dessinant un peu au Sud de la précédente et partant de *trois points* situés sur la Meuse, savoir : Brieules-sur-Meuse, Consenvoye, Dun-sur-Meuse. C'est la *dépression de Gesnes-Landres-St. Georges* qui contourne, à l'E-N-E, l'imposant piton de *Montfaucon* (342^m), par Septsarges, Montillois et Cierge, Gesnes, Romagne, Banthe-

---

(1) Gosselet : l'*Ardenne* p. 845.

(2) *Maire*, ou mare : *lac, étang.* Vocable très fréquent dans les noms de lieux. — Les terminaisons *esse, issa*, indiquent la présence de l'eau ; esse, issa signifient encore : *domaine.* De là peut-être vient le nom donné par Ganneron à notre région : *Pays des Essuens* ou de l'eau.

(3) La Bar a de nombreux petits affluents en amont de Vendresse (12 ou 13). « Ils semblent être les tributaires *d'un ancien lac* se déversant au Sud. » (Meugy et Nivoit.) Le plus important sur la gauche est celui de *Bairon* (24 kil.), venant de Singly et de la Crête de Poix (304 m). Poix est le même mot, d'origine celtique, que *Puy, Puech, Pech, peh, pé* et signifie *Mont, hauteur.* La belle chaîne de hauteurs marquée par les *Crêtes de Poix*, Crête-Moutons, les Hauts-Chemins, *Bâalons*, Hte Chagny, Hte Louvergny, Le Chesne, le Mont *Damion, Stonne, Somme-Haute*, etc., semble avoir gardé quelques vestiges toponymiques des temps préhistoriques.

(4) *Vinca*, vigne, d'où *viniacum, vineale*, lieu planté de vignes ; enfin Vineolis, Vigneules (1152).

(5) Etude sur *la Vallée lorraine de la Meuse*. A. Colin, Paris, 1908.

ville, Landres, St. Georges, Champigneulle, où le courant d'amont aurait poussé ses flots sur le versant de la Bar et charrié les débris de grès, de quartz vosgiens jusqu'à Champigneulle, aux portes même de Grandpré.

— Il apportait un énorme tribut liquide dans la région de l'Aire-Bar toute recouverte alors par les gisements de gaize aujourd'hui entièrement disparus, balayés pour ainsi dire, sauf sur quelques points très restreints, à l'E-N-E de l'Aire dans la Meuse et les Ardennes. (Bois de la Folie 313^m, à l'est de Buzancy).

Ce gisement peu épais recouvrait le jurassique et le calcaire corallien aux terres si favorables à la culture du blé, aujourd'hui dénudé sur tout le versant nord de l'Aire ardennaise, de la Bar jusqu'à Tannay. C'est sans doute à ce fait géologique qu'est due, par les habitants du pays, l'extension de l'Argonne jusqu'à Beaumont-en-Argonne, Raucourt et au delà. (1)

Le docteur Meunier, dans une communication à la Société philomathique de Verdun, a établi que les glaciers des Alpes sont venus buter contre les falaises de gaize de l'Argonne.

Et enfin, M. de Lapparent admet que la Marne, avant le creusement du golfe de Perthois et l'abaissement (100^m) du Plateau crayeux de la Champagne, a coulé sur le *Plateau de Triaucourt* où l'Aisne et l'Aire prennent leur source ; puis, traversant l'Argonne se dirigeait vers la Thiérache.

Voilà pour le ruissellement et le charriage superficiels. Commencés dans les Vosges à une altitude de plus de 1000^m, peut être de 1800 à 2.000 mètres, ils viennent buter et finir au massif gaizeux de l'Argonne (220 à 250^m), surtout entre Clermont et Le Chesne.

Mais il y a à considérer aussi le *ruissellement souterrain* d'une importance si considérable dans les terrains secondaires.

La longue bande de calcaire jurassique, corallien et astartien, qui sépare l'Aire de la Meuse, est inclinée vers l'O-S-O en direction de l'Aisne ; or les eaux tendent toujours à suivre la pente la plus forte et à gagner le niveau inférieur par la voie la plus courte ; en outre, ses roches, comme tous les calcaires mous, — le jurassique en particulier, — sont très fissurées, creusées de « cavernes » (2), de « couloirs » où circulent les

---

(1) Raucourt et sa vallée, Beaumont, Mouzon étaient compris au Moyen-âge dans le *Dormois*, c'est-à-dire dans l'Argonne.

(2) Meugy et Nivoit. Loc. cit.

eaux pour réapparaître en sources rares, mais belles et très abondantes. La Loue, la Vaucluse et mille autres en sont des exemples bien conuus. (1)

D'ailleurs la Meuse elle-même offre d'autres exemples frappants de ce travail souterrain des eaux, de ces pertes et de ces résurgences ou réapparitions, par exemple : les *failles de Bazoilles* dans son cours supérieur, où elle disparaît pour renaître 3 ou 4 kilomètres plus bas ; les *grottes de Ham*, en Belgique, si célèbres, creusées dans le versant nord du massif ardennais.

La Meuse coule sur un fond de roches calcaires fissurées, fond matelassé d'un épais lit de cailloux, de sable, etc., qui diminue ou arrête les fuites, et préserve le fleuve « suspendu au-dessus des bassins fluviaux voisins (Moselle, Seine, Saône) d'une mort trop rapide (2). »

La Moselle, captée par la Meurthe, va au Rhin.

La Saône menace également tout le bassin supérieur (Meuse, Mouzon, Vair) déjà fortement entamé. Il n'est donc point étonnant du tout que, dans le flanc occidental, il se soit produit, — ou se produise encore aujourd'hui, — des fuites en grande partie arrêtées, mais qui pourraient reparaître un jour ou l'autre. C'est la *déversion latérale*, (3), la capture souterraine avant d'apparaître à ciel ouvert.

------

(1) C'est par milliers en France, par millions de fois à la surface de la terre que se répète ce phénomène curieux et capital, en même temps, dans la vie de la planète, où l'eau, ouvrière infatigable, creuse, use, démolit, transporte et reconstruit sans cesse. C'est la mort des formes actuelles et leur renaissance perpétuelle. (Voir l'écumoire : croquis).

(2) Vidal de la Blache. — La Meuse a perdu et perd encore ses eaux sur trois de ses faces : Plateau lorrain, Champagne, Saône. — A l'Est la Moselle avec tout son flot a passé au bassin du Rhin. — Au Sud, la Saône et ses affluents entament les Faucilles; et les abaissant, attirent à elle les sources de la région, en déterminant un seuil si peu accentué, que le *Canal de l'Est* unit aisément Meuse, Moselle et Saône ; que les vents d'Afrique, venus par le couloir du Rhône, poussent leurs chaudes effluves jusqu'à Metz et Trèves, où elles dorent et mûrissent les raisins, où elles amènent des nuées d'oiseaux migrateurs. Deux millions de ces gentils oiselets si utiles, sont, chaque année, par les tendeurs, pris aux passes des Faucilles, où bois et sources les retiennent au printemps et en automne. Nous détruisons ainsi stupidement nos auxiliaires les plus actifs et les moins coûteux.

(3) Un des exemples les plus curieux de ces « pertes » existe sur la rive gauche de la Loire, en face et un peu en amont du *Port de St-Benoît* (Loiret), où se trouve un bac qui permet de franchir le fleuve. Là, sur une longueur de plusieurs centaines de mètres, (r. g.) sur

Or, il semble bien que la chaînule de calcaire jurassique qui borde la rive gauche de la Meuse présente des caractères tout semblables à ceux des autres faces ou flancs au cours du fleuve et de ses affluents, anciens ou modernes.

A la base même du plateau corallien finissant assez brusquement sur la plaine près des maisons et des jardins du village de *Harricourt* (2 kilm. de Buzancy), on voit surgir silencieusement l'une des sources de la Bar, connue sous le nom du *Puisel des Nones*, dont la légende fait un abîme sans fond où aurait été subitement englouti un couvent de nones, « ainsi punies de leurs déportements par la colère divine. » (1)

Or à deux ou trois kilomètres, à l'E. N. E., sur le plateau même, dans la cour d'une ferme se trouve un puits, dont l'ouverture, plutôt orifice naturel que travail fait de main d'homme, fermée par prudence, communique avec un ruisseau souterrain profondément enfoncé (2).

---

un fond de rochers, entre les roseaux, on voit tournoyer et s'enfoncer en mille petits entonnoirs l'eau du fleuve, aspirée par les fissures du fond pour couler ensuite pendant 25 ou 30 kilomètres, et aller reparaître en source magnifique à *Olivet*. en donnant naissance au *Loiret*, (7 kilom. sud d'Orléans), capable de porter bâteau dès sa naissance. Le cours souterrain est nettement accusé à la surface du sol par une dépression que suit le petit chemin de fer d'intérêt local d'Orléans à Sully-sur-Loire.

Les *Monts du Sancerrois* sont aussi traversés souterrainement par les pertes de la Loire en amont de Giens. Les eaux ainsi captées rejoignent la Loire par le Cosson, le Beuvron et l'Auron, affluents du Cher. Elles aussi ont pris le « chemin le plus court et suivi la ligne de plus grande pente ».

Enfin, le Doubs, déjà capté à St Ursanne et à Montbéliard, parait devoir l'être encore par la Loue dans un temps plus ou moins lointain.

Si, comme le pense M. de Lapparent, la Saulx, l'Ornain et la Marne ont coulé sur le plateau de l'Argonne, c'est par *déversion latérale* que leur cours supérieur a dévié vers l'ouest et gagné directement la Seine, en créant le golfe du Perthois.

(1) Il faudrait voir là simplement un souvenir persistant de l'*adoration des sources* par nos pères, les Ligures et les Gaulois. La légende des nones ne serait qu'une protestation lointaine des derniers adorateurs irrités de la chute de leurs dieux, et de la victoire définitive du christianisme qui les avait supplantés. Le pays de Buzancy, et en général l'Argonne, fut un foyer de résistance,qui, par les sorciers ou *sourciers*, s'est prolongée jusqu'à une date relativement très récente.

(2) Le jet d'une pierre dans le puits permettait, par la durée de sa chute, naguère encore, dit-on, d'apprécier la profondeur de la fissure et du couloir souterrain.

Il semble bien que ce ruisseau ait une relation évidente avec le *Puits des Nones*, et fasse partie d'un réseau de circulation souterraine venant de la direction Fossé-Belval-Beaumont avec apparition à la *Fontaine qui bruit* (1).

A Buzancy, au pied même de l'éperon qui porte le vieux château, l'église avec une partie notable du bourg, et sur les deux flancs de l'éperon, jaillissent deux belles et puissantes sources. L'une, la *Tarterelle* (2) alimentait naguère un gros moulin ; elle babille gaiement en sortant du rocher. L'autre, la *Hydeuse*, plus abondante encore et plus curieuse, va par un canal artificiel, grossir l'*Agron* et rejoindre l'*Aire* près de Grand-pré.

---

(1) Peut-être pourrait-on vérifier le fait avec de la fluorescine jetée dans la Meuse à la hauteur de Verdun-Dun qui correspond au cours de l'Aire et de la Bar ; ou encore avec de la levure de bière plus facile à trouver.

(2) Le nom de ces deux sources, *Tarterelle* et *Hydeuse*, a une origine assez curieuse. Toutes deux sont l'issue de cours d'eau souterraine que dénoncent les longs vallons étroits, encaissés et asséchés, sortes de suçoirs, qui viennent de *Fossé* et du Bois de la Folie, et qui, de part et d'autre, finissent à l'extrémité du promontoire portant le Château, (sans doute ancien *ædificium* gaulois) (?)

Au moyen âge, la Tarterelle était l'instrument bruyant fait de deux plaquettes de bois que les lépreux agitaient pour avertir les gens de leur approche. Ces malheureux, relégués à l'écart, devaient, par crainte de contagion, se tenir toujours sous le vent et à distance des passants et des lieux habités. Ce nom donné à une fontaine, indique l'existence d'une léproserie dans le voisinage et hors de la localité, sous le vent de l'Ouest principalement. Or Buzancy, entouré de marais, offrait des conditions favorables à l'éclosion de la lèpre ; et il a possédé une maladrerie ou léproserie.

Quant à la *Hydeuse*, si belle, si abondante et si calme, surgissant d'un fond rocheux en mille petits bouillonnements qui s'épanouissent à la surface en autant d'ondes souriantes, encadrée d'un gentil jardin, ombragée de beaux arbres et contenue par un cadre de vieilles pierres de taille, elle dut toujours frapper vivement l'imagination de nos ancêtres et devenir pour eux, aux siècles antérieurs du christianisme, l'objet d'un culte fervent.

Pour en éloigner les derniers fidèles, on plaça sur ses bords le lieu d'exécution des malfaiteurs et autres condamnés. « Leur supplice était annoncé, et sans doute aussi accompagné, par une *cloche* qui sonnait leur dernière heure, et que pour cela on appelait la Hydeuse. » (1) De la cloche et du supplice, le nom serait resté à la source poétique et paisible.

(1) Nos pères. Marquis de Belleval. (Paris 1879.) Voir p. 16, note (3).

La forêt d'Ardenne portait aussi ce nom de « *Hideuse* ».

L'une et l'autre semblent être la résurgence de quelque flot
lointain situé à l'est, et dû probablement à des infiltrations
de la Meuse à travers les fissures du calcaire jurassique et corallien.

D'autres sources nourricières de l'Agron, de l'Aire, au débit si abondant et affluant à l'Aisne par Grandpré, paraissent
bien avoir tiré jadis, ou recevoir encore, aliment de ce réservoir supérieur suspendu et coulant au bord d'une déclivité très
forte.

On verra un autre exemple bien curieux de cette circulation souterraine dans l'étude du défilé de Noirval à Quatre-
Champs même. (V. l'Ecumoire).

Enfin *Buzancy* (1) qui, par une singulière et pourtant naturelle rencontre, porte le même nom que le point initial, ou
source, de la Moselle (Bussang) (2), est lui-même une « tête
des eaux » remarquable. Il suffit de regarder les cartes de
Cassini et de l'Etat-Major pour s'en rendre compte aisément.

Ces eaux, venues des Vosges et du Plateau de Langres à
ciel ouvert, ou par voie souterraine, inclinant à l'O-S-O,
par l'effet de la pente de la pesanteur, rencontrèrent d'a-
bord la faille longitudinale où l'Aire avait déjà esquissé
sa voie et aidèrent la Bar au creusement, dans son cours
supérieur, de « cette large vallée aux apparences de grande
rivière qui frappent tous les observateurs » (3) et qui, par son
aspect, paraît avoir été plutôt un *lac* que le lit du mince cours
d'eau qui la suit aujourd'hui.

Ainsi donc, il apparaît bien que la Meuse, en son cours primitif, se soit arrêtée dans *deux lacs* très allongés et parallèles
remplaçant en partie l'ancien « golfe de Charleville » (4) comblé pendant la période calcaire, et couvrant l'Aire inférieure,

---

(1) Au moyen âge et jusqu'au 17e siècle, on écrivait *Buzency*.
Buzancy vient de *Bus*. ou buz = eau ; et engium, ou ancium =
ancy. domaine ; d'où domaine de l'eau, tête de l'eau, ce qui définit
bien Buzancy ; — Vouziers semble avoir le même sens ?

(2) Egli : *Nomina Géographica*.

(3) Davis. — D'après ce même géologue américain, « l'Aire, à
Grandpré, avait déjà rejoint l'Aisne alors que. *la Moselle coulait encore vers la Meuse* », par le col du *Pas de l'Ane*, entre Toul et Commercy. — *Handbook of Northern France*. Cambridge. Harvard 1918
U. S.

(4) Gosselet : L'Ardenne (p. 388. 89).

la Bar (1), l'étang de Bairon et la Morteau (v. p. h.) jusqu'à Malmy ; — l'autre, la Chiers inférieure, la Meuse depuis
Létanne et la Sormonne, et tous deux s'écoulant vers l'Aisne et
l'Oise, par Grandpré (2) (Aire), et Noirval (Fournelle), Le Chesne
(ruisseau de Montgon), Vigneul (ruisseau de Tourteron), Lau-

----

(1) Bar semble avoir donné le vocable *Bairon*. Ne pourrait-on cependant voir plutôt dans Bairon, le radical celtique, *Béro* = ours, ou le
vieil allemand, Bär = ours, car les ours ont pullulé dans les Ardennes
et le *Barois*, où les soldats romains en capturaient jusqu'à 50 par semaine pour les jeux du cirque (voir Julian t. V.); car on trouve non loin
de Bairon *Arthaise*, le *domaine de l'ours* : (arthos = ours ; aise, de
*cium.*a domaine, partie adjacente à la maison). — En outre beaucoup de
Francs donnaient encore au 6e, 7e, 8e le surnon *Béro* (ours) à leur fils.
Bairon pouvait donc s'écrire : béron, comme *Berlin*, petit ours.

(2) Aire vient sans doute de *Agera* (cartulaire de St Vanne 785)
*Dict*re *topog. de la Meuse : F. Léonard*) qui est devenu Ageram (967) :
Agira XIe ; Erria 1106 ; Eyre (1373) ; Eram (1402) ; Erram (1642(; Air
(1707) ; Ayre 1756 ; enfin Aire.
Agron = *Agera, Agira, Agr.*, par la chûte de la finale et de la
voyelle médiane, et par l'adjonction de la finale toponymique *on* qui
désigne l'eau, d'où Agron diminutif de Agera - Aire, gros torrent.
(3) *La Hydeuse*. Source, voisine de Buzancy (Ardennes) sortant
d'une petite vasque rocheuse, calcaire d'une surface de 8 à 10 m.q.
profonde de 40 à 60 c m. située à la base méridionale de l'éperon qui
porte le *château*. (Propriété du Général Chanzy) Elle sort en mille petits bouillons aux yeux mystérieux qui, jaillissant au fond sans bruit,
s'étalent à la surface, et s'écoule, abondante et gaie, vers L'Agron et
Grandpré, en mouvant plusieurs usines. Elle est ombragée par des arbres divers qui donnent au site et à la source quelque chose de « mystérieux et de caché ». Les habitants de la région ont dû lui rendre un
culte aux temps ligures ou celtiques ; cela n'est guère douteux, car
le druidisme et la langue celtique ont duré chez nous jusqu'au 6e ou 7e
siècle au moins. Et les arbres et les sources ont été, en nos régions, jusqu'à nos jours l'objet d'une vénération particulière.
Quel peut être le sens toponymique du mot hydeuse? Le marquis de
Belval dans son ouvrage : «*Nos Pères* » en a donné une version un peu
fantaisite. La source avait dû frapper l'imagination de nos ancètres et
devenir, pour eux, aux siècles antérieurs au Christianisme, l'objet d'un
culte fervent et craintif. Pour en éloigner les derniers fidèles, dit-il,
on plaça sur les bords le lieu d'exécution des malfaiteurs et autres
condamnés. Leur supplice était annoncé, et, sans doute accompagné,
par une cloche qui sonnait leur dernière heure »,
Cela ressemble fort à une adaptation moderne et chrétienne d'un
fait très antique. De la cloche et du supplice, le nom serait resté à la
source poétique et paisible.
On peut donner une autre version plus simple et plus vraisembla-
ble :
Nous avons en France le nom *Hyde de Neuville* ; on trouve à Londres, *Hyde-Park* (prononcez *Heide-Park*).

nois (Vence-Plumion), enfin par la Serre, la Brune et le Thon, affluents directs de l'Oise, — en prenant la figure d'un vaste et curieux *delta* de la fin de l'époque secondaire. (1)

Un de nos ruisseaux dominé par un *mont*, s'appelle *Ide* et forme le nom du village de *Sem-ide* = « *Sommide : tête et source* de l'Ide. L'ancien français *hide*, toujours écrit avec un H. signifie *frayeur effrayant*, (ce qui rentrerait dans le sens de M. de Belval).

Dans la langue anglaise le verbe *hide* = cacher, céler ; et *hidden*, participe passé, = *caché, mystérieux* ; tandis que, *hideous* = *hideux*, horrible.

Le mot *Hydeuse*, source, (cachée) ne viendrait-il pas de là ? ou du mot *Hyde*, et celui-ci d'un primitif, sanscrit ou celtique ? Ce mot n'aurait-il point de parenté avec le germanique - die *Heide* : désert, lieu inhabité, landes, bruyères ; ou encore avec *Heiden*.paiens ? ? c'est possible

Un seigneur de Ballay au 13e portait le surnom de.*Lehideux*, et son château (voir Ballay) dominait une petite source devenue lieu de pèle – rinage. Une famille de banquiers parisiens a hérité de ce nom « mystérieux » et « sacré ».

Il y a lieu de croire que *Tarterelle* se rattache au groupe *dore*, dur, Tard, Tur, Thur etc., voir 4-Champs, Ch. VIII.

(1) Voir Appendice I : Effondrement.

FORMATION DU DÉFILÉ

Nature des terrains : érosion, suintement, glissement ; creusement — régression, etc.

Quelle que soit l'origine des eaux, superficielles ou souterraines (Moselle, Meuse ; glaciers, pluies, sources) qui faisaient de la Bar, depuis Buzancy jusqu'au Chesne, puis jusqu'à Vendresse et Bâlons, une sorte de lac très allongé, c'est l'écoulement de ces eaux vers l'ouest qui a déterminé la formation des défilés *du Chesne*, à peine esquissé ; de *Grandpré* le plus court, le plus tôt et le plus achevé ; de *Noirval* ou de la *Fournelle*, le plus long (13 Kilom), le plus accidenté, le seul encore en voie d'achèvement et le moins connu de tous. C'est ce dernier qui est étudié ici.

On peut dire que le creusement de la vallée, c'est-à-dire l'érosion, commença dès l'instant où se dessina le retrait des eaux de la mer vers le centre du bassin parisien, et que l'érosion travailla à l'approfondissement du défilé en suivant les lignes déjà indiquées à la surface du sol abandonné. Le géologue Godwin Austen dit : « Lorsqu'une portion de l'écorce terrestre a été plissée ou fracturée, toutes les dislocations postérieures se produisent suivant les *mêmes lignes* parce qu'elles sont des lignes de moindre résistance. » (1).

---

(1) Cité par Gosselet : *L'Ardenne p. 819.* — « L'écorce terrestre présente d'innombrables lignes de fractures ou cassures (lithoclases) qui se coordonnent avec son modelé. » L'étude du dessin général des vallées et du relief du sol fait reconnaître de toutes parts, même dans les pays dont les couches sont restées à peu près horizontales, de nombreux traits rectilignes, *parallèles* et souvent *coudés.* » Ce fait fondamental du parallélisme des fissures de l'écorce terrestre, de la régularité géométrique suivant laquelle se coordonnent les cassures principa-

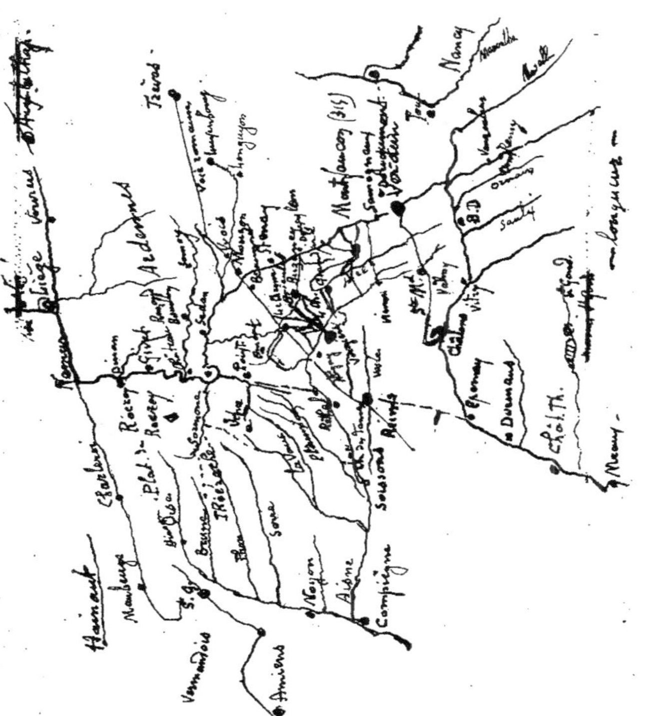

Hainaut
Charleroi
Maubeuge
Plat.d- Rocroy
Rocroy
Bru Oise
S.g.
Bresne
Thézache
Soissons
Thon
Sorre
la Vaux
Noyon
Aisne
Compiègne
Liège
vervaud
Namur
Ardennes
Dinan
Givet
Château Bouillon
Rouff
Bouillon
Sommona
Sedan
Utha
Point
Rathel
Ch. du Tour
Reims
Vosle
Tomay
Vaïvois
Mouzon
Bor
Stenay
Buzancey
Voïe Romaine
Luxenbourg
Longuyon
Trèvos
Montfaucon (315)
Samogneaux
Polaquemont
Verdun
St Md
Valmy
Châlons
Vitry
Épernay
Dormans
Chàl.Th.
B.D
Sault
Ornoy
Remy
Vanzelsses
Tou
Nancy
Meuse
Moselle
La Goud
longueuz
Meauy

Correspondance des Bassins fluviaux avant et après l'effondrement
du littoral atlantique

Or la Bar avait déjà subi un plissement antérieur aux dépôts sédimentaires de l'Argonne, et ceux-ci allaient refléter à leur surface les ondulations de leurs assises.

Le Plateau de l'Argonne devait alors présenter l'aspect d'une table inclinée d'E. N. E. en O. S. O. (236ᵐ Belleville — 153ᵐ Chestres), dont la surface était ridée par un réseau de lignes se coupant à angle droit (de 83 à 90°), les unes *longitudinales* dirigées N. S., dans le sens du développement de la chaînule, les autres *transversales* et à peu près (83°) perpendiculaires aux premières. Ces dernières ont donné naissance aux défilés de l'Argonne. En réalité, ceux-ci sont des *cluses* semblables à celles du Jura ; tout comme l'Aisne, l'Aire en amont de Grand-pré, et la Meuse, la Saulx et l'Ornain, sont des *combes*, (1) tout comme la Marne elle-même.

Parmi les nombreuses fractures transversales de l'Argonne celle de *Châtillon-Noirval-Quatre-Champs-Ballay-Chestres*, dite *de la Fournelle*, est une des plus importantes. C'est par elle que passa le petit torrent de la Fournelle, c'est-à-dire que se dessina d'abord, et que s'achève, sous nos yeux le défilé de *Noirval*, ou, mieux encore : la *trouée de la Fournelle*.

On remarquera ici que le cours de la Bar, comme ceux de l'Aisne, de la Meuse, de la plupart, pour ne pas dire tous,

---

les ou secondaires, se vérifie très aisément à la seule vue d'une bonne carte pour la Seine supérieure et moyenne, pour ses grands et petits affluents, — pour la Garonne, etc. ; en réalité, pour tous nos fleuves et pour chacune des parties de leur bassin. » « Daubrée (*Annuaire du Club alpin français*) — On vérifiera aisément, aux Côtes de Toges et à Ballay les cassures ou fissures géométriques innombrables de la gaize dans les falaises qui bordent les chemins ; — à Quatre-Champs, près du *Four à Chaux*, celles des terrains calcaires coralliens ou astartien sont aussi très visibles.

(1) Combe, du latin *cumba* = barque ; ou plutôt du celtique ou breton *comb*, Kymri (belge) *cwm*, petite vallée, lieu bas entre des collines ; *Comme*, en bourguignon, d'où *la Come*, ferme près de Vouziers, et de *Bagot*. — Ce dernier mot peut se définir par *ba*, péjoratif, et *got*, déformation abréviative de *Gault* = (*wald*, forêt). Bagot signifierait donc : mauvais bois, bois dangereux peut-être parce qu'il eut comme premier propriétaire quelque *germain* peu accommodant, voisin dangereux, — quelque « routier » pillard et meurtrier à une époque *plus récente*.

Ces deux fermes situées tout près de l'*Aidin*, ruisseau d'Orfeuil (furieuse bataille en octobre 1918), et de Semide (défaite de Turenne : Fronde 1652, 5 décembre), qui finit près de *Savigny* est improprement appelé « Ruisseau des Daims (Carte d'Etat-Major feuille 35), ou plus ordinairement et mieux : *Ruisseau de Bagot*.

des fleuves et rivières, n'est qu'une succession de bassins (ou cuvettes), petits ou grands, un chapelet de lacs, ou lagons qui se vident les uns dans les autres, ou franchissent des seuils plus ou moins longs et aux roches plus ou moins dures, taillées dans des chainons transversaux qu'ils ont limés, usés par érosion, et souvent avec l'aide de sources voisines qui ont elles-mêmes disloqué, abaissé le passage, et qu'en amont de ce seuil se trouve un point de « résistance moindre », une « cassure », qui appelle les eaux et les dérive, d'abord vers un niveau ou palier inférieur.

C'est justement le cas entre Châtillon et Brieule-sur-Bar, où le chainon de calcaire bleu marbré qui sépare la Fournelle de la Teuse (1) (et non la Lateuse), a été scié, puis élargi, par la Bar au point faible et par les nombreuses et belles sources jaillissant au bas de Brieules où le chainon se relève et porte ce village, S¹ Pierremont, etc. (2).

Le cours naturel de la Bar fut donc à un moment donné la fracture transversale de l'Argonne, où se creusa aisément au début le défilé de la Fournelle ; et il suffit de se placer un peu au-dessus de Châtillon, à mi-côte du chemin de Belleville (cote 219m) pour voir en entier la courbe, d'une régularité presque géométrique, décrite par l'ancien cours de la Bar, s'engageant, par les *Aulnois*, les *Pâquis* dans le défilé de Noirval.

* *

Pour nous rendre compte plus aisément du phénomène de l'érosion et de la marche du creusement du défilé, examinons sommairement la constitution géologique de l'Argonne à l'extrémité nord de la chaînule, soit à la latitude de la Fournelle.

En partant de la surface, c'est-à-dire en suivant l'ordre du déblaiement inverse à celui du dépôt des couches, le retrait des eaux et l'érosion font apparaître successivement les terrains ou *étages* suivants :

---

(1) Observvons que cette déformation est fréquente. On dit de même le *Lampourdan* pour *l'Ampourdan* (Pyrénées) et *l'Alain* pour *Lalain* (Yonne), les *Daims* pour l'*Aïdin*, etc. etc.

(2) C'est le cas aussi à Grandpré, ou l'Aire et l'Agron ont rencontré, un peu au nord, l'épais chainon calcaire qui porte Thenorgue, Briquenay la Touraudrie (la Tour Audry), ce qui a déterminé le coude brusque de ces deux cours d'eau.

1ᵉ Le *sol arable* ou végétal, de composition assez variable, mais en général marneux (1) quand le sous-sol est marneux, siliceux sur les calcaires durs mis à jour par l'érosion et perméable à peu près partout. Son épaisseur est faible, il ne s'est formé qu'aux âges récents par l'accumulation des débris végétaux et animaux, par l'apport des vents, dit *action éolienne* : (poussières, etc.) Il n'existait point au début de la formation du défilé ;

2ᵉ — La *gaize*, qui est une roche fissurée de nature argileuse et siliceuse très perméable, la plus légère de toutes les pierres (densité 1, 48) « pierre morte », comme la pouzzolane, semée de *glauconie* qui la colore en vert ; mais en général de couleur gris blanchâtre lorsqu'elle est sèche. A l'air, elle se délite aisément et se divise en très petits fragments. (2)

Au point de vue géologique et géographique, la gaize est la roche carastéristique du *Massif de l'Argonne*. Dans les parties que l'érosion a fortement entamées, dans celles surtout où se sont produits des glissements, elle présente, soit des *à-pic* très apparents, d'une ou de quelques dizaines de mètres de hauteur : Exemples : la *Garenne Dessaux* à Ballay, juste en face la gare ; *Fonds de Toges*, à gauche de la route et à la bordure des bois ; soit des *talus* ou *escarpements* souvent très raides et très nombreux dans toutes les parties du défilé, disposés en gradins successifs comme au *Camp romain de Chestres* et, alors, véritables fortifications naturelles visiblement aménagées (face nord), ou dominant de longues déclivités sur lesquelles glissent lentement les argiles et les sables des couches inférieures ; soit des *montignettes*, ou *montagnettes*, collines aux pentes fortes aussi, au rebords arrondis, mais cultivées et couvertes de vignobles naguère, encore, un quart de siècle à peine, et de très beaux vergers d'arbres fruitiers : cerisier, pruniers, pommiers principalement ; soit des *côtes* : côte des *Vignes, C. Chorin, C. Froide,*

---

(1) La marne est formée de calcaire et d'argile en parties à peu près égales. On en rencontre partout dans le défilé et surtout sur les hauteurs bordières, aux lieux dits la *Marnière*. Sa présence se décèle d'ailleurs à la surface des terrains calcaires, dits *pierrailles*, ou *corralliens*, par l'apparition d'un petit végétal appelé *pas d'âne*, sorte de tussilage que séchaient et fumaient jadis les fumeurs manquant de tabac ou d'argent.

(1) Voir pour toute cette partie les savants ouvrages de Buvigny (1.1841) et de MM. Meugy et Nivoit (1.873), ingénieurs des Mines.

C. *Laval*, C. des *Huguenots*, longues et difficiles, que l'on gravit par des *chalailes* (1), chemins étroits, encaissés, qui conduisent sur les plateaux supérieurs, (236 m à Belleville 200 à la Hurée, 193 au Bois de Vandy, (2) très belle vue ; 188 à la Garenne de 4-Champs), etc., points d'où la vue embrasse tout le défilé, et porte au loin vers le sud, l'ouest, l'E. et le N-E.).

Ces vastes plateaux boisés s'appellent, au sud, la *Haute plaine de Toges*, couverte en entier par les bois, dits de Landèves, Lacroix, Toges, Boult, Belleville, Quatre-Champs, etc..., anciennes forêts seigneuriales ou ecclésiastiques, devenues forêts de l'Etat ou propriétés de riches particuliers.

L'épaisseur de la couche de gaize dans le défilé, où par endroit elle se montre à nu, varie de quelques mètres à Noirval (r. dr. de la Fournelle) à 30 mètres, ou plus, à Belleville, Toges, Chestres, (r. g.) et à Quatre-Champs, Ballay, Vandy. (r. dr.)

En quelques endroits, la gaize est recouverte d'une glaise compacte, (sable fin mêlé d'argile), qui rend les terres *fortes*. — Elles sont quelquefois alors colorées en rouge (fer), en noir (bitume), en jaune (grains de quartz jaunâtres). Ce sont des limons. De là, les lieux dits : le *Rougemont*, (Ballay, Chestres), les *Terres-Noires* (4-Champs, Noirval).

3° — *L'argile du Gault* (3) grise et plastique est dite aussi argile *téguline (tegula* = tuile) parce qu'elle est employée à la fabrication des tuiles, des drains, tuyaux, briques et poteries grossières. etc. La couche atteint par endroits de 5 à 10 m. d'épaisseur, le plus souvent moins ; mais comme les cavités et failles y sont nombreuses, les eaux d'infiltration gagnent aisément la couche des sables verts où elles forment une nappe d'eau assez abondante.

On voit quelquefois remonter l'eau qu'arrête la couche d'argile sous-jacente faisant poche. L'eau forme alors à la surface du plateau de petites dépressions circulaires à fond tou-

---

(1) En Savoie, *Chuletta*. chemins de mulets. fortement encaissés où l'on monte en se penchant et en s'aidant d'un bâton.

(2) Très violents combats (octobre-novembre 1918) par l'armée Gouraud contre l'armée *von Einem* — qui occupa quatre ans le défilé et dont le chef résidait au *Château de Maison Rouge*, entre Quatre-Champs et le Chesne.

(3) Gault, de l'allemand *Wald* = forêt.

jours humide, ou plein d'eau (dans les grandes pluies) appelées *Puits Charlemagne* (1).

L'un deux, situé non loin de Chestres, est resté célèbre Les roseaux, les saules, les aunes, etc. croissent dans la cuvette. ou sur les bords de ces puits (1).

4e — Les *sables verts* se rencontrent sur les deux rives de la Fournelle où leur épaisseur est très variable. Leur couleur verte est due, comme d'ailleurs celle de la gaize à la présence de la glauconie (silicate, hydrate de fer et de potasse) sorte de craie verte accompagnée de quartz blanc, opaque, jaunâtre et d'argile noirâtre —, d'alumine cristallisée que l'on rencontre dans le cours même de la Fournelle etc...

L'argile et le sable du gåult sont presque partout recouverts et cachés par les éboulis et la gaize dans le défilé de Noirval (2) Ces éboulis, se décomposant en argile et en silice, atténuent la compacité de l'argile et forment sur les pentes allongées de certains vallons (*Fonds de Toges, Vauvrizy*, etc.) d'excellentes terres de culture où prospèrent de magnifiques vergers ou de superbes futaies de chênes.

A la base du groupe, les sables verts agglutinés par la silice formant une sorte de grès, tantôt disséminés en *blocs*, au milieu du sable (lieu dit : la Hallebardière), tantôt formant *couches* et donnant des pierres à bâtir excellentes, sorte de *meulière*, difficiles à travailler, et exploitées en *carrière* depuis les Romains : Lieux dits la *Justice, derrière la Ville, Pré d'Allemands* à Quatre Champs (3).

On rencontre encore dans ces mêmes sables les nodules de chauds appelées « *Coquins* », « *Crottes du diable* » par les habitants, et exploitées aux mêmes lieux dits, il y a un demi siècle environ, exploitation aujourd'hui abandonnée.

---

(1) On en trouve 4 ou 5 dans les Bois de Landéves et Belle-ville. On en rencontre aussi plusieurs sur le terroir de Quatre-Champs : les *Aulnis*, le *Manteau* etc. L'homme a toujours cherché la raison des choses. Dans l'antiquité et jusqu'à nos jours, il a donné ainsi des causes merveilleuses ou légendaires aux accidents curieux de la nature qu'il ne comprenait pas. (Voir p. 15).

(2) Meugy et Nivoit : *Statistique agronomique de l'arrondissement de Vouziers: (1873).*

(3) Elles ont été utilisées à Quatre-Champs pour l'église (12e, 13e et 18e) pour les maisons du village (partie haute), pour le pavage de la *voie romaine* : Les pierres de Quatre-Champs étaient connues et renommées pour leur dureté.

5ᵉ *Les calcaires à astartes et terrains coralliens* forment un étage très important sur les deux rives de la Fournelle. Leur épaisseur varie de 15 à 25   (1).

Les « escarpements », si caractéristiques qui, à Quatre-Champs, bordent le ruisseau (r. g. surtout) appartiennent à cette formation : (*Source du Gué, Pré de la Tour,* etc) (1). Dans la masse on trouve un grand nombre de petites *coquilles bivalves,* appelées *astartres,* d'où le nom de l'étage (2).

A Noirval et Châtillon, on rencontre le calcaire bleu, dur et *marbré,* jadis exploité à *St Denis* et Bazancourt. A Quatre-Champs, au pied des pentes recouvertes par la gaise ou l'argile, s'étend le *calcaire à polypiers,* ressemblant fort au *corallien,* très fissuré. Enfin un *calcaire tendre,* marneux, très fendillé, formé de couches calcaires et de marne blanche (lieux dits : le *Thuyot, — Moulin à vent, Converserie,* etc), très gélif, se délitant à l'air, sert à la fabrication de la *chaux,* (lieux dits : *Chaufour, Four à chaux, Moulin à Vent et Queue de l'Etang,* etc.

Pour ces diverses raisons, les eaux des sources voisines de la Fournelle sont chargées de sels calcaires et, par suite, *crues,* — c'est-à-dire froides et assez indigestes (carbonate de chaux, etc.), et, par conséquent *dangereuses* pour les animaux domestiques, particulièrement les chevaux, exposés, après les avoir bues, à des *tranchées* ou *coliques* parfois mortelles, et aussi au ramollissement de la corne du sabot, ce qui rend plus difficile, ou moins solide, le ferrage.

Ces calcaires forment de belles tables qui entourent le village de Quatre-Champs, posé sur la pointe S. S. O. fort escarpée de l'une d'elles et laissent réapparaître, à leur base, (à travers les failles et cavités souterraines,) la *deuxième ligne des sources,* à quelques mètres, ou dizaine de mètres, seulement du cours de la Fournelle ; *toutes sont situées sur le territoire du même village.*

Des carrières assez nombreuses ont formé jadis et donnent

---

(1) Buvigny, *p. 315-16 ; Statistique minéralogique des Ardennes.*

(2) En ouvrant ces coquillages pétrifiés, on trouve à l'intérieur une sorte de sable jaune (oxyde de fer) que les carriers assurent naïvement être de l'or : *Carrière du Chaufour.* etc. On rencontre aussi dans ces terrains des *bélemnites,* des *ammonites,* les premières pareilles à des « pointes de flèches », les secondes à « des *cornes de béliers* » roulées comme celles du dieu *Ammon,* d'où le nom.

encore aujourd'hui, des cailloux pour l'empierrement des routes et chemins vicinaux, des moëllons pour la bâtisse, de la
pierre à bâtir et à chaux, de la grève en abondance et très
recherchée pour les mortiers et les crépissages.

Cliché : L. Leroy.

Quatre-Champs : La grand'rue, côté gauche 500 m. détruits. Habitants
sur les ruines. Baraque ou logement provisoire

Les industries du bâtiment : chaux, grèves, tuiles, briques,
etc., peuvent donc trouver dans la vallée de la Fournelle de
quoi suffire largement aux besoins de la reconstruction des
régions libérées. (1).

Ceci établi, il sera plus aisé de comprendre la façon dont
les eaux ont dû creuser la vallée principale, et les vallons latéraux nombreux qui ont élargi en « cirque » toute la partie centrale (4-Champs) et laissé plus étroite cette vallée, à *Noirval*
et à *Ballay-Chestres*, c'est-à-dire aux deux extrémités.

Au fur et à mesure que s'accentuera le creusement, on verra,
à travers la gaise, l'argile du gault, les sables verts, le calcaire
à astartes ou corrallien, se dessiner la vallée et les vallons, les

---

(1) Tous les villages de la vallée, (excepté deux : Châtillon et Noir-
val) ont été détruits en 1914 : Brieulles ; ou en 1918 : Belleville, Quatre-
Champs, Toges, La Noue Adam, Ballay, Vandy, les Alleux, Chestres,
Vouziers, Terron-sur-Aisne et leurs voisins (Oct.-Nov. 1918) pendant
la bataille dite de Vouziers, marquée par le choc terrible d'*Orfeuil-
Monthois*.

hauts promontoires, et les dépressions avec toutes leurs rami-
fications, avec leurs « Côtes », leurs « Monts » leurs « huget-
tes », leurs « talus » ou « rouillons » et leurs « pentes », —
avec leurs « fonds », leurs « cuves » ou « cuveaux », leurs
« houleries », leurs « enfers », leurs « raveaux », ou ravins,
leurs « gouffres » un instant mystérieux : tous et toutes rendus
gais et vivants par leurs « sources » discrètes ou babillardes,
leurs « pissottes » ou « pissois » (1) au nom un peu risible, et
leurs « suintements » innombrables, comme on voit sous le
ciseau du sculpteur, sortir peu à peu du bloc de marbre informe, la figure idéale et périssable qu'il a longtemps rêvée.

Ce creusement se fera relativement vite surtout au début
vu la masse plus grande des eaux, si, par vitesse, l'on n'entend
point jours, heures, minutes, mais siècles, dizaines, centaines
et peut-être milliers de siècles, eux-mêmes brèves et fugitives
minutes du temps et de l'éternité, puisque tous ces étages de
terrains divers, souvent crevassés, — sauf l'argile, — laissent
passer aisément les eaux des étages supérieurs (limon des
plateaux, sol végétal, gaize) aux étages inférieurs.

*
* *

Sources. — Cette perméabilité, et la disposition des terrains expliquent l'existence de *deux lignes de sources* : l'une au
point où affleure l'argile, l'autre à la base des calcaires et à
quelques pas de la Fournelle, au pied des escarpements qui la
bordent souvent de si près : (Quatre-Champs).

Les sources de la gaize, les premières, naissent presque
toutes dans les bois ou à la base des coteaux qui limitent la
vallée. Bien filtrées par le feutre végétal et naturel que forment les forêts et par la gaize, elles sont très pures, très claires, très saines, d'une exquise fraîcheur en été, d'une grande
douceur en hiver. Les médecins jadis en recommandaient
l'usage aux malades.

Quelques-unes sont *pérennes* ; la plupart sont plus ou moins
intermittentes. Plusieurs ont des noms bien gentils : *Fontaine*

-----

(1) Pissotte, Pissois ont le sens de *fontaine*. — On dit *Pisseleu,
Pissevache fontaine* du loup, de la vache, etc.. Ce vocable est fréquent
en France.

d'argent, *Fontaine Ysabeau* (1), la Quadrette (2),Fontaine des *catherinettes* (Coccinelles),la *Sainte Fontaine*,ou mieux : le *Cent Fontaines*, Fontaine des Tuiliers, etc... ; ou bien parlant : *Fosse-Fontaine, Fosse qui bout.*

Les ruisselets auxquels elles donnent naissance ont un cours de 1 à 4 1/2 kilom. ; les plus longs sont situés sur la rive gauche principalement dans la partie inférieure du cours de la Fournelle ; ce sont les ruisseaux de *Toges*, de *Cannoy* et du *Chalon* qui viennent de *Lacroix aux Bois* (207ᵐ) (3).

A Quatre-Champs,et là seulement, en arrivant à la *bordure de la formation calcaire*, ils disparaissent dans des *fosses* ou *gouffres*.

Les secondes naissent, ou plutôt réapparaissent à la base même des *huit* tables calcaires qui, surtout sur la rive gauche, bordent 4 par 4, et symétriquement pour ainsi dire, sur chaque rive, la Fournelle, formant près de celle-ci des escarpements de 10 à 15 mètres, ou plus, qui montrent à nu la puissance de l'étage secondaire, ou calcaire.

Leur flot très abondant, trouble ou clair, suivant la saison, les orages ou les pluies, rejoint le ruisseau après un cours de quelques mètres ou dizaines de mètres à peine. C'est la réapparition du ruisselet supérieur, qui, dans son parcours souterrain, long de 1 à 2 ou 3 kil., s'est chargé de calcaire ou d'autres matières terreuses qui altèrent grandement la pureté des eaux si saines du cours supérieur, et les rendent moins potables.

Les puits qui abreuvent le village sont tous malheureusement creusés dans l'étage calcaire, et alimentés par la même nappe.

(Voir Croquis : Ecoulement des eaux ; l'Ecumoire.)

---

(1) Prénoms de plusieurs comtesses de Grandpré et de Rethel ; Quatre-Champs appartenait au comté, et au duché.

(2) *Quadrette* ou *Cadrette*, à Toges. Cette source présente cette particularité intéressante : Quand la Bar déborde à Boult, la Cadrette jaillit fortement. Le même phénomène se produit au *Pré de Quatre-Champs*. au-dessus du gouffre. à 100ᵐ environ et à la base du *Rouillon Mollet*. Ce dernier jaillissement doit être causé par les *souchis* de la source de la Fournelle au dessous de Belleville, au grand *Bochet*. ou *Bauchet*, et à la *Culée* de Belleville.

(3) Les ruisselets de la r. gauche sont plus longs parce qu'ils coulent entièrement dans le massif gaizeux de l'Argonne ; ceux de la rive droite sont plus courts parce qu'ils naissent à la limite nord dudit massif, au pied même des calcaires durs du plateau du Chesne et de Bazancourt difficilement *entamable* et versant leurs eaux à la Bar. Ce plateau surgit au Nord et à 2 kil. de Quatre Champs.

A partir du point où il disparaît, — gouffres ou fosses —, le ruisselet fait un *coude*, à droite, (r. d.), à gauche (r. g.),passe en *diagonale* sous la table calcaire immédiatement inférieure, et va reparaître à l'extrémité du vallon suivant et de la diagonale. Quant au vallon *sec*, ou *asséché*, qui normalement continue — du gouffre jusqu'à la Fournelle, — le cours normal supérieur du ruisselet, il voit parfois encore, — ce qui devient de plus en plus rare —, après de grands orages, ou des pluies excessives, ou la fonte brusque des neiges, une lente traînée d'eau bourbeuse couler du gouffre,devenu exutoire insuffisant, jusqu'à la Fournelle. En réalité, cela ne s'observe plus guère qu'au ruisseau de Toges.

En résumé, chaque ruisselet a un *cours visible* coupé en deux, parties fort inégales,et un *cours souterrain* situé entre ces deux parties.

Buvignier (1843) parle des *belles sources des Quatre-Champs*. En effet, elles étaient alors abondandes, régulières, ombragées de belles futaies, de bouquets de bois, de garennes et de buissons où pullulaient et chantaient les oiseaux, où se remisait le gibier ; elles étaient vivantes et poétiques. Mais le déboisement effréné, inintelligent sur les plateaux et les pentes, — l'abattage, par cupidité,des anciennes et hautes futaies de chênes vénérables (de 2, 3, 4 mètres de tour, ou plus) qui étaient la gloire de nos forêts et la réserve accumulée pendant des siècles par la sagesse de nos pères, gloire et réserve que l'on monnaya sans frein pendant tout le 19e siècle, — la disparition des haies vives, où nichaient tant de petits oiseaux et d'insectes utiles,— des arbres qui ombrageaient les bords et les méandres du ruisseau principal et des ruisselets y affluant,—l'assèchement des nombreux étangs poissonneux,régulateurs aussi de l'écoulement des eaux (1),—la culture, intensive partout, qui accélérait au contraire ledit écoulement, et, plus que tout, la création de routes poussiéreuses à la place des chemins bordés d'arbres et de haies qui conduisaient aux sources... toutes ces causes, et d'autres encore, ont appauvri ou tari complètement quantité de ces naïades charmantes et bienfaisantes, et enlevé, outre une protection efficace au sol, beaucoup de poésie au paysage.

Tout cela a grandement altéré aussi les conditions climatiques antérieures. De là, des sécheresses prolongées et de

---

(1) Voir : défense du défilé, étangs et marais.

brusques débordements, des printemps hatifs et des gelées tardives si nuisibles aux arbres fruitiers, au jardinage, etc. ; et, il y a quinze ans à peine, à la vigne, aujourd'hui, hélas ! totalement disparue.

*
* *

Creusement de la vallée : ruissellement, suintements, glissements. — Régression et transports. —

Le creusement de la vallée de la Fournelle ne rencontra réellement que deux sortes d'obstacles sérieux.

1° — *Les chainons ou renflements calcaires longitudinaux* que les eaux ruisselantes durent contourner ou percer au point de résistance le plus faible par des cluses plus ou moins apparentes, plus ou moins profondes, ce qui donne au ruisseau, de Noirval à Quatre-Champs surtout, une allure torrentueuse, et à son lit un aspect assez tortueux, tourmenté et raviné. C'est là encore aujourd'hui que s'exerce le plus fortement, l'action érosive des eaux, et que les galets sont les plus nombreux, et les plus gros (0^m50 sur 0^m30 de longueur, 2 à 4 centimètres d'épaisseur. Lieux dits : *Côte Laval* ou *L'Aval*, *Cul Tortu*, ou *Cucq-*Tortu).

Arrêtée une première fois par le plateau de Noirval, une partie des eaux s'écoula par la *Glôye*, au sud, formant une île où est assis le village, l'église, le château, fortifiés tous trois ; tandis que la masse, s'échappant de l'étang ou petit lac qui les protégeait au N. et au N-E., trouait la chaînule calcaire unissant Vaux Maillard au Nord (209 m.) au Bouillon Mollet (228 m.) au Sud ; et ouvrait le défilé. Heurtant ensuite la masse épaisse et résistante de la *Côte du Chêne*, le flot était rejeté au nord suivant la combe de la *Foursière* — Cul Tortu, sur le plateau de la *Butte* qu'elle dénuda jusqu'au calcaire et dont il sculpta, comme au tour, la « *Butte* » conique (1) qui lui donne son nom et qu'il sépare de la *Côte du Chêne*.

Le plateau du *Moulin à vent* le rejette ensuite au sud brusquement et à angle droit dans la combe Maisenau -- Nau Po-

---

(1) Butte qui porta le « Manoir » de *Warnier* écuyer de Ballay vers 1300 et de « demoiselle Hermengarde son épouse », manoir situé entre « Quatre-Champs et Noirval » (Voir Défense du défilé.)

tencier sur les belles tables calcaires de la *Converserie*, du *Huya*, du *Moulin* qu'il dénuda peu à peu, en attendant l'ouverture inférieure du défilé pour creuser son lit actuel entre ces tables et leurs correspondantes de la rive droite. (1)

Au-dessous de Ballay, les chaînons transversaux s'atténuent ou sont moins résistants, et la Fournelle coule dans un beau vallon, limité par les hauteurs et les plateaux boisés de Landèves, Chestres (r. g.), Vandy, Petit-Ban (r. d.). A Toupet, elle se divise en deux bras formant delta et conflue juste en face de *Condé-les-Vouziers* qui doit son nom à cet accident géographique : Condé-confluent ; et probablement aussi *Cons* (?) dans Cons-la-Grandville (2).

2⁰ — Les *glissements*, anciens ou actuels, si apparents dans toute la vallée et particulièrement sur tout le pourtour du *Cirque central* (4-champs), vrai carrefour des chemins et routes déservant le défilé et les régions adjacentes, plateaux ou vallées.

Le plus remarquable, et de beaucoup le plus important de ces glissements, a plus de deux kilomètres de développement. C'est lui au début, qui, faisant digue, a remplacé le chaînon transversal et barré le cours de la Fournelle entre Quatre-Champs et Bally. Il intéresse tout le flanc sud du gros *massif gaizeux*, dit de Vandy, qui s'étend sur la rive droite du ruisseau depuis la *Petite Croix* (4-Champs) érigée à l'entrée de la Chalaîte, ou ancien chemin de Vandy, dit *Côte des Vignes*, jusqu'à la *Vauvrelle* (3), où il s'épanouit.

----

(1) Le Manteau, de *la Butte* ; la Couverserie, du *Moulin a vent* ; le Huya, *du village* de 4-Champs ; le Moulin, de la *ruelle des ânes* et des Fortes-Terres.

(2) Condé vient de *Condat*, (confluent) mot d'origine celtique. La Muette, ou *la Meute*, finit aussi à Condé, mais fait *bras de l'Aisne* jusqu'à Vrizy. Condé mérite doublement son nom. — Le mot *Cons* apparaît aussi dans les actes pour désigner Condé.

(1) Vallis *Verello* (nom propre d'homme, près *Claire Fontaine*. L'armée Gouraud a livré de furieux combats au point d'origine (cote 193, de ce petit vallon en Octobre-Novembre 1918, (Vandy, Terron-4-Champs, (Terron fut pris et repris quatre fois) quelques jours avant l'armistice. Ces villages ont été à peu près anéantis. — Vauvrelle peut venir aussi de *Vau* (val) ; *vrail* (celt) = beau, soit : *le beau vallon*.

Ou encore de *Val* et d'*aubre* (arbre) : *valaubre*, d'où par contraction, *Vauvrelle* = le val des arbres, par lequel on montait de Claire fontaine et de Landèves au château de *Laubrelle* et à Vandy Cette dernière version nous paraît la plus rationnelle et la plus probable.

On remarquera d'abord que ce massif domine, sur la droite, par des pentes très raides la vallée de la Fournelle, très resserrée en ce point, et que la dénivellation très brusque est fort considérable : 183 à 193^m au sommet près de la route unissant depuis une vingtaine d'années Quatre-Champs à Vandy ; 110^m à la gare de Ballay, soit 80 à 90^m, déclivité très forte, le bord du plateau étant à moins de 400 mètres de distance seulement, à vol d'oiseau, du thalweg du ruisseau.

Le glissement a dû commencer au point le plus bas, c'est-à-dire à l'issue du vallon de la Vauvrelle , sous *l'action régressive* des eaux de la Fournelle ou plutôt de l'Aisne,(agissant là comme à Grandpré),qui baignait et minait la base du massif ; sous celle du poids des masses gaizeuses, de l'infiltration des eaux de pluie, de la nature savonneuse et glissante des roches sous-jacentes légèrement inclinées ; et enfin sous celles de l'érosion latérale très active des eaux de la Fournelle qui travaillait à s'ouvrir un passage, en emportant tous les détritus, érosion encore fort active aujourd'hui.

Sous l'influence de ces causes multiples, un beau cirque d'érosion à deux ou trois gradins très bien marqués s'est dessiné, dont le centre est juste en face de Ballay construit sur un petit plateau calcaire, une table, la dernière, de la rive gauche.

Les pentes très fortes du cirque, — coupées en écharpe par un chemin charretier, — (plutôt une chalaîte taillée en pleine gaize),— portaient naguère des vignes remplacées par un verger et d'autres cultures. L'eau suinte encore dans les prairies d'en bas (r. dr.) et de beaux peupliers ornent la courbe de la Fournelle entre le village de Ballay et le coteau.

Le petit hameau de Clairefontaine occupe là le sommet d'un léger monticule plus résistant, bien abrité contre les vents du nord par le talus et ses vergers, ceint vers la Fournelle par des prés tout émaillés de fleurs au printemps. Avec ses quelques maisons rustiques et les restes de l'antique manoir des Templiers, il évoque, d'une façon saisissante et poétique, St Point (1), bâti dans un site semblable, mais un peu plus am-

____

(1) Village où mourut Lamartine en 1869. (Saône-et-Loire à l'ouest de Cluny). L'autre domaine du poète, *Millet*, qu'il a chanté, est au contraire à l'est. Ces paysages appartiennent à la jolie vallée de la Grosne dans laquelle s'élevait la célèbre abbaye bénédictine, un ins-

ple et aussi plus austère, les monts qui le dominent ayant de 5 à 600 mètres, et le ruisseau qui chante au bas de la colline de St Point roulant un volume d'eau sensiblement supérieur à celui de la Fournelle. Tout ce site est vraiment très gracieux.

Sur près de 500 mètres le déblaiement de la vallée est fort avancé, les eaux courantes ayant emporté tous les produits ou déjections du glissement.

En face de la *gare de Ballay* (115ᵐ d'alt.) se dressent à près de 200ᵐ les escarpements ou falaises de gaize de la Garenne Dessaux. L'affaissement brusque du terrain forme d'abord, au pied même de la falaise dont les parois blanchâtres apparaissent à travers les futaies de Chênes, un tout petit plateau couvert de jardins et d'arbres fruitiers vigoureux : pommiers, poiriers, pruniers, cerisiers, noyers, pêchers des vignes etc., qui le fleurissent et l'embaument délicieusement en avril-mai. Les petits oiseaux, les ramiers et les abeilles bourdonnant et dansant, butinant surtout, y donnent alors de divins concerts. C'est un coin de Touraine, ou d'Anjou, sous les brumes du Nord, tant il est bien abrité contre les durs vents du septentrion. Dix autres endroits aussi fleuris, aussi charmants entourent Ballay, la Noue Adam, Landèves, Claire-Fontaine et Quatre-Champs et Toges, etc.

Une grosse masse de terrains mouvants, vrai cône de déjection, descend de là et du cirque suivant, pour finir sur la Fournelle, large de 3 à 5ᵐ, assez profonde, juste à l'endroit où le pont de la route nationale nº 77 la franchit à l'entrée de Ballay.

La lutte est là très vive entre les deux éléments : la terre glissant lentement, et l'eau, irritée par l'obstacle emportant chaque jour et chaque heure, pour ainsi dire, une parcelle, un morceau de son ennemi. La terre est vaincue en détail dans cette lutte sans fin ; mais pendant de longs siècles auparavant, elle avait, de ses lourdes vagues argileuses, de son sable siliceux, sur près d'un kilomètre et demi, (de Ballay au Moulin de Quatre-Champs) barré la route à son infatigable assaillant et créé un lac en amont.

Un second cirque d'érosion, répétition et réduction du premier, encadre, à l'est, la *Garenne Dessaux* jusqu'à la pointe de la *Fache* (1). Son achèvement est beaucoup moins avancé.

---

tant changée en Ecole Normale par Duruy, pour former des maîtres destinées à créer l'enseignement moderne ou spécial, auquel l'on reviendra par force et nécessité évidentes.

(1) Faghe terre en friches.

Le cirque et le ravin de tête sont plus étroits, et la masse des éboulis s'étale en éventail plus épanoui, plus allongé vers le ruisseau. La pente est forte et les suintements nombreux à la base ; c'est le lieu dit *Tiopha* (1) très connu jadis par ses vins, si fins et si légers.

En montant vers Quatre-Champs, la route nationale 77 coupe en écharpe sur une longueur de 600 à 700 mètres la colline mouvante. Sur la gauche de la route, un talus artificiel instable, de 1 à 3m. de haut, crève sous la poussée d'en haut, et s'éboule assez souvent, emplit le fossé et déborde sur l'accotement, malgré le revêtement de pierres qui le contient un temps et à grand peine. Les travaux de réfection y sont constants et coûteux, le arbres plantés pour le contenir n'y peuvent prendre racine par suite de sa mobilité, tandis q·e sur l'autre bord de la route, les peupliers d'Italie plantés à l'extrême bordure naturelle — (abattus par les Boches en 1915 ou 1917), — protégés par le solide fondement de la route, croissent bien et remplissent assez efficacement leur office de soutien. Ce glissement a lieu du nord au sud, c'est-à-dire vers la Fontaine Gaignères et le village de Ballay qui est comme au fond d'un cirque protecteur tendu au Nord (2). Le déblaiement a été, là aussi, fort sérieux ; mais il est inachevé.

La 3ᵉ et dernière partie du glissement comprend toute la Côte des vignes depuis la Fache jusqu'aux approches du village de Quatre-Champs, — jusqu'aux *Fortes-Terres* —.

Là le glissement est encore sensible et très apparent. D'abord une brusque et courte dénivellation, une vraie chute de terrain —, comme dans les deux premières parties, — et, dans les vignes même, formant comme une grosse vague qui déferle et lance en avant ses flots écroulés. Ceux-ci dévalent vers le ruisseau, en dessinant cent petits plis et *bourrelets* très argileux, dont le moutonnement est facilité par des suintements nombreux et par les eaux de la *fontaine Lélang* (3). Il finit au

-----

(1) Tiopha. du latin tophus = tuf. L'anglais possède le même mot pour dire la même chose : *tufa* ; (prononcez : *tioufa*) = tuf

(2) On peut probablement imputer, à ce mur protecteur naturel, l'arrivée des hirondelles à Ballay au printemps. une semaine plus tôt que dans les villages voisins, notamment Quatre-Champs.

(3) Nom du propriétaire, dont le fils, M. Delétang. fut, avant et après 1870, à Metz et à Charleville un des grands ingénieurs constructeurs du réseau de l'Est.

bout de 2 à 300 mètres environ par un à pic, calcaire et gré-seux de 2 à 5 et 6 mètres de haut, long de 300 à 500m. que ronge la Fournelle dans la région dite : le *Grand pré* et le *Moulin*.

Là tombent, miette à miette, et sont emportés par le ruisseau, les détritus du glissement, constamment perpendiculaire à la Côte des vignes, d'où il est parti, et à la Fournelle où il aboutit.

On peut constater *de visu* l'importance et la lenteur du mouvement superficiel des terrains par le déplacement de la ligne des peupliers de Canada qui soutiennent l'accotement de la route à droite, déplacement qui a atteint de 0m,60 à 1 mètre en 60 ans environ ; et, en plus par l'affaissement de 30 à 50 centimètres d'une *moitié de la route* dans le même espace de temps.

Il est à croire que le glissement des couches intérieures de la masse passant sous la route est un peu plus rapide. Cette partie montante de la route nationale, du pont de Ballay à Quatre-Champs, fut difficile et très coûteuse à établir — vers 1829. L'entrepreneur Chauvelon y éprouva de sérieux mécomptes de temps et d'argent.

Le *sentier de la Fache* établi sur la gaize vive descend au Moulin par un chemin difficile et d'entretien peu facile par suite de ces mouvements de terrains. Il était jadis suivi par les contrebandiers ou par les bûcherons de Toges allant travailler au *Bois de Vandy*. Ce point du défilé marquait aussi le passage des sangliers et autres gibiers, allant des bois de Lacroix à ceux de Vandy.

Le massif de la *Côte des Vignes* s'avançait donc en travers de la vallée pour se souder à la *Côte Chorin*. Les eaux se trouvaient ainsi retenues en amont. De là la formation probable d'une sorte de lac. le délitement des gaizes et des sables verts et la création du large cirque de Quatre-Champs au centre même du défilé ; et peut-être encore la dépression du *trou de Moine* vers Terron-s-Aisne, coupure inachevée où passent les vents et les orages venant de l'ouest.

Les eaux, par érosion ou par action régressive, délayèrent peu à peu ces masses hétérogènes, et ouvrirent la *porte inférieure du défilé. La Fosse qui bout ; la Fontaine Gaignère* et l'*action régressive* des eaux d'aval combinée avec la force d'érosion des eaux d'amont, furent les ouvriers infatigables du déblaiement, qui sous nos yeux continue à élargir le passage.

Action régressive. — L'action régressive s'exerce sur

tous les cours d'eau : fleuves, rivières, ruisseaux. Elle travaille à les ramener à leur niveau de base : la mer, c'est-à-dire à l'altitude zéro. Elle tend, en un mot, à démolir les continents. Elle agit d'aval en amont, diminue la pente, accroît la navigabilité, etc,.. Elle est très sensible à la base de chaque gradin, de chaque obstacle naturel ou artificiel, si peu accentué soit-il. (1)

Le cours de la Fournelle en offre plusieurs exemples curieux. D'abord, immédiatement au-dessous de chacun des *trois ponts* construits sur le cours d'eau : un à Ballay, deux à Quatre-Champs. Là, l'eau tombe et tourbillonne violemment en creusant un trou, une fosse ou marmite plus ou moins profonde qui menace l'existence et la solidité d'un pont. Aussi, à Quatre-Champs, les Ponts-et-Chaussées sont-ils obligés de jeter fréquemment mètres sur mètres cubes de grosses pierres dans « la fosse creusée au-dessous du *pont de la Converserie* pour retarder ou annuler les effets de la régression. Au *Pont de Toges*, à celui de *Ballay*, l'eau entame fortement la rive droite que l'on doit protéger par un mur de pierres souvent démoli.

Mais c'est surtout au Moulin des Quatre-Champs que cette action, combinée avec celle du creusement du lit, est le plus apparente. En cet endroit la Fournelle, retenue par la vanne du moulin et par l'éperon pierreux qui le portait, pointe nord de la Côte Chorin, change brusquement de direction, et tombant d'un seul coup d'une hauteur de 2 à 4 mètres, va, à angle droit, du sud au nord, après avoir rongé activement le dépôt alluvial du Grand-pré, (r. d.), heurter et désagréger la masse de terre argileuse glissant de la Côte des Vignes, de Tiopha, de la Garenne Dessaux et de Claire-Fontaine. (2)

En même temps, elle creuse, comme à la bêche, le *fond du nouveau lit artificiel* établi le long de la voie ferrée, ainsi menacée, dans un temps plus ou moins éloigné, d'un glissement dangereux, que l'on essaie de prévenir en jetant des pierres dans

____

(1) La chute de Niagara, comme celle de toutes les autres cataractes, en offre un exemple célèbre. Elle a reculé vers l'amont, c'est-à-dire *régressé* de plus de 11.000 mètres depuis les temps historiques, soit 1 mètre 1/2 par an.

(2) Cette action menace de destruction totale le Massif de Vandy et tend à élargir le défilé de la Fournelle dans une époque géologique fort lointaine encore, comme si une plus grande masse d'eau y devait passer de nouveau.

le sillon très étroit, un fer de bêche, creusé par l'eau courante.
Tout le pré, dit du *Moulin*, enfermé entre la décharge et le
ruisseau, et brusquement inférieur de 3 à 4 mètres au Grandpré, situé en amont, doit son existence à l'action régressive de
la Fournelle.

Dans la partie torrentueuse du ruisseau, entre Noirval et
Quatre-Champs, le nombre des « cuves » (on dit ailleurs des
« chaudières » ou « chaudrons » à cause de leur forme arron-
die), ou plutôt des cuvettes, ou trous, où l'eau stagne en été,
où elle tourbillonne en hautes eaux, en rongeant alternativement l'une ou l'autre rive, où elle arrache quantité de galets
de 30 à 50 cm de long sur 25 à 30 de large et de 1 à 4 centimètres d'épaisseur, qui, en moins d'un kilomètre sont réduits en
sable ou en galets minuscules, où les canards aiment à venir
barbotter dans la boue, où se cachent les truites, et qui ne
sont en réalité que des centres actifs d'érosion régressive, est
vraiment considérable ; elles indiquent la force et la violence
du courant et de la régression, travaillant toutes deux à une
nouvelle capture de la Bar.

Affluents. — En même temps que la Fournelle ouvrait le
défilé et creusait sa vallée, l'érosion faisait apparaître sur ses
deux rives des vallons latéraux en *chacune des failles longitudinales* du massif de l'Argonne.

La nature et la disposition des terrains étant partout ici la
même, le creusement se fit de la même façon et donna des résultats identiques. L'aire de chaque vallon étant naturellement
moindre, ainsi que le volume des eaux à écouler, le lit du
ruisseau ou ruisselet, reste à un niveau un peu plus élevé que
celui de la Fournelle. (Voir : p. 28, sources.

Ces fractures et sous-fractures (1), ou tailles, sont fort nom-

------

(1) Ces fractures secondaires portent les noms caractéristiques
de :

— *Vau, val* ; (de *vallis*, vallée) : *Vau* Maillard *Vauvrizy, Vauvrelle, Vauloyer*, etc.

— *Nau, nouc*, nave, de *noda* : source, terre humide et grasse, prairie : Nau *Colette, Nauflise, Nau Rasset, Nau Potencier, Nouc Adam*
la *Noëlle* etc.

— *Fonds*, creux, vallée profonde aux rebords escarpés : Fonds de
Toges, Fonds Barré.

— *Cuve, cuveau*, dépression circulaire.

— Houlerie, (de hohle = cavité : la Houlerie :

breuses et toutes perpendiculaires ou parallèles à la principale, la Fournelle.

Peu de cours d'eau aussi limités (13 Kilom.) ont un nombre d'affluents, grands ou petits, aussi remarquable que la Fournelle : 22, onze sur la rive droite, onze sur la rive gauche, ceux-ci étant sensiblement plus longs et plus abondants, parce que l'Argonne et ses gisements gaizeux finissent au Nord, et en amont de Quatre-Champs, à petite distance du ruisseau collecteur, (2 à 3 kilom. environ) au contact d'un calcaire très dur, difficilement entamable.

Huit de ces ruisselets, plus du tiers, arrosent le territoire de Quatre-Champs, où pas un seul n'arrive directement au ruisseau principal ou drain central.

Pertes et réapparitions. Fosses et gouffres.

Ces huit ruisselets disparaissent dans des *gouffres* curieux, dont quelques-uns (*Fonds de Toges, Trou de Moine, Noëlte* etc.) n'ont pas moins de 30 à 40 mètres de diamètre au bord supérieur de l'entonnoir. Les masses argilo-siliceuses mouvantes, celles qui proviennent du gault comme celles fournies par les éboulis et la décomposition de la gaize en argile et en silice descendent vers eux, et sont, de là, entraînés vers la Fournelle par la voie souterraine du ruisselet. C'est par ces gouffres qu'ont disparu ou disparaissent encore, une très notable partie des produits, ou déblais, du creusement des vallons latéraux aboutissant à la vallée centrale. Ces produits accroissent très notablement la proportion des matières solubles,

---

Grotte, caverne, enclos ; Ex. : Crotte de (où du) chat. maison : (de *Creute* ou *Crypte*.

Creusées, façonnées par les eaux, elle donnent un caractère particulier et original, mouvementé et gracieux à la fois au paysage festonné de vallons, de promontoires hardis, de *rouillons* ou « roullons » *tulus*, de *gouffres* ou « fosses », tout diapré de prairies, de vergers, de vignes (jadis), dominés ou ceints eux-mêmes de belles et vertes forêts de chênes, de hêtres, de frênes, de bouleaux. etc..., aujourd'hui rasées à blanc étoc par la rapacité haineuse et calculée des Boches qui ont voulu anéantir le charme du paysage et ruiner la contrée. La « *Schadenfreude* », la « joie » = (Freude) de « *faire du mal* », de « *nuire* » (schaden) est le plus grand plaisir de l'Allemand et de tous les brigands ! Seule de toutes les langues, l'allemand possède ce mot affreux..

ou solides, tenues en suspension, et vont se déposer en couches alluviales dans la partie inférieure du cours d'eau, depuis Quatre-Champs jusqu'à Toupet. Là, ralenties par une pente plus faible, elles ont formé le *delta* de la Fournelle.

La plupart de ces gouffres, fort apparents, qui encerclent, à distance plus ou moins grande, le village, sont situés à l'orée des bois, ou à la limite inférieure des prés de côte, c'est-à-dire à l'extrémité des glissements argileux recouvrant les pentes synclinales de la vallée et des vallons dans la partie centrale (Quatre-Champs, Toges) du défilé, et *là seulement*. On en compte pas moins de 40 à 45, dont 10 à 12 importants. Ce sont les "trous de l'écumoire," ou du crible qui laisse passer les eaux de la forêt, ayant leur arrivée par voie souterraine au grand collecteur qu'est la Fournelle.

Quelques-uns de ces 22 ruisselets ont un nom qui mérite d'être relevé : Le *Chalon*, Caunoy, la *Pissotte*, la Glôye, la Golière, le ruisseau de Wuileux. Les autres prennent les noms des lieux dits qu'ils arrosent : *Maiseneau*, *Culée*, etc .

Ils ont créé leurs cours, et le vallon où ils coulent, dans les mêmes terrains, avec la même facilité en déterminant les mêmes accidents : sources, suintements, glissements, bourrelets répétés, cirques d'érosion, bois, vergers, prairies, etc... que la Fournelle elle-même.

Le plus remarquable de ces *vallons* est celui du *Fonds de Toges et Vauvrizy* qui fait partie de la *faille centrale* de l'Argonne, marquée au sud par le ruisseau de Longwé (*Long* = long ; (*wé* = vadum : gué, passage, marais), la *Biesme* etc., et au nord par le ruisseau de Marcelot et partie supérieure de ceux de *Montgon* et de *St. Lambert* ou d'Ecordal qui finit à Attigny.

D'une façon générale, on remarquera : que les pentes et talus de la vallée et des vallons, sous l'action des pluies (0^m800 par an) venant de l'ouest surtout, sont plus arrondis à leur crête et plus allongés sur le versant de l'ouest ; qu'ils sont plus raides, — des escarpements véritables, — sur la face exposée à l'Est ou au Sud ; que les vents du Nord, très redoutables en hiver, ont produit des dénudations considérables sur les plateaux où l'action éolienne a, par endroit, presque empêché la formation du sol végétal, rendant la culture impossible, ou la végétation forestière misérable : genêts, houx, génevriers, bruyères, bouleaux nains, chênes pattus, etc... (Côte Chorin, Hurée, H^{te} plaine de Toges, Chamiot, Landèves).

L'action éolienne s'exerce aussi dans la vallée de la Fournelle, le vent y soufflant alternativement de la source (Bar) à l'embouchure (Aisne). On peut s'en rendre compte en se pla-

çant sur les plateaux du Huya et de la Converserie, ou encore
à Noirval, où, par suite du rétrécissement accentué du défilé,
l'effet du vent est plus sensible.

A l'inspection ou à la lecture attentive de la carte, il semble
que la Bar pour atteindre l'Aisne ait essayé une route plus
courte que celle de la Fournelle. et qu'elle faillit passer : 1°
par le *Barosset* (Boult) et les *Fonds de Toges* ; 2° qu'elle ait
voulu aussi couper au court par le *trou de Moine* et le *ruisseau de
Malva*, ou des Quatorze (1) pour confluer à Terron-sur-Aisne.
Elle eût ainsi isolé les deux gros massifs de *Belleville* et de
Vandy qui sont comme les deux vedettes, les tours de garde
postées à l'entrée et à l'issue de sa vallée. Mais elle a à peine
esquissé ce tracé. L'orientation du défilé eût été un peu modifiée,
mais celui-ci, dans sa partie inférieure (Voir Vandy) eût eu
probablement une double entrée et une double sortie plus étroites et moins achevées l'une et l'autre. Il faut noter cependant
que de très vieux chemins ont utilisé ces deux dernières dépressions pour raccourcir les distances de Toges à *Boult-aux-Bois* :
et de Quatre-Champs vers Voncq. Quatre-champs serait donc
en tout cas resté le point central, celui d'où partent toutes les
routes, où aboutissent tous les chemins (2)

Ainsi la Fournelle, devenu l'un des exutoires du lac *Bu-
zancy-Le Chesne*, puis ruisseau décapité et indépendant de la
Bar appelée au Nord vers la Meuse par le défilé de *Malmy-
Chémery*, tend aujourd'hui par l'action régressive à ramener la
haute Bar vers l'Aisne, et à s'annexer de nouveau tout le bassin de Buzancy (3).

———

(1) Malval (mauvaise vallée, ou encore *Mulvau*, jadis), vallon en-
caissé, humide, créé par le ruisseau des *Quatorze* qui en rend l'accès
difficile à cause des *boues*, et peut être dangereux aussi au voyageur,
est tout entier occupé par des prairies où se fait en grand l'élevage du
cheval et du gros bétail : c'est le *chemin des orages*. — On trouve
aussi dans les vieux textes : *Mallevalle* (à voir) Vue de Malva
(photo).

(2) L'une de ces ébauches, celle de Terron, finira par s'achever sans
doute, car elle est le grand chemin des vents d'ouest et des orages.
souvent très violents, qui, après avoir frappé Quatre-Champs, vont
assaillir furieusement la cime isolée et culminante (236 m.) de Belle-
ville-sur-Bar, centre électrique et aquifère de la région.

(3) Pendant les 4 années de l'occupation prussienne (1914-1918), si
cruelle pour tout ce coin de terre : (Chestres, Vandy, Terron, Ballay,
Toges et Quatre-Champs) les Allemands avaient songé à rétablir par
eau la communication entre Bar et Fournelle, sans doute pour y faire

Ainsi dans le travail de creusement de la vallée et des vallons latéraux, il y eut donc comme un rythme bien réglé qui se révèle d'une façon saisissante dans l'aspect du paysage, et qui en fait, suivant la saison, souriante ou sévère, la beauté et la grâce.

passer le *Canal du Chêne* ou des Ardennes, puis une grande ligne Reims-Montmédy-Luxembourg ; puis à y créer des forces hydrauliques, ou électriques industrielles. Ils en parlaient tout ouvertement aux habitants de Quatre-Champs restés au village, et s'étonnaient du nombre des sources et de la salubrité des eaux et de l'air ozonné de la région, où l'on pourrait, comme en Thuringe, installer à volonté des « *Krankenhaüser* », ou « maisons de malades » pour les *nerveux* et les *bronchiteux* ; pour des stations ou colonies scolaires de vacances aussi. Le fait était signalé chez nous depuis longtemps : aucune suite n'avait été donnée à l'idée. En parler, c'était prêcher dans le désert. On saura maintenant que les « brigands » y avaient songé pour leur commodité et leur utilité.

La préhistoire

Les premiers habitants et la préhistoire. — Ligures et Celtes . — Mythes et croyances : La civilisation un siècle avant la conquête romaine et avant le Christ. — La Gaule indépendante et Barbare.

L'histoire à tout prendre est une science relativement récente qui ne remonte pas au delà de 7 à 8000 ans au maximum.. Elle date, en réalité, de l'invention de *l'écriture*, évènement de premier ordre parmi ceux qui ont le plus aidé au progrès de l'humanité, et auquel presque aucun autre ne peut être comparé. Avec elle, naissent les premiers parchemins qui établissent, sans conteste, la noblesse et la grandeur de l'homme, et aussi sa folie et ses misères.

C'est aux Egyptiens, aux Babyloniens (Chaldéens, Elamites. Touraniens) qu'appartient la gloire de cette invention. L'écriture cunéiforme, les hiéroglyphes gravés ou écrits sur les rochers de Béhistoun, les temples, les palais, les tombeaux, les papyrus d'Egypte, déchiffrés, ceux-ci par *Champolion* (1822) ceux-là par Rawlinson (1846) ont reculé de 2.000 ans au moins les limites de l'histoire.

Il semblait qu'en remontant au-delà des 40 siècles qui, en 1798 « contemplait du haut des Pyramides » les exploits de nos soldats, les hommes n'existaient point. Et de graves historiens donnaient avec assurance la date très précise de l'apparition de l'homme sur la terre (1). Avant, rien ; depuis, toute

---

(1) On a compté plus de 200 dates pour la création du monde ; et un savant tchèque , J. Rast, affirmait. comme il convient à un Allemand, dans un ouvrage allemand publié à Vienne, en 1872, que la création de l'homme remontait très exactement à l'an 4.017 av J. Ch. En réalité, il n'y a aucune chronologie officielle, ecclésiastique ou autre à ce sujet. Ainsi les Chaldéens faisaient remonter à 435.000 ans leurs observations astronomiques.— Et des géologues modernes estiment qu'il n'a pas fallu moins de 168.000 ans pour que le continent austral, remplacé

l'histoire. Mais c'était là des affirmations oiseuses et puériles. Avant l'histoire, dont le champ venait tout d'un coup de s'élargir singulièrement, il y avait eu la *préhistoire* soupçonnée à peine par quelques hommes supérieurs.

Un Ardennais, Boucher de Perthes, trouva, en 1838, aux environs d'Abbeville, dans les alluvions quaternaires de la Somme, des silex taillés, et d'autres débris qui lui parurent, et qu'il affirma être des armes ayant servi à des hommes de race antique et inconnue.

Personne ne crut à ses affirmations. On le traita de songe-creux, de visionnaire. Pendant trente autres années, il persévéra dans des recherches, dont il publia, en 1867, les résultats. Lyell, le grand géologue anglais, approuva ses conclusions. Et, depuis lors, ses disciples, ses émules, de nombreux savants, fouillant les alluvions, les marais, les plateaux, les cavernes, les tumuli, les lacs etc... firent une ample récolte de *coups de poing* de *silex taillés*, ou *polis*, de *haches*, de *pointes*, de *flèches* en os ou en silex, de *grattoirs*, de *couteaux*, *d'aiguilles de bijoux*, etc. etc., et aussi de squelettes d'ours, de lions et et d'hyènes, de mamouths géants, de rhinocéros, d'hippopotames, de girafes, de sangliers énormes, de chevaux, de rennes, etc. mélangés, dans les cavernes et abris que l'homme avait habités, avec ses armes et ses outils, avec les débris de sa nourriture et de son industrie.

Ils les étudièrent passionnément et affirmèrent peu à peu que ces trouvailles, étranges au premier abord, étaient les preuves indéniables de l'existence, chez nous, d'une humanité bien antérieure aux temps historiques.

Ces vestiges si curieux et si abondants, si variés aussi, forment aujourd'hui le célèbre *Musée de St. Germain* et beaucoup d'autres collections ou Musées répandus dans l'Europe entière et dans les autres parties du monde.

Personne ne doute plus. Il y a eu, il y a une préhistoire. Et c'est ainsi que s'est constituée, depuis trois quarts de siècle au plus, une science nouvelle : l'*Archéologie préhistorique*, extrê-

---

par l'Océan Indien, s'effondrât et disparût. — Van den Berg : *Pte histoire ancienne de l'Orient*, Hachette. — Et l'effondrement de l'Atlantique à l'ouest de la Berbérie et de l'Europe occidentale daterait de plus de 10.000 ans. — Ternier : *A la gloire de la Terre*, Voir appendice. Effondrement.

mement intéressante, destinée à nous fournir des renseignements sur l'origine de l'homme et sur son établissement en tous les coins de la terre depuis une haute et très lointaine antiquité.

Citer tous les travaux, toutes les découvertes *en France*, en Europe, en Amérique, etc., serait impossible et n'entre pas dans le cadre restreint de cette monographie. Disons seulement que l'homme est apparu à l'*époque quaternaire* ou moderne, la nôtre, que l'Asie par son étendue, son relief, ses climats variés, semble avoir été le milieu le plus favorable à cette apparition ; mais que la question obscure des origines de l'homme est loin encore d'être entièrement élucidée.

Ceci établi, ajoutons, en ce qui intéresse les bords de l'Aisne, l'Argonne et particulièrement la *vallée de la Fournelle* que le « *Préhistorique dans les Ardennes* » du Dr O. Guelliot, nous donne des suggestions et des lumières suffisantes pour éclairer une partie de notre sujet (1).

Les économistes et sociologues, considérant les grandes phases du développement de l'humanité, admettent les étapes suivantes :

1° — l'*état sauvage* pendant lequel l'homme nu, ou vêtu de peau de bête, habitant les *forêts*, les *cavernes*, les *lacs* et les marais, vit surtout de pêche et de chasse, de baies, de fruits sauvages, de racines, de bourgeons et d'herbes, et se défend contre ses nombreux ennemis par son agilité, sa force et son intelligence. On ne peut mesurer le temps, assurément long, de cet âge où les progrès furent très lents. Impossible d'en fixer les limites, ni la durée. Aujourd'hui encore, il existe des peuplades sauvages en Afrique, en Asie, eu Océanie et en Amérique toutes semblables à celles des temps primitifs ;

2ᵉ — l'état, ou *âge pastoral*, marqué par l'apprivoisement de la plupart des animaux domestiques actuels, et par la vie pastorale essentiellement *nomade*, et l'habitat sous la tente. Beaucoup de tribus en sont encore à cette période de l'évolution humaine, surtout hors d'Europe ;

-----

(1) M. le Dr Guelliot, notre compatriote, chirurgien en chef honoraire de l'Hôpital de Reims, est le fondateur du *Musée Archéologique de Reims* en grande partie détruit (1914-1918) par la stupide férocité des boches. Ces barbares, badigeonnés d'un vernis scientifique et humanitaire, en imposaient aux rêveurs, aux ignorants et à quelques scélérats en faisant croire à la supériorité de leur orgueilleuse et brutale civilisation.

3° — la période, ou *âge agricole*, caractérisé par la culture des céréales, et d'autres plantes alimentaires ou textiles. L'homme devient sédentaire, la maison d'habitation remplace la tente ou la hutte. Les villes et les grandes nations paraissent ;

4° — l'âge ou période *industrielle et commerciale* qui se distingue par la production agricole, industrielle et commerciale *intensive* et générale. C'est l'époque moderne, ou actuelle, remarquable par les progrès de la chimie, de la physique, de la mécanique, etc, et par l'emploi d'un outillage formidable et très perfectionné, par l'énormité des cités, etc.

Les historiens, enfermés dans les limites plus précises, divisent, pour chaque peuple ou pour l'humanité entière, l'histoire en *Temps fabuleux* ou mythiques, en *Antiquité*, en *Moyen âge*, en *Temps modernes* et *Contemporains* qui correspondent assez bien, quoique d'une façon très générale, aux divisions données par les économistes et les archéologues ; car, comme le fait observer M. C. Julian, « la légende s'accorde partout exactement avec la *toponymie*, » et celle-ci permet de retrouver. partout où ils ont passé, les hommes de la préhistoire, l'étendue de l'aire qu'ils ont occupée, la route qu'ils ont suivie et quelquefois les points d'où ils sont partis. Telle la plus mince feuille ou pellicule d'une roche, la plus faible strate d'une formation géologique dénoncent les mouvements du sol et les révolutions de la planète.

Les temps fabuleux ou mythiques sont peut-être pour chaque peuple la période la plus pathétique de son existence, celle où se sont formées peu à peu sa langue, sa conception enfantine du monde, ses mythes et sa civilisation, son enfance, pour tout dire, et sa jeunesse, tout ce qui le faisait avancer vers l'avenir en chantant sa joie de vivre, et qui nous permet de comparer le point de départ et l'arrivée, — ce qui, en fait, constitue sa vie et son histoire (1).

Placée entre deux régions occupées dès les premiers âges de la préhistoire, l'Argonne, et notre petite contrée en particulier —, durent être parcourues et habitées de bonne heure par

----

(1) Les habitants de l'Argonne septentrionale et particulièrement de la vallée de la Fournelle ont vécu pleinement les trois premières périodes sur place. Ils n'ont connu la 4ᵉ que par l'émigration vers Reims ou vers la Meuse. Cependant quelques usines commencent à apparaître aux abords, ou à l'intérieur du défilé ; elles sont toutes récentes. La petite industrie seule était pratiquée sur place il y a moins d'un demi-siècle encore.

des *sauvages* (hommes des bois), faunes ou sylvains. à l'humeur mobile et changeante, chasseurs et pêcheurs infatigables, ou par les *marchands* venant acheter, à Liry et dans la *région des monts de Champagne*, les coups de poings, les haches en silex, etc., dont ils avaient besoin, et fabriqués au Grand Quétigny (Indre-et-Loire) avec le silex de la craie et apportés là des ateliers ligériens.

Ils suivaient des pistes ou sentiers courant sur le dos (1) des chaînons calcaires ou sur les plus hauts plateaux pour éviter les boues et marécages de la Bar, ou de la partie nord et nord-est de l'Argonne couverte de forêts épaisses, de ravins profonds et de terres argileuses difficilement praticables.

La vallée de la Fournelle, brèche ouverte entre la Bar et l'Aisne, dut être, et fut un de leurs chemins préférés ; car entre les deux groupes de population primitive, celui de l'*Ardenne belge* et celui du pied des *Monts de Champagne*, la route la plus courte, partant soit de Mézières, ou de Sedan, ou de Carignan-Beaumont, passe par *Stone*, Tannay, les Ptes Armoises, la Fournelle, Savigny et Liry allant vers Châlons. C'est déjà, et bien des siècles à l'avance, l'indication très nette de la *voie romaine* : (Reims-Trèves), et de la *route nationale* nᵒ 77, *de Sedan à Nevers* par Vouziers, Châlons, Troyes, etc... C'est aussi, hélas ! la route des invasions germaniques !

Cette piste était en outre, la plus giboyeuse, vu les forêts et les lacs qu'elle traversait et sur ceux-ci les voyageurs, ou coureurs sauvages pouvaient se servir de pirogues creusés dans quelque tronc d'arbre ou de légers canots faits d'écorce de bouleau qu'ils dirigeaient assurément avec autant d'habileté que les sauvages actuels des forêts du Canada, de l'Amazone, du Congo, etc (2)

Nous n'avons à la vérité aucune preuve matérielle qu'il en ait été ainsi ; mais la configuration générale de la contrée traversée, la situation des pays déjà habités par ces hommes primitifs, et surtout *les noms donnés par eux aux accidents phy-*

---

(1) La voie romaine de Reims à Trèves. ancienne piste celtique sans doute, courait directement sur la crête des hauteurs par Stone (336m) etc. Cela est facile à constater du *Chesne à Mouzon*, de *Mouzon à Carignan* et au delà.(Voir Davis: *Handbook of Northern France* (1918).

(2) On trouvait encore il y a quelques années sur la Semoy des pirogues creusées dans un seul tronc d'arbre. (Bruneau : *Limite des patois dans l'Ardenne belge.*

siques les plus marquànts semblent militer en faveur de cette conjecture. C'est la géographie, non l'histoire, qui impose ses lois aux migrations des hommes ; et il suffit de suivre les routes par où ils ont passé, en paix comme en guerre pour s'en convaincre absolument (1).

La toponymie seule, confirmant les découvertes archéologiques, va nous donner quelques lumières sur ces temps primitifs et si lointains.

Suivons le « sentier » ou l' « Allée verte » unissant pa ila vallée de la Fournelle, *Sedan* (2) (*Se dunum* = la belle colline) à Liry sur lequel viennent aboutir beaucoup d'autres « pistes » ou « *Hauts chemins* (3) pour employer une désignation très

----

(1) La simple lecture d'une carte nous montre en effet entre la Meuse et l'Aisne : 1° — une *belle chaîne de calcaire jurassique* qui, de Dun sur-Meuse et de Létanne par la Folie (314 m.), (est de Buzancy). Somme haute (314 m.). Mont Damion (325), *Stone* (338 m.) Bulson (314 m.), Mt. Piot (321 m.), où se tint l'état-major prussien pendant la bataille de Sedan (1870). etc.. va rejoindre par Thin-le-Moutier, la Tiérache en bordant de très près la rive gauche de la Meuse. de Dun à Mézières ;

2° — l'*Argonne*, continuée au-delà de Chesne-Populoux par une *chaînule calcaire* — (véritable digue des Etangs de Bairon), — qui culmine à la Crête de Poix (303 m.), se disloque — (dislocation causée par les eaux de la Meuse allant vers l'Oise (voir chap. 1. *in fine*)— au delà du col de Launois et va se confondre avec la précédente.

De la première descendent. vers l'O. et le S. O., à travers la cuvette lacustre formée par la Bar, de longs promontoires de calcaires jurassiques et coralliens, sortes de chaussées naturelles qui conduisent à des passages relativement faciles sur la Bar, puis vers les défilés de *Grandpré*, de *Noirval*, du *Chesne*, de *Tourteron*. Ces deux derniers inclinaient les voyageurs plutôt vers Reims ; les deux premiers plutôt vers Châlons, (ou vers Ste Menehould).

Ceux-ci ont joué pour notre région un plus grand rôle historique :

(Camp romain de Chestres et route romaine (voir plus loin)). surtout depuis 1792 (Valmy), depuis 1870 (Sedan), depuis 1914, où la route n° 77 fut l'axe central de l'invasion allemande : Bataille de la Marne — marais de St Gond — *Monts de Champagne* : Tahure, Massiges, Souain Vouziers — 1914 à 1918 novembre) (Armées de *Hausen*, du Kronprinz. von Einem, etc..

(2) — Egli : Dict^re. *Nomina geografica*. Ceux qui ont vu Sedan de la forteresse du Dijonval savent de quelle vue admirable on jouit de là.

(3) En Angleterre. dans les vieilles villes, la rue principale sur la hauteur est toujours appelée *High Street.*

postérieure, mais très juste. Quelles indications trouvons-nous sur cette voie entre la Bar et l'Aisne ?

D'abord les deux points où ces rivières étaient sûrement franchies : *Savigny* et *Brieules-sur-Bar*.

Or Savigny vient certainement de *Sabinus*, gaulois (1) à qui ce lieu appartenait : *Sabinacium*, domaine de Sabinus, et ce mot : de la racine *sab, sav* = eau, (*b* et *v* étant équivalents) Il y avait en cet endroit où la vallée de l'Aisne est beaucoup moins large, *deux* gués qui permettaient de la franchir aisément et d'entrer de plein pied sur le haut plateau de Falai-e (2).

Brieules est un nom Celtique (3) Briodorum rivière, eau *de la boue*. Cette forteresse, ou oppidum, a dû commander longtemps le *passage de la Bar*, situé entre deux vastes lagunes tourbeuses, souvent noyées : l'une, en amont, de Gignaux (4) à Boult au Bois, et de Châtillon à Brieules, où des « *panses de vaches* » dangereuses enlisaient bêtes et chariots, il y a 70 ans à peine, avant le drainage de la prairie et les plantations d'osier et de peupliers du Canada ou d'Italie, — l'autre, en aval, plus marécageuse encore, reste couverte d'eau une partie de l'année : c'est Grimansart (5) ancien village lacustre jadis, hameau, voire ferme maintenant.

Or, juste à la base de l'éperon calcaire qui porte Brieules et qui a été scié et séparé de son prolongement occidental (colline de Huileux) par la rivière elle-même, ou disloquée par les sources abondantes qui jaillissent de tous côtés en cet endroit, une sorte de digue solide, surhaussée et bordée d'une triple ou quadruple rangée de hauts peupliers, servait au 18e siècle

---

(1) — Peut-être un Lingon, ancêtre de l'époux d'Éponine. Les Catalauni étaient clients des Lingons. Beaucoup de bourgs et de villages français dérivent de cette racine : Sauvigny (Vienne) où passa le roi Jean quelques jours avant le désastre de Poitiers (Septembre 1346); — Sévigné etc. etc. Tous sont situés sur des cours d'eau.

(2) *Falaise* du germanique *Fels* rocher ; *Flize* a la même origine (*Calvados* Ardennes) : *Falize* = rocher.

(3) Brieules, *brio-dorum*, ou *durum*, = torrent. eau de la boue, est tout entouré de marécages. (Brio = boue ; durum = eau).

(4) Gignaux, (les *Genêts*). Nom d'un mathématicien connu au 18e siècle, et né là.

(5) Grimansart ; sart = défrichement ;d'où défrichement. et, ferme de Grimm, (allemand : *grimm* = farouche, cruel. dur. Sans doute un colon franc ou germain pas commode. redouté.

à la formation et au lancement des trains de bois dirigés, par la Bar et la Meuse, d'abord sur le *port franc de Charleville*, et de là sur la Hollande. Au 17e et 18e siècles, et peut-être avant (1), c'était là qu'était la tête de ligne de *flottage* de la Bar.

Les belles forêts de la région : *St-Denis, Belleville*, Vau Maillard, Tannay et Mazarin, le Mt-Dieu, etc., fournissaient les grumes « les plus beaux de France ». qui aidaient Hollandais et Anglais à construire leurs flottes de guerre ou de commerce. Nous fournissions des armes pour nous faire fouetter. D'ailleurs, Brieulles a possédé longtemps foires et marché couvert assez importants.

Immédiatement en aval du bourg, un gros ruisseau, la Bièvre vient confluer à la Bar et rappelle par son nom : *Bièvre* (= *Beber*, castor), l'existence du castor en nos régions aquatiques et marécageuses.

Entre ces deux points extrêmes — Savigny et Brieulles — le défilé présente un certain nombre de lieux dits, dont le nom semble bien remonter à la préhistoire : d'abord, *Chamiot*, non venu selon toute vraisemblance de *calm* qui signifie « lande, terre inculte servant de paccage ordinairement située sur une hauteur. » (2)

Il est apparenté à *Chaume*, nom celtique donné à quelques sommets vosgiens — (les Hautes Chaumes). Chamiot est, en effet, au « Criquet », ou sommet, de la longue côte qui monte de la Providence à Lacroix-aux-Bois, et présente l'aspect d'une hauteur couverte de « andes », de terre peu fertile, balayée et dénudée par la violence des vents. (3)

En avançant vers l'entrée du défilé, on rencontre le *Chalon* (4) ruisseau assez important qui contourne et enveloppe à l'Est et au nord, le camp romain de Chestres ; (Gaule romaine).

------

(1) En 1521, lors du siège de Mézières, Charles-Quint accorda des saufs-conduits aux Chartreux du Mt Dieu pour le flottage de leurs bois (chênes) achetés par des marchands de Bois-le-Duc. — Don Ganneron : *Les Centuries* du pays des Esuens.

(2) Thomas : *Études de philologie française*. Paris, Bouillon, édit.

(3) Leroy : *Dictionnaire du patois de Quatre-Champs et du défilé.*

(4) Chalon, oppidum gaulois sur la Saône, (de *Cabillonum*, dérivé de *Caballus* cheval), entouré de prairies, faisait surtout l'élevage du cheval. Celui-ci servait à la fois de monture et d'animal de boucherie chez les Gaulois.

De là, passant à *Landèves*, on arrive directement des plateaux supérieurs au fond de la vallée à *Ballay*, (écrit au 17° siècle Balaives et Balaise). Le nom de ce village paraît dériver du celtique *balaen*, bala (comme Balan), = genêt. Le suffixe gaulois *aiacum* signifie domaine ; il s'est réduit peu à peu en Y, terminaison ethnographique si fréquente dans les Ardennes, et, en général, dans tous les pays au Nord de la Loire. Le genêt croît, en effet, sur de grandes étendues et en fourrés épais, dans toute la région avoisinante. Encore aujourd'hui, il s'empare très vite et entièrement des sols laissés en friches.

Passons immédiatement à Noirval qui a donné son nom au défilé. Il y a deux siècles, on écrivait *Noireval* (*vallis*, vallée étant du féminin) (1). Noirval occupe au N. E. une des entrées de la vallée de la Fournelle, comme Chestre occupe la porte O. S. O. Le passage plus resserré est en grande patrie couvert par des bois qui donnent au paysage un aspect sombre et noirâtre, accentué par les brumes et le climat plus froid de la Bar toute proche. Le climat séquanien plus doux, plus ensoleillé s'arrête là ; et la végétation prend un autre caractère. On entre dans la région de la Meuse et des pays du Nord. La ligne de séparation est nette et tout à fait caractéristique. C'est le septentrion plus austère et plus sombre ; le *val noir*, bien nommé.

Ce village possède sur son territoire un autre accident géographique remarquable qui semble appartenir aux temps préhistoriques, à savoir le *Sabot*, ou les étangs *de* Sabot, situé au centre d'un cirque boisé très évasé et revêtu d'une belle forêt de chênes.

Les habitants disent couramment les *étangs du Sabot*. Mais, en général, le public ne prend guère garde à la bonne prononciation des noms de lieux, ni à leur exacte écriture. Il les prononce et les orthographie au hasard, rendant ainsi inintelligibles les mots les plus simples. On trouvera dans cette étude quelques exemples très curieux de ces déformations qui, trop souvent, sont inscrites sur la Carte d'Etat-Major, dressée en un temps où l'on ne s'occupait guère d'archéologie, ni de toponymie (Voir Huileux).

Prenons le cadastre de Noirval. Nous trouvons au nord, le ruisseau de *Wileux* amenant les eaux du cirque boisé, ou de

---

(1) On trouve dans les Ardennes : Francheval, Sécheval, Laval, Belleval, écrit Belval aujourd'hui, Malva, de Malval, jadis *Mallevallo* etc...

ces étangs — (il y en a 2) — à la Fournelle, à quelques centaines de mètres en amont de Noirval, dans l'ancien *grand étang*,
naturel et artificiel à la fois, dont la *digue naturelle* existe encore
aujourd'hui près de la station du chemin de fer, juste au point
où le ruisseau, quittant son premier palier, devient torrent et
sépare, par un ravin profond et abrupt, le *grand* du *petit* Noirval. Cet étang, une manière de petit lac, appelé *vallée de Grand
Jean*, couvrait Noirval, au Nord et à l'E. N. E. d'une ceinture
d'eau sérieuse que triplait la ligne des marais de la Bar, et
celle de la haute vallée de la Fournelle, constituant ainsi une
partie importante de la défense du défilé à son entrée N. N. E.
D'ailleurs, l'église située sur un tertre, placée au centre même
du village, était fortifiée au moyen âge, comme il est facile de
s'en assurer *de visu* (créneaux et meurtrières), encore aujour-
d'hui. On voit, entre l'église et le ruisseau, les *grands fossés*,
restes sans doute d'un château (ou d'une maison forte), détruit
complètement.

Cette ceinture d'eau était complétée par la *Fontaine St-Côme*
par les lieux dits : la *Nouette*, le *Cuveau*, la *Salmonerie*, la
Glóye — (plutôt la Glauye), — le *Raveau*, la *Fontaine au Curé*,
etc.

Un renflement de terrain, sorte d'ondulation (209 m.) formant éperon et *digue tranversale naturelle au vallon* de la Fournelle, appelée *au-dessus de* Sabot, comme on dirait *au-dessus
de l'eau*, le sépare d'un second cirque : la *Houlerie*, aussi curieux,
mais moins grand que le précédent et possédant lui-même 3
ou 4 sources.

Noirval, bien diminué par la disparition des *Masures* des
deux *Mesnils*, et presque du *Petit Noirval*, moins abrité aussi,
devait donc toute son importance à son caractère lacustre et
presque insulaire.

Les orages, qui viennent des Alleux, ou du Chesne (Nord),
franchissent parfois les collines de *Willeux* (1) (209 m.) et
jettent de véritables trombes d'eau dans ces dépressions ou
cirques (Houlerie, le Sabo, Culée de Belleville), en heurtant le

---

(1) Orthographe relevée sur le cadastre et qui serait la bonne si
Willer, *Willeux* était écrit tout simplement Wille, nom d'une très
ancienne famille noble dont il était la propriété, la Villa. L'r ne se prononce pas ; d'où Willé à Châtillon ; Wille à Noirval, et Huilleux, en réalité Willeux à Quatre-Champs ! Cette déformation est remarquable !
Le doublé W se change en G, le G en H ; il se prononce *ou* = *w*,
d'où *ouileux* = huileux.

gros et fier massif de Belleville (235 m.), trombes qui font déborder soudainement la Fournelle, s'épandant alors dans l'ancien lac ou étang.

On est donc bien là dans une région toute lacustre, dans le pays de l'eau ; et il faut écrire évidemment *Sabo*, eau (Sabo = Savo, Save) et non *Sabot*, vocable qui ne signifie rien (1).

Un rapprochement éclairera mieux encore notre sujet. A quelques kilomètres à l'est de Melun, on entre dans la forêt de Fontainebleau, au rond-point dit la « *Table du roi* », connu de tous les touristes parisiens. Là, passant à droite, on descend, à travers bois, par une pente assez forte, aux « *Evées* », situées au fond et au centre d'un cirque aussi étendu, mais moins évasé que celui de Noirval.

Pour rendre plus praticable aux chasseurs et chasseresses qui souvent l'accompagnaient, et pour embellir la forêt qui manque d'eau et de sources, Louis XIV fit creuser dans le marécage un étang ou bassin circulaire, d'environ cent mètres de circonférence ; puis autour de ce bassin, plusieurs rangées concentriques de petits canaux séparés les uns des autres par des levées assez larges pour y pouvoir circuler aisément en compagnie, s'y reposer et goûter à loisir l'ombre et le frais, étangs et canaux donnant à ce lieu un caractère original et agréable. Les arbres y sont de plus haute et de plus belle venue, plus nombreux les oiseaux qui peuvent y boire et chanter à plaisir de gorge, à gorge déployée ! Enfin la lumière mieux distribuée par l'art des anciens forestiers, plus doucement tamisée par les branches et le feuillage, reflétée en cent tableaux changeants par le clair miroir de l'étang et des canaux, tout cela attire et retient les passants en mettant de la vie et de la beauté dans ce coin jadis déshérité. Un peu d'art et de soin embellit la nature ; trop, lui donnerait un air emprunté et déplaisant.

---

(1) Il y a d'autres lieux dits « Sabo » en France : ainsi le *Saut du Sabo* (ou *le Sabo*), chute célèbre du Tarn dans les Cévennes, et beaucoup de « *Save* » en Europe. La racine *Sû* qui a formé *Sûnâ*, rivière, eau qui court, reparaît dans l'*Irlandais*, ou Celte, *sua*, ruisseau, et *sa*, torrent, contracté de *Sava*. Le fleuve *Savus* (Save) (affluent de droite du Danube) les deux *Sabis* de *Belgique* et de *Gaule Cisalpine*, le *Savo* de la Campanie, la *Savena* de Bologne et la *Saucona*, aujourd'hui la *Saône*, en dérivent. Le *b* et le *v* sont des équivalents ; *v* est simplement un *b* adouci. (Cocheris : *Origine et formation des noms de lieux*).

Cet étang, ces canaux, s'appellent les « *évées* », c'est-à-dire les « eaux », la *réunion des eaux* (1) Ces évées, bien nommées et les «Sabo» de Noirval et du Tarn, sont très proches parents assurément. Et voilà comment la toponymie, science nouvelle,

Le très vieux 4 champs :

La rue montant du P* *Puits* à l'église. A droite la demeure du *druide* (légende) ; à gauche, l'école, le cimetière, chemin de la Montagnette, etc. (chap. III). Au centre : deux victimes des boches, âgées de 84 ans (g.) et de 79 ans (dr.) allant en corvée commandée. (1914-18) : morts !

aide à définir un endroit, et aussi à fixer une époque historique. Ici, le nom dénonce l'eau et la race d'hommes qui a vécu en ces lieux aux temps lointains de la préhistoire.

Ces hommes étaient sûrement les Ligures et plus tard les

____

(1) En sanscrit, *av* = eau ; en Celte, *aff* = eau (f égalant *v*), d'où :

Avon, ruisselet qui a sa source dans la cour du Château de Fon—

Celtes, ou ceux qui les avaient précédés.

Si Noirval et Ballay commandent les deux issues du défilé, c'est-à-dire les deux points les plus resserrés, *Quatre-Champs en occupe le centre*, vaste clairière, cirque élargi, carrefour où aboutissent routes et chemins venant de tous les points de l'horizon, refuge naturel contre les attaques du dehors, abri paisible en temps de paix pour les habitants primitifs de l'Argonne septentrionale.

Son nom, tiré de sa situation, de l'aspect des lieux, de leur nature aussi, est parlant. Le village est placé au croisement de deux lignes naturelles ; la *cluse* où la Bar a jadis passé, — la faille ou *combe* médiane de l'Argonne, celle qui est suivie par la *Biesme*, le ruisseau de *Longwé* les ruisselets des *Fonds de Toges*, *Vauvrizy*, *le ru de Marcelot*, et les cours supérieurs des ruisseaux abondants de *Montgon*, de *Tourteron* et d'Ecordal.

Ces 2 axes découpent le territoire en *quatre* parties très nettes, et cela a dû frapper vivement les esprits depuis les origines : Sauvages, Ligures, Celtes, Romains et Francs, etc. qui, peu à peu, ont aidé à constituer la France actuelle.

Sans faire une conjecture trop harsadée, on peut dire que le nom du village est d'origine ligure ou celtique et qu'il existait avant la conquête romaine.

Un *œdificium*, demeure d'un noble Gaulois, a dû s'établir au point où s'élèvent maintenant *l'église* et la *grosse maison*, c'est-à-dire au sommet, et à la pointe extrême d'un éperon rocheux de formation secondaire, escarpé sur trois de ses côtés et où, depuis, se sont installées la villa Gallo-romaine et la partie actuelle du village, dit de « par en haut ».

---

tainebleau (Fontaine bleue, ou bléau), et donne son nom au village d'Avon, tout voisin.

Aveyron, rivière connue ; les *Ayvelles*, village ardennais, et sans doute aussi *Landèves*, ou *Landaive*, eaux des « *Landes* ou *lannes* » des « hauteurs » : hameau, jadis petit village tout baigné d'eaux dépendant de Ballay, et fort bien nommé.

Avron, (plateau d') près de Paris ;

Et, sous la forme *ew*, *évier*, lieu où l'on place le seau d'eau, où l'on lave la vaisselle dans une cuisine. Puis encore les nombreuses *Eure* du Loiret, du centre de la France, etc., dont la plus belle est l'*Eure* (Evre) d'Uzès, conduite par l'*aqueduc romain du Pont du Gard* à Nîmes qu'elle abreuve et rafraîchit. Ajoutons encore :

— l'Auvisse (les « eauvisses), ancien lit du Cher (suivi par le Canal) ; et tous nos « *Avre* et Auron, ou « Avron » etc... Les *Eure*, ou *Evres*, sont innombrables en France.

La villa rustique, appelée *Tabure* où logeaient les esclaves, des vaincus sans doute, plus tard les serfs, est assise sur une table calcaire recouverte d'argile limoneuse, à la base même de l'escarpement. C'est encore aujourd'hui une sorte de faubourg populaire bruyant, parfois tumultueux, où tous les corps de métier : menuisiers, charpentiers, tonneliers, tourneurs, maçons, potiers, tuiliers, bûcherons, tisserands, cardeurs, forgerons, bergers, etc., étaient représentés.

Deux vieux chemins orientés S-N, E.S.O. se rencontrant au *Petit-Puits*, jadis puits banal, le partageaient en *quatre* quartiers. Chose curieuse, ce chiffre quatre s'impose tout de suite à la vue et à l'esprit de toute personne, si peu attentive soit-elle. Du point culminant (église), on peut sans effort, compter au Sud, comme au Nord, *quatre* grands vallons, séparés par *quatre* longs promontoires fort pittoresques supportant *quatre* fractions du plateau supérieur de l'Argonne, et dominant *quatre tables* calcaires parfaites, belles terres à blé, conjugées pour ainsi dire deux à deux de chaque côté de la Fournelle qui déroule ses zigzags nombreux dans un val étroit et profond situé à 10, 15 ou 20 m. d'altitude au-dessous de ces huit tables. (Voir croquis : Camp de Chestres.)

Le village faisait alors partie de la cité ou peuplade des Rèmes. Nous ne savons quel nom portait l'œdificium gaulois ; mais le mot *Tabur* ou *Tabure* va nous aider à éclaicir la chose.

Tabut ou *Tabust* est un vocable celtique qui signifie *bruit, tapage*. Il s'est conservé dans le bas-breton actuel avec le même sens. Littré (Dictionnaire) définit ainsi le mot *tarabuster* : « contrarier, importuner par du bruit ou des interruptions fréquentes, traiter rudement, tourmenter..., *forme extensive* de *tabuster* ; génevois : *tabuster* ; Berry : tabuser, *tabuster* ; provençal : *tabust*, vacarme ; italien : *tambussare* (1), faire du

---

(1) Il y a à Reims une rue *Tambour* ; mais ici le mot tambour (qui a donné *tabouret*, petit siège en forme de tambour,) est le vieux mot *tabour*) qui vient de la Perse et désigne un instrument de musique bien connu, introduit en France au XIIe siècle. La maison des Comtes de Champagne dite « *maison des Musiciens* », située rue Tambour, tirerait (croit-on) son nom de là (?) ; elle ne nous semble avoir de commun avec *Tabure* que le bruit et le vacarme caractéristique du faubourg de Quatre-Champs et sans doute aussi de celui de Clermont en Argonne. Rouen, Orléans possèdent également une rue de Tambour, ou Tabour. Du reste, phonétiquement, il n'y a pas bien loin de Tabure à Tambour ; voir ci-contre *Tambussure*.

bruit. Tabus est aussi dans Rabelais : fagoteurs de *tabus* = instigateurs de *querelles* (Garg. p. 50). Ainsi tabut ou tabus a donné *Tabure* lieu où l'on fait du bruit (avec des outils ou autrement), où l'on se querelle, (chose fréquente dans les milieux populaires), par le changement de *s* en *r* (exemple Marseille, de Massalia, etc.) par la chute du *t* et l'addition de la finale *e* : ta*bust* =tabure.

La *Tabure*, I. à (g.) : Haplé, la Synagogue ; à dr., Ste Fontaine et la Hugette ; les Enclos.

On trouve aussi une *tabure* à Clermont en Argonne et on vient de voir que le vocable *tabust* s'est conservé sur une aire considérable. La Tabure semble donc bien avoir été une station ligure ou un œdificium celtique antérieur à la conquête romaine à laquelle il a survécu. Posée sur une table légèrement inclinée à l'Est, et regardant le *soleil levant* (*Belen,*-us dieu gaulois), placée au bord d'un antique ruisseau apportant les belles eaux claires, très saines (eau de gaise) des sources du *Trou de Moine*, de la *Pissotte* et de la *Sainte Fontaine*, eaux qui contournaient la base de l'éperon porteur de l'œdificium (forteresse, nécropole et temple à la fois), la Tabure (1) a dû être

---

(1) On dit encore aujourd'hui et couramment en Picardie : « ne me *tabuste* donc pas », pour : ne me taquine pas, ne me querelle donc pas tant.

le premier nom de la bourgade. Le nom de Quatre-Champs n'aurait prévalu qu'ultérieurement.

Ce dernier nom paraît bien d'ailleurs, lui aussi, être d'origine celtique. On le trouve dans les dialectes :

Indo-Européen... *quetuores* =quatre ;

Sanscrit : ... *catur* (c = q = qu = ku)... = quatre ;

vieil Irlandais : ... *cethir* (gaélique, c = qu)... id

latin : ... *quatuor* .... id (1), or le latin, comme le celte, dérive du sanscrit.

Le mot *quatre,*dérivant de *quetuores,*ou de *cethir* = quethir, a pu et dû se transformer tout naturellement en quator ou quatuor. Mais cela n'en indique pas moins que les Gaëls ou Gaulois avaient dénommé très exactement notre village avant que les Romains en eussent fait la conquête.

Quant à *Champs*, il peut « venir également du celtique *Cambo, nem* = champs cultivés, du bas latin *cambonem* qui a donné le *Chambon* » (2) ou du latin *campus* (plur. campi — campos) (3) = plaine, qui s'applique parfaitement aux tables calcaires devenues champs très fertiles.

D'ailleurs, tout comme quatre, *cambo* et *calm* ont pu se transformer sans difficulté en *camps* et *champs*, et donner ainsi, à partir du 10e ou XIe siècles, — Quatre-Champs, forme définitive.

Nos pères, comme tous les peuples Indo-Européens, dès la plus haute antiquité, adoraient la Terre, le Ciel et l'Océan ou les eaux ; puis les forces de la nature : la lumière, le vent, la tempête, l'orage et les nuées, les monts, les *sources* vivantes et chantantes, les arbres et les forêts ; les plantes et les animaux, etc... Pour eux tout était dieu : ce qu'ils admiraient et bénissaient, comme ce qu'ils craignaient et ne comprenaient pas.

------

(1) d'Arbois de Jubanville : « Les dieux de la Gaule » (1914).

(2) Thomas : *Essai de philologie française p. 151.*

(3) La Terre et les Champs ont joué un rôle capital dans la vie des hommes et des peuples. On peut donc dire encore que *Champ* vient de *Calm* (éelt). *landes, hauteurs* qui, dans le centre de la France, a donné champs, et qui est ici le terme générique de *Cham-iot* (v. plus haut).

On remarquera, en outre, combien est fréquent dans la région, le vocable *quatre* : la *cadrette*, source (Toges) ; le ruisseau des *Quatorze* (entre Quatre Champs et Terron), les *quarante arpents* (lieu dit) ; les *4 Fils Aimon* (légende v. plus loin). *Quatre*, chez les Anciens, était un nombre *sacré*.

De là des mythes et des lois morales ou religieuses admirables, des légendes et des pratiques extravagantes ou effroyables (1) que le temps et l'observation ont corrigé peu à peu et que la science tend à faire disparaître, ou qu'elle a fait évanouir sans retour.

Or, à mi-côte, entre le Petits-Puits et l'église actuelle, juste au point où se détache le chemin ou piste montant au Nord, une antique légende locale place la demeure d'un « sor-

Cliché : L. Leroy.

La *Tabure*. II : Partie centrale ; Le Petit Puits, en bas ; au-dessus : Cimetière, Pré d'Allemands ; *Sartassot* ; *la Gravette* ; *la Montignette* (jardins, vignes, vergers; à dr. la *Tuilerie* ; à g. le *Mont-Dore*, *Vauvrizy*, *la Pissotte* etc. Chemin du Chesne.

cier », (« sourcier » ; ou devin, vate) » *qui retenait les passants et les enchaînait avec des chaînes d'or sorties de sa bouche ».

Cette singulière légende évoque immédiatement le souvenir et le nom d'Ogmius, dont le culte est resté célèbre en Irlande. « Héro mythique d'un des grands cycles épiques de la verte Erin, à la fois poète et guerrier, il personnifie, comme Hercule, la force et l'éloquence ; il invente l'écriture *ogami-*

---

(1) Tout comme au Mexique et au Pérou, il y a cinq siècles, et chez les Eoués ou Dahoméens, il y a 30 ans ; tout comme chez tous les peuples à l'origine, c'est-à-dire à une certaine phase de la civilisation.

que (1) dont, aux premiers siècles de notre ère, les Irlandais, peuple de race gaélique, faisaient encore usage et qui tire de lui son nom ».

Dans la bataille « où les dieux de la mort et de la nuit, les Fomores, sont vaincus par les dieux du jour et de la vie,

Cliché : L. Leroy.

Tabure, IV. (V. Tabure III p. 53). La Tabure reconstruite, (vue prise du portail de l'église. A dr. Haplé et la Grand'vigne. Au centre : Trou de Mine, les *Aclos-St-Remy* ; à g. Côte des Vignes et chemin de Vandy.

Ogma, le *dieu à la face solaire* arrête à lui seul les forces réunies de *quatre* des cinq royaumes de l'Irlande, et reçoit, pour sa part de butin, « l'épée de *Tétra (quatre)*, dieu de la mort ». (D'A. de J.)

Lucien, poète romain (1e s. av. J. C.), représente ainsi Ogmius : « Ce dieu gaulois a les attributs d'Hercule (massue, arc, « peau de lion)... il est en même temps le dieu de l'éloquence... « Il marche en avant, mais sa tête est *tournée en arrière* ; sa « bouche est ouverte... ; de sa *langue partent des chaînes d'or* « *et d'électrum auxquelles sont attachées par les oreilles des hom-*

—————

(1) D'Arbois de Jubainville : *Le Dieu Ogmius et l'alphabet irlandais primitif*. 1881. Biblioth. Nat^le.

« *mes qui le suivent en foule et ces captifs marchent joyeux avec*
« *des signes d'admiration...* (1)

Les Gallo-romains semblent avoir rendu d'assez rares
nommages à Ogmius. Mais, on le voit, son nom et son culte
existaient en Gaule (2).

Ces Gaulois, ou Goïdels, étaient peut-être un mélange de
Ligures, vaincus vers 1300 avant J. C., et de Gaëls, soumis,
eux, par les Belges, ou Kymris, au VIe siècle ax. J. C. ayant
adopté leur langue, fort semblable d'ailleurs à la leur, mais
leur ayant imposé leurs dieux, leurs légendes, leurs coutumes
et aussi le *vocabulaire toponymique des lieux* où ils avaient con-
tinué à vivre en groupes encore assez serrés, comme dans les
Pyrénées et les *Ardennes*, « inaugurant la vie historique des
formes de notre sol national ». (3)

A la base méridionale de l'*œdificium*, jaillissait une
« source » intarissable. claire, abondante et belle. Elle dût
être, avec ou après le *Petit-Puits* (? ?), la « dive », la
« Sainte », la « Mère », du lieu, celle qui rafraîchissait, puri-
fiait, guérissait, réjouissait l'homme et ses troupeaux. Elle
jaillit encore, abondante et froide, mais découronnée et sans
grandeur. Son nom a disparu, proscrit peut-être aux siècles
chrétiens, par suite de la fidélité tenace de ses adorateurs.

C'est entre le sommet (église et grosse maison),couvert par
un *petit-bois*, « *un nemet* », le puits et la source que dut se former le premier groupement de population sérieux du défilé :
la Tabure. En haut résidaient le chef et ses clients, en bas
les esclaves ou serviteurs ; entre les deux groupes, le *vate* ou
prêtre d'Ogmius.

*
* *

A l'Est, au delà de la Fournelle, s'étale le beau et fertile

---

(1) Il serait curieux et singulier que Rude ait eu connaissance de
ce mythe gaulois, et s'en fût inspiré dans la représentation de son
groupe si célèbre, « *la Marseillaise* » de l'Arc de Triomphe. Là aussi;
un guerrier, brandissant son glaive, marche la tête haute et tournée
en arrière ; les jeunes hommes le suivent avec admiration en chantant. Dans leurs gestes, on sent déjà la victoire ; on la lit dans leurs
yeux ! Ils ont la fière allure de leurs ancêtres gaulois.

(2) Notre mythe local est bien le même ; mais combien réduit dans
son expression ! Enfant, je l'ai entendu raconter. Il doit être évanoui
à jamais, aujourd'hui, dans la localité.

(3) C. Jülian. *Histoire de la Gaule* : t. I. p. 112. Voir le mot *Cucq*
(camp de Chestres).

plateau dit le *Huya* (1), ou mieux le *Huyard*, le houyard l'r ne se prononce pas, dominant brusquement de 10 à 20^m, le ruisseau, dominé lui-même de 60^m par la *Hurée* 200^m (2).

Ce mot, Huya, mérite d'arrêter un instant l'attention. Un *Houyard* = (Houyâ), un *houyeur* = (houyeu) est celui qui crie fort, qui a l'habitude de crier, de *huer*, c'est-à-dire de pousser des *hu* ou des *hou* (d'où *houp! houp!!*, et *houper*, appeler, crier fort).

Le Huya est donc le lieu où l'on crie, où l'on *hue* (3). Qui pouvait bien huer là ?

1° D'abord le *Huant* (= hulotte, corbeau de nuit) (4) ou le Chat-huant, le hibou qui, en effet, « brait et se démente » tous les soirs paisibles, après la rentrée des moissons, en quittant les bois de la Hurée, pour venir en vol plané et presque silencieux passer les nuits dans les granges et chasser les souris. Son gémissement étrange fait peur, et instinctivement l'on rentre à la maison comme pour se mettre à l'abri d'un danger invisible :

« *Le huans hua !* » (5).

Si nous oyons crier *de nuit* quelque chouan (chat huant).
Nous hérissons d'effroi... (Ronsart, cité par Littré) (6).

---

(1) Mot préceltique que l'on retrouve dans le mot *Houille*, ruisseau qui conflue à *Givet*, et qui s'écrivait *Huia* en 930-31. On cite encore trois autres affluents de même nom le *Hoyoux* à Huy —, et à Samson ; le Hoyou à Namur. G. Kurth : *La frontière linguistique en Belgique et dans le Nord de la France.* Cité par Bruneau. — Ajoutons que l'on trouve encore d'autres lieux dits le Houya, dans l'Argonne : à Omont, par exemple, etc.

(2) Nous avons souvent mis à contribution ici, les beaux travaux de M. d'Arbois de Jubainville, et particulièrement : les *Dieux de la Gaule*, ouvrage publié en 1914, Champion, éditeur.

(3) *Picard :* huyer = crier avec force ; *Wallon* hower; huwer — idem. Le picard et le wallon étaient et sont encore mêlés aux patois ardennais, le picard surtout, dans la moitié occidentale du département.

(4) Le corbeau était dieu chez nos pères.

(5) Les huards sont parents dec *Korigans* bretons qui habitent sous des pierres druidiques : comme eux, ils poursuivent les voyageurs attardés de leurs *cris* . — *Huant* est un nom propre de famille en nos pays.

(6) C'est ce gémissement, ce démentement, ces cris longs et plaintifs — la nuit, cette ressemblance avec le » *corbeau* », qui expliquent les terreurs et la haine du paysan pour le *huant* ou chat-huant, la chouette ou *hulotte* (qui *ulule* : latin, *ululare*, hurler, etc), oiseaux

2⁰ Le guetteur de la Tour (du Château) élevée jadis en cet endroit pour éviter une surprise, soit par l'étroit sentier qui dévale là brusquement (de 10 à 15 m) du haut escarpement formé par le plateau, soit par la rive gauche du ruisseau qui frôle un instant la base même du talus. Cette tour prévenait aussi, sans doute, les vols de bestiaux, les empiètements des moines de la Converserie, en leur barrant le passage par la *ruelle des valets* par laquelle sortaient et rentraient les domestiques ou serviteurs du château. (1).

3⁰ Enfin le *gutuatros* (ou en latin, *gutuater*), le « parleur », l' « orateur », celui qui invoque « le soleil : » *Belen* — le dieu : *gut=gott*, dieu. En sanscrit *hu* = invoquer. Et le grand dieu bramanique *Indra*, le Ciel, qui siège dans l'azur au dessus des cîmes et des neiges éblouissantes de l'énorme Himalaya (9.000 m) est appelé *puru, hu, tas* = le beaucoup invoqué. (2)

Le Kymri, *hwa*, appeler, a le même sens.

Les gutuatros étaient donc les prêtres d'un *temple*, ou « bois sacré », du « *német* » qui couvrait l'éperon.

Le *Huya* serait donc le lieu ou l'on « hue », où l'on « invoque », où l'on « parle », au dieu, à *Belen*, (le soleil) c'est-à-dire à *Ogmius* le « *dieu à la face solaire* », Belen et Ogmius devait être deux noms différents du même dieu. (3)

Du « bois sacré » couvrant le « sommet » de l'éperon, le

---

plutôt utiles qu'il tue et cloue. — les ailes étendues, sur les portes de sa grange. Singulière et remarquable superstition ! triste récompense pour un bon serviteur !

Les Gaulois adoraient le corbeau, dont la longévité extraordinaire, la fidélité aux lieux qu'il fréquentait, le vol lourd, étrange, le cri lugubre, la présence sur les champs de carnage et à la suite des armées avaient frappé l'imagination et inspiré le respect et la crainte. Ils en avaient fait un être *sinistre*, « *le dieu du malheur* ». On le craint encore aujourd'hui et on ne le voit plus guère que sous cet aspect fâcheux.

(1) En établissant la voie ferrée actuelle, on a trouvé à la base du talus, — des *fours*, ou cubilots, genre fours catalans, ayant servi à fondre des métaux. A quelle époque ? Celtique et aussi romaine ? de là : *Fournelle*, — furnellac — les fours, De là, *Furnel*, en Catalogue ; de là les *Fonderies*, les *Chauderies*, lieux dits où l'on fondait les métaux, minerais ou gueuse apportés à dos d'homme des forges de Bairon, ou des environs.

(2) D'Arbois de Jubainville.

(3) On trouve (Ardennes, Meuse), quelques autres lieux dits appelés *l'uya*, les *luya*, le *houya* : c'est le même mot dénaturé.

gutuatros (1) (de Quatre-Champs) invoquait donc Ogmius surgissant à l'Est, au dessus de Belleville, jeune et beau, victorieux des Fomores ou dieux de la nuit, de la mort, caressant de
ses premiers rayons le coteau abrupt et le plateau étendu en
avant, fluant en ondes dorées dans la buée du matin, « enchaî-
nant, avec des chaînes d'or ses adorateurs prosternés et ravis. »
Peu à peu les côteaux, les vallons, les recoins les plus obscurs
du défilé resplendissaient de vie et de lumière divine. Et tout
le jour, et toute la nuit, quand *Belisana* (la lune) remplaçait son
époux, Quatre-Champs restait le centre d'un tableau émouvant
et plein de grandeur (2).

* *

Si les sacrifices humains (ligures ou druidiques) ont jamais
eu lieu à Quatre-Champs, ou dans le défilé, la butte qui porte
l'église actuelle dût être le théâtre de la sanglante cérémonie (3).
De là, on dominait l'intarissable source ou « dive » (aujour-
d'hui dite du *Château*) et les deux points, sacrés jadis, découronnés aujourd'hui, étaient alors unis, par une voie sacrée appelée maintenant la *Charlotterie* (propriété de *Charlot*), domaine
du bourreau, héritier du gutuatros (4). Cette ruelle a mauvaise
renommée, et on craint d'y passer, la nuit venue. Ainsi les
dieux gaulois étaient disqualifiés, chassés (v. Buzancy, chap. I).

---

(1) Les Gaulois avaient trois sortes de prêtres : « les *druides* =
très savants, venus de la Grande Bretagne (Angleterre) peu nombreux,
très influents. Auguste les proscrivit ; mais ils restèrent puissants en
Écosse et en Irlande, jusqu'au VIe siècle après J. C. les *gutuatros*, les
nates ou devins qui prédisaient l'avenir. Les sorciers, ou « sourciers », les
« devins » sont leurs successeurs. Ils découvrent les sources avec la
baguette de coudriers, ou disent « *la bonne aventure* ». Les rebouteux
et autres guérisseurs viennent de là également, (*Les dieux de la Gaule*
d'Arbois de Jubainville.

(2) La construction de la route nationale no 77 (1827) a enlevé
au site du village toute sa beauté pittoresque, toute sa poésie primitive.

(3) Les Ligures faisaient des sacrifices humains ; mais ceux-ci.
étaient plutôt rares chez les Gaulois qui, cependant, ne craignaient pas
la mort.

(4) Au XVIIIe siècle Charlot était encore en Normandie le nom du
bourreau. Il devait l'être depuis bien longtemps. « Les divinités *topi-
ques* sont tenaces et très souples. On ne les extirpe pas. Quand on les
répudie, elles se font *démons* et narguent les sanctuaires officiels ».
C. Julian : *Histoire de la Gaule, t. II, p. 134*, Hachette.

Ainsi le sommet, la base, et les flancs E., S. et O. du coteau abrupt ont conservé des vieux souvenirs, évoquant le culte du soleil et des sources chez nos plus lointains ancêtres (Ligures et Gaulois), et aussi les efforts faits en ces mêmes lieux pour remplacer le culte druidique qui y survécut jusqu'au VIe et VIIe siècles (1) (comme la langue celtique d'ailleurs) « par le christianisme triomphant, sans pouvoir effacer cependant les traces laissées par les hommes et les cultes des temps antérieurs. » (2).

Sur le flanc nord du ravin descendant de l'église au *Petit Puits*, à mi-côte, près du lieu où se tenait le gutuater, se détache un sentier qui, 500 m. plus loin, escalade le talus dit de la *Montignette*, et se dirige droit au nord vers Le Chesne. C'est un ancien chemin gaulois, une « allée verte ».

Un embranchement suit la base même de la petite chaînule et conduit au fond du très beau vallon, dit de *Vauvrizy* (3), ou plus vulgairement la *Pissotte*, où encore la *Sainte-Fontaine*, ou plus exactement : les *Cent Fontaines* (4), (centum fontes).

Le sentier passe d'abord à la *Calogette* (ou Kâ-logette, de *Ka* (celtique) loge, cabane ; *log* celt = bûche, tronc, hutte) ; (d'où caloge et calogette, cabane en bois), (5) petite source (6) jadis cachée entre des haies, dans un « enclos » et protégée

---

(1) St Gibrien évangélisa Quatre Champs et l'Argonne Nord 505.

(2) C. Julian. *Histoire de la Gaule.* t. II, p. 134 (Id) « Les dieux conquérants acceptent l'hospitalité des génies locaux... »

(3) Nom d'un gros village, situé sur l'Aisne, en face, à 6 Kilomètres, au S. O.

(4) Il y a en Belgique *un « Saint Fontaine »*, ou « *Cent* fontaines. »

(5) *Dur, dwr*, gaélique = eau rivière ; *doue, doux, douse, douix dour, dore* = ruisseau. — La *Dore* « *duria* » est un affluent de l'Allier ; le mont *Dore* (1886[m]), ou de l'eau, est connu par ses sources et par le nombre ces torrents qui en descendent. — La *Côte d'Or* en Bourgogne, avec ses admirables sources de Beaune, — de l'Ouche, etc... n'est pas le Mont de l'Or, mais de l'eau. Il tombe, en effet, près de 2 mètres d'eau par an dans le Morvan, et les sources y jaillissent de tous côtés, sur tous les flancs, — Enfin le Mont d'*Haurs* (?) à Givet, nous semble bien avoir le même sens. Le O dans nos patois du Nord et de l'Est se prononce ô, *au* Ex : *apautumer*, ou apôtumer pour apostume : *baure* pour bore, trou (rond) ou *baurette*, petit trou ; *apôtre*, ou *apautre* (pour *apostolus*, ou los au moyen âge, = *apostole*) Mais aurs peut signifier aussi le *vent*, aura, (?)

par une maisonnette en bois, sorte *d'hermitage*. Puis, immédiatement au delà, il traverse un spendide verger ; pommiers, pruniers, poiriers, cerisiers, noyers, vignes, etc., et forme la corde d'un arc, ou *cirque, très régulier* dû à l'affaiblissement et au glissement du terrain, et appelé le *Mot d'Or* (sic), en réalité, d'après le bon sens et la toponymie exacte, le *Mont Doré* ou de l'eau ; car les sources, — plutôt des sourcelettes, sauf une, — aux eaux très pures et très saines, y jaillisent de tous côtés et se réunissent pour alimenter un étang (étang Duchesne) dont les eaux tarissent souvent pas infiltration, ou écoulement dans de petits gouffres voisins (1) qui collectent aussi les eaux d'amont pour les rendre, avec les produits de l'érosion par voie souterraine, à Ballay, à la *source Gaignères*.

Le sentier, continuant parmi les vergers, les prés et les bois, aboutit à la Ste Fontaine, — (il y en a *3 principales*) — dont l'eau était jadis recommandée aux malades.

Remarquons que la Belgique possède un lieu dit *le Saint Fontaine (terra de centum fontanis* (2), ou mieux de *Cent fontaines*, et que ce nom convient très bien au vallon de Vauvrizy tout entier, puisque l'eau sourd, suinte sur les deux flancs du synclinal, en d'innombrables endroits, d'où le nom populaire de *Pissote* (3).

Observons enfin que pour les Ligures et les Celtes, les les sources étaient des « saintes ». il a été facile aux chrétiens de changer *centum* en *sanctum* ; et *sanctæ* en *Saintes*, d'où *Sainte (s) Fontaine (s)* : (le pluriel serait préférable).

Mais il reste de ce fait que ce vallon est le pays des « dores » ou « sources » qu'adoraient les Gaulois. — « Dores », « Centum fontes », « Ste fontaine », « pisotte » sont, suivant les temps, les différentes appellations du même fait constant, et signifient *toutes* « source », « ruisseau », « fontaines ».

Au-dessus 3 fontaines de tête, et les dominant à pic, se trouve la *Hugette* (hügel, *monticule*), où s'élevait aussi une « Kagolette ». Ainsi le mont, la source, le bois sacrés, allaient le plus souvent ensemble.

______

(1) Elle disparaît 200^m plus bas silencieusement dans un gouffre

(2) Cocheris : *Origine des noms de lieux.* — Standford : *Dict^{re} (anglais) des noms de lieux.*

(3) Il y a Vandy et à Ballay un lieu dit : le Pissois — source : la ferme du Pissois » ; et une Ste Fontaine à *St Pierremont* à quelques lieues au N. E. de Quatre-Champs, et en beaucoup d'autres lieux encore.

Dans sa monumentale *Histoire de la Gaule*, C. Julian, dit que nos pères ne séparaient pas la « source » babillarde et vivante, du « rocher » muet et immobile, d'où elle jaillissait. Il y a donc lieu de croire que l'on partait en procession de la bourgade, ou du « *dun* » où se faisaient les « sacrifices » pour aller adorer la source initiale, ou pour visiter les « Kalogettes », sortes d'ermitages.

Ils n'en séparaient pas non plus les forêts, ni les *arbres* dont la haute taille, la force et la muette majesté impressionnaient profondément ces hommes primitifs, comme elles nous émeuvent tous encore aujourd'hui : ignorants, sauvages ou civilisés:

C'est la forêt primitive ! Là, murmurent les sapins,
Vêtus de velours vert, empanachés d'une chevelure moussue,
Se tenant debout comme les druides anciens
A la voix triste et prophétique,
Comme des joueurs de harpes vénérables
Dont la barbe repose sur la poitrine.....

Longfellow (Evangéline)

Les arbres isolés et les croix plantés à l'entrée des bois indiquaient la route la plus sûre, quelque accident ou mort violente, ou peut-être quelque antique lieu de refuge ou de sépulture placé sous l'égide de la foie nouvelle ; ou encore quelque endroit où s'était reposé un saint : cela est fréquent, même aujourd'hui, chez les Arabes.

Les « sources », moins heureuses que les forêts ou les arbres ont été toutes, ou à peu près, « christianisées », pourvues de noms de saints aux siècles postérieurs (v. plus loin),

Enfin, chose singulière, il reste encore dans le langage populaire, c'est-à-dire dans le patois de la vallée, des mots purement celtiques, employés couramment, débris d'un passé obscur et lointain qui remonte à 30 ou 35 siècles, si l'on admet que les Gaëls, ou Goïdels, premier ban des Celtes, se sont établis dans nos contrées, entre 1300 et 1500 ans avant J.C.

En voici un exemple. L'époque des grandes chaleurs, (juin, juillet, août), de celles qui mûrissent les moissons, époque marquée par les plus *violents orages*, est appelée dans la région le Harnu (1) Or, en Bretagne, dans le dialecte breton actuel, ce mot est encore usité :

------

(1) D'autres mots celtiques figurent encore dans le patois local et démontrent combien longtemps la langue celtique et la religion druidique se sont conservés dans l'Argonne et l'Ardenne. Par exemple : *gadru*

Tarz ! tarz ! Avel ! *Arneu !* tân !
Guin ! guin ! pace ! danc ha han !
Le brisant, le brisant ! le vent ! *l'orage !* le feu !
Du vin, du vin ! des danses, et des chants.
                          (Le Goffic. Liberté, juillet 1919 ?)

Le nombre des lieux dits déjà cités, ceux qui le seront encore, montrent à l'évidence que les plus anciennes populations, Ligures, Gaëls, Celtes, habitant nos forêts ou y étant réfugiés, y vivant à demeure, ont laissé sur le sol la preuve toponymique ineffaçable de leur existence, de leur résidence prolongée dans les nombreux siècles antérieurs à l'histoire proprement dite.

---

et *dru* kimry ; *drud,* hardi; bas-breton: *druz, gras* ; gaélique: *druth,* volontaire, d'où *gadru* ou gars dru, c'est-à-dire fort, bien portant, gras Ex. un enfant bien gadru ; des poulets gadrus, etc ; au féminin gadrue: Elle est toute gadrue. Par exemple encore : cul — (cu) — cucq — mont que l'on retrouve dans le Vivarais. etc.

Une vieille et très honorable famille de la région porte le nom de Maître*hu*,ou *hut,* nom patronymique que l'on rencontre encore en Bretagne. Elle a donné aux 17e,18e et 19e siècles et probablement longtemps avant, des instituteurs à Châtillon, Noirval et Quatre-Champs. *Maître* se disait de tout homme expert en son métier ; *hu* (ou *hut*) semble indiquer que leur métier était de parler, d'enseigner. Ont-ils quelque lointain rapport avec nos gutuatros ? Il est impossible de l'affirmer ; et cependant...

Les Gaulois avaient aussi des plantes sacrées : la verveine très révérée; on la trouvait partout, familière et charmante, sur les routes, autour des habitations. Proscrit ensuite, sans doute pour des raisons religieuses, elle s'est révélée de nos jours comme très bienfaisante. Qui ne boit des tisanes de verveine aujourd'hui sans songer qu'il rend hommage à une divinité gauloise ?

De nombreux animaux aussi étaient adorés ou craints comme des dieux : le *sanglier,* servant d'enseigue guerrière, l'*ours,*le *corbeau,* l'a-*louette,* le *taureau* (Tarros) etc..

Il y avait encore la *religion* de la *hache,* arme redoutable, outil bienfaisant et très antique. Avec elle, on combattait ; avec elle, on abattait les forêts et les animaux féroces. On a retrouvé partout une infinité de haches de pierre.

LA GAULE ROMAINE

Le camp de Chestres. Une voie romaine.

Ainsi s'étaient succédé, par vagues largement espacées, sur la surface du pays qui devint la Gaule, puis la France :

Les peuplades *sauvages* et *primitives*, les « hommes des bois », qui l'occupèrent pendant une durée indéfinie (des milliers d'années) et dont le sang coule encore abondamment dans nos veines ;

Les *Ligures*, les « chanteurs », et aussi les « rapides », apparus vers 2.500 ans avant notre ère, par les frontières E. et S.E. ; peut-être aussi par la mer, race d'hommes secs, petits, nerveux, très attachés à la terre à laquelle ils offraient des sacrifices humains, refoulés dans les Alpes (Provence et Ligurie) par les Gaëls ou Celtes, fondus avec eux ou réduits en esclavage ;

Les *Ibères*, venus du Sud, refoulés aussi, et depuis de longs siècles, confinés dans la chaîne des Pyrénées et le pays situé entre celles-ci et la Garonne. Race souple, énergique, éleveuse de troupeaux, dont descendent les Vascons ou Gascons : — les Basques actuels, éleveurs et migrateurs ;

Les *Gaëls*, ou Gaulois, venus du N.E., fondateurs, de 1.200 à 600 d'un vaste empire (1). Leurs succès furent dus à la *supériorité de leur armement* autant qu'à leur bravoure.

Ils imposèrent aux Ligures et aux Ibères, leur religion tout en acceptant leurs traditions et leurs légendes.

Enfin parurent, vers 600 ans avant J. C. les *Belges*, ou Kymris, venus de la Frise, de la Gueldre et du Hanôvre, (2), Celtes attardés au delà du Rhin, qui, aux dépens de leurs frè-

---

(1) Europe centrale, Angleterre, Gaule, Espagne et Portugal, Italie, Danube, Illyrie et même Galatie, en Asie mineure.

(2) Don Gannerox, C. Paulian: *La Gaule* et les Gaulois.

res Celtes s'établirent entre le Rhin, la Marne la Seine, et la mer, et passèrent en Angleterre.

Le nom de Celtes ou Gaulois est resté commun au deux groupes, ainsi que la langue et la religion : le *druidisme*, apporté en Gaule par les *Drui=des* (1), (= *très savants*), venus de Bretagne (Angleterre, chefs, ou classe supérieure, qui s'est imposée aux peuplades celtiques et a joué un rôle important avant et pendant la conquête romaine.

Par ces migrations ou conquêtes successives, la Gaule était devenue puissante. Ses 408 peuplades, ou tribus, étaient groupées au deuxième siècle avant notre ère, en confédérations souvent ennemies ou rivales, (2) étaient organisées en monarchies, ou en républiques, celles-ci tendant à prévaloir partout au 2ᵉ siècle (av. J.C.) .

Les traits généraux les plus apparents qui les unissaient, malgré leurs divisions et leurs querelles continuelles, étaient la langue, la religion, le sentiment d'une même origine, et surtout les *conditions générales du climat et de l'habitat.*

Déjà, ils se sentaient solidaires, et une sorte de sentiment national auquel Vercingétorix fit un appel entendu, car toutes les tribus, ou presque, se levèrent en 52 av. J.C. pour la lutte suprême, — s'était éveillé en eux sous la menace répétée et imminente des *invasions germaniques*, au N. E., et par le voisinage dangereux des *Romains*, au S. E.

Le danger germanique était alors le plus pressant. Les Suèves d'Arioviste venaient d'occuper l'Alsace, et le pays des Séquanes (Franche-Comté). Les Eduens vaincus appelèrent à leur aide les Romains, et César, proconsul de la Cisalpine qui guettait l'occasion soit de venger les anciennes défaites infligées aux Romains par les Gaulois d'Italie (*Alia*, 390 etc.), soit de gagner ainsi les suffrages populaires en flattant l'orgueil romain, soit de préparer les voies à sa dictature, accourut aussitôt, se présentant comme ami et allié. Il détruisit les Helvètes sur la Saône, près de *Macon*, vainquit les Suèves près de *Turkheim*

---

(1) d'ARBOIS de JUBAINVILLE. — Les dieux des Gaulois.

(2) Arvernes, Bituriges, Eduens, Allobroges, Séquanes, — Volces, Cadurques, Lemovices, Santones, Pictones, Nanètes. Vénètes, Carnutes, Senones, Parisi, Tricasses, Lingons, — Bellovaques, Suessiones, Rêmes, Ambiens, Atrébates, Ménapes, Nerviens, Eburons, Trévires, Médiomatrices, etc. etc.

(Alsace), refoulant ainsi d'un seul coup, et arrêtant pour plus de trois siècles, l'invasion germanique.

César, alors levant le masque, resta en Gaule et commença la conquête de notre pays. La lutte dura huit ans (58 à 50 av. J. C. : guerre sans merci, atroce, inexplicable, toute pareille à celle que vient de mener contre nous son triste et bien pâle plagiaire Guillaume II (1) l'homme « au vieux dieu », le « poltron valeureux », dit le « Boche », aidé, poussé par son affreux peuple fanatisé, chauffé à blanc, dressé au massacre et à la destruction méthodique : « fourbe, rapace et féroce. »

---

(1) Les moyens employés hier furent d'abord, comme il y a 2.000 ans, le mensonge et la fourberie. Puis, pour terroriser la population, et par elle peser, sur la résistance militaire, on fusilla sans jugement dès le début ; on massacra sans pitié civils et soldats déclarés mensongèrement des francs-tireurs comme à Vige à Dinan et en cent autres endroits ; On détruisit les monuments les plus beaux et les plus vénérables : Malines, Reims, etc. ; on imposa dans les pays occupés, les travaux forcés aux hommes, aux femmes, aux enfants par des sévices cruels, par des menaces et privations inhumaines, etc. ; et, pour anéantir la race, on enleva les jeunes filles et on finit par faire venir de Magdbourg d'affreuses guenons boches pour le *service* (?) des *junkers* prussiens ; au moyen de gaz asphyxiants et meurtriers les tranchées, les villages ; les villes et les forêts, on changea en *no man's land* le cinquième de la France après avoir au préalable expédié tout le mobilier en Allemagne, après avoir détruit plus de 200 000 usines et près de 600.000 maisons. Rien, dans cette guerre de démon, ne fut oublié. On avait suivi à la lettre le conseil fameux d'un fou furieux l'auteur de Zaratoustra. On fut immonde et atroce ! c'était commandé ! On pourrait citer cent mille autres exemples.

L'affreuse guerre allemande pour la « domination du monde » : « *Deutschland über alles* » ! avec ses procédés d'une barbarie toute scientifique avait été préparée pendant 50 ans par les « Herren Professoren » dans les « *Universität* », dans les écoles grandes et petites, — par les « Junkers », les clergés protestant et catholique — nous présentant sous les couleurs les plus fausses et les plus noires, comme Amalécites bons à exterminer, — par leurs infâmes chimistes et intellectuels, par leurs 250.000 commis-voyageurs, courant le monde, par leurs agences d'informations menteuses, par leurs chants nationaux si haineux, répétés jours et *nuits*, en tous temps et en *tous lieux*, par le culte du « *Vieux Dieu* » ressuscité et embrigadé : *Gott mit uns* » (Dieu avec nous) pour donner le monde de l'Allemagne.

En 1900, dans un banquet officiel offert, à Cassel, au généralissime Waldersée, aux ambassadeurs et aux attachés militaires des diverses nations, venus de Berlin pour célébrer l'expédition internationale allant en Chine venger (?) la mort de deux missionnaires allemands provocateurs, Guillaume, dans un toast fameux, répété à Brême (ou à Hambourg), donna le mot d'ordre suivant à son généralisme : détruisez tout ! « Ne laissez, ni plantes, ni bêtes, ni gens debout ! *Faites la*

La Gaule vaincue resta cinq cents ans sous la domination romaine qui la transforma complètement en lui donnant la paix, l'ordre, des écoles, une langue nouvelle, des monuments des routes, et, en lui ouvrant l'immense marché du monde romain, une prospérité matérielle qu'elle n'avait jamais connue.

----

terre nue ! afin que dans mille ans les Chinois tremblent encore à la vue d'un seul soldat allemand !.,. »

Ce programme, digne de cannibales, fut tout simplement retourné et appliqué contre les Belges et contre nous en 1914. Et Hindenburg, le soudard, le reître, créateur du « *no man's land* ? », du *désert*, da..s nos départements du Nord et de l'Est, fut, à partir de 1918, baptisé par ses propres troupes : « *Hindenburg, der Massen Morder !* « *l'assassin des soldats* ! » (Dessin à la main sur la porte d'une maison à Quatre-Champs). Ludendorf, le forcené, doit partager avec lui cette sinistre gloire ! Au milieu de vingt autres inscriptions se lisait encore celle-ci « Hoch Leben, Frankreich und England ! » « Vive la France et l'Angleterre ! »

Guillaume et son peuple furent plus atroces que César lui-même, qu'Attila, que Tamerlan, que tous les Mongols et tous les Assyriens. Il restera comme le type du « *scélérat mondial* ».

Mais il n'eut pas la même fortune que César. Foch et ses « poilus » sont restés, et resteront plus grands que Vercingétorix et leurs ancêtres, les Gaulois. Ils sauvèrent la France et le Monde de la domination du « vieux dieu « et de ses accolytes sanguinaires...,

Un souvenir de voyage : Il y a entre Stockholm et Upsala, le « *Vieil Upsala* » (Gamla Upsala), une vaste plaine au dessus de laquelle surgissent *trois énormes tumuli*, tombeaux d'*Odin* et de *ses fils*. Leur religion, brutale et sanguinaire, *l'odinisme*, a pénétré toute l'Allemagne de son esprit et y a vécu jusqu'à Charlemagne et Witikind. Elle y a de nos jours repris tout son empire. La « *Saga* » est son évangile. Toujours vivent les dieux, *brutaux* et *voraces* ; ils siègent sur le Frêne *Higdrasyl* qui doit couvrir le monde entier de son ombre. Ils combattent le jour ; ils festoyent la nuit.

Le loup *Fenris*, féroce et terrible, est attaché au pied de l'arbre : il garde les dieux. Nul n'ose approcher. Un seul *Balder*, parmi ce sauvage Olympe, montre quelque pitié pour les hommes ; il est bon, il est juste. Les dieux sauvages le tuent, et l'orgie continue. Mais le feu détruit l'arbre maudit ; et les dieux et leur domination s'écroulent, écrasant le monde sous leurs débris.

Odin, si cher aux Germains, c'est Guillaume et ses fils. Fenris, si féroce, c'est l'armée et le peuple allemands ; Higdrasy, le plus haut des arbres, c'est l'orgueil dominateur d'une race étrangère à tout sentiment humain de bonté, de douceur et de pitié et à qui Balder, c'est-à-dire l'humanité, fait horreur « Kriegist *Krieg* ! pillez, incendiez, tuez ! c'est votre droit ! c'est votre devoir ! » Le feu purificateur qui détruit Odin et sa séquelle, c'est la haine et l'exécration universelle, soulevées contre de pareils brigands et de pareils crimes.

Tacite a écrit sur les Germains ceci : « *natum mendacio genus.* »

L'union, le patriotisme, des légions disciplinées supérieu-
rement armées et équipées, le génie et l'ambition de César aidés d'une forte organisation sociale et politique, avaient donné
la victoire à Rome.

L'anarchie locale, les divisions intestines, la rivalité constante et les luttes des chefs et des peuples gaulois, des bandes
d'hommes ardents et vaillants, mais indisciplinés, enthousiastes, mais sujets aux paniques plutôt qu'une armée, des armes
de qualité inférieure, en somme les défauts contraires aux vertus solides des légionnaires, amenèrent la défaite des Gaulois et
la ruine de leur nationalité.

Plus d'un million de Gaulois périrent sur les champs de bataille.

Un million furent vendus comme esclaves dans tout l'empire !

Un autre million, femmes, vieillards, enfants moururent
de faim ou de misère. C'était plus d'un tiers de la population. Fait
à noter, les cavaliers germains, à la solde de César se montrèrent les plus féroces, et lui assurèrent le gain des victoires dé-
cisives.

Tel fut notre premier grand désastre national. Un seul nom
a surnagé dans l'histoire : Vercingétorix, resté glorieux et res-
plendissant, parce que plus humain et plus noble que son
rival. (1)

Rome, avec son esprit précis et positif, organisa habilement
sa conquête, en lui donnant des lois et des tribunaux réguliers,
un régime d'impôts raisonnable, en établissant des légions sur
le Rhin pour assurer la sécurité à la Gaule et à l'empire, en
introduisant des plantes et des cultures nouvelles, en créant
des colonies, des villes, en édifiant des monuments nombreux
dont les ruines font encore l'étonnement et l'admiration des
hommes par leur imposante grandeur : *Porta Nigra*, *Palais*

« Race née pour mentir ! » Luther a ajouté cette autre parole : « Vous
êtes des *goinfres* », insatiables. Il est parlé ailleurs de la « *dura ferocitas Francorum* ». Ce sont des loups affamés ! Ils le resteront éternellement, sous le ciel brumeux de la Germanie ! Malheur à ceux qui l'ou-
blieraient ! Ce sont là des fatalités géographiques contre lesquelles
l'homme de France ne peut rien que par la vertu, le nombre et l'Union
sacrée !

(1) Il est juste de ne point oublier Vierdumar, ni Camulogène, ni
Lucter, ni le soldat d'Avaricum etc..

impérial à Trèves, — *Arcs de triomphe à Reims, Saintes Autun,* — *arênes à Nismes, à Saintes,* etc., — *Théâtre d'Orange,* etc.

La plupart de nos impôts actuels sur les successions, les marchés, le sel, les prestations en nature... la corvée, etc., à peine modifiés, datent des Romains. Ils étaient perçus pour l'Etat par les *publicains,* très semblables à nos fermiers généraux ; ou par les *curiales,* (possesseurs de 25 arpents de terre) pour les Cités.

Les premiers allaient grossir le budget (1.500 millions) de l'empire, sept à huit fois grand comme la France, et peuplé de 80 à cent millions d'hommes, et servaient à satisfaire aux besoins de la cour impériale, de l'armée (2 à 300.000 hommes) de la poste, des fonctionnaires civils, de l'*anonne* ou assistance publique, de la flotte et des ports, des routes, etc.

La Gaule devint ainsi une des parties les plus belles et les plus riches de l'empire dont elle n'essaya point sérieusement de secouer le joug. Cette prospérité commença à décliner vers 250-76 quand les Francs firent soudainement leur première et terrible apparition.

Dans ces énormes évènements et ces transformations profondes quel fut le rôle et la part de notre petite patrie ? partie de la cité des Rèmes, touchant au pays des Catalauni, voisine du territoire des Médiomatrices, des Éburons des Trévires, des Nerviens (1).

Par haine des Suessiones (Soissons), dont ils venaient de secouer le joug, les Rèmes, infidèles à la cause nationale, ouvrirent à César les portes de la Belgique. Il gagna presque sans combat la victoire de *Berry-au-Bac* (Aisne) sur les Suessiones, et la terrible bataille de la *Sambre* aux environs de Maubeuge sur les Nerviens, où il dut mettre l'épée à la main, comme un simple centurion, et combattre pour la vie autant que pour la victoire.

Au moyen âge notre village ainsi que l'ouest du département, ont fait partie du Vermandois, pays des Veromandui, (pays de St. Quentin) : sur le territoire desquels eut lieu cette lutte épique ; sur 60.000 Nerviens, il n'échappa à la mort que 500 hommes ! Il s'en fallut de peu que César ne trouva là le terme de sa fortune et de sa vie.

La lutte ne fut pas moins dure contre les Eburons (Eber, ibar=if),adorateurs de l'if, (Pays de Liège),et contre les Trévires

----

(1) Metz, Trèves, Liége, Namur, Maubeuge.

commandés par *Indutiomar*, héros qui combattit jusqu'à la chute de la Gaule et qui échappa à César, vainqueur impitoyable.

On peut supposer, sans crainte de se tromper beaucoup que quelques-uns de nos pères ont lutté avec leurs voisins du nord contre les hommes venus de Rome, et que de ce moment pathétique daterait le *Camp de César*, élevé au N. E. de Grand-pré de St. Juvin ou de Cornay, d'où le consul pouvait recevoir des vivres et des renforts de l'arrière, et se porter alternativement au nord contre les Belges, à l'est contre les Trévires. C'est déjà exactement la situation de 1914 sur les deux flancs des Ardennes, alors impénétrables.

Sa ligne de ravitaillement ou de retraite était assurée par son alliance avec les Rèmes et les Lingons.

Notre défilé dut être utilisé pendant ces luttes (56-51) pour les grands mouvements de troupe, et l'emplacement de Chestres dut frapper vivement l'esprit du conquérant et de ses lieutenants.

Ce qui est certain, c'est que le défilé devint bientôt une importante voie de communication et que les colons, romains ou autres, s'y établirent après la construction du *Camp de Chestres* (Castra = Chestres).

De là trois faits importants à examiner :

1° — Création d'un *camp romain permanent* à Chestres et d'un établissement militaire moins considérable à Châtillon (1), c'est-à-dire à l'entrée et à la sortie du défilé pour en assurer la fermeture pour barrer le passage ;

2° — Construction d'une *voie romaine*, un *déverticulum* (chemin écarté, détour) dont les traces sont encore apparentes d'un bout à l'autre du défilé, et servant à deux fins : raccorder au plus court, la voie Reims par, Vienne-le-Château, à Metz, — à la voie Reims — Trêves, par Suippes, Bourcq, Chestres, *Vallée de la Fournelle*, Stonne ; — desservir les postes militaires établis au sud de l'Argonne sur les promontoires escarpés et remarquables de Voncq. Vandy, Chestres, etc. Olizy, Thermes, vers Grandpré sans doute et Vienne-le-Château.

3° — Appel et *établissement de colons*, de marchands, etc., puis plus tard de *lètes*, esclaves ou soldats germains, que l'on

---

(1) Châtillon, de *Castillio* = poste fortifié, ouvrage avancé pour la défense d'une place ou d'un camp. Lieu haut et habité, fortifié. Tous ces traits conviennent à Châtillon.

fixa dans le défilé et qui apportèrent des cultures nouvelles ; puis, avec le travail, la prospérité.

Nous ne connaissons pas exactement la date de la fondation du camp, ni de l'établissement de la voie. Probablement sous Agrippa, en l'an 13 de l'ère chrétienne, ou sous Drusus au temps d'Auguste ; peut-être seulement sous Néron, un siècle après la conquête ? Peut-être, mais bien moins sûremeut, après la première et terrible invasion franque, vers 272-76, alors qu'après avoir fait un rêve enfantin de *paix éternelle*, — tout pareil à celui qui faillit nous perdre à la fin du 19e et au début du 20e siècle —, on eut en Gaule et dans l'empire *désappris l'usage des armes* et négligé de *fortifier les villes*.

Alors, réveil terrible ! survint l'« ennemi éternel » sous la figure des Francs, célèbres par leur férocité, « *dura ferocitas francorum* ». Du Rhin aux Pyrénées, et au delà, les villes ouvertes, les monuments furent détruits, les campagnes prospères ravagées, dévastées par le pillage et l'incendie, par le massacre des habitants, l'enlèvement en masse des femmes, des enfants. Ce fut une effroyable calamité pareille à celle de 1914-1918 et due aux hommes de même race, encore sauvages et sans frein.

Quelle que soit la date de sa fondation, le camp de Chestres fut établi à la lisière O.- S.- O. de l'Argonne, non loin de l'Aisne et de la grande route de Reims à Trêves, sur la *2e ligne* de défense de la frontière du Rhin.

Il fut placé sur un plateau isolé, de 153^m d'altitude, et comme suspendu à 60 mètres au-dessus du val de la *Fournelle* (100^m d'alt.) Dans une situation très belle et très forte, car il était bordé de talus au relief vigoureux sur presque tout son pourtour, et, dont le pied était baigné, sur trois côtés, par des cours d'eau abondants et marécageux :

1° L'Aisne, à l'Ouest, dont un bras, aujourd'hui éteint, (la *fausse rivière*), s'avançait au devant de la Fournelle, jusqu'à *Misset* (Miss (germ.) mauvais, *faux*, déplaisant, mal mesuré, privé de...) déterminant les glissements et les pentes du S. O. du plateau.

2e — la *Fournelle*, large, lente, au nord ;

3e — enfin le *Chalon*, changé par des barrages, ou digues en vaste étang, à l'E. et N.-E. Ce plateau, presque une île, n'était rattaché au massif de l'Argonne que par un isthme étroit, coupé de main d'homme en deux endroits : 1° — la *ruelle Arnould* dont les déblais ont servi à établir le *vallum*, ou rempart du sud, si considérable, et où se prolonge une des ruelles du village adossé au flanc sud du camp ; 2e — le *chemin creux* aux parois abrupts, conduisant au *Gué Charlemagne*, taillé dans les gaizes du Plateau sud, plus élevé de 10 à 12^m (163^m d'alt.) et se relevant lentement vers Chamiot. (209^m).

La vallum, surélevé de 5 à 6 mètres au moins, encore intact, et ces deux énormes tranchées défendaient le camp sur le côté faible, abordable de plain pied.

Le plateau choisi avait encore d'autres avantages : l'eau potable, partout et à faible distance ; des prairies et des pâturages étendus, de riches cultures (1), et, à proximité, de belles, de vastes forêts propices à la défense et giboyeuses ; enfin un climat sain, agréable, et un pays ensoleillé qui rappelait un peu Rome avec ses vastes horizons, le Latium boisé sur ses sommets, et ses lacs, et la Sabine aux belles eaux.

Du point culminant, l'œil embrassait un vaste horizon. Au N. N.-E., dans la brume : *Stonne* (338m) et son « *Pain de sucre* », station et camp romain très important sur la route de Trèves. A l'O., vers Soissons et Reims, le soleil éclairant la route précédente, descendait le soir majestueusement, dans une gloire mourante, vers l'Océan lointain qui « entoure la terre » ; au S. S. O., les *monts de Champagne* cachant Châlons et la grande plaine des Champs catalauniques qui vit deux fois (452-1914) la défaite des Barbares (Attila, Guillaume).

Au Nord, la forêt, par delà la profonde coupure de la Fournelle ; Au Sud, le chemin de l'Italie, longeant l'Aisne et l'Argonne vers Langres et Dijon.

Une surprise était donc bien difficile et les Romains restèrent là jusqu'aux derniers jours de l'empire (406-7).

Le camp était doublé d'une petite bourgade au Sud, qui a perpétué le nom du camp : Chestres (castrum, castra), bourgade fondée par des mercantis, ou autres forains, qu'attire partout, et en tous temps, la présence de troupes permanentes. Elle était adossée à une falaise gaizeuse abrupte (10 à 12 m de hauteur), creusée de « *crottes* » ou « *creutes* » (maisons, cryptes) donnant asile aux habitants en hiver, ou refuge au mauvais

---

(1) La célèbre vallée de Bourcq et celle de l'Aisne, si riches en céréales, vrais greniers du camp et communiquant avec lui par les « Arches » de Vouziers, par *Thélines*, « la mamelle », tout comme Arles, la puissante cité commerciale de Sud qui avait supplanté Marseille au 4e siècle. Quelque officier ou soldat grec sans doute avait apporté ce vocable du sud gaulois ou de la Grèce. Thélines était un peu au S. O. de Vouziers.

jours des invasions. De là, la croyance aux souterrains, au trésors cachés, si répandue encore aujourd'hui (1).

Le camp, orienté N. N-E-S. S-O, livré aujourd'hui entièrement à la culture, mesurait 1 Kil. de long sur 750 à 500. m. de large suivant les endroits, et, d'une façon générale, s'effilait en allant au. N. N-E : soit environ 50 à 60 hectares de superficie, espace très suffisant à l'installation de 2 légions au moins.

Aujourd'hui, les talus du camp sont boisés au Nord et au N.E, cultivés en jardins et en vergers à l'Est, au Sud, et au S. O. près du village. Des vignobles, disparus depuis moins de vingt ans, vêtaient les faces S. et O.

Sur ce dernier côté, à mi-chemin entre le village et la route nationale n⁰ 77, des *suintements*, et une ou deux petites sources, ont amené un glissement et ouvert une brèche, petite gorge très gracieuse, qui s'élargit jusqu'à *bobo* (voir plus loin) c'est-à-dire jusqu'à la Fournelle. Remontons-la et relevons attentivement au fur et à mesure les *lieux-dits*, et empreintes, laissés sur le sol par la longue occupation des légions ou des colons.

C'est d'abord la *Ruée* (2), mot significatif indiquant que par là entraient et sortaient les soldats. Elle nous conduit à la *porte prétorienne* et nous voilà orientés pour nous diriger sur le plateau à travers le camp romain. Un vieux chemin servant aux charrois le parcourt du S. O. au N. N-E. Il nous conduit au point culminant : (cote 153, carte Etat-Major). De là, on aperçoit dans ses moindres détails le plateau tout entier.

____

(1) La tradition locale veut que des souterrains aient uni le camp à Landèves, où devait se bâtir, 12 siècles plus tard (13ᵉ s.) l'abbaye de Landèves et où devait, en été, résider le préteur romain, tant le site est proche, gracieux. En construisant le petit chemin de fer départemental qui dessert la vallée de la Fournelle, les terrasiers, ont crevé la voûte d'un *aqueduc souterrain* qui amenait au camp des eaux prises en amont, à Thermes ? Un flot énorme jaillit par la crevasse et rejeta des blocs de pierre de taille. Ce point se trouve exactement au premier petit pont situé à 200 mètres des Arches au passage des eaux de la « fausse rivière », ancien et premier bras sans doute de l'Aisne, par où s'écoulent encore les eaux de débordement. Un deuxième bras toujours vivant passe entre les Arches et l'Aisne : c'est la fausse rivière. Le tout est situé sur le ban de Chestres. Il est probable que Vendy, Voncq, Mt de Jeu étaient alimentés par le même aqueduc.

(2) Ce mot évoque l'assaut lancé contre le camp par les hordes Vandales, qui, en 407, ravagèrent nos pays, inondèrent la Gaule, l'Espagne, l'Afrique du nord en saccageant, brisant, détruisant tout, tuant plus de 5 millions d'hommes en Afrique. Les Huns (452) traversè-

Là était assise la tente du consul ou du préteur. C'était le prétoire ou *prétorium,* centre d'un carré de cent pas. A gauche, le *forum* ou marché ; à droite, le *quaestorium* ou trésor, où l'on déposait les enseignes, les archives et la pécune, ou les économies du soldat.

De 1914 à octobre 1918, les Allemands occupèrent l'emplacement du camp romain. On peut voir sur le rempart, à l'entrée et à la sortie, au centre même du camp les travaux d'installation de l'artillerie ou des mitrailleuses et les profondes casemates revêtues de ciment armé qui abritaient leurs artilleurs. Quelque « Herr Doctor » dut diriger les travaux, car leurs casemates centrales, accouplées deux à deux, occupent exactement l'endroit où se trouvaient le *prétorium,* le *forum* et le *questorium.* La pensée d'y trouver plus de sécurité ne fut sans doute point seule à déterminer l'entrée des dites casemates ; l'archéologie et la « philologie » songeaient sans doute aux trésors cachés qu'elles pourraient y rencontrer ; car jamais, dans leurs spéculations, ils ne séparent la science et l'érudition du profit matériel possible. Avant tout, ils sont « *gens de proie.*»

Quelques dizaines de pas plus loin, sur la même ligne, surgit, herbeuse, une autre petite plateforme à peine apparente, sensible à l'œil attentif cependant : Là, était *l'ara* (autel), vu de toutes les parties du camp. Là, avaient lieu les sacrifices au génie de Rome, à ses dieux, à son empereur.

L'ara était situé juste au croisement des deux grandes rues qui partageaient le camp : 1° — *La voie prétorienne* que nous suivons, dans le sens de la longueur ;
2° — *la voie principale* (*via principalis*) perpendiculaire à la première.

Quatre portes donnaient accès au camp : a) la porte *prétorienne* ; b) la porte *décumane* à l'autre extrémité de la ligne ; c) la *porte dextra* ; d) la *porta sinestra* aux extrémités de la via principalis.

---

rent nos pays, à l'aller et au retour, après leur défaite aux *Champs Catalauniques* (peut-être les *Monts de Champagne,* de Reims à Ste Menehould ?), comme d'ailleurs l'ont traversé en 1914, avec « *Retour-Billet* » les Huns et l'Attila modernes plus sauvages, plus féroces que ceux du 5ᵉ siècle. — L'histoire se répète bien plus souvent que l'on ne le croit —, et aux *mêmes lieux,* la géographie jouant un rôle primordial dans les mouvements des peuples, comme des armées : la géographie d'abord, l'histoire ensuite, c'est l'ordre naturel.

Ces voies apparaissent encore sous forme de vieux chemins, de sentiers herbeux où courent diligemment des fourmis et autres insectes disciplinés, remuants et batailleurs comme des légionnaires.

Autour de la tente du général étaient groupés, face à *l'ara*, les tribuns, les légats sur la voie décumane ; puis à droite et à gauche, des troupes d'élite : fantassins et cavaliers romains, alliés ou auxiliaires.

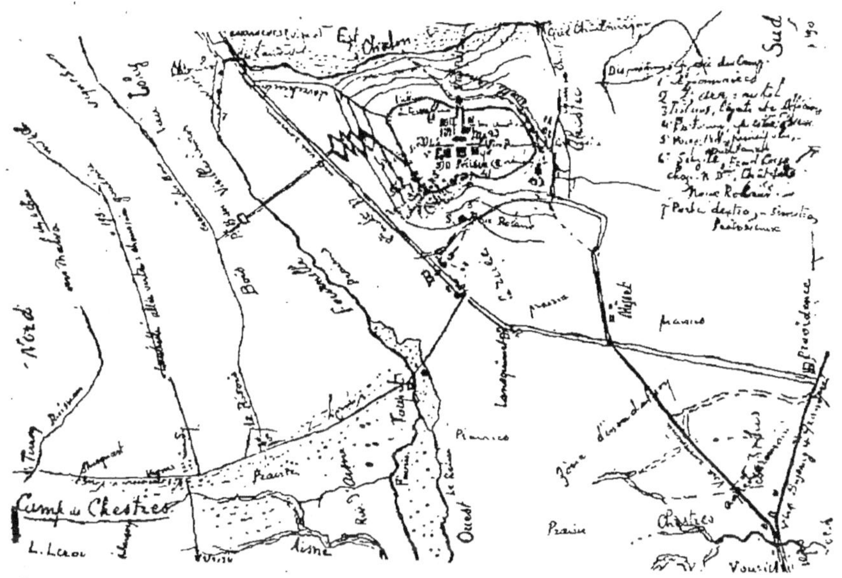

Les *vélites* (sortes de voltigeurs), les *hastaires* qui combattaient au premier rang avec une longue lance, les *princes* placés au 2me rang, — jeunes soldats qui avaient d'abord combattu au 1er rang, — les *triaires* ou *vétérans* au 3me rang, soldats d'élite qui n'entraient dans la bataille que dans les cas désespérés, — puis les cavaliers, les alliés, les auxiliaires, etc, étaient logés et répartis dans cinq rues parallèles à la voie prétorienne. La place de chaque soldat était la même dans tous les camps. Rien n'était donc plus simple et plus clair que la disposition et la distribution d'un camp romain. En y arrivant, chaque soldat trouvait sans hésitation son quartier et sa caserne.

Un chemin de ronde, *l'intervallum*, large et commode, (on le voit encore à la base du vallum, au Sud) permettait aux patrouilles de nuit de circuler aisément, de visiter tous les postes de garde et de veiller à la sûreté du camp.

Revenons à notre point de départ, à la porte prétorienne. Relevons les noms des lieux-dits ; faisons un peu de toponymie ; allumons notre lanterne.

A l'intérieur du càmp, mais dans la gorge encore, par où a eut lieu la *ruée* en 407, (l'assaut des Vandales), voici la *Noue Roland*, dont le nom évoque aussitôt le souvenir très postérieur (8e ou 9e siècle), il est vrai, du héros de Roncevaux, du plus valeureux des guerriers francs du 8e siècle, du neveu de Charlemagne dont les terribles « squares » (escadrons) ont dû aussi entrer et sortir au 8e siècle par la porte prétorienne (v. chap. V : légendes).

Il semble donc bien que le camp de Chestres ait été utilisé jusqu'à la fin du règne de Charlemagne au moins, car sur le plateau, à droite et à gauche, on trouve le *grand* et le *petit* Châtelet désignation venue de l'époque *féodale*, par conséquent très ultérieure.

A gauche, sur le *petit Châtelet*, notons le *Froid-Cul* exposé directement au nord et recevant à plein le choc brutal de la bise et des terribles vents d'hiver. Bien que le vieux langage de nos pères ne reculât point devant la crudité des mots, on est bien tenté de voir là, non une ridicule expression, mais de lire le Froid Cu, (*l* et le *c* final ne se prononçant pas). Or Cuc = Cucq = Suc = *mont*, mot simple et tout naturel. Il y a un peu à l'est du camp, le *Rouge-mont*, et en face de la *porta sinistra* : le Petit *Ban*, c'est-à-dire peut-être le Petit-Mont (*Ban = pen*, en gaélique ou irlandais, équivalent à mont), étendu doucement vers la Fournelle à une *altitude* sensiblement *inférieure* (1).

Cette partie gauche du camp offre encore d'autres lieux-dits curieux, évocateurs, comme la *Sybille*, la *Chapelle Notre-Dame*.

____

(1) Il semble que le *Cu (l) Tortu*, partie très tourmentée du cours de la Fournelle entre Noirval et Quatre-Champs, doive se lire le Cu (c) q tortu = le *mont tortu*. Beaucoup de sommets isolés et battus des vents du septentrion s'appellent : *Hurtebise* ; *Hurtevent, Hurte* pour heurte, *heurter*. Un Hurtebise est à 500 m. au Sud près de Chamiot, etc. Un autre mot, *tuc*, nous offre une formation analogue : *Tuquillon* : = petit monticule, sommet minuscule.

La météorologie et la toponymie populaires abondent en expressions originales, naturelles et très pittoresques. Il est curieux de faire remarquer que ce mot *cu* (*cq*) est fréquent dans l'Argonne. Il y a un

La Sybille rendait des oracles ; on sait combien les romains étaient superstitieux. Elle évoquait à l'esprit des soldats grecs et romains, les paysages lumineux de Cumes, non loin de Naples, et de toute l'Italie méridionale, ou Grande Grèce, et cela aidait les soldats à supporter l'exil lointain, par le souvenir du passé et l'espoir du retour.

La *Chapelle Notre-Dame*, petite basilique sans doute, donnait espérance et confiance aux soldats chrétiens devenus nombreux ; tandis que l'*ara* rappelait ces deux noms : *Jupiter*, et le *Génie de Rome* qui donnaient à tous le sentiment de la force victorieuse des armes et du nom romains.

Enfin le *Moulinet* indique l'existence très ancienne d'un moulin à vent ou à eau sur le Chalon ou la Fournelle dans le voisinage, peut-être à la place même de l'actuel *moulin de Landèves*.

Le lieu dit la *Queue de l'étang* prouve l'existence d'une large nappe d'eau persistante et défensive à l'*Est* du camp. Ce qui porte à quatre le nombre des obstacles accumulés sur cette face : le *vallum* épais et haut, la *ruelle Arnould* ; le *chemin creux* du Gué Charlemagne, enfin l'*étang*.

Le *camp de Chestres* était donc un centre de résistance important, établi pour durer longtemps et pour jouer un rôle sérieux dans la défense de l'Est (1).

Un dernier fait justifiera cette manière de voir : le *tombeau de Jovinus*, une des œuvres sculpturale et décorative les plus remarquables du 4ᵉ siècle, conservée au Musée archéologique de Reims et sauvée, (en 1914-18), du désastre de la cathédrale, nous rappelle deux noms, mais en les confondant : 1° — Jovinus, rémois, général et ami de Julien, (qu'il accompagna peut-être dans son expédition contre les Perses, défenseur de la Pannonie, vainqueur des Francs, commandant la *cavalerie*

---

froid cu (1) à Thermes près des belles sources qui ont valu son nom au village : (*Termidum*= Termes, datant des romains). On en trouve deux autres près d'Houdromont (aux portes de Verdun) : le *Cul brûlé* et le *Cul de chien*, d'où une attaque fut dirigée sur Verdun. Il est évident que le mot *Cul* n'est qu'une déformation, par des scribes ignorants, du vieux mot celtique *Cucq* = mont, (prononcez *cu*), employé dans le plateau central, (Haute-Loire, Ardèche, etc.) Il y a encore le *Cul des sarts* : mont des Sarts, = *cucq des Sarts*.

(1) Il est étonnant, extraordinaire même, que ce camp n'ait été encore l'objet d'aucune étude sérieuse, et soit à peine mentionné dans les plus récents travaux.

romaine dans la Gaule, *refusa l'empire*, reçut le titre de consul en 367 et mourut quelques années après dans sa ville natale, Reims (370) ?. C'est celui-ci, d'après une tradition confuse et inexacte, qui aurait été proclamé empereur au camp de Chestres où il commanda, et qui fut un instant un des centres de la résistance aux Barbares. 2° — Jovinus, noble Gaulois, probablement parent ou descendant du précédent, aventurier et usurpateur, qui se fit proclamer empereur à Mayence, en 411, par les Burgondes et les Alains, et qui, assiégé dans Valence, périt avec son frère, sur l'ordre du roi Wisigoth Ataulf en 412. St Juvin *(Jovinus)* est peut-être un descendant lointain du général romain.

Quant aux *routes* ou *voies* partant du camp, elles sont au nombre de 2 : l'une S. O. N. N-E, allant de *Châlons par Suippes et Bourcq, Chestres*, la *Vallée de la Fournelle*, les *Petites Armoises, Tannay* (ou Stonne), où elle rejoignait la grande voie Reims-Trèves. L'autre, suivant la rive droite de l'Aisne et desservant, en aval, les stations et les postes miliaires établis sur les hauts promontoires de *Vandy, Voncq* et en amont, *Thermes, Grand-pré*, jusqu'à sa rencontre avec le déverticulum de *St Menges* à *Verdun*. Chestres était au point de rencontre des deux voies.

La première seule nous intéresse directement : elle est l'affirmation de l'importance, comme voie de passage de la vallée de la Fournelle. La vieille *chaussée rectiligne* de Chestres aux *Arches* (arculi = arches,) et à Vouziers, suivie depuis Misset par la voie ferrée départementale actuelle, dessine l'amorce de la voie romaine vers Châlons. Le vieux chemin boueux et cahoteux, bordé de très vieux poiriers, descendant du camp au *Moulinet*, le déverticulum, passait derrière Ballay, aux environs du cimetière actuel, au Moulin de Quatre-Champs (1), au Chaufour, au *Huya* où l'on voit encore une *quinzaine de dalles* (à cent mètres environ au delà du chemin de la Hurée), à la *pièce des Moines*, entre la Converserie et la Hallebardière (chemin de grande communication) au *Triot Grand-Maire*, à la *Crotte de Chat* (crotte = creute = maison, demeure) puis *derrière Noirval*, à *Châtillon* même, où, en sortant du village, disposé en carré, il faisait un coude à gauche jusqu'à Bazan-

––––––––––

(1) Là, au lieu dit la *Justice*, habitaient les *carriers* et les *tuiliers* romains : tuilerie *Marland*, près les deux sources appelée *Fosse-Fontaine* et *Fosse qui bout*. Ce hameau, transporté au Sud et caché dans les bois est devenu Toges. Ses dernières maisons ont disparu Il y a 60 ans.

court ; il voisinait au delà avec le tracé actuel de la voie ferrée allant au Chesne, puis avec le chemin vicinal tout nouveau des *Petites Armoises*, etc. (1) Ce tronçon de voie constituait un raccourci fort utile aux mouvements de troupes,et aux
marchands, colons et voyageurs qui pouvaient ainsi circuler
très aisément dans toute la région. Ces voies avaient un triple
caractère : militaire, commercial et colonisateur.

Les colons, attirés par la richesse du sol, la facilité de la
circulation, la beauté du paysage, et la protection efficace des
légions, vinrent en foule se mêler aux indigènes. Ils ont laissé
la trace et la preuve de leur présence en de nombreux *lieux dits*
dénonçant ou la nature du sol, ou les lieux habités, ou l'industrie exercée, ou l'appropriation du sol et la constitution de la
propriété foncière ignorée des Gaulois.

Des villas durent s'établir : au *Petit Ban*, séjour d'été, rendez-vous de chasse, pour les prêteurs et généraux ; à *Landèves*,
si gentiment caché dans son court et beau vallon, à *Claire Fontaine*, si ensoleillée, à *Caunoy*, aux *Moulins de Ballay*, à celui
de Quatre-Champs ; celle-ci *fundus* (2) plutôt que *villa*, dont
le nom et le caractère se sont conservés dans l'expression *Fonds
de Toges*, à Quatre-Champs au lieu et place du « *német* » gaulois : le chemin gaulois passant derrière le haut du village s'appelle encore *derrière la ville* ; à *Toges*, mot dérivé de Togus, à
la *Maisenau*, à la *Crotte du Chat*, etc. Le vallon des fonds de
Toges conduisait à ces domaines.

Toponymie.

Ajoutons un peu de toponymie à ces notions historiques
pour montrer l'intensité de la colonisation autour du camp.

En face, sur la rive droite de la Fournelle,au nord de Ballay,, *Tiopha*, lieu dit, dérive du mot très vieux, *Tophus* = (teuf
= tuff), importé par des soldats ou des colons du Latium. C'est
la gaize, ou *craie verte*, comme on l'appelait encore il y a 50 ou

---

(1) La traversée des marais avait lieu sur une estacade en bois,
consolidée par des bordures en pierres.

(2) Le *fundus* était un domaine, une propriété sans habitation ;
une *villa* sans fundus était un *édificium*, c'est-à-dire une maison
d'agrément, de plaisance (d'A. de Jubainville) : *Les noms de lieux.*

60 ans. Thiopha est célèbre dans la région par son tuff, ses vergers, son exposition et ses vignes (vin de Tiopha). Ce mot est passé aussi dans la langue anglaise : « *tufa* » (prononcez Tioufa = tuff).

Rappelons encore : Chestres (castra) ; *Noirval*, de *Nigra vallis* (vallée noire) ; *Châtillon* de *Castellum*, Castillo, — enfin *Quatre-Champs* de quatuor campos (v. chap. III.)

Un lieu dit : le « Poirier de *marander* » (1) au-dessus du Moulin de Quatre-Champs, rappelle une habitude apportée d'Orient et d'Italie, pays chauds, et qui s'est perpétuée jusqu'à nos jours parmi les moissonneurs. Pendant le « *harnu* », en juillet et août, au temps le plus chaud, les moissonneurs commençaient à faucher de grand matin, à la rosée, pour éviter la grosse chaleur du jour et aussi l'égrenage du blé et des autres céréales qui « crôent » (de *croer*, ou crouer = égrener), quand elles sont bien mûres. On faisait la sieste de 12 h. à 3 heures(?); on *goûtait* ensuite de lait frais, ou de fromage blanc. Cette collation s'appelait *marander* (goûter). Et on reprenait le travail jusqu'au soir (8 à 9 h). Peu de repos, beaucoup de travail ! c'est la loi des moissonneurs. Il fallait assurer le pain pour l'année suivante et ne rien laisser perdre. (V. Moisson, ch. 18).

Enfin *Furnus*, four. Les lieux où l'on cuisait le pain, la chaux, où l'on fondait le fer s'appelait *Furnellae*, d'où *Fournelle*. En construisant la voie ferrée on a découvert, à la bordure du pré de la Tour, et au pied du talus voisin, des restes de fours, de cubilots où l'on brûlait, grillait, fondait le fer, et sans doute d'autres métaux, suivant la méthode catalane : d'où les lieux voisins dits le « Chaufour », (lieu où l'on cuit la chaux), les « *Fonderies* », les « *Chauderies*, » où l'on a fait aussi jusqu'à une époque récente du charbon de bois, des briques, des tuiles, des poteries, du verre, ou fondu des minerais apportés, à dos d'âne ou d'homme de Bairon, ou des forges actives des Ardennes et de la Meuse. La *Hallebarbière*, peu éloignée, doit avoir fabriqué des armes, pour les Romains ou pour les chevaliers du Moyen âge. (2)

---

(1) De l'italien *marandare* goûter manger à quatre heures. Les machines ayant remplacé la faucille et la faux, l'usage a disparu, le nom est resté.

(2) Ces industries ont été pratiquées jusqu'à nos jours. Belleville, Toges, Longwé, Lacroix-sur-bois, fournissent encore à Reims, Charleville, etc. du charbon de bois en quantité ! Quatre-champs a eu cinq

Touchant à la Hallebardière se trouve la *pièce des Cadets,* part, qui dans la succession des biens nobles, était attribué aux Cadets, dont la plupart se destinaient au métier des armes ; chevalerie, ordres religieux, militaires. Des noms de famille,

Le four à chaux : Moulin à vent et queue de l'étang.
Au 1er plan : la moisson des blés — la Fournelle. Au 2me plan : l'usine et le village. Au 3me. La Garenne, Haplé, le chemin de Vandy. (13 février 1924)

enfin, ont conservé la forme latine ; ils nous montrent la solidité et la durée de l'occupation du sol par les Romains.

Au 4e, 5e, 6e et 7e siècles apparaissent dans la nomenclature des lieux des noms de saints, signes évident de la pénétration du christianisme dans le défilé et dans la région, et aussi de la lutte engagée contre le paganisme romain ou gaulois. Childebert, roi d'*Austrasie* (*le nôtre*, ordonne 564) « que le « peuple chrétien abandonne le *culte des idoles...* qu'il abatte

tuileries dont les deux dernières ont disparu depuis un demi siècle environ : la *Tuilerie,* la *Tuilerie Murland,* etc. D'importantes carrières de pierres et d'argile ont été exploitées en différents endroits : la *Justice,* la *Poterie,* la *Tuilerie.* Un très grande usine pour la production de la chaux s'édifie en ce moment au Moulin à vent. Nombreux étaient les chanveurs, les tisserands, les tonneliers, les scieurs de long, etc., les éleveurs d'abeilles. On y comptait 3 pressoirs et deux moulins à eau et à vent.

Il y a à Châtillons un lieu dit la *Very* — la *verrerie,* de vedrariæ, lieu où l'on fabrique du verre), situé aux confins de Vaux-Maillard, *Wilteux* et Maison-rouge où les sables verts abondents et le bois aussi.

« sur son champ les *simulacres* et *idoles* élevés au démon, ou
« qu'il n'empêche point les prêtres de le faire .... sous peine de
« *cent coups de fouet* si le coupable est de condition servile....
« d'une pénitence, s'il est de condition libre...

De là, les lieux dits : *Côte St-Martin*, — source et forêts —
chaussée conduisant au Chesne par une voie où dut passer
St-Martin soldat et apôtre, venant de Châlons, fuyant les persé-
cutions des Ariens, suivant un raccourci, une « allée verte » où
s'élevaient de vieux arbres, ombrageant une « source » vénérée,
sacrée à la Côte St-Martin, remplacés plus tard par un « *calvaire* » au point culminant de la Côte, d'où l'on a une très belle
vue vers Reims. (1)

De Châlons à Stonne, le passage du saint, si populaire
alors et depuis, est marqué par les noms de villages qui l'ont
accepté comme patron, et de lieux dits (Mont St-Martin, Côte
St-Martin..) églises St-Martin de Vonc, Quatre-Champs, Mont
Dieu, Mouzon, qui rappellent sans doute quelque acte mémo-
rable et merveilleux : abat « d'arbres sacrés », « sanctification
d'une source aux vertus », miraculeuse où le saint avait bu,
près de laquelle il s'était reposé : Source *St-Jean* (à Châtillon)
consacrée sans doute à Belen (le Soleil) ou à Apollon ; *St-Côme*
et *St-Damiens* (Noirval) jadis abondantes, aujourd'hui intermittentes ; *St-Fiacre* (Toges), source souveraine jadis contre la
fièvre et l'entérite chez les enfants, source très belle, très pure, cachée dans un bosquet, et située à quelques mètres d'un marécage
malsain aux émanations fièvreuses. St-Fiacre (7ᵉ s). est le patron
des jardiniers, grands défricheurs de marais que l'on a transformés ainsi en riches jardins.

La *Quadrette*, abondante, saine et régulière, a gardé son nom
primitif et païen. Elle était d'ailleurs plus enfoncée dans les
bois ; et St-Fiacre suffisant à retenir les fidèles à l'entrée du
village, on dédaigna de débaptiser la Quadrette.

Les « *Abes* (arbres) *de grâce* » doivent leur désignation
chrétienne à *St-Remy*, saint deux fois sacré parce que apôtre et
rémois. Ces arbres, en outre, marquaient l'entrée « d'enclos »,
(les « *aclos* ») donnés ou voués au Saint (voir *Vandy et Laubrelle*), et où dès le moyen âge s'établit la petite culture, frui-
tière ou maraîchère. Ainsi, malgré le zèle et les succès des
apôtres chrétiens, le culte des arbres n'a point encore entière-

---

(1) Le calvaire a été longtemps entouré de beaux frênes, arbres
sacrés abattus il y a un quart de siècle à peine.

ment disparu au 7e siècle, et il durera longtemps encore. Pas plus d'ailleurs que celui des sources, pas plus que la langue celtique parlée encore dans nos forêts aux 6e, 7e, 8e siècles.

C'est avec une sorte de révérence admirative et craintive à la fois que l'on dit encore aujourd'hui : « le « *Gros Chêne* », le « *Gros Boule* » le « *Gros Noyer* », le « *Gros Tilleul* », le « *Gros Orme* »(1), la« *Grosse Epine* », etc...

Toutes les plantes : gui, houx, verveine, trèfle à 4 feuilles, buis, sont regardées comme sacrées et enchantées.

Telle feuille de « gui », cueillie sur un chêne, se paie encore couramment *vingt francs* au forestier qui l'a trouvée et qui veut bien vous la vendre. Telle feuille de trèfle placée dans la manche de l'habit vous fait sûrement gagner un couteau, ou tout autre objet à la roue du forain venu étaler sa boutique et son tourniquet à la fête patronale des villages. Tel animal : hibou, corbeau, pie, crapaud, araignée est toujours réputé sacré et redoutable.

Voilà des faits bizarres, des persistances curieuses, dignes d'être notées en passant. Le christianisme a fait, dans sa prémière et ardente ferveur, disparaître beaucoup de ces superstitions, restes de cultes abolis, mais n'a pu les déraciner entièrement. Elles reparaissent même après des éclipses millénaires. Elles sont restées comme l'âme des choses, des dieux et des siècles évanouis. Elles habitent des temples secrets, inviolables dans le cœur et l'esprit de leurs fidèles, et auront des adorateurs muets et fervents jusqu'à la fin des temps. Ces croyances, ou superstitions, changent de figures et de formes, mais elles ne disparaissent pas. Chaque génération apporte ou crée les siennes qui ne sont guère différentes, et qui se succèdent.

----

(1) Le *tilleul* célèbre de Brieules (9 à 11m. de circonférence) a été débaptisé et s'appelle « *l'orme* de Brieules » Il est indiqué sur la Carte de l'Etat-Major. Les Prussiens l'ont bombardé en 1914.

La Gaule Franque (500-900)

Derniers Mythes et Légendes

Les grandes invasions des 5ᵉ et 6ᵉ siècles n'ont pas seulement détruit l'empire romain, elles ont presque anéanti la civilisation antique et replongé le monde pour plusieurs siècles dans la barbarie la plus complète et souvent la plus féroce.

Ce désordre fut aggravé par les luttes de la Neustrie et de l'Austrasie aux 6ᵉ et 7ᵉ siècles, par l'invasion Arabe au 8ᵉ (Poitiers, 733), par celles des Normands (9ᵉ et 10ᵉ), dont une bande cherchant la route d'Aix la Chapelle, et peut-être aussi les résidences de Charlemagne (Attigny, Douzy, etc.) traversa nos défilés et fut battue à *Montfaucon*, en Argonne, par celles des Hongrois (10ᵉ siècle) dont les exploits et les crimes ont donné naissance à la légende des *Ogres*, ou mangeurs de petits enfants. Car dans leurs soudaines incursions, *Ougres*, ou Hongrois, (de race *ougrienne* ou mongole, comme les Huns) enlevaient les petits enfants, surtout les petits garçons et les emmenaient en Hongrie pour augmenter le nombre de leurs cavaliers. L'Alsace, la Franche-Comté, le Dauphiné furent dévastés par ces affreux sauvages (1).

A peine les noms de Clovis et de Charlemagne, celui de Charlemagne surtout, éclairent-ils un instant d'une lueur parfois incertaine, ce long espace de plus de cinq siècles. Et pourtant, c'est pendant cette longue période que se fait l'incubation d'une société et d'un peuple nouveaux: la France et les Français ; que se mélangent, se fondent les éléments solides de notre nationalité ; que le christianisme, sauve les débris du passé, convertit, amène à une foi nouvelle, ardente et jeune, tout ce

---

(1) Les Turcs, de même race que les Hongrois, faisaient la même chose et enlevaient, tous les 3 ou 4 ans, les *enfants* mâles des populations chrétiennes de l'empire pour recruter leurs janissaires. Cela est connu de tous.

mélange de races ennemies vivant sur notre sol ; que se forme
notre langue déjà parlée sous Charlemagne par le peuple ; elle
succède au latin disparu en éliminant l'allemand, ou plutôt, le
germanique ou tudesque.

Elle bégaie ses premiers chants, jette ses premiers cris de
foi commune, ardente: « *Diex li volt* ! », de joie de vivre dans
un même et beau pays : la « *douce France* ». La nuit s'envole,
l'aurore se lève, les champs se défrichent, les églises s'édifient
partout et les chansons de gestes, et les légendes éclatent en
magnifiques accents, en gerbes fleuries, pour annoncer la naissance d'un monde nouveau, et d'un peuple fort, invincible et
juste :

> Ne sont plus que trois noms a nul homme entendant :
> *De France, de Bretagne, et de Rome la Grand !*

C'est à l'aide de ces éléments que nous pouvons suivre un
peu la vie de notre petite patrie : Ainsi, au 7ᵉ siècle, on voit
paraître *Bobo* dans la nomenclature des noms de lieux. (1)

La vallée de la Fournelle était donc encore au 7ᵉ et 8ᵉ
siècles une route suivie par les chefs francs et par leurs armées.

Les innombrables *dons* des rois francs, ayant à leur disposition les immenses domaines du *fisc romain*, à leurs serviteurs
ou favoris, aux évêques, aux guerriers, commencent à s'ex-
primer d'abord par leur étendue, (sous les Carlovingiens surtout). On trouve les *20, les 40, les 100 arpents* (lieux dits)
montrant à Quatre-Champs, outre le plus ou moins de généro-
sité des rois, l'importance des services rendus, ou des charges
militaires (durée, nature) auxquelles est soumis le bénéficiaire.
Or ces sortes de dons se rencontrent le long de la route militaire, ou dans les forêts situées au Sud : dans les bois de
Boult, de Toges, Quatre-Champs. Il est probable que ceux qui
les recevaient demeuraient dans le voisinage, à proximité
aussi des lieux où se fabriquaient les armes de guerre : Hallebardière. Des mœurs et des installations toutes militaires s'é-
taient donc maintenues ou s'étaient installées dans le défilé.

---

(1) Un certain ministre du trésor sous Childéric III (petit-fils de Bru-
nehaut) possède un domaine au flanc occidental du Camp romain auquel il laisse son nom parvenu jusqu'à nous : *Bobo*, à l'entrée du *déverticulum* conduisant à Vandy. (Bobo a été détruit en octobre 1918
dans les terribles combats livrés autour de Chestres et de Vendy.(Voir
page 134 et suiv.)

Les longs séjours de Charlemagne à Attigny, Douzy, ses chasses, ses *màlls* ou assemblées, ses revues militaires dans la vallée sont confirmées par toute une série de récits légendaires, de mythes intéressantes à divers titres. Aussi, sa mémoire est-elle restée solidement établie dans tout le val de la Fournelle. Les faits suivants en témoignent suffisamment.

Au retour d'une expédition contre les Saxons ou les Sarrazins, son armée campa sur les plâteaux de Belleville, Quatre-Champs, Toges, Landèves, Chestres, et, chose étrange, vu le nombre des ruisseaux et sources voisines, y souffrit de la soif.

Renouvelant le miracle de Moïse au Sinaï, Charles enfonça, en maints endroits sur les plateaux et surtout en leur point le plus élevé, sa formidable épée. Aussitôt l'eau jaillit abondamment et l'armée ainsi sauvée, put se désaltérer. C'est la légende dite des *Puits Charlemagne* assez nombreux et cachés entre Chestres et Belleville, dans les *Bois* de la Haute plaine de Toges, ou à découvert, aux *Terres Noires*, aux *Aunis*, entre Noirval et Quatre-Champs.

En réalité, ces puits n'ont rien de mystérieux : ce sont des regards naturels indiquant le trajet souterrain d'un ruisseau entre les gouffres d'amont et les sources ou exutoires d'aval, ou des syphons (V. Formation du défilé) expliquant tout naturellement la présence assez fréquente de sources au point culminant de beaucoup de plateaux dans l'Argonne, sources très froides qui ont fait l'étonnement de nos soldats autour de Verdun, etc. (1).

---

(1) La légende de St Mame (et non St Manne ?) près de Buzancy n'a pas d'autre explication. Le nom de Charlemagne y est également attaché : « On voit en ce moment (1820) à une demi-heure de Buzancy, sur l'antique route de Nouart, une chapelle nommée *Manne*. La commune renommée en attribue l'existence à Charlemagne qui, dans ses guerres contre les Saxons, *campait sur les hauteurs* (? ?). Son armée manquant de vivres et d'eau, il se jeta à genoux et implora la miséricorde divine. On vit tomber du ciel, de la *Manne* en assez grande profusion pour nourrir son armée ; et au lieu où il mit genou en terre, on découvrit, *après un peu de travail, une fontaine* dont l'eau est très bonne, très agréable, très limpide. En reconnaissance, et en mémoire de ce prodige, Charlemagne fit bâtir, à *l'endroit même*, une fort belle et très vaste église qu'il nomma *Manne*. Depuis ce temps, on va en pélerinage à *Masme* pour obtenir la guérison de toute espèce de maladies ». (Notret de St Lys (1820) : Fonds Duvivier ; Archives des Ardennes).

Ici l'épée disparaît mais la manne intervient, et la source aussi pour sauver l'armée qui manque d'*eau et de vivres*. C'est une variante

On place sur le *Châlon* (1), au lieu dit : *Le Gué de Charlemagne* le théâtre d'une autre légende, suivant laquelle une des filles de Charlemagne se serait noyée en ce lieu-même.

Au retour d'une chasse, ou d'une promenade d'été, elle voulut pour se rafraîchir et se reposer, prendre un bain dans le ruisseau et se noya. Un page qui l'aimait se jeta à l'eau pour la sauver ; il n'y réussit point. Et, la voyant morte, il ne voulut pas lui survivre ; désespéré, il se précipita dans le ruisseau et périt avec elle. (v. plus haut Camp de Chestres, l'*étang*) (2).

L'histoire ne nous dit rien de ce dramatique évènement. Peut-être un accident vulgaire, arrivé à une inconnue et possible en ce lieu de passage, a-t-il donné naissance à cette histoire sentimentale, et poétisée par l'imagination populaire en état de perpétuelle création. On place aussi ce drame légendaire au Puits Charlemagne situé à 2 ou 3 kilom. plus loin dans les bois près des bords encaissés du *ruisseau de Lacroix*.

---

maladroitement enjolivée du même fait. Il est certain qu'en Saxe et en Espagne les armées franques ont dû souffrir souvent de la faim et de la soif, et que ce souvenir, comme celui de la retraite de Moscou, ou de la Guerre d'Espagne sous Napoléon, en était resté fort amer (voir Chansons de Geste) dans l'esprit populaire qui confond facilement les lieux et les dates. Il est non moins certain que le peuple de tous les temps et de tous les pays explique ainsi, par un jeu d'imagination plus ou moins compliqué, les *légendes* et les faits naturels qu'il ne comprend pas, Il est plus que probable que St Mame n'est qu'une des formes du nom de *St Memmie*, (St Mesme), évêque de Châlons, venu dans le pays pour combattre le culte des *sources* adorées par les Gaulois, et tout particulièrement abondantes dans toute la région environnante (V. Chap. I. Buzancy) Le saint fut martyrisé en 407 par les Vandales.

(1) Châlon : Ce mot se trouve aux temps gaulois ou celtiques chez les *Edui* dontChâlon était, sur les bords de la Saône. un des « *oppida* » et aussi un important marché : c'est *Châlon-sur-Saône*. du celtique *Cabillonum* = (apparenté au latin,= lieu où l'on *élève le cheval* (*Caballus*). La vallée de la Saône avait,et a encore. en effet, de vastes prairies propres à l'élevage. Le *Chalon des Rèmes* avait lui aussi de grandes prairies dans son voisinage où l'on devait élever des chevaux. Le camp de Chestres eut beaucoup de cavalerie dans les derniers siècles de l'Empire (voir Jovinus). *Catu*, dans *Catuvelauni*, signifie *bataille*, c'est-à-dire, sans doute, *amis de la bataille* ou *belliqueux*, *braves*, ou querelleurs. C'était le nom du peuple voisin. les *Catalauni*. clients des *Remi*, Mais il ne s'agit point de Châlons-sur-Marne (d'Arb. de Jubainville : des noms de lieux p. 580).

(2) O. Guelliot : Communication verbale.

Tous ces faits restés dans le souvenir populaire, consacrent la présence du puissant empereur en nos régions, dans nos vallons et nos forêts, à Attigny et aux environs, où, lui et les siens, s'ébattaient volontiers (1).

Une troisième légende, plus poétique, plus suggestive d'histoire encore, se situerait sur les mêmes plateaux, au S. et S-O de Quatre-Champs, légende dite.De la chevauché nocturne de « Bayard et les *Quatre Fils Aymon.* »

On s'étonnerait de ne point la voir figurer dans ces forêts et ces défilés.Les mères la contaient jadis,le soir,à leurs fils enfants pour les engager à se lever de grand matin, le printemps et l'été venus,afin de « conduire aux champs », c'est-à-dire à la pâture dans les bois, les troupeaux de bœufs, de vaches et de veaux, qui doivent rentrer à l'étable avant la grosse chaleur du jour et les attaques cruelles des taons et autres mouches venimeuses.

La voici, telle qu'enfant, je l'ai entendue :

« Demain, disait la voix depuis longtemps éteinte, Bayard et les Quatre fils Aymon passeront là-bas, dans la forêt. Il faudra se lever de bonne heure si l'on veut les voir ou les entendre. » La curiosité enfantine dominant l'envie de dormir, je voulais savoir « pourquoi ? » « Comment ? » et à « quelle heure ? ».

A quoi il était répondu à peu près ainsi :

« Depuis longtemps, bien longtemps, chaque nuit, dans la
« forêt, à travers laquelle brillent les rayons de la lune, passe
« un coursier étrange et merveilleux, fantôme gigantesque,
« portant sans se fatiguer jamais, *quatre cavaliers*, fantômes
« aussi, vêtus d'armures éblouissantes, et tenant haut et ferme
« en leurs mains leurs épées ou leurs lances étincelantes.

« De cime en cime, par bonds énormes, le coursier farou-
« che chevauche vers les pays lointains où conduit le *Chemin*
« *de St-Jacques*, voie étoilée et lumineuse. Les cavaliers muets
« s'arrêteront à *Montauban*, — (l'un d'eux s'appelle Renaud de
« Montauban) — ou encore sur les rivages de l'Océan où atten-
« dent les morts, et en Galice, à *St-Jacques de Compostelle* où
« repose l'un des compagnons du Christ (?)

---

(1) Dans les légendes des bords du Rhin, on trouve des aventures analogues. concernant d'autres filles de Charlemagne. de l'une entre autres, Emma, exilée dans une forêt avec son mari Eginhard et son enfant; puis plusieurs années après, retrouvée par son père, et ramenée á la Cour.

« Et, avec Bayard, invisibles, évanouis dans la lumière du
« jour, ils reviendront d'un seul trait dans leur palais enchanté,
« dont les ruines gisent aujourd'hui à *Château-Renault*, sur les
« bords sauvages de la Meuse et de la Semoy, où les attend
« leur ami, le magicien, l'enchanteur *Maugis* qui les sauve de
« la colère de Charlemagne et de tous les dangers !...

— « Que vont-ils faire à Montauban ? à St-Jacques ? —... »
—Nul ne le sait. Mais personne ne s'en informe. Il suffit qu'ils
reviennent et refassent chaque nuit le même voyage. Chacun
trouve cela tout naturel. Les esprits des morts ne voyagent-ils
pas ? N'ont-ils point à causer entre eux des choses passées dans
une langue muette et inconnue ?

Mais si nul n'a cure du but de leur voyage, chacun, au
contraire désire voir ou entendre, une fois, au moins le fantas-
tisque coursier traversant la forêt prochaine, et les cavaliers
étranges et surhumains, héros légendaires, connus de tous dans
les Ardennes. Jamais avant qu'ait paru « *l'étoile du soir*, » ou
du *Berger*, avant que la nuit, si propice aux esprits, ne couvrît
la *Terre* ou la forêt de son noir manteau ; — jamais après qu'elle
s'est envolée devant « *l'étoile du matin* » tremblante, ou l'aurore
triomphante, —on ne peut les voir ou les entendre dans la forêt. De là, la nécessité d'être dans les boïs aussitôt la nuit venue,
ou de très grand matin.

L'approche, ou le passage, du cheval et des cavaliers s'annonce toujours par quelque bruit semblable à ceux que l'on
entend dans les forêts : murmure des hautes futaies qu'en
chantant doucement caresse la brise des nuits ; plainte sourde
et vague comme un gémissement ; écho adouci de bruits lointains ; frôlements légers dans la feuillée de l'animal craintif,
ou fuite éperdue de l'innocente proie poursuivie par quelque
brigand de l'air ou de la terre ; bris ou froissement des buissons épineux par le sanglier, rentrant dans sa bauge ; chant
mélancolique ou sanglot de la source qui bouillonne, du ruisseau heurtant des racines ; fraîche haleine des fleurs et âcres
parfums du sol et des sous-bois ; cris d'angoisse ou râle de
l'oiseau surpris au gîte ; triste, monotone hullulement du hibou,
du loup ; lumière voilée de la lune éclairant vaguement la
clairière muette ou rayon furtif glissant brusquement à travers
les branches ; ombre opaque ou flèche étincelante : toutes les
ombres et toutes les clartés, tous les silences et toutes les ru-
meurs de la forêt sont réunis là pour produire l'enchantement
et remplacer Maugis, absent ! C'est l'âme de la forêt qui passe
ou qui va passer »

Pour des esprits simples et naïfs comme ceux des bûcherons, des bergers ou des porchers, comme ceux des enfants, l'âge, l'imagination, l'émotion, la peur changent aisément ces bruits insolites, ces éclairs soudains, mobiles et fugitifs, en souffles indistincts et pourtant réels du cheval fantôme, Bayard, en éclats rapides et multiples des armures ou des épées des fameux chevaliers errants, ennemis et parents de Charlemagne, esprits, voix des temps antérieurs et des races anciennes en lutte contre un maître nouveau, imposant une foi nouvelle.

Tout cela les impressionne profondément, plus que toute autre histoire, plus qu'aucun autre conte enfantin !

> Le soleil, ô petit village !
> A mesuré ta longue histoire.
> La lune en son pâle sillage
> Baigne ta légende de gloire.
> Sur la forêt dans le feuillage,
> Quand revient la nuit claire ou noire,
> Il court comme un souffle d'orage.
> Une flèche d'or ou d'ivoire
> Perce l'épais et lourd branchage.
> C'est l'éclair de Durandal, voire,
> Ou les Quatre Aymons en voyage
> Menant Bayard, leur coursier, boire
> Aux fontaines du voisinage.....

Souvent on entend, ou l'on croit l'entendre, le galop et le grand souffle (la respiration de la forêt !) sortant des nasaux du coursier ; on voit entre les branches l'éclair jaillissant de l'armure et des lances. Mais parfois aussi, Maugis, aidé de la nuit ; on ne sait pourquoi ; rend ses amis invisibles et silencieux. Il faudra donc aller plus d'une fois, souvent même, dans les bois pour être sûrs d'entendre ou de voir les Quatre fils Aymon et leur célèbre palefroi.

Mais au printemps et en été, parfois au début de l'automne, surtout si celui-ci est sec et beau, on a presque toujours, en cas d'invisibilité du cheval et des cavaliers, une sorte de consolation.

Dans sa foulée fantastique, Bayard laisse, en abattant la rosée qui les couvre, sur l'herbe ou sur les broussailles des clairières, l'empreinte de son pied gigantesque empreinte toujours distincte et visible, elle, avant que le soleil n'ait bu toute la rosée du matin restée suspendue sur les rameaux et les feuilles, sur les herbes non touchées par son pied. On cherche, et toujours alors, on trouve quelque trace du pas du cheval sur la bruyère ou dans les jeunes taillis secoués par les ailes des oiseaux voletant çà et là. Cela suffit au croyant (les braconniers et les chasseurs en particulier) qui revient fermement convaincu du passage des fameux voyageurs.

Souvent, donc en été, mon père m'emmenait de grand matin dans la forêt pour le débardage des coupes. Parfois quelque bûcheron me retenait la nuit dans sa hutte toute pareille à celle des antiques sylvains, et j'étais heureux de coucher au bois. C'est ainsi que j'ai vu et entendu passer Bayard et ses quatre compagnons.

Quelques-uns affirment que Roland (1) est le grand chevaucheur courant la nuit à travers nos bois.

Que ce soit l'une ou l'autre de ces ombres glorieuses qui revienne la nuit visiter nos champs et nos forêts, voici comment peut-être l'on pourrait interpréter ce vieux mythe qui mêle tout le passé des races successives ayant vécu dans nos contrées, et les confond dans une seule et poétique légende, largement vraie au fond, car celle-ci n'est qu'un mythe remanié, retouché par chacune des races qui ont vécu et dominé dans les forêts d'Ardennes et d'Argonne, et dans le long défilé de la Fournelle.

---

(1) Roland lui-même est un type légendaire forgé par l'âme populaire. A notre avis, Roland est la personnification des armées de Charlemagne et de leurs exploits, depuis l'embouchure de l'Elbe jusqu'à Saragosse, les deux termes extrêmes de leurs chevauchées contre les Saxons et les Arabes, contre tous les mécréants et les païens. Avec lui, on peut suivre à la trace les mouvements des armées franques et chrétiennes du 8ᵉ au 10ᵉ siècle. Nous avons vu, au cours de nos voyages, son étrange et fruste statue dressée sur la place du Rathaus à *Brême* ; son souvenir associé au nom de la « belle Aude » sa fiancée, à *Aix-la-Chapelle*, et aussi au *Roland's Eck* qui domine les bords du Rhin, et au *monastère* voisin, où, vieilli, il retrouve sa fiancée devenue religieuse. Il passe dans nos forêts toutes les nuits; et là, sa légende se mêle un peu à celle des Quatre fils Aymon. Son *olifant* est enfermé dans les murs de *Sainte Flamberge*, à Senlis, tout prêt à sonner la charge aux cavaliers qui font l'exercice entre les murs de la vieille et célèbre chapelle, aujourd'hui manège pour la cavalerie. Son épée repose à *Rocamadour* devenue pèlerinage fameux. C'est avec elle qu'il a taillé une brèche célèbre, la « *brèche de Roland* » aux sources de l'Adour. Le pas de son cheval, franchissant d'un seul bond le Néthou, est resté imprimé sur l'un des blocs du défilé sauvage qui unit *Gavernie* à St Sauveur (Hautes-Pyrénées). Il est partout ce souvenir, et partout épique et grandiose, comme les exploits et les campagnes de Charlemagne et de ses soldats !

Roland « passant aux ports » de Roncevaux et de Gavarnie, et en cent autres endroits, c'est la gloire des armées franques chantée dans les Chansons de Geste ! (Voir Leroy : *Nos fils et nos filles en voyage*. Vuibert, 2ᵉ Édition).

Bayard, c'est le cheval ardennais, solide, robuste, infatigable, vivant en liberté la nuit dans les pâturages et les bois.

Peu à peu les indigènes l'ont identifié avec *Bélisama* (compagne, épouse du soleil : *Belen*), déesse vénérée par tous les peuples, fidèle aussi et qui revient toutes les nuits. Mais si elle est régulière en son cours, elle est d'humeur changeante : elle est femme et prend chaque mois 4 formes différentes, croissantes et décroissantes, toujours identiques à elles-mêmes. Inséparablement ces formes accompagnent et suivent leur mère qui les porte sur son dos, ou les laisse dans nos yeux. Renaud, qui conduit la chevauchée, est l'incarnation du *Croissant* (1er quartier), si fin, si svelte, si poétique : c'est le premier-né, le préféré de la mère. Tout l'Orient en a fait un symbole religieux; Grecs, Arabes, etc. Ces *quatre* frères symbolisent peut-être aussi les *quatre* races qui s'étaient succédé dans le pays : Ligures, Celtes, Romains, Francs unies désormais en une seule.

Maugis, c'est le sorcier (sourcier), l'enchanteur, l'héritier du gutuvater (le wate). Il habite des rochers sauvages (Château-Renaud), ou le passage connu de la Meuse (Pont Maugis près Sedan), conduisant à Raucourt et à la voie romaine de Reims à Metz. Il invoque les dieux et les rend secourables, conjure le sort, déjoue les mauvais desseins de ceux qui en veulent à sa race, guérit et réconforte avec les plantes et les fleurs de la forêt. La forêt, où l'on entend tous les bruits, où l'on chasse, où l'on circule à toute heure, où les *fils Aymon* trouvent refuge ou abri, c'est la *vieille fée* bienfaisante qui aide Maugis dans ses incantations. Elle a abrité l'humanité naissante, et lui a fait connaître toutes les joies et toutes les craintes de la vie. Elle fait écho à toutes les voix et répond à tous les appels. A chaque pas, on rencontre chez elle les dieux, maîtres de la vie et de la mort. Même oubliés, reniés, chassés par d'autres, ils reviennent encore, la nuit, bercer et charmer l'esprit des hommes craintifs et changeants (1).

----

(1) *La voie lactée*, chemin céleste, dit chemin de St Jacques, rappelle cette croyance des Gaulois que les morts se rendaient à l'ouest, où le soleil disparaît dans la mer; d'où l'usage de les porter au bord de l'Océan (Carnac, etc.); d'où les monuments impressionnants et innombrables des environs de Vannes (Carnac, Quiberon, etc.)

St Jacques de Compostelle est la note chrétienne ajoutée postérieurement à la légende celtique. La voie lactée n'est plus le lait de Junon, mordue au sein par Hercule, ni un culte solaire : c'est la route de l'apôtre St Jacques, du compagnon du Christ, et de la foi chrétienne. Ces

Dans une symphonie immense, en un rythme mystérieux et lointain, leurs voix éteintes ou presque, s'unissent aux voix nouvelles pour célébrer, sous des formes différentes et rajeunies, l'harmonieuse beauté, la force et la continuité sans fin de la vie universelle.

Les Ligures, les Gaulois, les Romains, les Francs disparaissent, se mélangent, se confondent : la France va paraître toute rayonnante de jeunesse, de force et d'espérance, apportant au monde les idées de justice et de paix, de bonté et de liberté !

---

métamorphoses expliquent toutes le même fait scientifique ; la marche apparente du soleil.

Château-Renault est situé dans la partie la plus sauvage de la vallée de la Meuse, dernier refuge du druidisme sans doute. La *Table*, large dalle, reposant au sommet du monticule, était un mégalithe probablement ; elle a disparu depuis 30 ou 40 ans seulement. C'était la *Table de Maugis* et des Quatre fils Aymon, ou encore la Table d'Arthur ?

Pont Maugis, situé sur un des passages de la Meuse, permet de remonter par *Raucourt* vers les pays très celtiques de l'ancien Dormois. Ce point montre la grande extension vers l'Est du mythe ardennais suivant la Meuse et sa vallée (ou celle de ses affluents venant de l'Est : la Chiers, la Semoy sauvage) bien au delà de Stenay, ville où on trouve une *rue* des *Quatre fils Aymon*, de Montmédy, route *des invasions* vers Arlon, Luxembourg, Trèves, etc.

LE PRÉ-MOYEN-AGE DANS L'ARGONNE

Les Saints.

La *toponymie* et les *légendes* nous ont aidés à peu près exclusivement jusqu'ici à donner une idée plausible de la vie dans notre défilé, depuis les temps les plus reculés jusqu'au Xe siècle, c'est-à-dire jusqu'à l'avènement des Capétiens et l'apparition de documents écrits authentiques et abondants.

La toponymie nous a montré l'impression naïve et toute fraîche, profondément vraie et durable, ressentie par les yeux et l'esprit de l'homme préhistorique, ou antique, à l'aspect des lieux où il s'est établit, et qu'il a distingués par des *noms* si simples et si expressifs, des *noms types*.

La légende, souvenir, décalque véritable d'un fait réel ou imaginaire, amplifié, déformé, poétisé, œuvre collective d'une famille ou d'une race, n'est pas moins intéressante à étudier ; car elle nous initie aux croyances primitives de l'humanité, aux migrations des hommes, aux souvenirs heureux ou néfastes d'une race qui s'affirme ou qui disparaît, d'une ville naissante, aux premières conceptions religieuses ou scientifiques de nos lointains ancêtres sur le monde et sur la vie.

Le sol et l'esprit exhalent, pour ainsi dire, des parfums si subtils et si forts, si âcres ou si doux que l'âme collective d'une race en reste à jamais imprégnée, et que l'on les retrouve toujours dans les joies triomphales de ses victoires, dans les douleurs de sa défaite et de sa chute.

Oublions donc un instant la magnificence des légendes celtiques, romaines ou franques ; et, regardant en arrière, voyons, depuis l'ère chrétienne et les prodigieuses révolutions causées par la disparition de l'empire romain et par la conquête franque, par la chute du paganisme et par le triomphe du christianisme, les humbles faits qui ont préludé dans notre petite patrie, — l'Argonne —, à l'éclosion d'un monde nouveau.

Ils sont rares, et plus que brièvement mentionnés dans les actes publics : donations des rois ou des particuliers, vies ou actes des saints, chroniques, aveux, dénombrements, ventes,. échanges, traités, procès, etc.

Là, encore la toponymie interviendra, et la légende refleurira pour dire les luttes, les misères et la gloire de nos pères : apôtres et missionnaires, saints et ermites, taumaturges et sorciers, évêques et moines, comtes, ducs ou chevaliers, soldats et rois, papes et empereurs : tout un monde oublié ou inconnu, terrible et merveilleux.

Rappelons d'abord, au risque de quelques redites, les rares faits certains et datés qui, pendant les dix siècles écoulés depuis la conquête de la Gaule par César (58-50 avant J. C.) jusqu'au XIe siècle de notre ère, se sont passés dans notre minuscule vallée, le défilé de la Fournelle, et dans son voisinage immédiat.

En l'an XI avant J. C., Agrippa, gendre d'Auguste, fait établir la *grande voie romaine*, REIMS-TRÈVES, passant à Sainte-Vaubourg, Vaux-Champagne, Mont de Jeux, Rilly, Le Chesne, Stone, Mouzon, Yvois, etc..., voie si favorable et si funeste à la fois à nos contrées ; car si d'un côté, elle facilita le commerce et le mouvement des légions et des voyageurs, elle fut, à partir du milieu du 3e siècle (250-270) —, elle est restée depuis, — l'un des grands chemins des *invasions germaniques*, si sauvages et sans cesse renouvelées.

En 250 et en 275-76, les Francs et les Allemands etc. profitant de l'absence des légions, occupées en Pannonie (Autriche) et en Orient, accourent par cette route, et mettent tout à feu et à sang (1) ; c'est la première manifestation de la « *dura feroci-*

---

(1) Ce fut effroyable. « Nul malheur pareil dans toute notre histoire. Rien n'approche de la catastrophe de cette année (265-296). Des centaines de milliers d'hommes passent la frontière et ne rencontrent plus que des campagnes fleuries. Alors ce fut la grande curée. 60 villes ou cités furent détruites ; les tombeaux furent profanés, les temples dépouillés de leurs trésors, les villas pillées... il ne resta que des ruines fumantes. Les villes fortifiées seules furent sauvées ». (C. Julian. Histoire de la Gaule t. IV, p. 599-601) ; et Mandet : *Histoire du Velay et du Vivarais*. Des bandes allèrent même jusqu'en Afrique Les Gallo-romains cachèrent leurs richesses avant l'arrivée de l'ennemi. De là le nombre considérable « d'amas de monnaies retrouvées ». De là aussi certainement les légendes, si tenaces partout encore aujourd'hui, de « trésors cachés ».

La guerre de 1914-1918 et les « régions dévastées » peuvent seules nous donner idée du grand désastre de 276. Probus arrivé trop tard sur le Rhin extermina un demi-million de barbares ramenant le produit de leurs rapines.

las Francorum Germanorumque » si souvent constatée plus tard. De là, peut-être, cette légende obscure du roi Sicambre *Boson* (*bose* = méchant), au Mt Dieu et le long de la voie romaine, nom si fréquent chez les Chefs germains.

Le Gaulois *Jovinus*, (né et inhumé à Reims), servit long-temps dans les légions et fut chargé par Julien, en 361, de combattre Constance en Pannomie. Nommé ensuite *Maître de la Cavalerie* en Gaule, il battit, sous Valentinien III, trois fois les *Alamans* (366) qui avaient envahi la Gaule et les rejeta au-delà du Rhin. Devenu Consul après ces succès, il séjourna à *Chestres*, où les légions suivant une tradition inexacte (1) l'auraient proclamé empereur, et il mourut à Reims (370), où son tombeau, une des œuvres les plus remarquables du IVe siècle, fut placé dans l'église St Thimotée qu'il avait fait construire. C'est à ce moment si dangereux que le *Camp de Chestres* atteignit le plus haut point de sa puissance et de sa gloire. Puissance et gloire éphémères ! car l'Empire touchait à sa fin.

Saint-Martin, fils d'un tribun militaire, né à *Sabadie*, sur les bords du lac Balaton (Autriche) (Pannonie), chrétien et sol-dat, intrépide voyageur, célèbre par sa bravoure et sa charité, devient l'apôtre des campagnes et des humbles, l'ardent ennemi du paganisme. Il est resté le saint le plus populaire de la Gaule et du monde chrétien.

Dans son long et ardent apostolat à l'Ouest (Tours), à l'Est et au Nord, (Amiens, Trèves), évangélisant surtout les campa-gnes, il passa à peu près sûrement à Chestres, et suivit le *deverticulum* qui remontait la Fournelle, en venant de Châlons et en allant à Trèves. (392 ?). Il combattit surtout le culte des *arbres* et des *sources*. Une légende locale assez vague indique le chemin suivi par le saint dans le défilé : l' «*allée verte*» des Gaulois (2). Il mourut en 400 Son tombeau et son église (à Tours) furent longtemps « lieux sacrés » et « refuges inviolables ».

---

(1) C'est un neveu, ou un fils de Jovinus qui fut proclamé empereur à Mayence en 410 par les Burgondes et par quelques troupes romaines. Il périt d'ailleurs peu après au siège de Valence, tué sur l'ordre du roi des Wisigoths.

(2) La longue série des villages, églises, lieux dits placés sous son patronage ou consacrés par son nom, depuis *Mont St Martin* jusqu'à Mouzon et au delà, semble un *indice* certain de son passage par le camp de Chestres et par la Fournelle, pour *dépister ses ennemis* achar-nés à sa poursuite.

Le cataclysme annoncé, et jusque-là conjuré, suivit de bien près sa mort.

Le 31 décembre 406, les *Vandales* (1), ancêtres des Prussiens modernes, franchissent le Rhin entre Bonn et Mayence sous la conduite de Genséric, traversent la Meuse entre *Mouzon-Stenay et Verdun* ne laissant derrière eux que des ruines. Comme une effrayante « nuée de sauterelles », comme une « bande de loups affamés », les Vandales ravagent notre pays, pillent et incendient, massacrent prêtres et chrétiens, violent les femmes et les filles (2). Les habitants s'enfuient, ou se retirent « aux forêts et aux montagnes prochaines » de l'Ardennes ou de l'Argonne.

C'est sûrement à cette époque, Novembre 407, que fut détruit le *Camp de Chestres.* Une partie de la horde descendit par la Fournelle, en suivant le *deverticulum,* et dut probablement livrer un ou plusieurs combats aux troupes gallo-romaines, soit à *Belleville* magnifique belvédère, grand'garde, œil du camp romain, soit à *Châtillon* qui défendaient les positions avancées de la forteresse, soit enfin à *Quatre-Champs* au lieu dit la *Tréfière* (3) où se rejoignirent les deux masses assaillantes, après avoir forcé l'entrée du nord du défilé. C'est déjà, 1500 ans à l'avance, le même mouvement qu'en 1792, vers La croix aux Bois. Cette fois, comme plus tard, l'ennemi réussit à forcer le passage.

La lutte suprême, l'assaut du camp, dut avoir lieu quelques jours plus tard par la large voie naturelle qui en a gardé le nom significatif de « *la ruée*», conduisant de la plaine vaste et commode, si favorable aux mouvements de cavalerie, formée par l'Aisne et par la Fournelle inférieure, à la Porte Prétorienne.

Les cavaliers Vandales se formèrent sans doute en masses profondes aux lieux dits aujourd'hui : *Bobo, Toupet, Missel* ; et, par une pente de terrain douce, dans un élan farouche, ils frappèrent

---

(1) Les Vandales étaient des Sarmates, habitant l'Est de l'Allemagne. On en trouve encore, aux portes de Berlin, sur la haute Sprée autour de Kotlus. Il parlent le *Wende*, ont un aspect physique différent de l'Allemand. Ils sont jardiniers. Guillaume II a ravi au roi de Suède le titre de roi des Vandales. Personne ne le lui disputera plus.

(2) La légende du massacre des 11.000 vierges (??) de Cologne s'éclaire ainsi et s'explique toute seule ; sombre et lointain présage de l'enlèvement des 20.000 jeunes filles du Nord (1915-1918),

(3) *Tréfière* — lieu du combat : (allemand *treff en* ; combat, combattre.)

le coup final et décisif : le camp fut emporté. Tout ce qui s'y trouvait, réfugiés et légionnaires, fut exterminé, car les Vandales n'épargnaient rien, ni personne (1).

Il ne reste aujourd'hui de ce camp célèbre, et si peu connu, que le *vallum* et les *talus* des quatre faces, encore si visibles et si parlants. On les croirait abandonnés depuis 100 ans à peine. Les Allemands les ont occupés solidement en 1918 (octobre), comme il est facile de le voir en parcourant le plateau.

Le camp emporté, la horde, comme un torrent furieux, déborda sur la Champagne. Reims fut pris le 19 décembre 407, un an après le passage du Rhin. — Saint *Oricle*, l'apôtre de Senuc, avait été massacré juste un mois avant (19 novembre), en défendant ses deux sœurs maltraitées et son église envahie. C'est donc entre ces deux dates que se place la prise de Chestres. A Reims, St Nicaise et ses compagnons furent tués. L'une des rues, celle par laquelle entrèrent les Barbares, — la rue du *Barbâtre*- en aurait conservé le non (?) et le souvenir jusqu'à nos jours.

L'invasion des *Huns* (450-51) renouvela, 40 ans plus tard, les horreurs commises par les Vandales et se termina par la bataille des *Champs Catalauniques* (451), livrée non loin de chez nous, après laquelle Attila fit retraite par les *défilés de l'Argonne*. Il campa, croit-on, quelque temps là, (près de St Juvin, etc.. ?), avant de repasser le Rhin.

Un homme supérieur, très habile politique, apôtre du *Portien*, dont il était originaire, et du pays rémois, Saint Remy, devait, en la complétant, reprendre l'œuvre de Saint-Martin : l'évangélisation de nos régions, et de plus, la conversion des Francs. Aidé par de nombreux disciples, St Gibrien, St Bertaut, St Amant, et St Wast, aussi ardents que lui, St Remy inspira souvent, et très heureusement, la conduite politique de Clovis, et en plus d'un demi siècle d'apostolat (471-545) il imprima un caractère ineffaçable à l'action des conquérants francs (2).

------

(1) Toupet vient de *toupe*, légère éminence, petit mamelon. Le moulin est, en effet, légèrement surélevé pour échapper aux grands débordements de l'Aisne qui couvrent toute la plaine, et coupent parfois la route de Lansquinet à Missel.

(2) Il semble bien que deux noms de villages ardennais doivent remonter à cette époque : 1° *Vendresse*, de *Vindonissa* (*essa*). au XI⁰ s.) = la maison des Wendes ; (Essa, issa = maison, domaine) : — 2° *Vendy*, de Vendiacum. *Wende* = beau, blanc ; *y* = iacum, domaine

St Remy et ses disciples   travaillèrent donc à une œuvre
énorme qui peut se résumer ainsi: atténuer les maux de l'invasion, en gagnant la faveur du chef et des soldats francs ; soulager les misères qui l'accompagnaient ou la suivaient par la
fondation d'hôpitaux à Reims et ailleurs ; repousser l'arianisme
en assurant le triomphe du catholicisme en Gaule, ce qui prépare pour l'avenir, l'unité morale de la nation, en distribuant
par son testament ses grands biens aux pauvres, en laissant
« aux églises de notre pays chacune sa pièce. » (1)

Quatre-Champs fut compris dans le nombre des bénéficiaires,
car on y trouve le lieu dit « l'enclos St Remy », ou les « *acios* »,
sur le chemin de Vendy, véritable prolongement de la Tabure ;
hameau disparu, établi sur les deux flancs du vallon du « Trou
le Moine » et sur *Hâplé*. (Voir Quatre-Champs). (2)

Un enclos était une maison avec un jardin entouré de

des hommes blancs, lites ou soldats, mercenaires ou esclaves germains. — Essa, issa signifierait aussi *eau* ; et de là viendrait le nom de
« *Essuens* » donné par dom Ganneron à notre pays tout *couvert* et
tout ruisselant d'eau (?)..,

Flodoard au IXe s. cite Vindicum = Vendy. — Mais d'Arbois de
Jubainville dans ses Recherches sur les origines de la propriété foncière
et des noms de lieux (page 153) le fait dériver de *Vindonius, ia,* fils ou
fille de *Vindos,* — *nis,* surnom d'origine gauloise, dont on trouve des
représentants dans tout l'empire romain. — En Irlandais, ou gaélique,
Vindos veut dire *blanc, beau, bon. Vendresse* et *Vendy* signifieraient
donc : « belle ville » « bonne ville ».

Egli — (Nomina geographica) donne *Wende,* celtique = blanc.
Vendy aurait donc été un centre gaulois avant d'être une station
romaine, ou un poste franc. Nous observerons que les *falaises crayeuses,*
et les collines plantées de vignes qui portent Vendy, et l'entourent, sont
d'un *gris blanchâtre* accentué. Toutes les indications données sont donc
concordantes

(1) Don Ganneron : *Centuries...*

(2) Hâplé, viendrait du très vieux mot *hasple* = dévidoir. (Thomas :
Etudes ou *manuel de philologie.* Plateau entouré de bois où a campé
Henri IV, dominant la Tabure, la Garenne et la Synagogue, voisines
de la *Côte des Huguenots.* Les tisserands étaient nombreux à la
Tabure et aussi les cordiers, les chaîneurs, les cardeurs et l'on a toujours beaucoup cultivé le chanvre à Quatre-Champs : « 20 arpents de
chanvrières encore » au 18e siècle. Est-ce la présence de ces industries
variées qui aurait appelé des marchands juifs au 5e et 6e siècle à Quatre-Champs. On sait que les Juifs étaient fort répandus en Gaule à cette
époque. La Synagogue est à côté de la *Poterie* et de la *Tabure.* (?)
Le mot chanvière est mentionné dans tous les actes concernant la
vente d'une maison : « *jardin et chanvière.* »

« haies » ou de « palissades » (1). Or parmi les dîmes payées à St Thimothée de Reims, c'est-à-dire à l'« hospice », on trouve celles de « *Mont-Saint-Martin* et de *Quatre-Champs* ».

in pago Tardinensi : de *Monte Sancti Martini,*
de *1111 or (quatuor) Campi* (4 Champs)

Il faut lire in *Vongensis* (Voncq au lieu de *Tardinensi* (Tardenois) écrit par une erreur de copiste ignorant (2).

Or cet « enclos » se trouvait à l'entrée du chemin de Vendy aux lieux dits appelés encore aujourd'hui : les *Abes de grâces*, (lire : arbres), et le *Trou de Moine*, qui semblent évoquer le souvenir du passage de St-Martin, et aussi celui d'*arbres sacrés*.

St Gibrien, qui vivait vers 505, vint aussi dans l'Argonne et « *il parla à Quatre-Champs* » (3), c'est-à-dire y prêcha, évangélisant les populations du lieu et des environs. Il parla sans doute contre le culte des arbres et des sources encore très vivant au VIᵉ siècle :

St Wast, évêque de Toul, « chéri de Clovis », accompagnant celui-ci, qui, après Tolbiac, allait se faire baptiser à Reims, « s'arrête sur la rivière d'Aisne entre *Vong et Rilly* (4) (intepagum Vongise et Reguliacum) et « guérit un aveugle ». Clovis a donc fréquenté ou entrevu notre région. Il a dû suivre la voie romaine de Thermes à Chestres ; et de là, celle de Bobo à Voncq.

---

(1) Cette forme de fortification ou défenses est caractéristique de la 1ʳᵉ et de la 2ᵉ races des rois francs On trouve autour de Paris beaucoup de *Plussis* : « *haies* », « *palissades* » Plessis, Bouchard, Plessis-Piquet, etc... qui datent de cette époque.

(2) Doct. O. Guelliot. Notes manuscrites.

(3) Ce détail curieux nous est révélé, en 1144, lors de la translation du corps du saint à l'église St. Thimothée (Reims). L'exaltation du saint fut accompagnée de nombreux miracles dont celui d' « *Une jeune fille morte, de Quatre-Champs, ressuscitée* ». Du 3ᵉ au XIᵉ siècle les chrétiens et l'Eglise tout entière vécurent dans un état de mysticisme ardent et dans une atmosphère de miracles continuels. Celui-ci amena pendant de longs mois de telles multitudes à Reims, et de si importantes donations et « aumônes » que l'église du Mont-Dieu put être achevée. (Don Ganneron : Centuries.)

(4) *Rilly* = (*Reguliacum*) est juste au point où le *Canal des Ardennes* débouche dans la rivière d'Aisne près du *Mont de Jeu* (Mons Jovis) non loin de Voncq situé sur un éperon superbe d'où l'on découvre un horizon splendide. On y voit encore quelques vestiges de sa grandeur passée. Elle fut capitale d'un *pagus* (Voir Longnon : *Pagi du diocèse de Reims.*)

Un grand propriétaire, « *Bobo* » (1), remplissant les fonctions de *trésorier du fisc* auprès de Childéric III, roi d'Austrasie, vers l'an 670, possédait un *domaine à Chestres* : *Bobo*, encore existant (1).

Ces faits et ces récits nous montrent des hommes assez semblables, pour le bien comme pour le mal, à ceux d'aujourd'hui, tant il est vrai que la nature humaine en ses profondeurs est à peu près immuable. Après quelques pas en avant, elle s'arrête, retourne en arrière et recommence le même cycle de tâtonnements, d'efforts, de triomphes et de rechutes, d'enfance, de jeunesse, de maturité, de décrépitude et de mort. Il en est de même pour les nations.

« Une cousine de St Remy, Celsa, voulant aider les efforts de son illustre parent pour secourir les malheureux, amassa des blés à Saulx-St-Remy afin de prévenir une famine. Ils furent détruits. Les paysans, après s'être moqués de St Remy qu'ils appelaient « *jubileux et radoteur* », allèrent mettre le feu au monceau de gerbes qu'il avait fait assembler et l'évêque s'approchant du feu, sans s'indigner, prédit que tous ceux qui avaient commis une telle méchanceté en seraient punis : les hommes aux « parties génitales » et leurs femmes au « gosier », et toute leur race pareillement ; ce qui arriva et dura jusqu'au temps de Charlemagne qui chassa les habitants de Saulx, à cause qu'ils avaient tué le vidame de l'église de Reims...» Hinemar (9ᵉ s.) en vit encore qui rôdaient dans le pays, pauvres et souffreteux. » (2). Outre que ce récit montre l'habituelle imprévoyance et l'ingratitude populaires, en tous temps et en tous pays il prouve, en outre, et à l'évidence, que sur la voie romaine, à Dionne (peut-être *Diane* autre nom, et antérieur, de Saulx-St Remy), — il était resté pendant plusieurs siècles, un foyer, celtique ou germanique, de paganisme, nombreux et important, ami du plaisir et du culte des anciens dieux, moins austère que celui du dieu nouveau, ou un groupement

—————

(1) Bobo, ou *Popo*, près Vouziers : du germanique Poupehan ; Popo nom propre et *han* = poste, habitation isolée. — Bruneau : *Limites des patois... en Ardennes*. On trouve sur cette frontière quantité de noms semblables : *Pope*-ringhe, *Popelinière, Boham*, etc..., la bague de Popo, le *lin* (linum) de Pope, la maison de Bo-, en *Artois*, en Belgique, etc...

(2) D. G., Centuries.

de soldats germains établis là, en garde sur la voie par les
Francs : un mauvais lieu ! (1).

Un autre seigneur appelé *Austrébertus* donne également à
N. D. de Reims tout ce qu'il possédait au même lieu de
Chestres.

Un Franc, *Rodemar*, en 790, ami d'Austrébertus, donne à
N. D. « les possessions qu'il a au village de *Chestres* (Castricum),
près de Grandprez et Senuc (2).

Enfin, *Lohier*, comte de Rethel, « *vaillant capitaine* », mort
en 809, possédait en 788, une « terre » toute voisine de Claire
Fontaine, à l'issue du vallon qui nous en a conservé le nom :
Vaux Lohier, ou mieux *Lohy* (3) (dans le patois actuel, Lohier).
N'est-il pas curieux que la toponymie nous révèle ainsi le nom
d'un des capitaines, ou des preux, de Charlemagne, d'un des
compagnons et contemporains de Roland, d'Olivier et de Tur-
pin. etc.

Charlemagne, Louis le Débonnaire, Charles le Chauve,
Lothaire, ses fils et petits-fils, firent de longs séjours à Attigny
(4), situé aux confins de la *Neustrie et de l'Austrasie* réunies, à
proximité de la Germanie, écrasée et conquise par « Charles à
la barbe fleurie ».

Ce lieu fut choisi surtout « pour les commodités de la
chasse », étant, en effet, à portée de forêts et de plaines giboyeuses, au milieu d'une terre richissime en grains, fruits et
fourrages.

A l'instigation de *Wulfar*, (5) les églises de *Montmarin* et de
Setonne (1) bâties par Charlemagne, les biens des églises de
« Vong », de *Cavera* (Cornay, près Grandpré) de *Chéhéry*, de

---

(1) Voir les « *aventures d'Attale* » dans les Récits mérovingiens
d'A. Thierry. Attale et son compagnon de fuite passèrent à Vong et
mangèrent des prunes dans les vergers des villages sis au « pied des
monts » ce qui apaisa leur faim et leur permit de poursuivre leur chemin jusqu'à Reims.

(2) *Senuc*, canton de Grandpré ; pays de St. Oricle et du physicien
Jamain.

(3) *Lohy*, changé en Lohier, dans le patois local.

(4) Attigny, de Attiniacus, variante de *Attinius*, gentilice romain ;
domaine d'*Attinius*, nom assez fréquent. Chef-lieu de canton sur
l'Aisne. (Ardennes).

(5) Wulfar, par transformations successives, est devenu en français
moderne, Gouffier.

Moravallis (1), (Marevaux), Thermidum (2). (Thermes) etc, sont rendus aux églises qui en avaient été dépouillées. C'est à Attigny que fut baptisé *Witikind*, le célèbre chef des Saxons (2).

---

(2) *Montmarin* village disparu près d'Attigny. — Setonne, aujourd'hui *Stonne* point culminant, entre l'Aisne et la Meuse, voie romaine, camp. On dit aussi Sutonne : C'est Stonne = pierre ; en germanique : *Stein, Stone.*

Marvaux, (de Mora vallis) val de l'eau, ou Marevaux, val de la *jument* = *mare* (allemand) (à cause des prairies, sans doute). A citer aussi, à *Cassel* (Hesse), la *Marestrass* — rue de la Jument, que les Allemands ont bizarrement appelée après 1866 *Markstrass*, rue du Mark ou de la Monnaie, et qui signifie simplement *rue de la jument*, parce que là étaient les *écuries des grands ducs de Hesse*, près du vieux château démoli, lui aussi, et remplacé par un *Gerichtgebaüde*, tribunal, le tout probablement pour effacer le souvenir du gouvernement grand-ducal de la Hesse, annexé à la Prusse en 1866.

(2) *Thermes* : (de Thermœ, bains publics), près de Senuc, ainsi appelé à cause de ses *belles sources*, aménagées, utilisées par les Romains assûrement. (Voir camp de Chestres).

(3) Dans la guerre mondiale (1914-1918), Attigny fut occupé quatre ans et 2 mois ; mais nul combat même au combat de la retraite précipitée des boches (1918), ne fut livré aux environs immédiats. La gentille petite ville n'eût donc pas eu trop à souffrir si Guillaume II, l'homme au « vieux dieu ». n'avait songé qu'il fallait venger la « violence » faite à Witikind, ce lointain ancêtre saxon. Quelques jours avant leur départ, et avant la destruction des ponts de la rivière et de l'écluse du canal, ils forcèrent les 400 habitants restés pendant toute la durée de la guerre dans leurs maisons. — (1600 avaient fui) —, à se retirer sur un petit plateau voisin, au S. O. pour assister à la destruction de leur cité. Tout fut miné ; et tout : ponts, palais de Charlemagne, église, maisons, granges, usines, etc. sauta sous les coups de la dynamite et autres explosifs : destruction calculée et froidement féroce. Witikind fut vengé *onze cents ans après sa mort* ! Pleins d'une haine orgueilleuse, archaïque et ridicule, ces gens-là ont toujours quelque chose à venger, et toujours avec l'aide de Dieu : « *Gott mit uns !* » « *Gott strafe England !* » Il faudra éternellement se défier d'une telle mentalité ! Mêler le nom de la divinité à de pareils crimes, quelle démence outrageante ! Quelle tartuferie !

L' « inoubliable grand-père avait donné à Charlemagne lui-même, la leçon que ce petit garçon méritait. A *Goslar*, villette assise, à l'extrémité nord du Harz, s'élève un vieux château impérial, où figure, dans la cave, la tombe d'un « *roi de France* » (?) mort en ce lieu il y a 5 ou 6 siécles ?? Sur l'esplanade qui précède le château, aux deux angles, s'élèvent deux statues équestres : celle de Charlemagne, bien plus petite ; celle de Guillaume I monté sur un dextrier bien plus fort, plus gros, et vêtu d'un ample manteau, semblant regarder de haut son illustre prédécesseur. Guillaume est un héros puissant ! Charlemagne, un tout petit capitaine. L'Allemand admire « l'effort de la sculpture et s'en va content. Peu lui suffit !

TRAITÉ DE VERDUN — LES NORMANDS ET LA FÉODALITÉ

Reims et ses archevêques

C'est chez nous encore, dans l'Argonne et le Dormois, que fut signé le *traité de Verdun* (842) aussi néfaste pour nos pays frontières que la *voie romaine* ouverte neuf siècles plus tôt.

Ce traité ne fut point un instrument de paix, mais plutôt, pendant de longs siècles, une cause de guerre et de rivalités entre les héritiers de Charlemagne, entre ceux-ci et le famille capétienne devenue, par la force des choses, la directrice de la résistance aux Allemands toujours agressifs et convoiteux.

Dès le lendemain du partage (843), Louis le Jeune, fils de Lothaire, empereur, mécontent sans doute de sa part, — la Lotharingie, — entre en France, par Mouzon, avec une grande armée ; il porte le ravage jusqu'à Attigny, puis jusqu'à Reims et même jusqu'aux portes de Paris (844). Il veut reconstituer l'empire de Charlemagne. « Le Concile de Cressy-sur-Oise le conjura mais sans succès de mettre fin à tant de maux. Et ledit Loys se mit en armes et entra à *main forte* assez avant en France... » (1) La question de la *frontière de l'Est* était posée... Elle n'est pas encore résolue, hélas !

Mais voici les Normands, ces affreux pirates venus du Nord, qui courent à travers la France entière.

Attirés par la renommée de *St Remy* de Reims, des palais *d'Attigny* et de *Doulzy*, *d'Aix la Chapelle*, des *monastères de Mouzon*, de *Montfaucon*, ils apparaissent dans nos contrées vers 882 et se ruent chez nous en bandes, sans cesse grossies ou renouvelées par les habitants ruinés.

Ils détruisent le palais d'Attigny, les églises de Senuc et de Mouzon. D'autres sous la conduite de *Gotfried* (ami de Dieu),

---

(1) Dr Ganneron : Annales du Mt Dieu.

et de *Siegefried* (ami de la victoire), — de bien beaux noms !— dévastent la Picardie et le Vermandois, malgré la résistance de deux rois vaillants et énergiques : Louis III et Carloman, qui leur livrent les batailles de *Saucourt* en Vimeux (Somme) et de *Montfaucon* (le Montfaucon de 1914-1918) en Argonne. Les environs de Mouzon furent pillés. De là, ils marchèrent sur le Rethélois par « *les défilés de l'Argonne* », s'approchent de Reims et s'avancent jusqu'aux portes de Paris « mettant tout à feu et à sang, *sans pardonner à âme vivante* ». (884-885-886) (1).

Les Normands se fixent en Normandie en 921. (Traité de St Clair sur Epte). Mais d'autres pillards venus de l'Est, les *Hongrois* d'origine ougrienne ou mongole, les Ougres ou ogres, sauvages sans frein, apparaissent et terrifient notre région ». De là vient la légende « des Ogres, mangeurs de petits enfants, de chair fraîche » si répandue dans tout l'Est de la France.

Ils passent le Rhin et viennent fondre sur ce pays « *per Sylvam Argonnœ palantes usque ad Castrum vongense omnia gladio et incendio tradiderunt.* » Ils franchissent la Meuse entre Stenay et Verdun et mettent tout à feu et à sang jusqu'au bourg de Vong-sur-Aisne sans aucune résistance, ce qui leur donna la hardiesse de passer la rivière et de tendre vers Reims, dont ils ravagèrent tous les environs. Les monastères de St-Thierry, de St Basle furent ruinés et brûlés » (2).

Mais les « propres *seigneurs de France y firent bien d'autres dégâts* », comme nous allons le voir. Nous entrons, en effet, dans la féodalité qui s'est constituée à la faveur de ces inva-

---

(1) Pour « se défendre des *Normands* » et des « courses de *malveillants* » qui endommageaient les terres de l'église de Reims » *Foulques*, archevêque de Reims fit « bâtir le *château d'Omont* », une des plus fortes places du pays.

En 900 *Erlebad*, comte de Porlian et de « *Chestres, près Grandpré* » fait bâtir *Mézières*. Mais il pille bientôt églises et gens. Foulques prend Mézières et l'oblige à s'enfuir en Allemagne.

(2) Les Allemands ne furent pas étrangers à ces courses des Hongrois en France. L'annaliste du Mont-Dieu, dom Ganneron, écrit que « Arnould, roi de Germanie (849-99) meurt de la « *maladie des poux* » en « *vengeance divine* », parce qu'il avait fait descendre les Hongrois en France qui y avaient fait tant de mal et apporté tant de désolation, en 889, spécialement aux églises et aux monastères, où l'on voit une infinité de religieux et de vierges sacrées de prêtres passés au fil de l'épée et emmenés captifs ». La maladie des *poux* est une des caractéristiques des barbares du Nord.

sions et de ces ruines, (1), et dans les *siècles de fer* les IXe X^e et XIe. De 889 à 1095, toute sécurité disparaît, toute vie paisible est abolie. Seigneurs et évêques mêmes ne connaissent plus que la violence. La *terre retourne au désert*, et le monde à la sauvagerie la plus complète.

En réalité, il n'y eut pas de résistance sérieuse organisée contre les Normands, Hongrois et Sarrazins. Le pays tout entier fut rançonné, saccagé, incendié, détruit ; la population fut en grande partie massacrée, à tel point « *qu'il ne restait plus un chien qui pût aboyer après eux* », là où ils avaient passé.

Des vastes régions furent changées en « véritables déserts » par la fuite ou la mort de leurs habitants. Ceux qui échappèrent avaient trouvé abri derrière des fortifications improvisées ou s'étaient réfugiés dans les bois. La forêt redevint habitée : l'homme s'y établit à demeure. Tous les monastères, s'entourant de murailles, s'étaient changés en place de refuge. Les villes relevèrent ou réparèrent leurs fortifications ; et enfin les seigneurs élevèrent des châteaux sur les hauteurs, dans des iles, ou dans la boucle d'un cours d'eau.

Ces châteaux ou donjons tout primitifs étaient bâtis en bois. D'énormes grumes ou poutres étaient enfoncés dans les terrains bas et servaient d'assises, (2). Une porte donnait accès au premier étage, (3), porte à laquelle on accédait par une échelle ou un pont mobile incliné. Les Normands disparus, ces châteaux favorisèrent les violences et les querelles des seigneurs, et un autre brigandage commença.

---

(1) L'Edit de Kiersy sur Oise (876), avait rendu les fonctions des *comtes* et des *marquis* et des *hauts dignitaires* établis par Charlemagne, héréditaires et inamovibles, créant ainsi une poussière des petits Etats souverains. D'autres, les imitèrent. Et comme les campagnes étaient devenues désertes par la fuite ou la mort des populations réfugiées dans les bois, des aventuriers s'en emparèrent et se placèrent sous la suzeraineté des comtes et marquis ou autres grands feudataires. L'Eglise qui avait des biens immenses vit ses évêques devenir princes et seigneurs des villes impériales. C'est le temps des *barons* (de *bar* ind.) ou *hommes forts*, où la force primait tout.

(2) C'est, je crois, le cas de château de Quatre-Champs (voir châteaux) dont les assises existeraient encore en face du pré de la Tour, sur la droite de la Fournelle.

(3) L'Albanie actuelle a encore des multitudes de maisons sans portes ni fenêtres qu'au 1er étage ; le soir, après la rentrée des habitants par la fenêtre, on retire l'échelle pour dormir en sécurité.

Un grand nombre d'habitants avaient abandonné la religion chrétienne pour s'associer aux païens et se mettre sous leur protection. Ainsi les normands avaient été les auxiliaires involontaires de la féodalité ; par contre ils avaient cruellement appris aux habitants la nécessité de l'association pour se défendre.

Cet état général se complique pour notre contrée de sa situation particulière de pays frontière qui accrut singulièrement nos misères.

Situé entre la Meuse et l'Aisne, le *Dormois* avait fait partie intégrante de l'Austrasie puis de la Lotharingie, maintenant en dissolution, et que ses derniers rois ou empereurs avaient alternativement léguée aux Carlovingiens français ou allemands.

Les empereurs allemands réclamaient donc la rive droite de la Meuse d'abord, *puis certains territoires de la rive gauche,* même *Reims* qu'ils convoitèrent si longtemps, sans doute parce que cette ville était le centre de la résistance aux ambitions germaniques et parce que ses archevêques, après avoir soutenu les derniers Carlovingiens, exercèrent une influence prépondérante et décisive en faveur des Capétiens et de la France ; ou, comme on disait, du « *royaume* » contre « *l'empire* » dans toute l'étendue de leur diocèse.

Reims avait, en outre, une *grande école* dont la renommée s'étendait au loin, toute imbue des idées françaises et de la langue nouvelle, car la langue allait être comme la race, — plus même, — un des facteurs essentielsde la politique.

La Féodalité

Rois ; Évêque et Seigneurs ; Moines et Chevaliers

La lutte contre les normands avait grandi et mis en évidence les premiers chefs capétiens dès la fin du 9e siècle. *Robert le Fort* tué à Brissarthe (866). Eudes roi, son fils, le défenseur de Paris (886) ; Robert 1er (922-23) ; Raoul de Bourgogne (929-36), son beau-frère et allié ; Hugues-le-Grand (951-77) se montrèrent vaillants soldats et politiques adroits, et parfois astucieux : ce qui définitivement leur valut la couronne avec Hugues Capet, fils du précédent, élu roi à Noyon par les seigneurs du Nord, ses parents ou ses partisans (987).

Le nouveau roi fixa sa résidence à Paris. Il prit la très sage résolution de faire « sacrer » son fils avant sa mort : c'était le *roi désigné*, « *l'oint du Seigneur* », dont la personne était inviolable et sacrée. Le sacre avait lieu à *Reims*. Cette habile précaution prévint toute compétition, tout affaiblissement, tout instabilité : le roi est suzerain. Ainsi se conserva « *l'idée de l'Etat* ».1) Les Capétiens firent alliance intime avec le *clergé* représentant « *l'autorité spirituelle* », (2) indépendante et organisée : le catholicisme.

L'Eglise, hiérarchisée du pape aux archevêques, évêques, prêtres, etc... (clergé séculier), — aux abbés, moines et religieux (clergé régulier), formait une « milice sacrée », comme les barons chevaliers, écuyers, comtes et ducs formaient la « milice féodale et militaire ».

L'Eglise avait de *grands biens*, dons des rois, des seigneurs et des fidèles, héritiers des immenses domaines du *fisc romain* ou de l'Etat. Ces biens lui servirent à entretenir le culte, les *écoles épiscopales*, *monastiques* et *rurales* etc., à secourir pauvres et voyageurs, à soutenir des Hôtels-Dieu, hospices, maladreries, léproseries, etc. établis en beaucoup d'endroits pour recueillir et soigner les malades, les infirmes et les vieillards. Ces biens étaient sans cesse menacés ou pillés par des seigneurs brutaux et turbulents (3).

La *simonie*, ou achat de dignités et offices, fut souvent pratiquée et amena la querelle des investitures.

Dans ses écoles, ses universités (*Reims*, Paris), l'Eglise instruisait, dirigeait les esprits et les âmes. Sa très grande puissance était symbolisée, exprimée, pour ainsi dire, par les cathédrales romanes et ogivales, par des cloîtres, des chapelles, des moutiers ou monastères, dont beaucoup étaient des monuments admirables, grandioses, égalés peut-être, mais surpassés en aucun lieu, en aucun temps.

Les moines furent de *grands défricheurs* : forêts, marais, terres incultes sont tombés, ont disparu sous la hache, la pioche, la bêche des « convers », ouvriers volontaires et disciplinés des grands monastères, devenus centres de peuplement importants. Ils firent faire de rapides progrès à l'agriculture, à

---

(1) Littré.

(2) Idem.

(3) Aussi l'Eglise comprit bien vite que l'anarchie féodale était son plus dangereux ennemi, et qu'un pouvoir unique, la royauté, pourrait seul assurer l'achèvement et le maintien de son œuvre d'organisation morale et sociale.

l'arboriculture, à l'élevage, au jardinage, ainsi qu'aux différents « métiers », qu'il fallut, pour ainsi dire, réapprendre aux hommes du moyen âge. La terre déserte fut repeuplée, l'industrie ranimée, les arts ressuscités par des efforts longs, continus et multipliés à l'infini.

L'homme fut rattaché à la terre ; la vie rurale domina en France pendant tout le moyen âge et jusqu'à la Révolution.

**

Les riches bibliothèques des monastères nous ont conservé les débris de la civilisation antique, et, aussi, presque tous les actes qui nous feront connaître la vie intime et vraie du moyen âge : chartes, cartulaires, pouillés, terriers, etc.

L'Eglise a adouci les maux et pansé les plaies des invasions ; elle a converti les Barbares, les a amenés à la civilisation ; elle a conseillé les rois, dirigé souvent leur politique ; elle a adouci les mœurs, atténué les violences, créé et dirigé presque toutes les œuvres d'assistance. En fait, elle a joué un rôle de premier ordre dans la vie de la civilisation du moyen âge et en particulier dans celle de la France, jusqu'à la Renaissance principalement. Elle donna le modèle d'un corps organisé, vivant, et d'un pouvoir libre, fortement hiérarchisé.

Voici la liste des principaux archevêques de Reims, et autres personnages mêlés activement à la politique des Capétiens de 841 à 1200 (9e, 10e, 11e et 12e siècles) :

Hincmar, mort en 882 (844-882), séjourna souvent à Attigny, fit rendre à St Remy de Reims les églises de St Martin de « *Vonc* » de « *Douzy* » ; il joua un rôle important aux conciles d'Attigny ;

Foulques (882-900) est inquiété par les Normands et les Hongrois qu'Arnould avait jeté sur nos pays et qui détruisirent *Mouzon*, seconde ville du diocèse, tête de la défense à l'Est contre la Germanie, parce que Foulques l'avait empêché *d'être roi de France* ». Celui-ci bâtit *Omont* (882) et chassa Erlebad de Mézières.

Hervé soutint d'hommes et d'argent, le pauvre Charles le Simple contre *Héribert, comte de Vermandois* (900-922) qui essayait de se créer un état indépendant en s'emparant par force du siège archiépiscopal de Reims pour son *fils âgé de 5 ans*, et de la ville de Mouzon relevée.

Artalde (941-949), élevé au siège de Reims est chassé par Héribert, Hugues le Grand et Guillaume de Normandie, mais il est rétabli par le Synode de Mouzon.

Odalric, fils de *Hugues le Grand*, est nommé archevêque de

Reims par le pape Jean XII (969-971) avec l'aveu de Lothaire, roi carlovingien, dont le fils naturel fut un instant archevêque de Reims.

Adalbéron (971-989) couronna *Hugues Capet* roi de France en 987 ; il avait déjoué en 975 une tentative d'Othon, empereur, sur Mézières. Ainsi agirent pendant un siècle et demi les puissants évêques de Reims.

Devenus rois, les Capétiens se maintinrent en union étroite et intime avec le clergé rémois. Les archevêques reçurent le titre de duc ; et Reims devint la *ville du sacre*, honneur qu'elle avait mérité (1).

L'archevêque *Gervais*, le restaurateur religieux de Reims, *informe le pape* Nicolas de la *mort d'Henri I*ᵉ, roi de France (1060) ;

Gervais de Rethel est nommé archevêque (1114) par *Louis VI dit le Gros* et plusieurs seigneurs, « *plutôt à cause de sa maison que de sa capacité* », car il est fils d'Hugues, comte de Rethel, frère de Baudoin de *Bourc*, roi de Jérusalem ; Godefroy de Bouillon et son frère Baudouin sont ses cousins. Il ne siegea d'ailleurs que très peu de temps et sagement démissionna. Le titre de *comte héréditaire* avait été accordé à son grand'père, Manassès, par Hugues Capet. Le Rethelois remplaçait le Vermandois disloqué et tout prêt à disparaître. Louis le Gros s'indigna fort que l'on eût élu, sans le consulter, Raoul de Verd (1108-1124). Enfin deux Capétiens :

1° *Henri le Grand,* fils de Louis le Gros, frère de Louis VII,

2° *Guillaume aux « belles mains »* (1171-1200) qui a tant illustré nos pays, jouent un rôle de premier ordre dans la seconde moitié du 12ᵉ siècle, et sont tous deux archevêques de Reims.

C'est que le domaine des rois Capétiens est petit, (deux de nos départements environ), étendu de Compiègne à Orléans en une longue bande étroite et qu'il ne peut s'étendre qu'à ses deux extrémités : le Rémois et le Rethelois au N-E. ; le Berry et l'Auvergne au Centre-Sud.

Or Guillaume, homme bienfaisant, novateur habile, « *ministre du roi de France,* » *Philippe-Auguste, son neveu,* porte toute son attention : 1° sur Mouzon, où il vient souvent, familiarisant ainsi les esprits à l'idée de la royauté nouvelle déjà glorieuse, et où a lieu l'entrevue (novembre 1187) de Philippe

---

(1) Ce rôle explique en grande partie l'acharnement des Allemands contre Reims à différentes époques, et particulièrement, leur rage en 1914-1918.

(2) Don Ganneron : *Centuries du Pays des Essuens.* p. 237.

Auguste et de Frédéric Barberousse pour la préparation de la
3e croisade, où il essaya, vainement, de créer un *nouvel évêché*
qui eût été comme l'avant-garde de la France ; 2° sur BEAU-
MONT qu'il fit fortifier et qui barrait la route des invasions germaniques et où St-Anselme de Cantorbery, persécuté, avait
déjà reçu asile ; 3° sur le monastère puissant du *Mt-Dieu* qu'il
défend aussi adroitement qu'efficacement contre les tracasseries
mesquines de *Gérard du Mont de Jeu*, seigneur d'Arthaise (1),
voisin malveillant, chicanier et besogneux, désarmé subitement
par un don gracieux de « 10 livres tirées de la bourse du cardinal évêque ».

Il s'en fallut donc de peu que dès le 12ᵉ siècle la question
frontière, en Ardennes au moins, ne fût résolue par l'alliance
intime des rois et des archevêques de Reims, si habiles et si
fins politiques.

Profitant très adroitement de la « *querelle des Investitures* »,
ces rois soutinrent la papauté. Trois papes Calixte II, Innocent
II, Innocent III, tiennent des conciles à Reims, à *Mouzon*, à
Douzy, et cela donne un relief énorme à la *Ville du Sacre*, et indirectement à la royauté, cela attache solidement nos pays
(Rhetelois, Dormois, Rémois) au « royaume », les défendant
des convoitises de l'« empire ». Cela prépare l'opinion au triomphe de *Bouvines* (1214) où *Othon IV fut vaincu*, et à la conquête
de la Normandie où les rois anglais perdent tout l'ouest : (Normandie, Maine, Anjou, Poitou, etc.). Ce fut le coup de ton-
nere qui mit la royauté et la France au premier rang, au premier plan.

Ils eurent à lutter contre les *archevêques de Trèves*, réclamant la suzeraineté de *Mouzon* et du pays Mouzonnais : Yvois
Stenay, la vallée de la Chiers, s'opposant à la création à Mouzon, d'un évêché qui eût été suffragant de Reims.

Ils eurent à surveiller de près les *évêques de Verdun*, tenants
de l'Empire, et très désireux de se créer aux dépens du *Dormois*,
de l'*Astenoy* (Stenay), etc. une « principauté », ou « *terre souveraine* », à l'exemple des « princes évêques » allemands. Quelques-uns de ces « *évêques d'Argonne* » eurent des mœurs et une
politique aussi violentes que celles des plus violents féodaux.

Le plus connu est *Théodoric*, ou *Thierry* (2), « *évêque mar-*

---

(1) *Arthaise*, le domaine de l'ours : *arthos*.

(2) Noms et prénoms très répandus aujourd'hui dans nos régions :
Ardennes, Lorraine, Alsace.

tial » inclinant vers l'« empire » qui releva son église cathé-drale, la Magdeleine, détruite par le feu, vainquit Rodolphe, comte de Crespy, enleva le château de Roville à *Halon*, comte de Dun,lequel se vengea en brûlant Verdun. Ceci attira sur lui la colère de l'empereur qui prit Dun et le donna à perpétuité à Verdun.

Théodoric brava Godefroy de Bouillon à Montfaucon,à Stenay et le repoussa ; il brûla St-Mihiel ; vainquit Manassès comte de Rethel ; prit St-Menehould, capitale du Dormois et incendia Clermont, etc.

Ce belliqueux et terrible évêque, excommunié par le pape, mourut tranquillement en 1090.

Quant aux seigneurs féodaux de la région, deux d'entre eux se sont rapidement ralliés à la cause des Capétiens, c'est-à-dire à celle de la France : 1° les *Comtes de Rhetel* qui gardent les routes de la Thiérache et la *trouée de St-Quentin*, à l'ouest de l'Ardenne, entre la Sambre et l'Oise, grande route de l'Europe nord-*orientale* qui met l'ennemi à moins de 300 kil. de Paris ; 2° les *Comtes de Grandpré*, possesseurs et gardiens de *deux* des plus dangereux défilés de l'Argonne : *Grandpré* et *Noirval*, où ils coopèrent avec leur suzerain rethelois, maîtres du Vermandois, et aussi avec le comte de Champagne et l'archevêque de Reims, pairs du royaume.

A partir du 13e siècle,ces deux puissants vassaux sont fidèlement rattachés à la couronne.

Les grands seigneurs féodaux attaquaient souvent les monastères ou envahissaient les biens d'église. Ces violences liaient plus fortement l'action du clergé aux intérêts de la royauté, et cela au profit des rois, du clergé et des classes inférieures.

L'épisode d'Erlebad, fondateur de Mézières, où il recueille les serfs fugitifs du Dormois accablés de maux et de misères, est tout à fait significatif, et se trouve éclairé d'une vive lumière par la vie de *St-Juvin* au Xe siècle (1).

-----

(1) La vie de St-Juvin illustre bien cette période. la plus dure du Moyen-âge. « Il était né en 897. dans le Dormois de parents très pauvres. Un prêtre du voisinage, Alembert, qui avait remarqué son intelligence. l'instruisit. Après la mort de ses parents, (descendant peut-être de Jovinus), il dut travailler pour subvenir au besoin de ses deux sœurs et de lui-même. Plusieurs fois, il se vendit *à terme*, car le Dormois était alors troublé par une révolte de serfs accablés de misères, et les plus courageux s'étaient enfuis à Mézières sous la protection d'Erlebad.

Les démêlés de Godefroy de Bouillon du XIe siècle, avec Théodoric, évêque de Verdun, mettent en conflit et en vedette l'empereur allemand Henri IV, le comte de Bar et Rhethel, Manassès ; ceux de Clermont, de Grandpré et de Namur : tout le Dormois et l'Ardenne, toute la grande féodalité des bords de la Meuse, depuis Bar et St-Mihiel jusqu'à Namur. Ce fut une mêlée générale, « une bataille de chiens », comme disaient un siècle plus tard les seigneurs champenois, où il n'y eut ni vainqueurs ni vaincus.

Juvin s'affranchit ainsi que ses deux sœurs, en abandonnant sa maison et tout ce qu'il possédait à son maître. Il se plaça ensuite chez le comte Marc, à Doulcon, — moitié orientale du Dormois, — moyennant une somme qui lui permit de marier ses sœurs, exposées aux pires violences en ces temps affreux.

Le comte était possesseur de grands troupeaux de porcs... Juvin fut envoyé comme porcher dans les *forêts de l'Argonne*. Ses compagnons à demi-sauvages lui furent d'abord hostiles. Mais touchés de sa patience et de ses vertus. Ils se placèrent *sous sa direction*.. Le comte Marc informé de ces changements appelle Juvin près de lui. Sa femme et lui, instruits par Juvin, lui rendent sa liberté.

Il relève son oratoire, détruit par un pâtre jaloux, *« sur un coteau aride et couvert de broussailles* qu'il avait *défriché lui-même. »* Ses compagnons se groupèrent autour de lui : ainsi naquit le village de St-Juvin (Ainsi naissaient alors bien d'autres villages !)

Pour revoir la forêt qui l'*avait protégé* et instruit, Juvin, sentant sans doute venir sa fin prochaine, se met en route ; ses forces le trahissent ; il tombe et meurt au pied d'un chêne, à l'âge de 64 ans, le 27 septembre 961. Son oratoire devint l'église du lieu, bâtie près d'une *fontaine*. Adalbéron, archevêque de Reims le déclara « bienheureux ; » plusieurs églises et villages l'ont adopté comme patron, et les pâtres l'ont reconnu comme chef de leur confrérie. Il est représenté debout, deux porcs à ses pieds et son bâton à la main. » (Ganneron ; abbé Bouillot : *Biographies ardennaises ;* et abbé Meynard : (*Rev. de Champagne et Brie*, t. II. 1880). Ces détails paraissent oiseux et enfantins à beaucoup ; mais l'histoire ne néglige rien de ce qui peut aider à comprendre un fait, une idée, une époque. Elle peint ce qui est en un lieu, à un moment, et le peint tel qu'il est.

Remarquez d'abord la dureté et l'insécurité de la vie au 10e siècle, l'état précaire des pauvres gens; traités avec moins de commisération ou d'attention que les animaux, la rareté et la difficulté de l'instruction... Voilà le fait général et caractéristique de l'époque. Puis la douceur, la patience, la charité du Saint qui finissent par en imposer à ses compagnons plus qu'à demi sauvages, à les discipliner, à les rendre moins rudes et plus doux : C'est l'effet propre de l'évangélisation des pâtres. Remarquez encore la *forêt*, le *chêne*, le *bâton* de l'ermite qui, planté, pousse et fleurit, le *coteau,* la *source* près de l'église : tout cela, c'est le souvenir du druidisme *aboli* ou supplanté; enfin le *village* fondé et le Saint honoré aux alentours pour ses vertus et ses miracles: c'est une nouvelle vie, une autre société qui se fonde et se fixe. Voilà

Ste Menehould fut pris et Manassès fait prisonnier par Théodorie. Clermont détruit ; Stenay assiégé et défendu par Godefroy de Bouillon contre le terrible évêque de Verdun.

Godefroy s'étant enrôlé pour la Croisade (1095), un arrangement survint. Manassés fut délivré et rétabli. L'évêque resta paisible possesseur de son siège. Montfaucon celui de (1914-1918) fut démoli. Et avant son départ pour la Terre Sainte, Godefroy, devenu comte de Verdun, vendit cette ville à Richer, successeur de Théodoric.

---

le sens profond et vrai de la vie de St-Juvin et de beaucoup d'autres apôtres et saints. — Il en est de même dans tous les temps, dans tous les pays, dans toutes les religions.

Lisez, par exemple, la vie d'un des plus grands saints et des plus révérés de l'Islam, Abd-el-Kader. fondateur de Blida. Lui, aussi, fait fleurir et pousser les piquets de sa tente autour de laquelle s'élève Blida, la « petite rose » qui embaume et enchante les hommes ; lui aussi rend la terre fertile en fixant les nomades et en leur enseignant la culture et la paix ; et il pacifie les tribus sauvages de l'Atlas en le fendant d'un coup de hache, et en jetant la Chiffa dans la profonde coupure qui sépare des tribus ennemies et féroces. Lui, aussi enfin, remonte au sommet de l'Abd-el-Kader pour mourir en paix et devenir un des saints les plus honorés chez les Mulsumans. Il n'est point ridicule. Nul n'en rit en Algérie. (*Voir nos Fils et nos Filles*, Leroy ; Vuibert. Paris.)

Pourquoi alors écrire dans un guide récent et luxueux, sans doute à l'usage des nouveaux riches, des plaisanteries fades et vulgaires faites *d'erreurs grossières* ; car St-Oricle et St-Juvin naissent, vivent et meurent à cinq siècles de distance : 407, l'un ; 961, l'autre ; ils ne peuvent donc *voyager ensemble*, ni traverser l'Aire en compagnie de leurs sœurs. Saint Oricle a bien deux sœurs ; mais il meurt, à Senuc. dans son église, massacré en les défendant contre les Vandales. St-Juvin aussi a deux sœurs ; mais il se fait esclave vers 925 pour les sauver, elles aussi. Il n'est point « *stylite* » ridicule, mais pâtre qui prie *debout*. appuyé sur son bâton, geste fréquent, pose hiératique — celui du surveillant, — que l'on trouve chez tous les pâtres arabes ou chrétiens. Lui, et son modèle, sont des exemples admirables d'amour fraternel et de respect dû à la famille !

Il fallait de telles vertus pour moraliser et civiliser les serfs grossiers et les barbares brutaux du Ve et du Xe siècles.

V. Appendice : Moines et Chevaliers.

LES COMMUNAUTES DE VILLAGES.

Quatre-Champs

L'origine du village de Quatre-Champs remonte aux temps préhistoriques. Les légendes d'Ognius, des 4 Fils Aymon, le Camp romain de Chestres, des Saints (Martin, Remy, Gibrien, etc.), la linguistique et la toponymie nous ont suffisamment montré la persistante occupation de la vallée de la Fournelle depuis les premiers âges de l'humanité : Ligures, Celtes, Romains et Francs.

L'époque la plus obscure, la moins pourvue en témoignagnes autres que ceux fournis par la toponymie et la linguistique correspond aux IXe et Xe siècles, dits « *siècles de fer* », époque relativement proche de nous, c'est-à-dire aux invasions des Normands et à l'établissement de la féodalité. Mais là encore, nous avons quelques indications précieuses bien qu'un peu générales ou assez imprécises.

Seul dans la vallée, notre village faisait partie du Dormois (1) qui n'eut que deux siècles d'existence (812 à 1020) et qui remplaça un instant le *pagus Vongensis*, bien plus connu et qui disparaît alors obscurément. On ne connaît qu'un seul de ses comtes : Mark, ami de St-Juvin, qui avait donné asile sur ses terres aux paysans du Dormois révoltés contre la dureté de leurs seigneurs (Xe s.) ; on l'avait surnommé *peigne-porcs*, animaux dont il aimait la compagnie et dont souvent il imitait le cri.

Trois villages sont spécialement mentionnés dans les chartes de ce comté éphémère aux Xe et XIe siècles : « Senuc, Chevières et *Quatre-Champs* », celui-ci beaucoup plus important comme

---

(1) Le *Dormois* a tiré son nom de la Dormoise (Dormitensis) affluent de gauche de l'Aisne (Marne). « Suivant plusieurs, Dulcon, (Doulcon-sur-Meuse), (Dulcomensis) aurait donné son nom au Comté, *contrairement à notre opinion*. » (Dom Noël, *Rev. des Ardennes* t. I p. 189). Voir Appendice IV : le Dormois.

étendue alors qu'aux siècles ultérieurs puisqu'il comprenait, outre le ban actuel, (11 à 1.200 hectares), ceux de Noirval et de Toges (800 hectares), *fundi* qui, sans doute, en furent démenbrés au XIIe s., et qui formaient alors avec lui un vaste ensemble de bois, de *marécages* et de terres à peu près en friches.

Si l'on en croit la toponymie, à laquelle il faut si souvent recourir, il semble bien que le premier seigneur du lieu ait été un *de Willer*, possesseur de toute la rive droite de la Fournelle depuis *Bazancourt*, où la voie romaine (déverticulum) franchissait la Bar, jusqu'à Quatre-Champs, c'est-à-dire de toute la rangée des Collines de *Willer* ou *Wuileux*, au pied desquelles s'installèrent Noirval et les deux *Mesnils*, les Masures. C'est par là que la colonisation germanique a pénétré dans la vallée après avoir occupé les plateaux voisins. (Bazancourt, les Alleux, la Barbonne, la Wagnerie, etc). Il y eut peut-être alors sur la rive gauche, pour l'occupation de la vallée toute entière lutte entre les seigneurs ennemis sur le beau plateau de la *Tréfière*, de *treffen*, = combattre (V. Camp de Chestres : les Vandales, 407). En tous cas, la famille des de Willer a eu jusqu'à la Révolution, directement, ou par alliance, des représentants dans la vallée. Les de Bohan (XVIIIe s.), par exemple, tenaient leurs droits du mariage de l'un deux avec une de Willer.

Quoi qu'il en soit, les faits se précisant et les actes se multiplient au XIe et XIIe s. et, avec les croisades, on voit apparaître les noms des seigneurs de la vallée, les *Eudes de Cornay* (1) famille illustre, vassale des comtes de Grandpré, désormais maîtres du Dormois. Eudes est la forme francisée de *Ode* ou *öde*, d'où dérivent *Odette*, *Odon*, forme adoucie de *Othon*, nom alors très fréquent, d'origine germanique et signifiant « désert », « lieu inhabité ». Singulière coïncidence ! horoscope fâcheux pour le défilé de la Fournelle ! situé à l'extrémité nord de l'Argonne, et peut être alors ravagé par la révolte des serfs de Dormois, et par les luttes terribles qui marquent l'établissement de la féodalité. *Nomen, Omen* !

Notre sort, on l'a déjà vu, et on le verra encore, fut assez tragique. Le surnom de Ode, de *Vaste-Terre* = (Terre *ravagée,*

---

(1) Un fait curieux permet de donner une date précise antérieure à 1192, celle de 1144. C'est le récit de la translation et de l'exposition à Reims des reliques de *St. Gibrien*, translation marquée par de nombreux miracles, entre autres celui d'une « *jeune fille de Quatre-Champs ressuscitée de mort* » dit Dom Ganneron : Centuries p. 293.

dévastée, désertée) que portèrent les nouveaux seigneurs du village se trouvera ainsi expliqué, à partir du XII siècle. Pendant plus de 300 ans les de Vaste-Terre furent sans interruption les seigneurs de Quatre-Champs. Ce sont eux qui firent donation à l'*Hôtel-Dieu* de Reims du domaine de la « *Converserie* ». La date

La Converserie : la voie ferrée ; à droite le Huva ; au fond, la ferme ou *Cense* ; les aisances du village ; à gauche l'ancien moulin du couvent au débouché du vallon de la Nau-le-Meunier ; et entre le peuplier et le poteau, les falaises blanches du Gué et de la *source du gué*.

exacte de cette donation n'est pas connue. Mais vers 1192, Eudes, seigneur de Cernay (1) confirmait « avec l'assentiment de son épouse, l'aumône faite par son *aïeul et par son père* aux *pauvres de l'Hôpital de la Bienheureuse Marie de Reims,* » aumône inspirée par les ardentes croyances de l'époque, et faite » pour *le soulagement dess âmes de mêmes ancêtres et pour la mienne.* »

---

(1) Cornay, Canton de Grandpré, appartenait à une famille riche et puissante qui possédait de vastes domaines à Quatre-Champs dont elle avait la seigneurie. Les Seigneurs de Quatre-Champs étaient vassaux des comtes de Grandpré ; et ceux-ci des comtes de Rethel. Mais Philippe-Auguste ayant hérité de Vermandois et Philippe le Bel étant, par son mariage à Jeanne de Navarre. héritière de Champagne, devenu comte de Champagne, Quatre-Champs dépendait doublement de la justice du *bailli royal* de Ste Menehould.

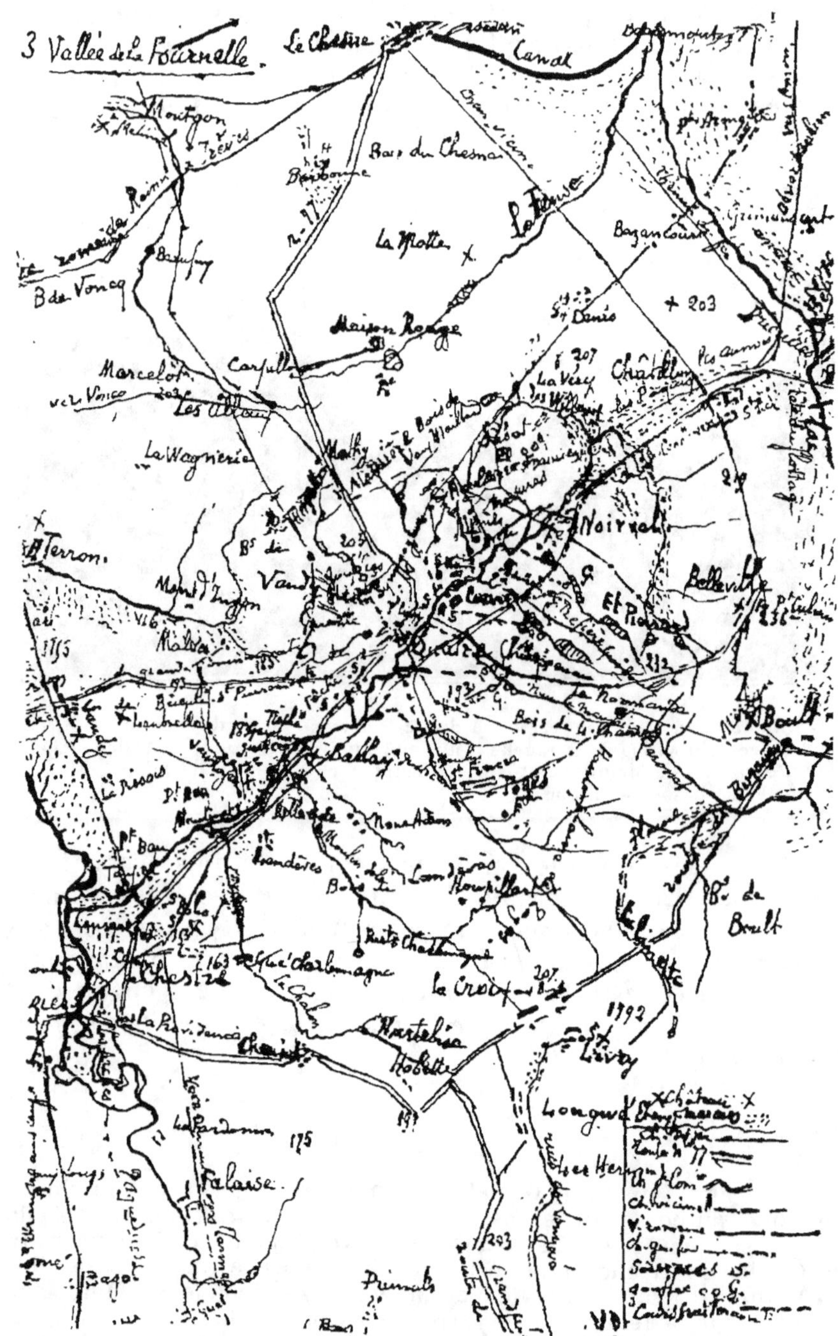
3 Vallée de la Fournelle
Le Chesne
Canal
Montgon
Bois du Chesne
La Motte
Bazancourt
Maison Rouge
St Denis
+ 203
La Very
Châtillon
Marcelot
Carfull
Les ...
La Wagnerie
Noirval
Terron
Belleville
Vaux
Et Picard
Quatre Champs
Bois de la ...
Ballay
Monastère
Bois de ... Sommes
Houpillard
Rte Charlemagne
Rte Charlemagne
la Croix
1792
Livry
Le Chesne
La Providence
Falaise
175
Bagot
Primat
203
Longwé
Château

Pour assurer cette donation déjà ancienne, Odon, non seulement en fixait les bornes « aux clercs présents et aux convers de la même maison, » mais ajoutait à la Converserie « 100 arpents de bois et tout ce qui est contenu au dessous pour être possédé (par l'Hôpital) librement et absolument sans aucune restriction, comme c'est l'usage. »

« En outre, dans tous mes autres bois et pâquis, j'ai dit-il concédé toutes les aisances sans charges (libéraliter) à la même maison. Même si quelqu'un possède au-dessous des limites susdites — (la Hurée) — un terrain qui n'appartienne pas audit hôpital : redevances, terrage de cette terre sera acquité par moi en faveur de l'Hôpital, et si celui-ci peut s'*adjoindre* par *don* ou *achat*, la même terre, il pourra posséder la terre et tout l'usage de celle-ci sans aucune chicane. »

Et pour que « la donation demeure valable inébranlablement dans sa postérité, le donateur corrobore l'acte de son sceau. (1)

Voilà qui semble net et catégorique ; mais en ces temps de violence, il fallait tout craindre, et pour plus de sûreté, Odon fit confirmer la même année, 1192, et *préciser* son acte de donation à la *maison des pauvres* de Reims par son suzerain, le comte de Grand-pré, et par l'archevêque de Reims assistés des plus « honorables témoins. »

Le comte certifie donc qu'Odon et son épouse ayant reconnu la donation faite par leur aïeul et leur père, l'ont accrue « de 30 jours de novales », de ceux surtout qui sont situés « au milieu des cultures de la même saison, — et de 100 jours de bois contigüs aux novales précitées, « le tout *concédé à perpétuité* avec

---

(1) Revue historique des Ardennes, 1913. t. 20 p. 269 et suiv., les *Possessions de l'H. D. de Reims à Quatre-Champs*. G. Robert. Archiviste. Cette très intéressante étude dont les éléments ont été trouvés dans les Archives hospitalières de Reims, et les pièces justificatives qui la suivent et la complètent, nous ont fourni les données principales pour cette partie de notre travail. C'est une révélation qui permet l'étude du sol, du village et de la vie dès le 12e siècle. Très rares, en dehors de la toponymie proprement dite, sont les documents intéressant notre village. L'incendie du Château de Grandpré, en 1834, les a détruits presque tous. Le *Trésor des Chartes de Rethel* n'est pas très riche non plus. Seules les Archives hospitalières de Reims nous ont aidés, grâce à M. G. Robert, de remédier à cette pénurie désastreuse. Les Archives départementales des Ardennes sont elles mêmes presque muettes. Mais celles des autres villages de la vallée de la Fournelle et du *défilé* nous permettront d'avoir une vue générale de la vie de nos pères. avant et depuis le XIIe siècle.

l'intention de la *garantir contre ceux qui auraient voulu contester leur droit.* »

Le Comte intervient comme témoin de leur intention charitable, et parceque les terres sont de « *son fief :* » Je l'ai confirmé consciemment, dit-il, par l'apposition de mon sceau et la signature d'hommes probes ; signé : Laurent, de Jaubert, d'Auschert, prêtres ; Guidon de Vonc, Henri, Wasselin, soldats.

Enfin Guillaume, archevêque de Reims, représentant de l'autorité religieuse, la plus intéressée en l'affaire, « déclare que

L. Leroy.

Vallon de la Fournelle, vue de la Converserie ; — les jardins et la grande rue ; Au fond : grand arc des bois de Vandy. — Quatre-Champs : au 19ᵉ et 20ᵉ siècles (1910).

Eudes, en sa présence, et *avec l'assentiment de sa femme,* a reconnu l'aumône que son aïeul et son père firent à Quatre-Champs aux pauvres de l'Hôpital de Reims, l'a confirmé et l'a augmenté de 100 jours de bois contigüs aux terres concédées, lequel bois est désigné « par la *cime d'un mont* » (la Hurée actuelle) — et par des « *limites* naturellè », — à défricher, àdonner, à conserver et même à vendre si la Maison le juge à propos. Il a concédé en outre, « les *aisances dans tous les autres bois et pâquis* » voisins de la dite maison.

C'était donc un domaine d'un seul tenant, 250 journaux de terres, bois et novales, donnés avec des droits d'usage et de terrage sérieux et étendus.

La ferme, ou cense, de la « Converserie » apparaît dès cette époque telle exactement, qu'elle est encore aujourd'hui, avec ses limites naturelles : *voie romaine* au sud, Fournelle au nord, les deux vallons terminaux à l'est et à l'ouest appelés la *Maisenau* et la *Nau* (le *meunier*), ainsi nommée du Moulin établi à son confluent avec la Fournelle ; avec encore les mêmes dépendances : Bois de la Nau-le-Meunier et du *chemin de Boult*.

Ses autres « bois et pâquis » étaient évidemment ceux qui depuis, et maintenant encore, sont appelés : *Bois des Côtes de Toges*, la *Hurée*. Toges était alors dépendant de Quatre-Champs, comme Noirval d'ailleurs. Quand aux « pâquis », on trouve ce mot employé à *Châtillon-sur-Bar* (1) à l'entrée du défilé et au dessous du même village.

A Quatre-Champs, *pâquis* (pascuum) et *aisances* (ou *aisements*), où paissait la *herde*, ou *harde* du village (2), naguère encore, 60 à 70 ans à peine, sous la conduite du *herdier*, ou bouvier, comprenaient les prés situés sur la rive gauche de la Fournelle depuis la Converserie jusqu'au pré de la Tour, voisin du château ; plus sur la droite. le pré aux *Antes* (de Anita = Canard), ou aux *Entes* (de *Ente* = canard) mot germanique qui a le même sens. Ces près humides, voire marécageux, étaient le long du ruisseau, dans la *basée*, où poussent les pourpiers et autres plantes des terrains marécageux qu'affectionnent les canards et les oies. Ces « aisances » ou « aiséments » étaient bien moins étendus qu'à Châtillon et à Brieulles, etc.

Cet ensemble de biens : terres, prés et bois, était le plus beau et le plus riche morceau de toute la vallée ; mais il fallait le *défricher*. Son nom lui vient justement des religieux ou frères *Convers* (3),(d'où Converserie), envoyés par l'Hôtel-Dieu

---

(1) P. justificatives II et III. G. R. — Rev. des Ardennes.

(2) De *herde*, vient *harde* autre forme du même mot, et les dérivés *hardillon* et *hardouillerie* ; le hárdillon est un lien portant bâton mobile assez lourd attaché au cou des jeunes bêtes ou des vaches turbulentes pour les empêcher de courir. Le second désigne un troupeau, une troupe, bêtes ou gens en désordre, mal composée, Le mot *ente* est orthographié indifféremment avec *a* ou *e*.

(3) Frères « convers » ou frères « lais » (laïques) qui n'ont point reçu les ordres et ne chantent point aux offices ; ils étaient employés aux services de la maison et aux travaux des champs. C'étaient des ouvriers agricoles, ou industriels volontaires et sans gages. une sorte de confrérie religieuse.

de Reims pour mettre cette *cense* (ferme) en valeur. Ce qui eut lieu rapidement, les moines étant des maîtres défricheurs.

Les dispositions et le nombre des bâtiments de la cense étaient ce qu'ils sont encore et au même lieu : 1° — une *maison* ou corps de bâtiments : chambre, cuisine, fournil, grange, écurie, étable, bergerie, cours et jardin, lieu et pourpris ;

2° — une *pièce de terre* et prés de 100 arpents environ, divisée en trois parties, ou *roies*, à peu près égales ; ce qui prouve la pratique ancienne de l'assolement triennal usité encore aujourd'hui, un peu modifié peut-être quant aux plantes cultivées, et au « repos de la terre » laissée en *versanne* ou *versaine* : — et d'un pré de 7 cartels (1) limité par le ruisseau, des haies vives et par le haut et très raide talus, ou « *rouillon* » *du Huya* ; le tout « proche le château » : indication qui nous permettra plus loin de fixer l'emplacement exact de celui-ci.

La *Nau* (*le Meunier*), la *pièce des Moines* : 6 arpents, les 100 arpents de bois, les 30 arpents de *novales*, étaient détachés du principal, mais séparés seulement par le chemin courant qui a succédé à la voie romaine, dont les pierres (2) ont dû être enlevées plus tard pour bâtir les églises, les châteaux féodaux ou les « maisons fortes » des village de la vallée.

Les Frères s'agrandirent encore de 13 arpents aux *Fondis*, ou *Fonderies* et à la pièce *des Chauderies* d'un jardin de 8 arpents, touchant au village, situé probablement entre la *route actuelle*, le *chemin de Noirval*, et la Fournelle, bridant ainsi, par prudence, l'expansion du village vers leur domaine, — et encore de quelques autres parcelles au champ *Géha* : les moines étaient vaillants, expérimentés, mais insatiables aussi. Ils savaient bien que la terre étaient la vraie source de la puissance, et de la richesse. (3)

---

(1) Les mesures agraires étaient l'*arpent* (42 ares 91 centiares) ; le *cartel* (ou 1/4) et la *verge* ; l'arpent égalait 100 verges — ou, quatre *cartels*. Mesures assez simples et assez commodes — très anciennes aussi, d'origine celtique et germanique. (Voir tableau des poids et mesure, appendice).

(2) Il en reste encore une douzaine environ, à 100 mètres au delà du chemin de la Hurée.

(3) Une donation en appelle d'autres. C'est ainsi que le 28 juin 1259, Liégeard la Faveresse de Ballay « concède en loyale et perpétuelle aumône, par donation faite entre vifs à l'Hôtel de la Bienheureuse Marie de Reims, une pièce arable située sur le territoire de Quatre Champs auprès du *Moulin des pauvres* d'une part, et la terre de frère Girard,

Tous ces *lieux dits* sont tels encore qu'il y à 800 à 900 ans. Seuls le chemin creux et le gué ont été remplacés en partie par un pont et une route. Le reste : source, falaise abrupte et blanche d'où jaillit la source, le petit bois où chante le rossignol au printemps, la *fontaine Fortier* sont toujours là. Il n'y a rien de changé que les hommes et l'aspect des choses périssables !

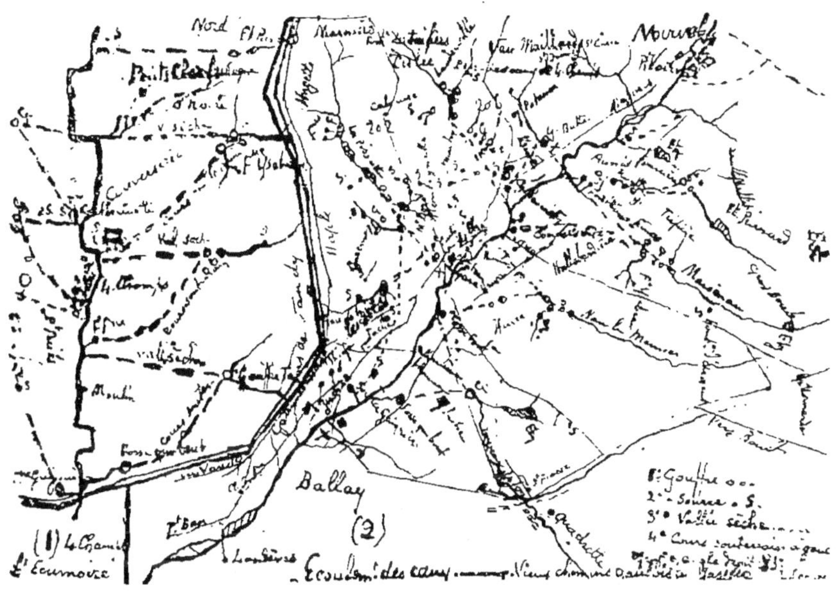

Qui a terre a guerre, dit le proverbe, si vrai aux temps féodaux où les seigneurs, seuls propriétaires, règlaient leurs différends les armes à la main par des guerres privées, si cruelles au menu peuple, aux serfs.

Les nouveaux propriétaires de la Converserie, malgré le caractère religieux et hospitalier de leur institution n'échappèrent pas à cette loi quasi fatale : des voisins jaloux de leurs privilèges, ce qui est presque inévitable ; ou envieux, rapaces et rancuniers, ce qui est moins agréable. Peut-être aussi, quelques-uns de leurs actes ou de leurs prétentions provoquèrent-

prêtre de St-Michel de Reims, et ceci pour le repos de son âme. » L'acte était passé devant la *Curie* de Reims. C'est la pointe orientale du village entre le ruiseau, le chemin de Grande communication et la ruelle Jean Mary (?) de l'autre. G. R. Pièces justificatives VII.

ils la lutte ou la résistance ? Les hommes d'église étant toujours un peu âpres, un peu « gens d'argent » ?

Ainsi Witier, seigneur de Challerange, (1) et « *en partie de Quatre-Champs* », saisit-il les dîmes des sarts de Toges, et interdit la pâture dans ses « pâturages et ses bois » ; il enlève *de force* du blé dans la « maison de la Converserie. L'archevêque de Reims, Guillaume de Joinville, pris pour arbitre, donna tort à Witier, en 1220. Les *officialités*, ou tribunaux d'église, étaient alors puissants et redoutés.

Jean de Wasteterre accompagna probablement St. Louis en Egypte 1248 ; et, avant son départ, il exempta du « terrage » les terres de l'Hôtel-Dieu (2). Sa veuve Béatrice et ses deux enfants, Jean et Erménionne, contestèrent cette exemption jusqu'en 1259.

Il est assez rare de voir une femme ne point approuver telle libéralité à l'église, quand le plus souvent c'est l'influence féminine qui les provoque. Mais Béatrice était mère ; et d'autre part l'église avait bien des moyens de rendre définitive et sans restriction, ou de ressaisir, cette « donation », ou « aumône », suivant la formule habituelle. La mère et les enfants cédèrent à la fin évidemment, non sans résistance toutefois.

Tout seigneur avait *droit de justice sur ses terres* ; à Quatre-Champs, ce droit comprenait haute, moyenne et basse justice, c'est-à-dire justice depuis *la simple « amende » jusqu'à la « mort »*.

« Trente ans plus tard, Jean Wasteterre revendique les droits de justice sur la Converserie, les droit de pacage cédés par son père dans ses bois et aussi, celui de retenir l'eau du *moulin*

---

(1) Village et gare importante (canton de Monthois, Ardennes) au centre d'un ancien grand lac desséché qui a dû s'écouler en partie par la *Suippe* : (*Ardeuil, Marvaux, Semide, Orfeuil* : (1918, 8bre.)

(2) « ... Il cède également à la Maison, partie d'un bois : 100 jours, contigüs aux terres concédées par lui, lequel bois est délimité par le *sommet du Mont* (la *Hurée*) et ses limites naturelles, et cède pour être arraché, donné, conservé, ou même vendu, si besoin est... En outre dans tous ses autres bois et *pâturages voisins* de la maison susdite, il a reconnu toutes les *aisances* en faveur *du même* en les lui concédant telles qu'elles existaient. »
Rev. hist Ardennes. P. just. *III. (1913)*.

Ces droits étaient affirmés et rendus apparents par les « gibets, les « *fourches patibulaires* » dressées aux limites de la seigneurie, en un lieu fort en vue. On en comptait *deux* à Quatre Champs : La *Justice*, en vue de Toges et Ballay ; Nau-*Potencier*, près la *Butte* et les Mesnils de Noirval. c'est-à-dire à *l'entrée du domaine* et en vue de *ses dépendances* : Toges et Noirval. Une 3r près du château ?

élevé par les moines ». Quatre arbitres, 2 hauts dignitaires de la Cathédrale, le prieur de Landèves et un *chevalier*, Jean d'Olizy, déclarent « le requérant mal fondé dans ses prétentions. »

Les Frères pouvaient obliger leurs débiteurs au paiement des terrages, cens, autres rentes. Ils pouvaient en plus conduire aumaille (génisses) dans les bois de Jean âgés de plus de 6 ans, (1) c'est-à-dire seulement quand les taillis étaient déjà grands et les dommages ou dégâts de la paisson moins sensibles.

Ils étaient donc maîtres et souverains sur leur domaine.

Huit ans plus tard les arbitres demandaient au bailli du roi à Vitry, de contraindre « Jean à s'exécuter. « Les plaideurs condamnés ont toujours eu la ressource de retarder le plus possible l'exécution du jugement ; et Jean, qui avait eu « en partie » gain de cause, ne s'exécutait pas. C'est une manière de protester contre la sentence quand elle ne plaît pas.

N'oublions pas que nous sommes sous le règne de Philippe le Bel et que les rapports avec la Papauté vont devenir très tendus. En outre, on approche du Grand Schisme.

Le curé de Quatre-Champs, Jean, « *curatum parochie de Quatuor Campis....* », en conflit avec les maîtres de la Converserie, au sujet des « *novales* » (2) que les défrichements accroissaient tous les jours, fait accord avec eux, moyennant une

---

(1) G. Robert : Rev. hist. des Ardennes. Pièce justificative VIII. La sentence arbitrale longuement étudiée et motivée était catégorique : « Nous arbitres... avons décidé, décrété, ordonné, prononcé que ledit Jean écuyer et ses successeurs n'ont au fond aucune juridiction sur la maison, les dépendances, ni dans les clôtures ou murs des dites dépendances situées à Quatre Champs, ni sur les frères et les sœurs dudit Hop. y séjournant ou demeurant.. sauf « flagrant délit »... qu'ils ne puissent élever fourches patibubaires sur les terres et prés de la dite maison.. ni en aucune manière empêcher le cours d'eau d'aller vers le moulin de quelque part que ce soit. ; avons jugé, statué et ordonné que les frères et sœurs toutes les fois qu'il leur plaira puissent conduire *dix* aumailles aux bois dudit Jean jusqu'à ce que celui-ci ait fait une compensation convenable au dit Hôpital... » Jean ne céda que de mauvaise grâce, et contraint, en 1293.

(2) On appelait *novales*, des terres en friches mises en culture. C'était le défrichement, l'une des origines de la petite propriété rurale, Elles étaient situées sur les pentes des coteaux où l'on cultivait la vigne, les arbres fruitiers et quantité des *légumineuses*. Elles sont encore extrêmement morcelées. Les compter serait presque faire le dénombrement des habitants.

rente annuelle de 12 livres. (28 Juin 1258) payable en deux fois, par moitié, à la *Nativité*, — et à *Pâques* — suivantes.

Ainsi, curé, seigneur, et habitants du bourg alternativement avaient eu des démêlés avec l'Hôtel-Dieu de Reims, mais avec des fortunes diverses. Ainsi depuis deux siècles (1095-1320) de grands changements s'étaient produits dans l'organisation politique de la France et aussi dans les idées. Les croisades qui épuisèrent la noblesse étaient terminées, après avoir accru singulièrement le prestige, et l'influence de la royauté, du clergé uni désormais intimement au pouvoir royal.

Le domaine du roi comprenait alors la France presque entière : Philippe-Auguste (1180-1223), St-Louis (1226-1270) et Philippe le Bel (1285-1314) avaient mis par leurs victoires (Bouvines 1214), leurs vertus et leur esprit de justice, ou par leur politique habile et quelquefois violente, la royauté hors de pair et hors de page, en créant une « *justice* » redoutée : le *Parlement*, les *baillis*, les *prévosts* ; une administration régulière (impôts, justice etc.), et en appelant enfin la nation à participer à la politique du Gouvernement : *Etats généraux* de 1302, 1304, etc., (contre Boniface VIII et contre les Templiers), où pour la première fois figure le Tiers-Etat, c'est-à-dire la *bourgeoisie des villes*. *Le servage fut aboli, juillet 1315.*

La langue française, — « la parlure de France » était devenue la plus délitable (délectable) à entendre (1), et d'usage universel. Elle chantait les *Chansons de geste*, (histoire), racontait d'une façon hardie et satirique, les aventures satiriques et amusantes de *Renard l'Ancien*, ou de *Renard le Novel*, et les mordants *Fabliaux*, écrivait les *Chroniques*, et déjà l'histoire, avec deux champenois *Villehardouin* et *Joinville*.

L'architecture romane, puis l'art *gothique*, XIe, XIIe, XIIIe et tous les arts, avaient exprimé magnifiquement dans les cathédrales, les cloîtres, les « Hôtels » du roi cette ascension merveilleuse de la nation française.

Le XIIIe siècle est une des plus grandes et des plus belles époques de notre histoire, des plus heureuses aussi, car la population s'accrut énormément (2) ; villes et villages se multi-

---

(1) Marco Polo, grand voyageur italien qui parcourut l'Asie et qui demeura 17 ans en Chine, écrivit le récit de son voyage en *français*, « parce que la parlure de France » *était la plus commune* (la plus répandue) et la plus agréable à entendre.

(2) On croit qu'elle égala celle de la France contemporaine.

plièrent, le *sol se défricha partout*, l'agriculture devint très prospère, le commerce et l'industrie, avec leurs corporations, leurs métiers innombrables, leurs foires prirent un essor magnifique, les Universités, celle de Paris surtout, appellent à leurs leçons des étudiants de toute l'Europe, et les troubadours, les trouvères chantent leurs libres chansons de geste ou d'amour. La guerre de Cent ans, hélas ! allait interrompre ce splendide essor !

Notre petite région n'échappait point à ce progrès général, à cette éclosion merveilleuse d'un peuple nouveau, Elle fait désormais partie de la France royale par suite du mariage de Philippe le Bel avec Jeanne, l'héritière de Champagne, fille de Thibaut IV, le poète, devenu roi de Navarre. A partir de 1293, les actes se rattachant à la vie de notre village sont *rédigés en français* et non plus en latin ; le *bailli royal de Vitry* et son lieutenant de Ste Menehould écrivent et signifient aux habitants de Quatre-Champs leurs jugements *en français*.

Joinville, l'ami et le compagnon de St-Louis épousait Alice de Grandpré, fille du comte suzerain de Quatre-Champs, et, par un fil charmant, rattachaient intellectuellement notre village à la vie générale de la nation (1). Enfin Quatre-Champs avait *un maire* (2) et quatre *échevins*, un *sergent* aussi. Toges, Ballay, Vendy également.

Un siècle après les démêlés de Jean Wasteterre avec les frères convers de l'Hôtel-Dieu, sous le règne de Charles VI (1391) « les échevins de Quatre-Champs se permirent de contrôler les poids et mesures de la Converserie. » Nous empruntons aux pièces justificatives tirées du Trésor des Chartes de Rethel, les éléments et les péripéties curieuses du débat soulevé à ce sujet. (G. R., Pièces justif. X.)

---

(1) Le comte de Grandpré Jean, donne et octroie à perpétuité à *Jean de Joinville*, son cher neveu, fils de noble homme Jean, chevalier, seigneur de Joinville, et sénéchal de Champagne tous ses droits sur ses bourgeois de *Beaufeu* (Beffu), *St. Juvin, Verpel*, pour le *moulin banal de Verpel*. A. de Barthélemy : *Les comtes et le Comté de Grandpré*.

(2) Ce maire s'appelait Jehan *Servois*, (=habitant des bois), les noms de trois des échevins étaient Oudin Lesayne, Gilot Gomont et Jehannot Le Trichetel ; le 4e échevin est inconnu. Le Censier, ou fermier, réclamant s'appelait *Joffrin Morel*. Ce sont les premiers noms français connus de notre histoire locale : Oudin, Joffrin Morel ont persisté jusqu'à nos jours dans la nomenclature de nos noms de familles.

D'abord les maîtres de l'Hôtel-Dieu de Reims se firent maintenir en possession de la *justice* (30 Juillet 1396) par leur *gardien royal*, Colard le Franc.

« Ensuite, ajournés par le lieutenant du bailli, Gérard Toignel.., le maire, (mayeur) *Jean Servois*, et les échevins : *Oudin Lesaigne, Gilot Gomont*, et *Jehannot le Trichetel*, pour s'être rendus à la cense, (ou ferme), pour y contrôler pots et pintes et autres mesures propres à vendre vin à *broche* (1) et en *détail*, appartenant à *Jean Morel*, censier des Frères et Sœurs de l'Hôtel-Dieu ! (2)...»

Il est à croire que les habitants supportaient avec impatience et colère, et peut-être *dommage aussi*, la concurrence commerciale des Frères Convers et de leur censier. Peut-être aussi, ledit censier et les Frères avaient-ils usé avec excès de leur droit de vente ici de concurrence, ou altéré leurs mesures. De là, la colère des habitants et l'acte violent du maire et des échevins « *troublant et empêchant ceux de l'hospital... refusant de cesser tels empêchements, de faire réel établissement* (réparation), *de payer une amende...* comme le demandaient les moines.

Le prévost de Ste Menehould, Gérard Toignel, lieutenant du bailli royal de Vitry vint donc *en personne* à Quatre-Champs, après avoir « ajourné » à la Converserie même, pour le lundi 29 Juillet 1391, les contestants à la requête pressante desdits Frères et Sœurs, et la « justice » de Quatre-Champs étant présente :

Après avoir fait lecture et sommation ; après avoir fait et réitéré *plusieurs fois* les commandements dessus dits ; ils répondirent *qu'ils s'opposaient* sans vouloir faire aucun rétablissement... »

----

(1) Broche (de broc) = tonne : en broche signifie donc en gros. On dit encore, vendre en gros et en détail. Il est possible que *Jean Morel* appelé plus haut *Joffrin*, soit le vrai nom du Censier, vu l'extrême fréquence du prénom *Jean* alors, et que *Joffrin* soit le nom du 4e échevin admis plus haut.

(2) Les Valois tristes successeurs des Capétiens directs, fondateurs de l'unité nationale, voient leur puissance ébranlée, affaiblie par les désastres de *Crécy* (1346) et de *Poitiers* (1356) par la *Jacquerie*, (1357-60), leur pouvoir contesté par les *Tuchins* dans le Midi, par les *Maillotins* dans le Nord, par une effervescence générale que favorise la folie de Charles VI et les querelles des princes (Orléans, Bourgogne). Il semble que l'on pressente *Azincourt* (1415) et tous les malheurs de la France... C'est peut-être à cet ébranlement général, à ces circonstances et souvenirs si tragiques qu'il faut attribuer le conflit qui éclata en 1391 entre les habitants d'une bourgade infime et les puissants maitres de la Converserie. En tout cas la conclusion du procès fut originale.

C'était parler d'un ton joliment hardi pour de simples vilains ; car ils avaient contre eux, non seulement l'Hôtel-Dieu et l'archevêque de Reims, mais encore le roi lui-même, *avoué* (défenseur)des Frères et de l'Hôtel-Dieu, agissant par l'intermédiaire de Colart le Franc, sergent à cheval au Châtelet de Paris... » C'est pourquoi, dit Gérard Toignel je mis la *chose contempsieuse* (l'affaire en litige) en la *main du roi* notre dit seigneur, comme *souveraine...* et assignai les parties à comparaître par devant nous... en la cour du roi notre sire à Ste Menehould au samedi prochain après la Notre-Dame de la mi-août venant...

« Auquel jour les dits impétrants (demandeurs) comparant par procureur suffisamment fondé, d'une part...

« ... et les mayeurs, échevins et justice *pour lors*, de Quatre-Champs opposans en personnes, d'autre part...

« ... lesdits impetrans entendus... lesdits opposants dirent et reconnurent qu'ils *n'avaient mie fais les exploits dont il est fait mention* sur la complainte (plainte). « ... et *si fais les avaient* si ne les *voulèrent-ils pas soutenir en leurs noms* comme mayeurs (maire) eschevins, et justice de la dite ville de Quatre-Champs...

« ....disoient encore que nobles homs Messire Ferris de Grand-pré, sires de la dite ville de Quatre-Champs leur avait *dit qu'ils n'y avoient point de droit* ; et renonçaient à leur opposition...

« ... Pour ce, vu la dite *confession et renonciation*, nous, par l'avis de *plusieurs sages* et par le gré et *consentement desdits opposants*, disons et prononçons que lesdits impétrants seront tenus et gardez en leur saisine et possession.... et la main du roy notre sire mise en la chose contencieuse pour le débat des parties avons levé, et levons à plain proufict desdits impétrants.

.... et partant les parties sont yssues de court et ont amendé par *mains commune* et *sans dépens d'une partie ne d'autre.(30 mai 1392.)*

Ainsi le procès avait duré moins d'un an ; c'était peu, mais le roi avait dû intervenir, ainsi que le comte de Grandpré, suzerain. Les habitants avaient fièrement tenu tête, et étaient sortis « sans dépens » du procès. De plus, il semble bien que dans l'intervalle des deux comparutions (à la Converserie et à « Ste-Menehout ») le maire et les échevins avaient été changés ; car « *pour lors* »; ne peut guère signifier autre chose, non plus que les affirmations ou négations soulignées du paragraphe qui suit. En plus, il avait fallu l'affirmation du comte de Granpré à ses sujets, l'avis de « plusieurs sages », le *consentement* des « *opposants* », et, enfin le « *sans dépens* » du procès. Le roi avait rétabli la paix, et contenté tout le monde. En somme, leur défaite était une victoire dont les conséquences se firent sentir au siècle suivant ; car l'Hôtel-Dieu renonça à exploiter lui-même son domaine de la Converserie et le loua aux prieurs de Landèves (1489) pour la *somme de 41. 16 sous* parisis, et pour

20 ans. Puis, ensuite, à des « censiers ». C'est la fin de la Converserie. Les frères et sœurs convers ont disparu de Quatre-Champs (1). Et la grande tourmente du 15e siècle. (Jeanne Darc et Louis XI) avaient finalement résolu le problème autrement que le bailli du roi.

La « maison » était à ce moment-là en réparation et l'entrepreneur *Jehan Mahan* (2) devait « parachever la grange, etc » (1389).

Le bois nécessaire aux réparations devaient être pris sur les « bois de la coupe », ainsi que ceux employés aux charrues et autres outils du censier.

En 1405 l'Hôtel-Dieu faisait une *déclaration* de ses droits et biens à Quatre-Champs, dont il était le seigneur.

Outre les biens énumérés plus haut comme nouvellement acquis, le dénombrement de 1405 contenait les indications suivantes :

La Converserie possédait, ou recevait :

Les 2/3 des dîmes grosses et menues du village ;

les 2/3 des offrandes des chefs de ménage à Noël, Pâques et Pentecôte.

L'autre tiers était, pour le culte, attribué au Curé et s'élevait à 12 livres tournois, et 13 setiers de graine.

Après les Fonderies, les Chauderies, le champ Géha, (3) les moines avaient encore acquis sur la rive droite de la Fournelle, — se rapprochant ainsi du village, — « *un pré, delez* « = (vers) « *le Château* », d'un arpent et demi, et une « *chanvière* tenant « au ruissel du *moulin* (disparu) et au jardin le *cervoisier* (brasseur), où conduisait une « *chaucié* » bordée de vieux « étots »... Et il nous faut « *esbonner* (borner), car on *passe sur nous.* »

----

(1) G. Robert : Rev. Hist. des Ard., Sept. 1913. Pièce just. relatant *en français*, phases et péripéties du procès.

(2) Le commandant Mahan, — un demi-français — a été longtemps contrôleur de la marine américaine. Son petit-fils a fait ses études à Janson de S. — Rapprocher *Mahan* des *Bohan*.

(3) Nous n'avons pu identifier le *champ Géha* ? Il y a bien un *enclos Gérard* près la fontaine du même nom, mais au fond du vallon de la Sainte Fontaine (? ?). Tandis qu'il y a un lieu dit *Cailleau d'eau* (caillot d'eau) (?) voisin du pré aux Antes), à la base O. du Moulin à vent, où l'eau du Pré Hachette et de la Nau Potencier, perdue dans des gouffres, reparaît avec violence au temps des grandes pluies, en passant sous le *Tuyot* ou *Thuyot*, banc de calcaire fissuré. (G. Robert. Rev. hist. Pièces justif. 10.)

Ces agrandissements allaient sans doute renouveler les anciennes querelles avec la Communauté. Mais la rivalité des Armagnacs et Bourguignons, *Azincourt*, *Rouen* et *Troyes*, *Montereau*, *Orléans* et *Jeanne d'Arc* et tout l'affreux drame de la fin de la guerre de Cent ans, mirent à néant tous ces projets en portant des coups sensibles au monarchisme, à l'Eglise, à la Noblesse : (*Armée permanente, taille perpétuelle* (1449), — *Etats généraux* de 1484, — *Pragmatique* (1434) et *Concordat* (1515). La royauté et le Tiers-État, seuls, en tirèrent profit, c'est-à-dire puissance, ou libertés nouvelles.

Enfin la Converserie reconnaissait devoir au village le service d'un *torel et d'un verrat*. » Elle acceptait aussi la « charge d'entretenir la *couverture de l'église et du chancel*.) (Voir Curé, 18e s.)

On voit donc que l'Hôtel-Dieu avait une propriété et des droits seigneuriaux très importants au village de Quatre-Champs, au début du 15e siècle.

Il est resté de ces vieux temps deux ou trois souvenirs tenaces assez curieux. Le droit de paisson du gros bétail s'est perpétué jusque vers 1850 environ et a disparu au moment où mouraient les vieillards qui l'avaient connu et pratiqué avant la Révolution. Les droits de *fouage* et d'*herbage* ont persisté presque jusqu'en 1870 ; le premier pour les pauvres qui « *allaient à l'herbe* » et au « *bois mort* » pour le chauffage d'hiver ; le second par les femmes des petits paysans, ayant une ou deux vaches à l'étable et peu de prés en propriété personnelle. Après la révolution, les femmes allaient encore dans les bois de la Converserie à la « hottée» c'est-à-dire à l'herbe jusqu'en octobre. Suivant l'esprit des propriétaires, les gardes de bois se montraient plus ou moins sévères ou complaisants.

Enfin la Converserie a toujours, depuis ces temps lointains, entretenu un « torel » et quelquefois un « verrat ».

Jusqu'au milieu du 19e siècle, les villageois avaient conservé le souvenir d'un droit à l'hospitalisation d'un malade de la localité à l'Hôtel-Dieu de Reims.

TOGES

Toges, unique en France !
— Soixante lieues d' Paris ! —
Où l'on chante, où l'on danse !
Clos de haies, de buissons,
Pleins d'oiseaux et de nids
De filles et de garçons !

Toges est un village fort original dont le nom paraît dérivé du vieux latin «togus», féminin *toga*, pluriel *Togæ*, d'où Toges les « maisons ». Il semble avoir été au moyen âge, (9e et 10e siècles) un lieu de refuge, peut-être même au Ve siècle, après la ruine du camp de Chestres, dont il devint plus tard, par Landèves, une dépendance féodale. Il avait un terroir assez pauvre, formé de gaize et de sable, d'argile du gault, propre à la culture du seigle, des pommes de terre, de la vigne et des arbres fruitiers. Ce territoire assez vaste dut être, sous la domination romaine, un simple *fundus*, terre sans habitants ni maison de maître, d'où l'expression significative les *Fonds de Toges*, donné au vallon qui y conduit et qui est la meilleure partie du terroir communal. Il devait dépendre du hameau du Moulin de Quatre-Champs où habitaient les carriers et tuiliers des carrières et tuileries voisines.

Mais ce vallon, assez insalubre en amont du gouffre (voir chap. 2) ne se peupla que tard et lentement. Il avait cependant de belles sources : la *Cadrelle*, impétueuse, abondante, *St-Fiacre*, calme, salubre, aux eaux bleues, objet sans doute d'un culte druidique antérieur, guérisseuse de fièvre (diarrhée infantile, en particulier). Aussi peu à peu, de Quatre-Champs, les « Saints », et les « pélerins » de Saint-Fiacre, de Ste Bellende, ou *Berlande*, (1) s'avançaient dans ces bois et ce vallon fort sauvages (VIe, VIIe), des cases ou masures (maisons), bien abritées au nord par un bel éperon transversal gaizeux et fertile s'installèrent au lieu dit la *Tuilerie*, ou la Berlandière, puis au-

---

(1) Déformation de Bellande : Berlandière = propriété (*ière*), de Bellende ou Berlande, (r = l)

lour des deux sources précitées ainsi cachées dans les bois et rattachées à Quatre-Champs jusqu'au 13ᵉ s. ; puis, à partir de ce moment, et par donation, à Landèves dont les prieurs devinrent les seigneurs. Il est à croire que les frères convers de Quatre-Champs avaient fort aidé au défrichement des terres, des plateaux environnants appelés les « Sarts de Toges » et aujourd'hui, la *haute plaine de Toges*.

Toges, village des Bois. Les noces d'or d'un couple villageois placé à droite du musicien. En face, l'église.

Comme Quatre-Champs, sa métropole, Toges fut placé sous la suzeraineté des comtes de Grandpré, dont l'un Ferry, lui donna en 1.207, une *charte* qui l'érigeait en *ville-neuve* « entre Bon et la Fournelle ».

L'acte (1) qui décidait la création et appelait des colons, fixait aussi le nom : Toge, déjà connu. Comme les villages de la vallée, Toges eut une chartre communale octroyée en 1.207 (par le comte de Grandpré.)

Les *bourgeois* ayant « masure », ou « jardin », payant redevances au seigneur, et à *l'église*, savoir : 24 deniers tournois, en

(1) Charte retrouvée et publiée par M. Albot, Rev. hist. des Ardennes, t. III, p. 37.

deux moitiés égales, à *Noël* et à la St-Jean ; 2 chapons : 1 à chacune de ces dates.

Ils devaient construire un *four banal* pour y cuire leur pain ; un « persois » pour y « perset » (1) (pressé) leur vin, (redevances : pain, sur 33 ; 1 setier sur 8). Toute infraction au « ban » (règlement) du four, du « persois », du moulin entraînait une amende de 45 sous : 30 au S^r, 10 à l'église, 5 au maire, agent d'exécution, lieutenant du Seigneur, non résidant. En cas de non paiement régulier : 5 sous d'amende.

Pour l'entretien de la « Cour d'armes », ou « ostel » ; (maison forte), où logeait le maire, il était perçu 2 « pennées de blé » (delà, peut être, le vieux mot anglais « penny ») ; 2 sous par cheval tirant et 2 cartels (2) de pommes à Noël pour *l'assise* : 5 sous d'amende en cas de retard ; car tout était sujet à l'amende ou à redevance et le fermier souvent percevait tous les péages affermés : pont, moulin, four, pressoir, etc. (c'était à l'avance le régime des fermiers généraux), De là, tant d'abus, de constestations, de violences autorisées ou tolérées. De là des *attaques contre l'ostel*, (3) punies de 45 sous d'amende payés au *maire*.

Les mœurs restèrent très violentes. « Celui qui frappe autrui avec *«armes émoulues*, lui coupe un membre, ou le tue, paie *amende à la discrétion du Seigneur*. »

Le *maraudage* dans les prés et les blés d'autrui payait 5 sous *au maire*. » Enfin les habitants devaient ou pouvaient couper les bois nécessaires aux réparations.

En compensation les bourgeois avaient *droit à un taureau et un verrat, droit de paisson* pour 2 ou 3 porcs dans la forêt du S. ; — exemption du tonlieu, du vinage dans tout le Comté, ainsi qu'à Châtillon, Le Chesne, Machaut, Cheppy, Vouziers, ce qui invitait les habitants au commerce et développait chez eux l'ingéniosité dans la production, traits dominants encore

---

(1) *Et*, sec et court, tel l'accent grave, est caractéristique du patois de Toges : Ex : âme chevillet pour chevillée ; perset pour pressée. — On dit encore *persoi* (s) pour pressoir, dans toute la vallée.

(2) *Cartel*, mesure de capacité égale au quart du sac. Il est appelé quelquefois *boisseau* = 13 litres ; il était donc un peu supérieur au décalitre. — Cartel désigne aussi : 1/4 d'arpent ; le cartel, était donc à la fois — mesure agraire et mesure de capacité.

Il a encore aujourd'hui dans le langage populaire ces deux sens.

Quant au *setier*, ou septier, il égalait 168 litres, ou le quart du muids. — Le septier de Paris valait 7 litres, et le *demi-setier* de Paris égalait 1/4 de litre. C'est ce setier qui est demandé au comptoir à Paris.

(3) L'hôtel ou « Maison forte » avait des murs épais, entourés de fossés pleins d'eau ; elle était fermée d'une porte à pont-levis. C'était l'entrepôt des dîmes et redevances payées au seigneur. Parfois, comme ici, elle servait de demeure au maire, agent du seigneur (absent).

aujourd'hui chez les Togeards. — Le comte craignant l'abandon de la localité, plutôt pauvre, « *retenait la terre en ses mains comme auparavant* », en cas de départ. La vigne ne fut plantée que plus tard et donna le meilleur vin du pays : Toges devint très populeuse, industrieuse, commerçante, vivante et patriote.

Ainsi fut démembré le village de Quatre-Champs, et morcelé son territoire, en 3 parties : Toges, Noirval et lui-même.

On voit par là qu'il y avait un *maire* et probablement 4 *échevins*, plus un *sergent* (huissier) à Toges.

Toges cessa alors de dépendre de Quatre-Champs, et passa plus tard, dans la seigneurie du couvent de Landèves : (en 1.407).

La dite seigneurie fut jadis « aumônée » en effet, aux dits religieux, par Jehan de Saulx, seigneur d'Olizy et par sa femme Jehanne pour l'entretènement d'une chapelle fondée en ladite église et d'une anniversaire solennelle à célébrer tous les ans par les dits religieux pour les dits donateurs. Don fait l'an 1.403. — Elle comprenait... « toute la seigneurie avec haute moyenne et basse justice appartenant aux religieux, en laquelle ils ont droit de confiscation, avouerie, morte-main ensemble droit de justice, maire, échevins et sergents exerçant icelles, adjugeant toutes amendes comme *arbitraires et autres* qui peuvent avoir par an quant aux amendes et mairie, 60 sous tournois ; — tout le terroir de Toges contenant environ *700 jours de terre* de peu de valeur et en friches à cause de la mauvaise situation d'icelle qui est roche et guaise ; — le droit de bourgeoisie par lequel il est levé sur chacun des habitants 5 sous tournois et 2 chapons et da présent sont audit lieu environ 20 ménages (soit 100 à 120 hts.)... les dites terres de Toges tenues par les religieux en fief du comte Rethel (1).

---

(1) Une famille des *Queudières* existait au 17ᵉ siècle à Quatre-Champs et à Toges ; elle a laissé son nom au *pré des Queudières* (Quatre-Champs) situé à l'extrémité des Fonds de Toges sur la Fournelle. On trouve un village de *Queudes* dans la Brie Champenoise près de Sézanne, non loin de Meaux région où est né (?) St-Fiacre. N'est-il pas curieux de retrouver un des Queudières à Toges pays voué à St-Fiacre. Le fidèle a suivi le Saint dans son établissement à l'autre extrémité de la Champagne, (V. Appendice.)

Queudes, de *Cauda*, queue. Queudières propriétaires d'une bande de terre *longue et étroite*. — A Quatre-Champs les Prés des Queudières et de la Queue de l'Etang répondaient exactement à la définition.

BALLAY

Ce village, situé au point le plus resserré du défilé et le plus difficile à franchir, semble occuper un lieu très anciennement habité ayant tiré son nom d'un arbuste qui croît et multiplie à foison sur les coteaux et les terrains environnants, le *genêt*, mot celtique dérivé de « *bala,. en* » = genêt. (Littré).

Il doit à cette situation un pittoresque, une grâce champêtre qui frappe tout de suite ; mais son terroir, peu étendu dans le val de la Fournelle, est d'assez médiocre qualité sur les plateaux voisins d'accès malaisé. Cela explique la dispersion des habitants groupés en de nombreux hameaux qui ont vécu jusqu'à notre époque: *Vieilles Landèves, Claire Fontaine, La Noue Adam, Houpillard, Caunoy*, et enfin Ballay qui pouvait avoir 100 hts au 14me siècle et qui est devenu le village moderne placé à l'issue de deux vallons boisés de la rive gauche du ruisseau.

Une charte lui fut octroyée en 1249 par le comte Jehan de Rethel, d'accord avec le seigneur du village, Warnier, chevalier. La *sauvegarde*, ou « sauvement », plaçait la ville sous la loi de Vervins, ou du Vermandois, moyennant une redevance annuelle d'un *setier* d'avoine et de 2 poules par feu, payable à la St-Remy. Le suzerain devait protéger les vilains contre les excès de leur seigneur, « s'il ne faisait justice, ou ne réparait le dommage causé par lui, dans 40 jours ».

Des deux fils de Warnier, l'un devint seigneur de Chestres ; l'autre, Gérard, en 1279, cinq ans avant sa mort, donne aux religieux de Landèves pouvoir d'acheter ou acquérir les terres situées entre le Chemin de Landèves à Caunoy, et celui de Chestres à Houpillard, c'est-à-dire la plus grande partie de la forêt de Landèves, énorme domaine.

Warnier II est dépossédé soit par vente, soit par sentence arbitrale dans ses démêlés avec le couvent, et avec le curé de Chestres « *des bans et justices* » de la seigneurie de Chestres, rattachés à la mense curiale par la donation de Jean de Caunoy, dit « *le Hideux* », (1) gendre de Warnier. Ces *donations et empiétements, soutenus par l'Officialité de l'archevêché de*

---

(1) Voir chap. 1 La Hydeuse.

Reims, sont confirmés en 1290 par le comte de Rethel et par le roi. Le prieur Jehan de Landèves était alors aumônier de Philippe le Bel et le confesseur de la reine (1) ; elles sont la ruine des seigneurs de Caunoy et de la maison de Ballay.

Warnier et sa femme semblent avoir peu survécu à ces derniers actes et durent se retirer dans leur maison seigneuriales, le *manoir de la Butte*, au Mesnil de Noival, entre ce village et Quatre-Champs.

A partir de ce moment, Ballay n'est plus qu'un arrière-fief du comte de Rethel et relève directement du château de Vendy ; il fait alors partie de la Châtellenie d'Omont. (2)

Un drame de famille, à la fin du 14ᵉ siècle (1386), raconté par M. Bossu dans sa très intéressante monographie, la *seigneurie et les seigneurs de Ballay* », drame causé par une question d'héritage, oblige le fils, Henri de Ballay à s'enfuir, amène la confiscation de ses biens, au nom du roi, par le bailli de Vermandois.

En 1387, le condamné obtient de Charles VI des *lettres de rémission*, grâce à l'appui de son parent Henri de *Vouzy*, chevalier, ami du comte de Rethel. Il est remis en liberté, et revient habiter la moitié du château.

Jehanne de Vouziers, défendant l'héritage de ses deux enfants « Jehan et Laurence de Saulx, épouse de St-Phalle, écuyer, » tenait la moitié de la « maison » de Ballay (Voir château page 284), la totalité de la justice du lieu, la taille des bourgeois, le moulin qui existe encore, le vivier dont la digue est toujours très apparente (6 arpents, entre Ballay et Claire Fontaine), le four qui rapportait 60 livres, le pressoir, cinq jours de vigne, onze fauchées de prez, plus un arrière-fief de Vendy, tenu par Jean *du Mesnil* et deux autres seigneurs.

C'était une bien petite situation.

L'un des membres de la famille figure en 1405 à une « montre » (revue) du Capitaine Le Rond tué à Azincourt (1415).

A partir de 1440 la famille se retire en Bourgogne (Charollais) où elle fleurit pendant trois siècles.

---

(1) Jehanne, fille de Thibault, comtesse de Champagne, qui s'était réservée le gouvernement de la province, son héritage.

(2) Chatellenie, seigneurie ou juridiction d'un châtelain (vient de Châtel=château) — Le chatelain était possesseur ou gouverneur d'un château féodal, au nom du roi. Il tenait garnison avec quelques chevaliers ou gensdarmes soldés. Brieulles et Omont furent d'importantes châtellenies.

Ballay passe par mariage à Englebert Dalle, écuyer, capitaine de *Soudoyers* allemands (mercenaires servant pour une solde) (1). *St-Phal* = phal (fortification) doit être de même origine.

Au 16e siècle, les Dubois d'Ecordal acquièrent, par alliance à la famille Dessaux, une partie de la seigneurie de Ballay.

Les descendants des *Dessaux* existent encore aujourd'hui à Ballay, et à Clairefontaine. Il y a eu des Dalle à Noirval.

Parmi les très nombreuses familles alliées aux De Saulx, nous citerons celles qui ont eu des biens et qui ont été en partie seigneurs de Quatre-Champs, dont pendant longtemps *Noirval* fut partie dépendante.

Les *Landreville* : bois de Landreville à Quatre-Champs.

Les d'Aspremont, seigneurs de Vendy, alliés aux d'Escannevelle, et possesseurs de *Vau-Maillard*.

Les de Roucy de Vandy.

Les Beaufort de Savigny.

Enfin les de Miremont seigneurs de *Quatre-Champs et Noirval* à partir du 14e siècle ? Le dernier représentant de la famille

---

(1) Ce capitaine était originaire de *Daël*, village de Westphalie, voisin de *Munster*. et commandant des mercenaires allemands, au service de Charles VII dont un certain nombre peut-être s'établirent dans la vallée, où l'on trouve des noms patronymiques à forme germanique, et les expressions si curieuses de *Choumaks*, (cordonniers) et (*choufflits*, saveliers),

Voici, d'après une note manuscrite de M. le Dr O. Guelliot, l'origine de cette famille et sa filiation jusqu'au 17e siècle.

En 1369, mariage d'Antoine de Miremont avec Jeanne d'Anglure ; *dame de Quatre-Champs* et de Noirval, morte en 1395. Son petit fils épouse Jeanne de Brumière, dame de Gueux et de Rosnay. En 1509, d'Antoine de Miremont, *seigneur de Berrieux* et *Quatre-Champs* et d'Isabelle des Fossés. En 1544, Henri de Miremont, *seigneur de Quatre-Champs* et Noirval, épouse Anne d'Apremont ; dont : Charles de Miremont, épouse Nicole de Sablenove, et Jean, *seigneur de Quatre-Champs* qui eut trois fils dont le dernier est mort en 1646. (d'après d'Hozier).

Les armes de la famille étaient : d'azur au pal d'argent frotté de sable, accolé de 2 fers de lance aussi de sable. Les de Miremont avaient comme devise F. E. I. M. A. .... initiales de *Fondamenta Ejus In Montibus Avernis,* ce qui signifie : « Ses fondements (sont) dans les monts d'Auvergne » la famille était, en effet originaire d'Auvergne.

Beaucoup d'autres familles du centre et du sud de la France sont venues chercher fortune en nos pays Ce doit être une branche détachée qui a perpétué jusqu'à nos jours la famille de Miremont à Ballay, s'est éteint de nos jours, cultivateur à Clairefontaine, conduisant lui-même, comme les seigneurs ruinés au temps de la Fronde, sa voiture gerbière et sa charrue, trainées par un cheval blanc.

VANDY

Nous avons indiqué déjà le sens originel, ou toponymique, de Vandy, nom qui doit ou devrait rationnellement s'é-
crire encore *Vendy* du mot celtique *Vende* (beau, blanc), ou du
slave *Wende*, nom d'une peuplade du V⁰ siècle. Ce village très
important, (il a eu jusqu'à 900 à 1.000 habitants et a été chef-
lieu de canton après la Révolution), appartient par la partie
sud de son territoire : (Vau-Lohier, Toupet et le Pissois) et
par son ancienne chaussée, devenue chemin de communication, etc., à la vallée de la Fournelle, d'où l'on accède directement, soit par le *Chemin de Vandy*, en venant de Quatre-Champs
vieille route sacrée où fleurissait le culte des arbres : de là les
lieux dits : « *âbes de Grâce* », « *Gros noyer* », «*Laubrelle* » et un
certain nombre de croix : croix de Bohan etc .., soit par le
chemin de Couture qui monte (1) de Claire Fontaine et Ballay au
point 193, et va à Terron, à *Malva*, jadis *Malle-Valle*, puis *Malvau* = mauvais val, bien nommé, car ce val est souvent no-
yé par les eaux qui le rendent impraticable en hiver ; car il
semble avoir été le théâtre de plusieurs meurtres ou mauvaises rencontres. Il appartenait au 17⁰ et 18⁰ siècles à la famille
de *Bohan* (voir Bobo). Ce chemin était jadis très fréquenté.
Du point 193 m., où il coupe la route de grande communication, on embrasse un vaste horizon vers l'ouest (Rethel) et
vers les Monts de Champagne : belvéder et observatoire à la
fois bien choisi pour surveiller tous les environs, pour commander le vieux chemin des Alleux, Le Chesne, Omont, etc...
ou à Maison-Rouge, et, pour percevoir les péages sans descendre
dans le vallon de la Fournelle encore impraticable aux marchands et aux pélerins. Les hauteurs commandaient alors les
voies de communication, surtout au point de vue militaire et
commercial.

Ce chemin fut suivi jusqu'au 17⁰ siècle. C'est par là
Henri IV gagna Omont (1591), que la Grande Mademoiselle,

---

(1) Un chemin taillé à flanc de coteau dans la gaize permet aisément aux voitures les charois de bois, de céréales, de fumier de Claire
Fontaine au plateau auquel le hameau est adossé.

l'héroïne de la Fronde, cousine germaine de Louis XIV qu'elle espérait épouser, intrigante sans consistance, repassa après la défaite de la Fronde pour rentrer à Paris.

C'est près de ce carrefour des chemins, non loin du *poirier Raguet* que s'éleva au 15ᵉ siècle, ou à la fin du 14ᵉ siècle, le *château de l'Aubrelle*, écrit aussi *Laubrelle*, et même *Lobrelle*, forme qui sent le langage des Précieuses, ou la noblesse des fermiers généraux.

La véritable orthographe du nom est la première, *L'Aubrelle*, c'est-à-dire le « *petit arbre* », car la terminaison *elle* est diminutive. (1) En italien, arbre se dit *albero*, d'où les diminutifs *alberetto* ou *alberello*, le petit arbre. Or *l* = u, d'où avec la chute l'*e* médian et de l'*o* final, *Aubrelle*. L'article *l* s'est joint à ce mot par agglutination, et l'on a eu Laubrelle.

Notons en passant que nous sommes au 14ᵉ siècle, ou au début du 15ᵉ, et que la langue française subit, alors une crise intense de diminutifs.

Mais pourquoi le *petit arbre* ? C'est alors que les causes naturelles interviennent. La chaînule, dont Vandy accupe, à quelques centaines de mètres de là, l'extrémité S. O. tombant presque à pic sur la vallée de l'Aisne (100 m), est exposée à tous les vents, surtout au vent du Nord, au brutal aquilon, qui, comme nous l'avons dit pour le *Froid Cucq* de Chestres, de Thermes, etc., comme pour toute l'Argonne, balaie ces plateaux, dénude tous les « *Coupeaux* » et « *coupiettes* », ou « sommets », des monts argonnais, rend le sol ingrat, dur, pierreux et n'y laisse croître qu'une végétation de petits chênes rabougris, même de *genêts* : de là, le mot *Aubrelle = le petit arbre*. On écrivait, et on écrit encore Laubrelle, L'Aubrelle, Lobrelle, l'Obrelle et même *l'Auble*.

Ces formes diverses nous donnent un exemple curieux de la vie des mots et de leurs évolutions au cours des siècles. Elles sont une preuve aussi de la négligence des scribes et du peu d'importance que nos pères attachaient à la correction orthographique : Nous ne sommes guère plus soucieux qu'eux souvent sous ce rapport, je crois ! Ne leur jetons donc pas trop

---

(1) En vieux français *aubre* = arbre ; Ex : «.... avec les *saulx* et autres *aubres* qui y sont ... » Et sur la chaucié dudit molin.. ha (il y a) plusieurs saulx et autres *aubres*. Rev. hist. Ard. (1913) Quatre-Champs, pièces justificatives. G. Robert.

vite la pierre, fut-elle de gaize, la plus légère de toutes les pierres et la plus fragile : les éclats nous reviendraient souvent à la face.

« Le château de Laubrelle datait de la fin du 15ᵉ siècle, peut-être du début du 16ᵉ. Il avait la forme d'un rectangle et ses quatre hautes tours d'angle, terminées en tourelles, lui donnaient grand air. L'Aubrelle devint et resta propriété des d'*Aspremont* pendant plus de 300 ans, puis des de Roucy au 18ᵉ siècle... » (1).

Les entours immédiats, ou *aisances*, s'appellent « enclos », « ruelles », ce qui indique des constructions voisines, une sorte de hameau dépendant ; car l'enclos est une maison avec jardin ». L' « *enclos* », est la première forme de la propriété foncière individuelle chez nos pères les Gaulois. Tout le reste du territoire d'une villa était propriété collective où l'on faisait paître les troupeaux, et que l'on cultivait en commun ; usages dont on retrouve les souvenirs ou les traces dans l'exploitation des fiefs et la mise en valeur de la propriété féodale ; tant il est vrai que les formes sociales, créées par les « faits » politiques, ou les « nécessités économiques », évoluent avec une grande lenteur et ne se modifient que par la conquête ou les révolutions (2).

Il est surtout curieux que toute la vallée de la Fournelle ait connu et pratiqué intensément le régime des « *Enclos* », ou « *Aclos* », ou « *Clos* », à la lisière des bois et surtout dans les vallons latéraux dépendant de la vallée principale.

On trouve, en y regardant attentivement, quelque chose d'analogue dans le « *mir* » russe, et dans la distribution des terres chez les Arabes sédentaires de l'Algérie.

Le château de l'Aubrelle commandait militairement la route de Sedan — Omont — Le Chesne — Vandy — Landèves, Vouziers — Châlons, dès le 16ᵉ siècle. Le maréchal de St-Paul tenant de la Ligue contre d'Apremont, rallié au roi, s'empara de l'Aubrelle et du château de Richebourg près Vouziers avant la prise d'Omont pour empêcher la réunion des troupes d'Henri IV (1591) (3), pour « gêner le transport du sel et les

---

(1) Rev. hist. des Ardennes t. 12 p. 8 et suiv. Dʳ O. Gueliot.

(2) D'A. de Jubainville : *Des noms de lieux*, etc.

(3) Voir Guerres de religion p. 233 ; *Mémoires du Maréchal de St. Paul*.

Vandy : Château de Laubrelle 15e et 16e siècles. Communication de M. le Docteur Guelliot.

communications entre Châlons et Sedan ». Le château de l'Aubrelle fut rasé en même temps que ceux de Ballay et de Lacroix, en 1791-1792.

Les routes allaient pénétrer partout et prendre des directions plus commodes ou plus courtes : ici, par exemple, en empruntant la voie naturelle de la Fournelle à partir de Quatre-Champs.

On descend de l'Aubrelle, en quelques minutes au village de Vandy qui possédait, lui aussi, un vieux château féodal dans lequel résidait le seigneur de Vendy, suzerain de Ballay, Landèves, ayant terres également à Quatre-Champs, etc. (les de Beaufort).

Les seigneurs de Vendy jouèrent un rôle important dans l'administration de la justice royale à partir du XIIIe siècle comme bailli de Ste-Menehould. Ils entretinrent des relations assez étroites avec les grands couvents de la région : *le Mt-Dieu Landèves, Belval*, etc. Et dans les troubles causés par la Réforme (16e siècle), ou par les prétentions des Grands (17e siècle), ils restèrent fermement attachés à la cause royale.

Quelques-uns d'entre eux ont acquis une certaine célébrité. *Jehan de Saulx*, au 13e siècle, par sa *charité* envers les pauvres ; *Vandi*, un d'Aspremont, commandant le *régiment de Vendy*, pendant la Guerre de 30 ans (Voir Armée) ; *Louise de Marillac*, épouse de Legras, (de Vendy), intendant des commandements du duc d'Orléans, frère de Louis XIII, femme admirable, surnommée « la mère des pauvres », créatrice des « *filles de la charité* », fondatrice de l'hôpital de Vendy, pendant la Fronde, l'âme et la main de St-Vincent de Paul dans les œuvres d'assistance aux temps calamiteux de la Guerre de 30 ans et de la Fronde ; et *Mlle de Vendy*, restée célèbre par sa bienfaisance et son esprit aimable. Enfin, et dans un tout autre ordre d'idées, le fermier général Le Riche de la Popelinière, financier de quelque renom au 18e siècle et le poète Voulté. (V· chap. 24).

M. Bossu, à la fin de son étude sur la « *Seigneurie et les Seigneurs de Ballay* », publie une pièce curieuse : le dénombrement ou aveu, du seigneur de Vendy au comte de Rethel, pour ladite seigneurie. (Trésor des Charles de Rethel). C'est la charte donnée, en 1396, aux habitants de cette importante bourgade.

Une brève analyse de cette charte mettra lumière et intérêt dans notre sujet.

Le seigneur de Vendy habitait alors le vieux Château ; mais il possédait encore :

La maison de l'Aubrelle (voir plus haut),

Celle de *Moynont* au N. E. vers Malva.

Celle du *Praël* (de pratellum = petit pré) vers l'Aisne et Vrizy-Echarson ; et plus de 20 autres fiefs importants, sans compter nombre de plus petits, à Vouziers, à Ballay, Toupet, Petit Ban, Noirval, les Mesnils, à Semeuse et à Vrigne (s. Meuse) ; des pressoirs, des fours et des moulins banals, des viviers, des droits de pêche, etc... sur l'Aisne, en particulier ; des redevances, etc. etc. Leurs vassaux étaient nombreux et leur influence grande et justifiée par leurs alliances, leurs services, et leur invariable attachement à la royauté, c'est-à-dire à la France.

Le siège de la seigneurie était donc le *vieux château* et ses dépendances immédiates soit : 12 arpents de vignes situés au bord et sur les flancs du talus au point dit encore le *château* ; soit la Maison de l'*Aubrelie* qui devait être changée, cent ans plus tard, par les d'Apremont, en forteresse et en résidence plus moderne.

Chaque bourgeois, devait payer une *assise* (ou impôt) « *qui ne croit ni ne décroit* », invariable, de 50 livres (environ 880 fr.), plus *deux* « *pouilles* », soit 50 poules sous peine de 5 *sous* d'amende par poule non fournie, et de *50 livres* par *assise non payée*, d'où nous devons conclure qu'il y avait 25 bourgeois à Vandy, et qu'ils devaient être d'assez riches propriétaires.

Le seigneur se réservait le droit de mettre« *maire* et *sergent*, (huissier ou garde) qui lui plaisait pour *un an*. Les *échevins*, 4, également ; mais ces derniers payaient l'assise ; les deux premiers en étaient quittes. — Les échevins étaient *retenus en prison* jusqu'au paiement des rentes ci-dessus. Article commode, mais dangereux.

1° Trois jours de *corvée* étaient dus par *chaque bourgeois* ayant « bêtes traiant (= tirant) » : 2 en mars, 1 en « voyen, ou *véyen* » pour les labours. (1) — Trois jours aussi, en cas de construction, pour les transports de bois et matériaux.

Les *voituriers et laboureurs* devaient une journée avec voiture et chevaux, mais aux *dépens du seigneur*. Ces derniers seuls avaient droit de pâture par tous les prés. Il y avait donc distinction très nette entre les « bourgeois » et les « autres ». — Enfin pour les prés très étendus (et Vendy avait une très grande prairie), chaque « faucheux (sic) doit un jour (de fauchage). Les non faucheux, 1 jour pour faner. .

---

(1) On appelle *voyen* aujourd'hui, les semailles d'automne : blé, seigle semés fin septembre jusqu'en novembre. Les terres emblavées ont été préalablement labourées deux ou trois fois soit à la charrue.

2° *L'aide* était dû : (10 livres) en cas de *mariage*, de *chevale-rie*, *d'entrée en religion* ( ). de *logement des hôtes* et de leurs che-vaux : « c'est le « gîte » ou « hébergement » — Droit encore de mettre *ban* pendant cinq semaines « en *quelque temps qu'il nous plaise* pour *vendre nos vins*, et pour les vendre *en débit* en ladite ville. » — Cette clause était dure pour les propriétaires de vigne.

3° En cas de *guerre* par nos « propres personnes », la commu-nauté devra nous servir *partout* à « *leurs frais et dépens.* » — Mais si nous avons guerre pour aucun de nos parents et les *détenions plus d'un jour*, ce serait à nos dépens. — Toute défaillance de venir à nos mandements est passible d'une amende de *5 sous parisis*.

La *justice seigneuriale haute, moyenne et basse*, existait pour le tout : châtel, basse-cour, terres, prés, jardin, vignes, bois, étangs et toutes autres choses appartenant à nous séans en la dite ville, ban, et finage d'icelle.

La Mairie, *los* (2) ou lods de vente, grosses amendes, forfaitures, etc., 60 solz.

Le *formariage* (3) était interdit sous peine de *60 sous* d'amende.

Les héritages, maisons, vignes etc., séans au ban et finage de Vendy, dont la maison de Moymont avec ses vignes, terres, prés et bois, et l'étang de *Malvau* (Malvà) de 8 arpents d'eau — étaient soumis à ce ban ou règlement.

En dehors de Vendy et de l'Aubrelle, dont il est parlé plus haut, les fiefs secondaires étaient chargés de redevances intéres-santes. Ainsi *Praël* payait annuellement *4 queues de vin* pour son *pressoir* ; St. Basle et Vrigne : 3 queues 1/2 ; Ballay 3 muids ; Dagné chevalier, 2 queues de vin.

Les moulins et fours de *Vendy* rapportaient 41.1.10 sous ; de *Ballay*, 30 setiers de blé et 60 sols ; – de *Semeuse*, 56 setiers de blé et 4 cartels d'avoine plus les produits du four ; Dagné chevalier à Noirval : 6 cartels de *métillon* (mélange de seigle et de blé).

---

soit à l'extirpateur pour nettoyer le sol et empêcher les herbes folles de l'envahir. L'étendue ensemencée s'appelle la *roye*. Tel cultivateur a 10, 20, 30 arpents de terre *en roie*, c'est-à-dire 10, 20, 30 arpents de blé, chaque année.

(1) Mesure moins fiscale que restrictive de la liberté de se soustraire à l'autorité du seigneur en se réfugiant en terre d'Eglise. Il fallait que la terre fût vêtue, c'est-à-dire habitée.

(2) Même raison que pour l'entrée en religion.

(3) Lods de vente : redevances perçues par le seigneur sur le prix d'un héritage vendu dans sa seigneurie.

Les viviers étaient de fort bon rapport : plus de 30 arpents d'étangs : Malva, 8, Ballay, 6, le Pral, 8, Toupet, etc., fournissaient de poissons la table du seigneur de Vendy. Sans compter les rivières d'Aisne et de Meuse, dont la pêche lui appartenait.

Il fallait dans ces demeures seigneuriales, assez inconfortables, faire grand feu en hiver, et en tout temps pour la cuisine. Le bois était abondamment fourni par les forêts. Ainsi Prael devait une *moye*, (tas) qui ne demandait pas moins de 12 jours de *cornée* pour le sciage. La dame de Neuville et Gérardin de Bercy, écuyer devaient chacun, 7 *moyes* de bois, etc.

Beaucoup de vassaux étaient soumis à des redevances de volailles ; poules et oies : Vrignes 1/4 de ses poules soit 26 par an : Prael 12 oies et 60 poules : une poule pour chaque habitant faisant *feu et ménage*, d'où nous devons conclure que Prael avait soixante ménages, ce qui, avec une moyenne de quatre ou cinq enfants au moins par ménage donnait pour cet important écart 300 hts : — d'où encore, on peut dire qu'avec ses autres écarts, *Vandy devait dépasser alors sensiblement un millier d'habitants.* Nous n'avons guère d'autres moyens d'évaluer le chiffre de la population en ces temps lointains que les aveux ou dénombrements.

On voit donc...que Vandy était une seigneurie de grande importance, curieusement organisée.

L'ABBAYE DE LANDÈVES

L'ordre du *Val des Ecoliers*, (branche de l'Ordre des Augustins), fut fondé à Paris vers l'an 1200 par quatre docteurs de la Sorbonne. L'évêque de Châlons s'étant joint à eux, ils créèrent un premier monastère près de Langres, et se fixèrent définitivement au *Grand Val* près Chaumont (Haute-Marne).

Leur succès grandissant, ils établirent des colonies dans le diocèse de Reims.

« Le monastère de *Landaive* (ou Landesves) » *monasterium de Landeviis* » fut bâti un des premiers, en 1219, « proche la rivière d'Aisne et le village de Vendy ». *Walchiers* (Wautier ou Gautier) seigneur de Vendy donna la place pour bâtir ledit prieuré, et beaucoup de biens pour l'achèvement de l'édifice ». (Don Ganneron : *Centuries*).

Il fut édifié en un lieu appelé *Notre-Dame de Bosco*, à l'entrée d'un gracieux petit vallon, où il semble que le culte des arbres et de la forêt était peut-être encore en honneur, tout près de l'ancien *Camp romain* à Chestres. En même temps les moines défrichaient activement les terrains et coteaux du voisinage, et plantaient des arbres fruitiers, ressuscitant ainsi l'un des coins, les plus pittoresques de la vallée de la Fournelle.

Cent ans plus tard Jehan de Terron, prieur, rebâtit le prieuré à 200 pas environ du premier monastère, « où il est à présent », et éleva une des plus belles églises du Rethelois, ainsi que le « cloître » et le « dortoir ». La fortune était venue (1).

L'emplacement des bâtiments, que l'on ne connaît pas exactement, ne dut pas être très éloigné de celui des deux petits châteaux actuels, et assez voisins, — peut-être un peu en amont de la ferme, ou *Cense*, encore existante. C'est tout « ce qui reste de *Vieilles-Landèves*, petite paroisse du 12ᵉ siècle, dont l' « *autel* » avait été donné à St Denis de Reims par l'archevê-

---

(1) « L'église, le couvent, les vignes et le *clos* couvraient 6 arpents ou environ ». *Arch. des Ardennes. II. 127, Bib. Nat.*

que Manassès en 1106 » (1) et qui comprenait le *Moulin de Landèves* ; (*Moulinet du camp romain*) — donné par Baudouin de Vendy.

En 1285, Hugues le Large lègue « *20 sous parisis, — pro pitancia* », pour la nourriture des moines.

Philippe le Bel s'intéressa beaucoup à l'abbaye. On a vu (Quatre-Champs) qu'en 1293, Jean, aumônier du roi et confesseur de la reine Jeanne », « *jadiz prieus de Landaives* », — était intervenu dans les démêlés des « Convers » avec Jean de Quatre-Champs » et qu'en « 1489, 27 avril, Jehan de Corbeil, prieur de Notre-Dame de Landèves, prend à bail pour 20 ans, moyennant un loyer annuel (2) de 4 livres 16 sous, la maison et la cense de la Converserie.

Au début 17ᵉ siècle le prieur de Landèves, Denys Le Cointre, obtint du pape Urbain VIII, la bulle d'érection du prieuré en *Abbaye* et en fut le premier abbé (1624).

Son premier coadjuteur fut Jehan Le Roy, son neveu. Les temps durs approchaient. L'Abbaye, comme toute la région de la Fournelle, et du Dormois, et du Rethelois, allaient subir les terribles effets de la guerre de Trente ans (1618-48), ensuite celles, plus cruelles encore, de la Fronde (1648-58).

Deux fois elle fut attaquée, pillér, rançonnée (1632) ; et sa belle église fut brûlée en 1652 (Voir Fronde).

Le couvent et l'abbatiale furent reconstruits en 1746-49 ; mais le goût de la vie monastique s'était éteint, et le couvent fut rasé à la Révolution. Ses ruines servirent alors au pavage des routes.

Les monastères furent longtemps des foyers de vie religieuse et sociale intense très influents ; mais aussi de véritables centres d'exploitation agricole, des guides et des initiateurs des agglomérations du voisinage, lesquelles grandissaient et prospéraient au fur et à mesure que le couvent développait son influence ou sa richesse. Beaucoup de bourgs et de villes

---

(1) Dʳ Vincent : Inscriptions anciennes de l'arl. de Vouziers : (1892), — Ouvrage très savant.

(2) Rev. Hist. des Ardennes : G. Sept. 1913 :

(3) Parmi les rentes constituées sur l'Abbaye, on trouve 1000 livres en principal au denier 18 pour dégager des ornements engagés en 1653 à l'effet de payer la rançon de Mʳ Jean le Roy, abbé de Landèves, fait prisonnier par l'ennemi ; emprunt fait à *Charles Arnould*, bourgeois de Reims. (160 l.) et à Oudinet, marchand de Reims (551.113) 1 denier. (*Arch. des Ard. t. IV. Bibl. Nat.*)

sont nés et ont grandi autour des « moutiers ». Les pélerinages en avaient fait d'importants *emporia*, ou des centres commerciaux et industriels prospères. Aux XIIe et XIIIe siècles, un couvent était donc un bienfait pour tout son voisinage, dont il vivifiait la vie agricole, industrielle et commerciale.

La première condition de succès et d'influence était l'étendue et la mise en valeur du domaine. Landèves vit se développer rapidement sa prospérité matérielle. En trois siècles (1200-1529), période d'organisation économique et de ferveur religieuse, il reçut d'une centaine (89 à 100) de donateurs plus de 1.500 arpents de bois, terres, prés, vignes, étangs, etc...

Les grandes donations eurent lieu par les seigneurs du voisinage : Baudouin de Vendy et Hugues de Ballay, dit le diable ; de Warnier et Hugues de Sommepy ; Milet, fils de Jean ; des beau-frères de Milet : bois, terres, prés de Caunoy.

Une multitude de pièces, de parcelles souvent minuscules sont données par de petites gens et servirent plus tard à des échanges.

L'une de ces donations prit une forme originale :

Jean de Caunoy, écuyer, *vend en viager* tous ses biens, droits et propriétés qu'il a ou peut avoir au terroir dudit Caunoy en maisons, édifices, près, terres, bois, vignes, — ban, justices et autres choses tenues en fiefs et hommage, — aux *religieux de Landèves* pour le prix de 200 livres parisis (en faible monnaie) ; à lui payer à son ordre chaque année, sa vie durant aux octaves de Pentecôte ; et si les religieux venaient à manquer de payer au terme fixé... les dits prieurs et religieux seraient tenus de lui compter 10 sous parisis de monnaie forte et ancienne pour chaque jour de retard, — la dite cession faite en présence de nobles hommes Jean de Quatre-Champs, — Henri de Cornay, écuyers hommes fieffés, du commandement de son seigneur Jean Comte de Grandpré en la baronie duquel se trouvent les dits bois, — et de Poncins Géumes, *bailli du comte...* — témoins.

Renaud de Terron, chevalier ; Warnesson, dit Griffon, écuyer ; Acelin, curé de Vendy, et Maître Hébert de Falaise, clerc. Trois lettres de ratification de la présente par l'officialité de la Cour du Seigneur.

signées : *Napoléon*, de Komagio (1).

---

(1) Il a été établi que ce *Napoléon*, archidiacre de la cathédrale de Reims, appartenait à la lignée ancestrale de Napoléon Bonaparte, Consul et Empereur des Français. Comagio, ville du Delta du Pô.

Juyau de Ste Menehould, garde au scel de la prévôté.

Martin Chanet de Ste Menehould.

Ainsi on constituait des rentes viagères au moyen âge avec des formes solennelles et un grand luxe de témoins et de précautions. Cette donation si curieuse marqua, à Ballay, la fin de la puissance de la branche de Caunoy.

Si les particuliers donnaient les terres contre rentes viagères, le couvent achetait aussi des rentes constituées sur telle ou telle terre. Ainsi les religieux rachètent une rente de 17 setiers de seigle grevant leur terre de Houpillard (350 arp.)

Landèves possédait encore :

les deux censes de Grévy-Loisy ;

les terres de (Thélines) de Blaise et Ste Marie (110 arpents) 2 censes (1).

la Tuilerie de Toges et terrains de 10 cartels y annexés loués à Simon Boileau moyennant la livraison annuelle de 20.000 de tuiles, de 40 faîtières et 8 poinçons de chaux vive ;

la seigneurie de Toges (voir Toges) ;

Chamiot avec un vivier ; à Falaise une *portion de la rivière* sur laquelle est assis le pont ;

Chestres : terres, près et vignes.

Moulin de Falaise, loué en bail emphytéotique de 54 ans ; (2)

ferme de Chartogne, plaine et prévôté de Bouïc ;

id.   de Bieules sur Bar, près de 92 arpents ;

Claire-Fontaine et partie de Merlan (Boult) ;

La « forêt de Landèves » (420 arpents) etc. etc.

Et des cens et surcens, des redevances annuelles en grains, ou en argent, sur des moulins, sur quantité de lieux ou de personnes. (3)

Une des redevances avait un caractère amusant et jovial.

---

(1) Loués pour 9 ans à Boutillot moyennant 57 setiers de froment, 30 d'avoines, le tout « mesure râcle de Vouziers, bon grain, bien vanné, nettoyé, criblé, sans *embruine*, plus... 220 liv. argent et... 2 paires de chapons vifs. C'étaient de riches terres.

(2) Les 4 premières années étaient gratuites ; les 10 suivantes la redevance s'élevait à 10 liv. t. ; le reste du bail coûtait au fermier, ou censitaire. 18 liv. t. L'étendue des terres possédées par l'abbaye devait s'élever à environ 2000 arpents : Toges, 600 ; Houpillard, 350. Bois de Landèves 425 ; Théline et Blaize, Grivy à plus de 100, Brieules 100 environ. Le reste pour les cences ou pièces moindres, mais très nombreuses.

(3) Enfin, curiosité historique : en 1753 ou 57 la dîme des *pommes de terre* est perçue à *Chémery*. Vingt ans avant Parmentier et Louis XVI.

« Un muid de vin (4 setiers) de rente annuelle avait été donné à l'abbaye (en 1340) par Regnault, seigneur de Terron à charge pour les religieux d'aller, le jour de St-Jean Baptiste, audit Terron célébrer une « messe première » (une grand'-messe, sans doute) ensuite de laquelle il leur était offert un déjeuner assaisonné de gaieté assurément.

Les religieux de Landèves s'appliquèrent soigneusement à « apiécer » leur domaine soit par échange, ou par achat des nombreuses parcelles enclavées dans leurs terres.

Ils étaient fiers que plusieurs de leurs possessions fussent « fiefs du roi de plain droit ». Philippe le Bel et François 1er, puissants et redoutés, *amortirent*, l'un l'achat d'Houpillard ; l'autre, les *bois de Landèves*. Mais tous deux aussi portèrent des coups terribles à la puissance de l'Eglise : le premier, en frappant brutalement Boniface VIII et en déterminant le grand schisme ; l'autre, en signant avec Léon X, le célèbre concordat de 1516, où chacun des deux contractants demanda et obtint ce qui appartenait à l'autre contractant.

Les *annates* furent rétablies au profit de la papauté, et le roi présentait à la *nomination des bénéfices* un *laïque*, ou un ecclésiastique *séculier* qui *était toujours agréé* par le pape. Léon X y trouva l'argent nécessaire à sa cour et à ses constructions fastueuses. Le roi put payer les services qui lui étaient rendus, soit par des favoris, des savants, des nobles vivant à la cour. L'*élu* touchait un tiers des revenus de l'abbaye. *Il n'était point astreint à la résidence.* On vit le pauvre et illustre Amyot, précepteur des fils de Henri II, recevoir de nombreuses commandes, et comme on l'en félicitait, il répondit : « L'appétit vient en mangeant ». Il est vrai qu'avec cet énorme revenu, il acheva la cathédrale d'Auxerre et forma une richissime bibliothèque. Il en fut dépossédé pendant les guerres de religion. — Tel enfant de 5 ans devenait abbé commandataire, et jouissait d'un important bénéfice. Le cardinal de Guise fut un très riche commandataire.

Du Concordat de 1516, date la déchéance morale et matérielle des abbayes et du monachisme.

Chestres sembla tout d'abord à l'abri de la crise et resta florissant au 16e et au début du 17e. Les abbés firent mesurer et borner le domaine qui ensuite fut divisé en 3 parts : (1617) ou « menses ».

La 1re, ou *mense abbatiale*, à l'abbé comprenait cense de Caunoy et dépendances, cense de Ballay moulin et dîmes dudit, les dîmes de Claire-Fontaine, les terrages de Chestres et de Condé ; droits de pêcheur sur la rivière d'Aisne, — et à Vrizy — ; la moitié de tous les biens prés, terres, vignes, vergers, étangs, moulins en divers lieux et partie des fossés de la maison:

La 2e, ou mense *conventuelle*, aux prieurs et chanoines *réguliers* composant l'abbaye. Elle comprenait : Ste Marie, Aublin, Chestres, Brieules avec dépendances, le grand et petit *Châlon*, le cens et droits seigneuriaux de Toges, le Moulin et la petite cense de Toges, le Moulin de Landèves ; des près, des terres, vignes en divers lieux, l'étang de Caunoy, le 1/4 de tous les biens indistinctement, partie des fossés de la maison. (pêche).

La 3e part consistait en censes de Grivy-Loisy, le 1/3 de la dîme de Vendy, le petit cens sur les bans de Condé et Vendy le surcens sur la maison des dames des Orphelins de Reims, le Moulin des bois, des rentes en froments et avoines sur les dîmes de Verrières, Vonc, — des prés, vignes, l'étang du *Moulin des Bois* le quart de tous les bois indistinctement jusqu'à partage, etc.

Cette part, la moins riche, était affectée aux charges et pouvait être acceptée par l'abbé, ou à son défaut, par le prieur et les chanoines. — La *chasse et la pêche appartenait à l'abbé* et au couvent.

Cet arpentage, ou réformation des *bois de Landèves*, coûta 64 livres. La part de l'abbé s'élevait à 234 arpents, plus le droit de chasse ; la 2e part, à 170 arpents environ.

Ce fut le signal de la décadence et de la chute : le monachisme s'endormait dans le bien être.

CHESTRES

Il est des villes et des bourgades, nées d'un caprice ou
du hasard, et qui

> Vivent ce que vivent les roses,
> L'espace d'un matin.

Il en est d'autres qui naissent ou s'éteignent par l'effet
d'une cause naturelle : envasement d'un port ou d'un fleuve,
tarissement d'une source, découverte ou épuisement d'une
mine. Enfin d'autres encore doivent leur existence à des causes accidentelles et temporaires : ouverture d'une route nouvelle, établissement d'un camp, d'une forteresse, etc.

Chestres (castra) doit son existence à l'établissement d'un
camp romain pour la défense de la frontière du Rhin. Celui-ci
disparut avec l'empire lui-même en 407, et la bourgade
voisine fut comme lui détruite par les Vandales.

Le camp ne s'est jamais relevé ; mais la bourgade s'est
reconstituée peu à peu avec les rares habitants enfuis et cachés
dans les forêts du voisinage, puis revenus et mêlés aux germains établis dans le camp même.

Depuis, son nom a paru à toutes les époques dans les légendes, les actes publics : donation, etc. (V. Gaule Franque).
Chestres a repris une vie nouvelle, et malgré sa destruction
à différentes reprises (1637-1651 ou 52,1918), il vit encore, toujours adossé à l'ancien camp qui l'abrite des vents du Nord,
toujours peuplé des souvenirs de son passé lointain et glorieux.

Et sa population, mêlée d'éléments divers (romains,
francs,) est restée attachée au sol natal et au site champêtre
et tranquille de l'endroit.

Vouziers, qui n'a pris d'importance qu'à partir du 16ᵉ siècle, l'a supplanté comme position de défense sur la rivière
d'Aisne, comme centre commercial aussi ; tandis que Chestres
a gardé longtemps la prééminence religieuse. *Chamiot*, avec son
ermitage et sa source, la *Pardonne, Bobo, Lansquinet* semblent
rappeler les étapes successives (gauloise, romaine, franque,
religieuse aussi de sa vie rurale.

Une anecdote tirée de don Ganneron montrera que dès le

XIe siècle Chestres, était redevenu assez important et même prospère.

«Escelin, comte de Grandpré (on connait 3 Escelin parmi les comtes de Grandpré au XIe siècle dans la seconde moitié, au temps de Godefroy de Bouillon ; l'annaliste ne dit pas lequel est le héros de cette histoire) eut réputation d'être un vindicatif. » Il avait aposté des soldats pour prendre tout ce qu'il pourrait sur ses adversaires. Ils prirent alors le curé de Chestres, à cause qu'il avait la réputation d'avoir des écus ; et, le voulant rançonner, ils l'emmenèrent lié et garrotté, les bras et les jambes sous le ventre de sa jument. Comme ils arrivèrent près le bourg d'*Aultrey* —(Autry), au lieu dit le *Gros Faux*, — le pauvre captif, entendant sonner les cloches de Senuc, se recommande directement à St Oricle, et aussitôt ses liens se rompirent, et il se retira dans l'église de Senuc... Et comme les soldats le galoppèrent dedans icelle ne le purent retrouver jusqu'au matin suivant qu'ils le reprirent, mais à leur dam, car ils devinrent insensés tous et le prêtre s'évada... »

« Escelin, le comte, qui était la cause de tout ceci, vint aussi en l'église de Senuc et dès l'entrée se prosterna à terre de son long, et marchant ainsi sur le ventre et sur les coudes en grande humilité se traîne jusqu'à l'autel de St Oricle «... (1)

La cure de Chestres fut érigée en *prieuré* et formait une paroisse distincte du couvent de Landèves. Ce prieuré était l'un des plus riches du Dormois. Il possédait une *cense*, » louée à *moitié fruits* et *profit* de la cense du prieuré, consistant en 35 arpents de terre (puis en 80) louée à Etienne Garinot, laboureur, à Ambroise Mayeux et Jean Dué aussi laboureurs » (Il y a encore des Du, des Mayeux dans la région).

Voici le tableau des revenus du prieuré, d'après la déclaration faite en 1730 par le sieur La Motte, prieur-curé :

57 setiers de froment, seigle, méteil, orge, avoine, pois valant 378 livres ; 2° — dîmes 320 livres 10 sous : vignes et pressoir 180 l. ; pré 72 l., 1/6e des dîmes de Verpel ; 1/6e des grosses dîmes de Verpel. Grosses dîmes de Chamy les Mourons ; 1/4, id, de Manre, soit $130 + 25 + 60 = 215$ livres, — le casuel : 40 l. ; 1/3 dîmes de Claire Fontaine 76 l. ; pour les obits ; 20 l. ; soit au total : 430 livres ; — Plus 3 pièces de terre et prés sur le terroir et ban de Chestres ; — Plus 3 pièces de terre au lieu-dit : les Trépassez.

La paroisse de Chestres comptait 160 communiants ; (celle

---

(1) D. : *Centuries* — p. 335.

de Falaise 300). *Condé*, succursale de Chestres fut réuni à Vouziers en 1670 sans doute, par suite de la difficulté des routes ou chemins d'accès passant aux « *Viez ponts* »,(aux vieux ponts) de Vouziers.

Le présentateur et collateur audit bénéfice était l'abbé de St-Denis de Reims conjointement avec le Chapitre de St-Ouen(?).

Au 16e siècle, Chestres figure parmi les partisans des Guises et de la *Ligue*. Les *processions blanches* commencent à Reims, en l'an 1583, où du 25 juillet au 28 octobre, 72.409 personnes des diverses parties de la France, la plupart avec reliques, reliquaires, etc., en chantant des cantiques et toutes *vêtues de blanc* : de là leur nom.

Dans nos contrées, allèrent ainsi en pélerinage à St Remy :

Chestres (près Vouz.)	20 personnes	le jeudi	20 octobre
Savigny »	300	»	19 août
Grandpré-Mouron	620	»	15 »
Le Chesne	190	»	samedi 3 septembre
Sauville, paroisse de Chesne	82	»	12
Vonc	210		1er octobre
Dans les env. de Réthel-			
Amagne	1290		»

Ces chiffres n'ont d'intérêt aujourd'hui que par les indications qu'elles nous donnent sur l'importance de la population et sur son état d'esprit, au moment où allaient commencer les luttes furieuses de la Ligue contre Henri IV. Elles nous montrent aussi la popularité des Guises dans nos régions !

CHATILLON-S-BAR

Ce village remonte à l'époque romaine ; il formait, à l'entrée du défilé, la sentinelle avancée du camp. Sa situation était très forte, et sa disposition topographique curieuse, (vaste place centrale à forme rectangulaire, etc.) rappelle encore aujourd'hui cette origine toute militaire. L'église, assez curieuse, occupe probablement la place du logement de l'officier, un tribun, commandant le poste, une ou plusieurs cohortes, en temps de paix

Féodalement Châtillon fut bien lief d'église. dépendant de la célèbre *abbaye de Mouzon* si convoitée aux XIᵉ XIIᵉ et XIIᵉ s. par le *roi* et par *l'empereur*. La partie nord du domaine appartenait à *St Denis de Reims* et s'appelle encore St Denis. Bazancourt dépendait aussi de Châtillon.

Au début du XIIIᵉ s., le seigneur abbé, accorda à Châtillon une charte basée sur les coutumes de Baumont. Cet acte figurait dans les registres paroissiaux de la Communauté de Châtillon au début du 18ᵉ s., et j'allais, l'ayant dépisté, le relever, en juillet 1914, quand survint la brutale agression allemande qui enleva, ou détruisit la plus grande partie des archives de la commune.

Une admonition curieuse et très dure, ou comme on disait alors, « très crossante » du curé à l'instituteur, suivait de très près le texte de la charte octroyée, semblant jurer un peu de se trouver en tel lieu. Châtillon. dut peut-être à cette dépendance religieuse d'être citée longtemps comme la patrie d'Urbain II qui prêcha la Croisade.

La critique historique semble avoir établi récemment que cet honneur appartient à *Châtillon-s.-Marne*. Chatillon-s-Bar a une autre gloire. Il fut l'un des *centres de recrutement* du *régiment de Vandy* (v. Fronde), dont deux de ses fils : de Riencourt et Louis de Beauvais furent, au 17ᵉ s., lieutenants-colonels. Devenu un des « bons villages » de la région au 18ᵉ et 19ᵉ s., Châtillon s'épanouit grâce à l'élevage et à la vente du gros bétail, des foins, des bois, des blés, et à la culture de l'osier.

BRIEULES-SUR-BAR

Brieules (Voir Gaule ind.) a dû être un œdificium gaulois, comme l'indique l'étymologie du mot : *Brio* = boue ; *dorum,* ou *durum* = eau, d'où marécage ou *forteresse de la boue* ; (1) sans doute à cause des marécages qui l'entouraient et la défendaient. Ce caractère marécageux est accusé par deux faits :

1° La *Bièvre* (*beber,* = castor) y confluait à la Bar ; et l'on sait que le castor a longtemps vécu dans nos contrées, et qu'il se plaît dans les régions aquatiques ;

2° l'éperon, sur lequel est situé la bourgade se continue à l'ouest par les collines de *Willeux* jusqu'à Quatre-Champs (v. chap. II). Cet éperon formait barrage et inclinait la Bar vers l'Aisne par la Fournelle. Mais il fut peu à peu désagrégé, usé par la Bar, la Bièvre et par les nombreuses et abondantes sources qui jaillissent au bas même du village.

Ce lointain souvenir d'une forteresse remonte aux temps antiques où Brieules commandait l'entrée du défilé de la Fournelle, où il était lieu d'arrêt un peu forcé : de là, sans doute aussi son importance commerciale : les foires et marchés où se faisaient les échanges demandaient protection ; et cette importance s'accrut après la destruction de Bairon par les Anglais, après que François 1ᵉ eût donné l'essor à Vouziers, que la vieille route Trèves-Reims eût perdu la plus grande partie de son importance commerciale et que le *deverticulem Tannay*-Chestres eût vu renaître le mouvement de l'époque romaine par Bourcq, Châlons et les foires de Troyes. La route Reims-Trèves fut peu à peu délaissée par les populations de l'Argonne devenue plus industrieuse et par les armées aussi allant vers Sedan ou Châlons.

En 1554, le duc de Nivernais campa dans les environs ; et en 1591 Henri IV date une de ses lettres à Gabrielle de Brieules-sur-Bar ; en 1596, les *Bourguignons* surprennent, pillent et incendient la ville de Brieules, chef-lieu d'une des *huit* prévôtés

---

(1) *L'eau,* fleuve ou marais, était un grand moyen de défense, une manière de forteresse.

du Rethelois (la 4ᵉ), entouré de murs avec *tours, tourelles* et *portes.*

Un acte daté du 10 octobre 1578 relevé et publié par mon vieil ami N. Goffart dans la Rev. His. des Ardennes, t. III p. 34, 35, en fournit la preuve.

Cet acte est une quittance des habitants de Brieules-sur-Bar par la bonne « volonté » et « don gratuite du duc de Nevers et comte « du Rethelois accordé aux bourgeois (manans) demeurant du bourg « de B. B. pour les aider à fortifier et fermer, de 111 arpens de bois « taillés dans la *forêt de Bourgogne*(1) pour la sûreté de leurs person-« nes et biens... pour éviter les *foulles* (mauvais traitements) et op-« pressures qu'ils souffrent et pourraient souffrir des gens de guerre « malveillants (vaiant) ;

« De 3 arpents de bois taillés pour la chaux nécessaire à prendre « forêt de Bourcq, dépendance de la dite prévôté pour faire le com-« ble des postes, ponts et ponts-levis, puis dans la forêt de Belleville « *plus commode* que celle d'Omont et *moins dommageable* à mondit « Seigneur le tout (taillis et chênes) délivré par le *gruier* le 23 octo-« bre présent an et mois, par le procureur de Brieules, Roland le « Clerc Mᵉ Sergent du dit bois, moyennant *six oies grasses...* »

Brieules a toujours élevé beaucoup d'oies, vu l'étendue des marais, des aisances et l'abandon des eaux. Ce bourg s'était enrichi par ses troupeaux de vaches, par ses bonnes terres à blé, par ses marchés et foires. Le quartier haut a de belles maisons. (Eglise remarquable). Brieules a disputé assez long-temps la prééminence au Chesne-Populeux. (Voir la Fronde.) Il a été détruit en 1914, fin août. Orme (*tilleul*) célèbre de 10 à 11 m. de circonférence, indiqué sur la carte d'E. M. à cent mètres N. E. du village.

---

(1) Ce nom survit jusqu'à la Fronde ; il rappelle que le Rethelois fit partie au 14ᵉ et 15ᵉ siècle du duché de Bourgogne. De là, le *Bois-de Bourgogne* (près de Boult, en Argonne.)

GUERRE DE CENT ANS

Ainsi la vallée de la Fournelle était fortement rattachée à la France à la fin du XIIIe siècle; quand la Guerre de Cent ans, causée indirectement par la loi salique, en réalité, par des raisons économiques et politiques, vint à deux reprises, pendant plus d'un siècle, apporter des maux infinis à notre pays. Il faillit y perdre son indépendance, et ne dut son salut et sa résurrection qu'à l'épée de Duguesclin et à l'héroïsme de :

> ...Jeanne. la bonne Lorraine
> Qu'Anglais brûlèrent à Rouen

Froissart et nombre d'autres chroniqueurs nous ont narré les péripéties de la lutte et dit la « grande pitié du royaume de France. »

Notre petite patrie eut sa part dans cette guerre qui exalta le sentiment national, et, avec lui, fortifia l'idée de l'unité nationale.

Le comte de Rethel, Louis de Male, fut tué à *Crécy* (1346). Il était suzerain des comtes de Grandpré dont était vassal le seigneur de Quatre-Champs. On croit qu'un « *Jean de Quatre-Champs* » périt à *Poitiers* (1356) en combattant autour du roi Jean (1) qui s'intéressait fort à notre pays frontière depuis son union avec Bonne de Luxembourg. Cette défaite amena dans Paris et en Beauvoisis etc., des troubles connus sous le nom de *Jacquerie*, et fut le signal du ravage de la France entière par les « *Grandes Compagnies* » (mercenaires, soudoyers, étrangers).

En 1359, Edouard III débarqua à Calais ; et pour isoler Paris et le centre, de secours possibles venant d'Allemagne, de Bohême, de Lorraine et du Barrois, pour forcer la France à signer la paix, ou à le reconnaître roi il marcha avec une puis-

---

(1) Au lieu dit appelé la *Meurderie* (le massacre), situé à l'entrée du vallon par où les chevaliers français tentèrent désespérément et en vain l'assaut des positions anglaises, et par où sortirent les Anglais pour attaquer la « bataille » du roi Jean, la déconfire et prendre le roi de France dont la captivité fut le signal des troubles à Paris, en Beauvoisis, etc. et aussi celui du ravage de la France entière par les Grandes Compagnies. (Voir Carte Etat-major ; feuille Poitiers.

sante armée vers Reims, la « ville du sacre » ; qu'il assiégea. Il
était suivi de « *8.000* chariots », destinés à porter le butin, et
accompagné de nombreux mercenaires, ou « *brigands* », attirés par l'appât du pillage, — car la France était très riche alors —
accourus de Flandre, de Brabant, *d'Allemagne,* etc. et rangés
sous la bannière du sire d'*Obréchicourt,* ou Auberchicourt.

« Le roi Edouard traversa tout le Vermandois *ordonnément*
(en bon ordre) et, franchissant la Somme, l'Oise et l'*Ayne,* il
vint loger en la marche de la *Cité de Reims ;* c'est à savoir : St-
Thierry, Pont Favergé, et là entour (autour), et y demeura du
4 décembre 1359 au 11 janvier 1360. Et toujours pleuvait con-
tinuellement et toujours chevauchaient sergents de côté et d'autres, par où ils cuidaient (croyaient) gagner comme en la comté
de Rethès (Rethel) jusqu'à Wark, à Mézières, à Mossin (Mouzon) et se logeaient au pays 2 ou 3 jours et desralant, (s'en allant), desrobaient tout et gastaient (dévastaient).

« Ces gens gagnèrent par force *Athégny* (Attigny, durement)
renforciés, si ici trouvèrent *à foison vin* dedans, dont ils s'ai-
sièrent (régalèrent) à leur poste et en départirent (envoyer) aux
seigneurs de l'ost (armée). — Et en fut capitaine un moult bon
vaillant chevalier de Hainaut, Eustache d'Obrécourt, chef de
tous ceux qui couraient par le comté de Rethès, et avaient gagné (pris) la ville de Rethès, jusqu'au Chastel (Chatelet) et la
ville de *Chaine Pouilleux* (Le Chesne)... (1)

« Et le noble roi (Edouard III) et ses enfants allaient à la
chasse sur rivière tous les jours... ne se feirent guetter (garder)
pendant le jour combien (si loin) que long allaient...

« Le roi se partit.., laissant grosses garnisons aux marches de Reims avec Eustache d'Obrébicourt... le chevalier et
ses compagnons dommageaient terriblement le pays d'autour
Rains, de Rethès et Maizières et *tuèrent sans pitié, hommes,
femmes et enfants* qui ne se poyaient (pouvaient) ranchonner
(racheter) et gagnaient tant que l'on ne pouvaient estimer de
ranchons de prisonniers et de rachas de ville...

«*Les nobles et autres gens du pays les menaçaient bien et faisaient
semblant d'issir (sortir) hors contre eux, mais au jour que ce fut
escript (que c'était convenu) n'en avaient rien fait, de quoi moult
de gens se sont merveillés (étonnés) et l'ont tourné à très grand
blasme et défaut de cœur,* (manque de courage).

---

(1) Jean le Bel, Chronique A. II. p. 300, 301. Jean Lebel était his-
toriographe au service du roi d'Angleterre. Son récit précède celui de
Froissart.

« Ils allèrent piller Montaigu (près Laon), et s'en retournèrent à tout (avec) leur proye à Athégny à tout (avec) bien 300 personnes et 30 belles *damoiselles* (nobles) *sans les autres* pour faire leur volonté et plaisir... » (1).

Une partie « des compagnons quittant Edouard en Bourgogne et revenant par Lorraine où ils trouvent foison de gens assemblez qui gâtaient et exillait (dévastaient et pillaient) tout le pays, et s'accordent avec ceux de la duché de Bar qui étaient contre le duc afin de l'empêcher d'aller à Athégny contre ceux qui étaient de leur accord... » (2).

Froissard ajoute quelques détails au récit de son devancier liégeois :

«... Quand li Englès, li *Allement* et li routier qui tout vivaient de guerriier, le royaume de France... eurent Messire Eustache d'Obrécicourt de lès yeux (avec eux)... le firent leur mettre (maître) et leur souverain dessus tout. Et se rallièrent et rassemblèrent toutes manières de gens et de sortes à lui... ils prirent et emblèrent la bonne ville de Athegni sur Esne, et trouvèrent dedans plus de *1500 pièces de vin* dont ils eurent grand'joie... Si en firent leur souveraine garnison et *coururent tout le pays*. Et venaient cels de Athégni courir *tous les jours* jusques à Mézières et jusque à Douceri (Douchery) et jusque au *Kesne*, Pouilleux... « (Le Chêne) ».

Ces dernières bandes durent venir jusqu'à Quatre-Champs, car ils étaient fort friands de vin et la vigne était cultivée, dans tous nos pays, particulièrement dans la vallée de la Fournelle...

Ces « routiers » étaient des ivrognes grands amateurs de bonne chère, de femmes et de bons vins. « A *Tonnerre* (3)

---

(1) Chronique de Jean le Bel. t. 2, p. 301 à 305. Bibl. Nat.

(2) Ces routiers avaient en outre deux postes importants à Maure et à *Autry* qui ravageaient le Dormois, ou *comté de Grandpré*. Ces postes servaient sans doute, en outre, à empêcher l'arrivée de tout secours du Luxembourg à la rescousse du roi de France. C'est peut-être alors qu'eut lieu la destruction du « *Moulin de la Converserie* », à Quatre-Champs ?

(3) « Le roi (Edouard III) et son ost (armée) reposèrent cinq jours pour la cause des bons vins qu'ils avaient trouvés. » Ce vin et ces bombances eurent au moins une conséquence heureuse car épouvanté par l'orage et par la pluie diluvienne qui faillit noyer ses soldats, — et la peste s'étant mise dans l'armée anglaise, — le roi signa la paix de *Brétigny-sur-Orge* — (1360), qui lui donnait, il est vrai, le tiers de la France : tout le Sud-Ouest avait une rançon de 500 millions pour le roi Jean (3.000.000 d'écus d'or).

ils gagnèrent plus de 3.000 pièces de vin qui leur firent grand bien. »

Cette première partie de la Guerre de Cent ans eut cependant un heureux résultat pour notre région. En 1373, Charles V en bonne intelligence avec Charles IV, empereur (le créateur de Prague), ayant aussi à sa dévotion Jehan de Craon, archevêque de Reims, prince et propriétaire de *Mouzon*, convint avec ce dernier de faire échange de la dite ville et de ses dépendances (Raucourt, Sedan, Balan) avec la villette de *Velley sur Aisne* près Soissons.

Les bourgeois de Mouzon gardaient tous leurs privilèges. Et ainsi le roi de France mit la clef *d'une des portes de la France* (celle du Luxembourg et de la voie romaine) en ses mains, fermant une des routes d'invasion des Allemands.

A côté de ces faits généraux qui intéressent le pays tout entier, il en est quelques autres biens menus, bons à connaître cependant, en ce qu'ils nous montrent la vie locale elle-même dans sa monotonie. Les villages de la vallée s'éveillaient les uns après les autres à la vie historique.

Ainsi, un seigneur de Vendy plaide en faveur de l'Abbaye du *Mont-Dieu* à propos de *Bairon*, et perd son procès après 12 ans ! « Il lui en coûta 2.500 livres de dépens sans le principal » (1).

Un autre, Mathieu de Vendy donne la place pour bâtir le *monastère de Landaives (1219)*, appartenant à *l'ordre du Val des Ecoliers* devenu plus tard l'Ordre des Augustins.

Un troisième, Jehan de Saulx, seigneur de Vendy, Cendon, Bussy le Châtel, *Vonc* et Binerville, *grand bailli de Ste-Menchould* et autres terres, marié à Jehanne de *Voulzy*, bienfaiteur de Mt-Dieu, connu par sa libéralité envers les « pauvres », « chérissant spécialement les *hôpitaux* » connu aussi par l'austérité de ses mœurs et l'intégrité de sa vie, meurt le 4 mars 1395 ; il fut inhumé au Mt-Dieu.

A l'autre extrémité du défilé, en 1255, Mahaut (Mathilde) dame de Vervins, passe un accord avec son frère, Gaucher,

---

(1) Don Ganneron, moine et annaliste du Mont Dieu a laissé sur ce couvent et sur nos pays deux ouvrages forts intéressants à divers titres ; les *Annales* et les *Centuries* échappés à la destruction de la riche bibliothèque du monastère. Il ont été édités de nos jours avec un zèle et une science consommés par le savant archiviste du département, Monsieur Laurent, Directeur de la Revue historique des Ardennes, mine inépuisable de documents sur notre pays et sur la vie de ses habitants.

comte de Rethel. Celui-ci cède « ce qu'il avait à *Quatre-Champs*
et en la mairie de *Brieulles sur Bar* » .

En 1330, 29 mai, Aveu de Jean de Vonc : « Item tous les
« héritages,... tant à Vonc qu'à Semye (*Semuy*) que *Madame*
« *Ponce* — de *Quatre-Champs*, dame de Vonc, a mis en son
« dénouement (dénombrement) qu'elle a *baillet* (1) à Monsei-
« gneur dessus dit (Louis Comte de Rethel, tué à Crécy et ap-
« pelé « Louis de Crécy ».

« Aveu et dénombrement au comte Louis II, par Bertrand
« de Cornay, à *Livry* (15 juillet 1343 (?). — Item, doivent les
« habitants, 2 charrois... le second jusqu'à la villa de Quatre-Champs (2).

« Aveu et dénombrement à Philipe de Bourgogne pour An-
« toine comte de Rethel par *Ferry de Grandpré*, seigneur de
« *Vonc* et *Quatre-Champs* (1403, 24 août) (2).

Testament de Jean Vauchiez, de Semuy (16 décembre 1407) :
« Une messe sera célébrée chaque année pour le repos de son
« âme par Jean Moncelet, « *presbiterum, curatum de* « *Quatuor-*
« *Campis.* »

Aveu et dénombrement de *Toges* (1391). Toges devait alors
appartenir en grande partie déjà au couvent de Landèves ; mais
sa « plaine », ou plutôt ses plateaux, avaient été défrichés par
les religieux convers de la Converserie après donation faite à
eux par les seigneurs de Cornay, et de Quatre-Champs. C'é-
tait donc alors une dépendance de Quatre-Champs.

*
* *

Dom Canneron le chroniqueur, le mieux informé de l'histoire de nos pays, « du *pays des Essuens* » comme il les désigne, attribue la défaite des Français à Crécy, à leur orguéil,
convoitise, *dissolution et superfluité d'habits*. J'ajouterai, dit-il :
« pour la tyrannie et violence des nobles sur les personnes ecclésiastiques..,» Et il donne un curieux exemple que nous citons
ici, bien qu'un peu long, parce qu'il prouve le rôle joué par la
célèbre abbaye du Mt-Dieu dans la défense de la frontière ar-

---

(1) La prononciation de *et* dans *baillet* est semblable à celle de *ès*
dans *succès*. C'est une des caractéristiques du vallon ; Exemple : « Le
Englis... étaient tout *lasset* et tout *hodet* de longuement combattre..,..,
Frois', t.IV pr. 121 et 339. — Toges village des bois a conservé jusqu'à
nos jours la vieille prononciation du XIVe s. dans son patois, un des
plus originaux de la vallée et de toute la région.

(2). Communications de Me le Dr O. Gueiliot.

dennaise pendant plusieurs siècles, soit comme *sauvegarde* en temps de guerre, ou comme place de *ravitaillement* pour *Mouzon, Mézières, Beaumont*, ou pour les armées royales opérant en nos contrées, soit enfin comme *sentinelle* avancée de la politique, et de l'esprit français contre les convoitises et l'action germaniques.

« Le comte Loys « *qui s'était toujours tenu du côté des fleurs de lys* » ayant été tant harassé des Flamands, s'en vint en Rethelois pour un peu reprendre ses esprits. Son séjour était d'ordinaire au château d'Omont à cause de la commodité de la chasse. Ses grands biens ne lui étaient pas suffisants... il vint encore chasser dans ceux du Mt-Dieu, qu'il fit hayer et en emporta quantité de venaison... Comme il seut que les religieux du Mt Dieu, n'approuvaient point... il commanda à ses gens d'y aller chasser encore et de pescher aussi dans leur rivière (la Bar) pour leur *faire despit*... ils maltraitèrent même un frère qui avait fait évader un cerf. »

« Quand le comte sceut (su) ce qui était arrivé, il commanda d'aller mettre le feu au *bâtiment des convers*, d'y faire du pis qu'ils pourraient. Il fut grandement obéi. Ses satellites assemblés en nombre et armes vinrent et rompirent toutes les portes et fenestres avec gros maillets de fer, gâtèrent tout ce qu'ils trouvaient dans les officines, mirent à mort tout le bétail : 32 vaches prêtes à vêler, 11 bœufs, 1 taureau, 3 veaux d'un an, 140 bouvillons châtrés. 22 pourceaux, 1 grand cheval, 1 asne ; le reste du bétail fut navré et délaissé pour mort.

« Ils emmenèrent 3 chiens de chasse ; ils effondrèrent dans le cellier 38 *queue* de vin (1) (1 muids 1/2 chaque), 2 tonnes d'huile, 2 tonneaux de verjus, 200 livres de chandelle, un tonneau de noix ; déprécièrent les cuirs ou la corderie, coupèrent les canaux des fontaines, brisèrent les pots et marmittes et vaisselles, et finalement mirent le feu au cloître, aux chambres des frères et autres endroits. Il n'y eut que la chapelle qui échappa... » (1) Quel aimable voisin !

Les religieux portèrent plainte au *roi* ; le comte et ses gens s'en moquèrent firent nouvelles menaces, et ce n'est que longtemps après (1344) que Louis donna satisfaction.

----

(1) Dom Ganneron — Annales du pays des Essuens.

En Champagne la *queue* valait 184 litres : c'était la plus petite ; tandis qu'en Auvergne, elle valait 292 litres : c'est la plus grande. — Le *muids* égalait alors une barrique ou un « poinson » d'aujourd'hui, (220 litres environ). Sa capacité, très variable, se réduisait donc de plus en plus.

Deux ans plus tard, il était tué à Crécy (1346) en pleine bataille, non par les Anglais, mais par le comte d'Alençon, son ennemi, lui-même assassiné sur place par un des vassaux de Loys de Cressy, le flamand Jehan de Guistelle.

La sœur du comte Louis, *Jehanne de Rethel, Comtesse-de-Montfort*, devint l'une des héroïnes de la *guerre des deux Jeanne* qui désola la Bretagne sous Charles V.

Ainsi les nobles, donnaient eux-mêmes l'exemple des pires violences et de la plus folle indiscipline ; ils nous conduisaient tout droit au désastre de Poitiers (1356), à la *Jacquerie* et aux ravages des *Grandes Compagnies*. La France était bien déchue de sa grandeur et de sa puissance. Les Valois incapables, une noblesse turbulente et rapace, impitoyable, un peuple misérable faisaient bien triste figure en face de leurs grands prédécesseurs de XIIe et XIIIe siècles.

Heureusement la querelle des Investitures et le grand schisme affaiblirent ses voisins et les empêchèrent de tirer parti de ses divisions et de sa faiblesse. Le peuple entrant en scène allait ajouter partout un nouvel et terrible élément au grand drame de la guerre de Cent ans. Jacques, Tuchins, Maillotins, Cabochiens présagent, par leurs excès mêmes autant que par leurs remontrances », l'approche de temps nouveaux : le Tiers-Etat entre en scène, avec Etienne Marcel, Caboche, etc...

La folie de Charles VI, les rivalités des princes du sang, et le meurtre de duc d'Orléans (1407) ramène l'invasion anglaise et la défaite d'*Azincourt* (1415). le meurtre de Jean-san-Peur (1419) et le honteux traité de Troyes (1420). Ysabeau de Bavière, femme et mère si indigne, faillit perdre le royaume.

Jeanne d'Arc souleva la nation et sauva la France. Son souvenir nous anime encore. L'alouette des champs a chassé d'autres ennemis. Un autel a remplacé le bûcher, et Jeanne est devenue la « Sainte » de la Patrie » ?

Nos « contrées » furent moins foulées au XVe siècle dans la deuxième partie de la guerre de Cent ans, qu'au 14e siècle.

Mais la Champagne souffrit encore des maux inouïs.

Des bandes de « Soudoyers » qui n'étaient point noyés vin-

---

(1) Révolte des paysans ou Jacques après le désastre de Poitiers. (1356) née dans le Beauvoisis, près de Montataire. elle se répandit en Champagne et Ile de France. et finit, après de grands excès, sous les murs de Meaux, noyée dans des flots de sang.

rent vivre en Champagne et dans le Réthelois, moins foulé, (1440). Ce sont les « *Ecorcheurs* », les « *Tard-Venus* », les « *Happe-tout* », nés dans notre *pays*, etc.

Le connétable Arthur de Bretagne, ami de Jeanne d'Arc « nous délivra du fléau en reprenant Meaux », où il tua beaucoup d'anglais », en traquant sans pitié les « Ecorcheurs », et autres « brigands » Grand Justiciers, il en fit pendre 4.000 à Reims (1).

Les autres furent conduits à Bâle par le Dauphin Louis où 16.000 furent tués par les Suisses à la bataille de *St-Jacques* près de Bâle, ou contre Metz, par Charles VII et allèrent se perdre dans les Allemagnes, d'où beaucoup étaient venus.

La création de *l'armée permanente* (1449) : gensdarmes, (9.000 hommes) et *Francs Archers* ou arbalétriers (16.000), grâce à l'établissement de la *taille perpétuelle* permit l'expulsion définitive des Anglais (*Formigny* et *Castillon* (1453) et rétablit la paix et la prospérité.

Il reste, peut-être, de ces temps troublés et si cruels, un vieux refrain que l'on fredonne encore aujourd'hui dans nos villages de l'Argonne où l'on avait tant souffert.

> A cheval Gendarmes,
> A pied Bourguignons !
> *Montons* en Champagne
> Tous les autres y vont !
> Pon, pon, pon,
> Patapon ! (bis).

Bien humble chanson qui nous montre la Champagne ravagée par tous les « Ecorcheurs », « brigands » et « Bourgignons », haïs pour tous les maux supportés. Ce nom de *Bourguignon* devait survivre jusqu'à la Guerre de Trente ans, jusqu'à la Fronde, et l'on appelle encore dans nos contrées les Espagnols, les Impériaux : des *Bourguignons*.

Louis XI eut soin d'entretenir le sentiment français dans nos régions en honorant particulièrement les archevêques de Reims gardiens et défenseurs habiles et vaillants de la frontière française.

-----

(1) Les Happe-tout ravagèrent nos pays. La ferme de *Haptout* près de Raucourt a perpétué le nom et les exploits de ces sinistres brigands. « Tout ce pays était en si piteux état qu'on ne pouvait plus sortir nulle part, et si quelqu'un sortait, il lui en coûtait bon marché s'il n'était que volé et les femmes violées.... En 1440, ces malheurs redoublèrent au même pays, sans aucun remède. » D. G. p. 455. Centuries.

Sa fille, Anne de Beaujeu, voyant que la principauté de Sedan se fortifiait de jour en jour, « *estima que telle place servirait de boulevard à la France* » contre les attaques de la maison d'Autriche, en prit la protection, l'an 1488 ; et depuis, dans tous les traités, que les rois de France ont fait.... ils ont toujours compris la ville et la principauté de Sedan. »

Les deux filles de Jean d'Etampes, 39ᵉ Comte de Rethel portaient le nom d'*Ysabeau*, ou Elisabeth (1). L'une d'elles épousa Jean duc de *Clèves*.

Cette fin du 15ᵉ siècle est remarquable en nos régions, (et partout), par les mariages princiers favorables à l'extension ou à la solidité de la frontière. C'est la période des réalisations ou des acquêts, conséquences d'une longue, tenace et habile politique.

Les petits états et princes : (ducs, comtes, etc.) disparaissent et se fondent dans les grands états modernes.

Georges d'Amboise, légat perpétuel du pape vint à Mouzon où il résida quatre mois, négociant et accommodant les différents de Louis XII et de l'Empereur Maximilien, mariant aussi sa nièce à *Fleurange*, le Jeune Adventureux, fils aîné de Robert de la Marck, « qu'il *avança à être Maréchal de France.* »

Enguilbert, cousin « fort aimé de Louis XII » qui avait conduit la charge des Suisses à *Fornoue*, meurt en 1506. Il fut le dernier Comte de Rethel, car son fils fut fait *duc* par François.

Les rois de France prodiguaient donc honneurs et faveurs aux princes et seigneurs de la région. Cette frontière allait redevenir un des points les plus menacés de la France dans la grande querelle de François Iᵉʳ et de Henri II avec Charles-Quint (1) (rivalité des Maisons de France et d'Autriche).

---

(1) La reine de France *Ysabeau,* les sœurs, filles ou femmes des Comtes de Rethel et de Grandpré portent aussi ce nom, d'où vient probablement celui de la *Fontaine Ysabeau* à Quatre-Champs, renommée par sa pureté et par la salubrité de ses eaux.

(2) Le Cardinal Robert de Lenoncourt, archevêque de Reims et Louis XII comblent de faveurs et de biens l'abbaye du Mont-Dieu. Politique habile !

(3) Cette famille de Clèves et Juliers, puis de Croy possède le Rethelois jusqu'à Charles de Gonzagues, fondateur de Charleville (1609). (V. chap. suivant, Henri IV).

LA RENAISSANCE ET LA RÉFORME

Guerres de religion (1560-98) et de Trente Ans (1618-48)
(1520-1660)

En 1521, Charles-Quint envoya le comte de Nassau, avec une forte armée (35.000 h.) attaquer la France par le Luxembourg, Allemands, Flamands et Brabançons pillèrent aussitôt et assiégèrent *Mouzon* et *Mézières*.

Le siège de Mézières, (1521) si vaillamment défendu par Bayard, la reprise de Mouzon, qui avait capitulé sans combattre et qui fut pillée et incendiée en partie par les Impériaux forcés à une retraite précipitée, valut à notre région quelques malaises et aussi quelques avantages.

La guerre et la présence de tant de troupes *sextupla le prix du pain* — pendant près de deux ans. Un grand nombre de personnes, entre autres les moines du Mt-Dieu, s'enfuirent vers Reims craignant le pire.

Charles-Quint essaya de gagner à sa cause ce puissant monastère en donnant aux moines « licence tant que durerait la guerre de transporter en ses Pays-Bas leurs bois qu'ils ne pouvaient vendre en France, et d'en rapporter d'autres marchandises pour leurs provisions, à savoir par chacun an 12 tonnes de harengs, 4 tonnes de molues, un tonneau de saumon, 6 tonneaux de sel, 4 tonneaux de beurre, 60 de poissons secs, etc. — Six de leurs domestiques eurent permission (sauf-conduit) d'aller et venir pour vendre et acheter les dites provisions... Quelques marchands brabançons de Rüremonde et de Bois-le-Duc vinrent quérir chesnes pour réparer leurs maisons. »

Ce fut comme l'amorce d'un nouveau chemin par voie fluviale (Bar-Meuse) vers la Belgique au nord, et, par contrecoup, *vers Vouziers* et la Champagne, par la *Vallée de la Fournelle.*

François 1er, qui s'était approché de l'Aisne avec une armée de secours en 1521, venait de créer le *marché de Vouziers,* moins menacé que celui de Rethel, plus proche de Châlons ville qui allait prendre une place prépondérante dans la *mar-*

che vers l'Est. En 1535, François 1er parcourut « la Champagne pour faire « montre » (revue) aux *légionnaires de province* : « Les légions provinciales, origine de nos régiments». Il arriva à Mouzon en août, et fut grandement « festoyé »· Ce fut comme une fête de famille : le roi, en échange de ce bon accueil donna sauvegarde au Mont-Dieu, confirma les anciens privilèges, en accorda de plus amples... tandis que la reine était festoyée à *Liége* par l'évêque Erard de La Mark. » Le Mt Dieu « fournit tout le poisson des fêtes ». Stenay, hostile, fut pris par le roi et gardé jusqu'en 1558. Le traité de Cateau-Cambressis l'attribua à la Lorraine.

Notre pays à partir de ce moment entre à pleine voie dans la vie nationale. L'importance prise par Vouziers depuis François 1er, dont l'attention avait sans doute été attirée par l'un des descendants de Jean Desaulx et de Jeanne de Vouziers, de qui le mariage avait uni les seigneuries *Vendy* et de *Vouziers* (1380), en les apparentant aux seigneurs de Senlis, les de Garlande, conseillers du roi.

Sedan, possédé par les Lamark, alliés de la France, Vouziers, favorisé par les Garlande de Senlis, Châlons, et Troyes allaient être les points fixes d'une ligne et d'une *route* très importante au point de vue militaire et commercial appuyée sur des centres de ravitaillement sérieux.

Marie, reine de *Hongrie*, sœur de Charles-Quint, pour secourir son frère, entre en Champagne par le Luxembourg. Ses troupes : *Allemands, Hongrois* et *Luthériens* mêlés, mirent tout à feu et à sang. Stenay est pillé ; les châteaux des *Grandes Armoises* et de *Sy*, bâti en 1525, sont brûlés et détruits ; le Mt Dieu et tous ses environs menacés, toute la population fuyant vers Reims, ou mendiant : exode fréquent ; hélas ! pour les gens de la frontière.

De gré ou de force, le Mt-Dieu dut approvisionner Mézières, Mouzon, Jametz. de blé, de seigle et d'avoine, de fer et de charrois (1551).

Par sa campagne victorieuse sur le Rhin, Henri II arrêta ces ravages et occupa les *Trois-Evêchés* (Metz-Toul-Verdun).

*
* *

Il semblait que le paix signée à Cateau-Cambrésis allait permettre de réparer les maux de la guerre. La mort tragique de Henri II, et la faiblesse de ses fils, les intrigues de Catherine de Médicis sa femme, l'ambition des Guises et des Bourbons provoquèrent l'explosion des Guerres de religion dont la France fut, pendant 40 ans, le théâtre principal (1560-1598).

Les deux partis : catholiques et protestants commirent d'abord le crime impardonnable d'appeler les étrangers. Tous accoururent : Anglais d'Elizabeth, Allemands du centre et du nord de l'Allemagne, catholiques de Philippe II, d'Italie et de Flandre, du duc de Savoie et du pape au secours des catholiques, à l'aide des protestants, à la curée de la France entière, déchirée par des haines affreuses des deux partis dressés l'un contre l'autre comme des fauves en un duel mortel : époux, enfants, parents, villages, villes, contre épouses, enfants, parents, villes et villages, « ennemis domestiques », le Nord contre le Midi, l'Est contre l'Ouest entrèrent à corps perdu dans cette lutte inexpiable qui fit en 38 ans, périr plus du tiers des habitants, disparaître des milliers de villes et bourgs, de villages et de hameaux (1), qui mutila ou détruisit une infinité de *monuments admirables*, surtout en Champagne, et changea en désert une grande partie du pays. Notre petit coin de terre eut sa part dans l'affreuse tourmente.

En 1563, 1567, 1568 (2) et 1593 passent dans nos régions pour aller rejoindre les protestants, des troupes de *reîtres* (= cavalier), et de « lansquenets », fantassins. Peu reviennent après les batailles et les combats de *Vimori, Auneau, Dormans*, etc.

Mais c'est surtout sous Henri IV que l'afflux germanique fut abondant, particulièrement en 1591, entre le siège de Paris et celui de Rouen.

On était, dans nos pays surtout dans l'attente de grands évènements militaires. 4.000 fantassins et 500 cavaliers anglais sous les ordres du comte d'Essex. avaient rejoint Henri IV au bord de l'Oise. Au commencement de septembre Henri marcha par le nord de la Champagne au devant des auxiliaires allemands qu'amenait le vicomte de Turenne et le prince d'Anhalt.

Les ligueurs, ou catholiques, de leur côté avaient reçu

____

(1) Plus de 3.000 étaient détruits en 1589, dix ans avant le traité de Vervins (1598).

(2) En 1568, les habitants du bourg de Frangy, près Auxerre ayant tué l'enseigne des gens de Condé, les troupes allemandes pour se venger passèrent au fil de l'épée *tous les habitants* sans même épargner les femmes et les enfants dont ils jetèrent les corps dans les puits (Didot. Guide pittoresque en France (1838). On voit que les Allemands n'ont guère changé depuis le 16e s. On se croirait à Wisé, à Dinan, ou dans les Ardennes, etc. en août 1914, où ils ont commis exactement les mêmes atrocités en les exagérant.

une petite armée de 11.000 hommes dont 6.000 Suisses, 3.000 Italiens et 2.000 Espagnols, envoyés par le pape, et venue par la Savoie, la Franche-Comté et la Lorraine. Elle arriva en trop mauvais état à Verdun pour empêcher la jonction du Béarnais avec ses alliés. Elle dut y renoncer.

Henri IV joignit ses alliés allemands, le 29 septembre, auprès d'Attigny sur Aisne. « L'armée auxiliaire comptait 10.000 fantassins, 6.000 cavaliers frais et bien équipés ». L'armée évolua autour d'Attigny et de Vouziers. Henri passa alors en revue dans la *prairie de Vandy*, les 20 à 25.000 hommes qui la composaient. C'était, pour ce temps, une force considérable. De Vandy, elle se dirigea vers Sedan par *Quatre-Champs*, où elle campa, au lieu dit « Côte des Huguenots », et peut-être au village même : *Pré d'Allemands* ; puis par la *Maison Rouge*, le *Chesne*, *Sy*, *Brieulles* d'où Henri IV date une de ses lettres à Gabrielle d'Estrée, et les *Armoises*. Henri IV assiégea et prit *Omont*, donna le bâton de Maréchal au vicomte de Turenne, lui fit épouser Charlotte de La Mark, duchesse de Bouillon, enlevant ainsi aux Impériaux la possibilité d'isoler l'Ardenne de la France et les éloignant de Reims et de Paris sans cesse menacés par cette voie si dangereuse, et la plus directe.

« Le roi demeura trois semaines à *Omont*, et au Château de la Cassine, avec le duc de Nevers, faisant bonne chère. »

Après la prise d'*Omont* qui avait résisté quelques jours, les *lansquenets* « mal payés », mirent à sac *Tannay* et le *Mt-Dieu* et y firent plus de dommages en *quatre heures* que les gens de la Noue (1) en 3 semaines (2). Ils pillèrent le cloître et l'égiise, rompirent les murailles, les portes de la maison enlevant meubles et bestiaux, emmenant 58 bœufs, 90 vaches, 69 chevaux (3).

---

(1) Célèbre chef protestant.

(2) Dès la fin de 1590, Henri avait donné à La Noue, gouverneur de Sedan, licence d'occuper le Mont-Dieu, où l'on était sûr de trouver vivres et autres ressources. Le roi qui était à la Cassine répondit aux plaintes portées contre les lansquenets : « *Ventre St-Gris ! aussi bien n'avais-je de quoi les payer* ». Le *pillage remplaçait la solde*, ce qui, avec les autres licences tolérées, explique comment et pourquoi les bandes de mercenaires allemands affluèrent toujours en France pendant cette période douloureuse. En 1914 encore, Guillaume alluma *toutes* les convoitises de ses sujets en leur promettant le pillage, la mise à sac complète de la France entière ! et son occupation totale et définitive.

(3) « Mons Dei depredatus es a Landqueneting ». D. G. Annales.

D'Omont, Henri IV prit la route de Picardie et alla assiéger Rouen (1592).

Pour la succession de Clèves et Juliers, Henri IV avait, en 1610, rassemblé des troupes à *Mézières* et à CHALONS ; il devait se rendre le 20 mai à Mouzon, et nécessairement passer par notre défilé, par le Chesne et le Mont-Dieu avec qui sa « conversion » l'avait réconcilié.

*
* *

La paix dura à peine une vingtaine d'années ; elle ne fut qu'une trêve entre les guerres de religion si cruelles et la guerre de Trente Ans, puis la Fronde, plus affreuses encore.

Cette brève suspension d'armes permit à la France de se relever grâce à la vaillance des paysans qui firent du « labourage et du pâturage » les *deux mammelles de la France*, plus riches et plus saines que les « mines et trésors du Pérou », grâce à l'énergie de Henri IV, à l'habileté de Sully qui remirent la paix dans le pays et l'ordre dans les finances.

Richelieu releva énergiquement la notion de l'Etat en frappant sans pitié nobles et protestants alliés contre le pouvoir royal. Il profita de la guerre de *Trente Ans* (1628-48) pour donner à la France une frontière solide au *Nord* et à l'*Est*. Cette dernière crise n'affecta sérieusement, en effet, que ces deux parties du pays de 1618 à 48 ; mais la Fronde (1648-58) acheva de changer la *Bourgogne*, la *Lorraine*, la *Champagne* et la *Picardie* en un *vaste désert, en un immense cimetière*, guerre, pillages, « mangeries », incendies, meurtres, famine, peste, tous les maux, toutes les calamnités accablèrent notre nation pendant les 20 dernières années (1640 à 1658). (1)

En 1617, les Grands, révoltés, renouvellent la *guerre civile*. Les troupes royales reprennent le château de Sy qui venait d'être reconstruit. Celui de Richebourg (Vouziers), investi par *Guise* et Thémines est pris et détruit. Tout le Rethélois est ravagé. C'est alors que le duc de Bouillon appelle *Mansfeld* qui accourt avec 20.000 mercenaires suivis d'un nombre égal de vagabonds et de fugitifs, bohémiens chassés de leur pays.

Ils campèrent près de Mouzon, les troupes restèrent sur les « terres de Sedan » en attendant la « montre » (revue) du duc. Mais les pillards et les voleurs passent la Meuse et brûlent les

---

(1) Voir les « Misères de la guerre » de Calot.

villages de la Neuville à Maire, Arthaise, Onc (Yonc), Flaba, la Besace, prennent Chémery et fondent sur le *Mont-Dieu* riche proie qui attirent l'attention des reîtres et autres mercenaires depuis plusieurs siècles, commettant « une infinité de meurtres, incendies et violences », semant partout l'épouvante. « C'est pitié de voir *tous les villages vides d'habitants* qui se réfugiaient dans les bois comme *bêtes brutes.* » (D. Gan.) Que de fois depuis lors avons-nous dû reprendre le chemin et la vie de la forêt du 16 au 20e siècle ! Malheur dont on n'a point assez l'idée en France ni ailleurs non plus !

La *faim* était la principale ennemie des Mansfeldiens, et on dut leur fournir blés tirés de Châlons, farine, pain : (25.000 rations étaient cuites chaque jour à Mouzon), vins : (100 pièces venues de Reims). Peu de chose pour une si grande multitude !

L'approche de l'armée du roi les obligea à se retirer en Hollande. Mais ils laissèrent, après eux, la *peste* qui avait déjà éclairci leurs rangs et la dysenterie qui fit plus de 2.000 victime à Sedan et dans la région environnante. La famine revint aggravée par une mauvaise récolte : les blés ayant été gelés : mais l'orge semée en mars atténua la disette et permit d'attendre la belle récolte de 1623.

L'auteur de ces maux, le duc de Bouillon, mourut cette année-là. Des Alsaciens chassés de leur pays par des Suédois se réfugient autour d'Orval ; tandis que les Juifs bannis de Charleville se retirent en Allemagne. La rue des Juifs existe encore aujourd'hui à Charleville.

L'année 1636 — l'année du Cid et du siège de Corbie (1) — voit la lutte recommencer autour de Mouzon. La guerre a lieu sur les deux rives de la Meuse : Les Croates pillent *Stenay* et détruisent *Montfaucon,* mais ils sont repoussés devant *Beaumont.* Enlèvement de bestiaux partout.

Le pays est si troublé, si menacé que des troupes sont envoyées à *Grandpré.* Mais comme les soldats sont « peu ou mal payés » ils lèvent des contributions sur les villages des environs où il ne restait que de pauvres gens n'ayant plus rien à manger. *Vandy* était rempli de *réfugiés de 4 ou 5 villages,* ainsi

------

(1) Les Croates de Jean de Werth *(en Picardie)* avaient égorgé jusqu'aux enfants au berceau, tué les femmes et emmené en Artois un grand nombre d'habitants. « Feillet. *Les Misères de la Fronde* ».

que *Sy* et le *Mt Dieu*, exemptés de soldats et de contribu-tions.

Les soldats se mirent à détrousser les allants et venants quand ceux-ci n'étaient point en *bandes* capables de se défendre. On leur enlevait habits, chapeaux, souliers, etc, qui étaient vendus ailleurs. *Belleval* fut incendié. Aux grandes *Armoises*, à la *Casine* plus de 20 personnes furent tués en deux mois.

On pendit quelques-uns de ces pillards. Rien n'y fit. Les soldats de la *garnison de Châtillon*, *à l'entrée de notre défilé* tuèrent un fermier s'enfuyant avec ses chevaux. La *peste* reparut en juin à *Tannay* où l'avait *apportée un habitant de Vouziers* réfugié chez son frère. Elle fit d'affreux ravages dans une population affaiblie et déprimée. On compta plus de 20. 000 morts de Sedan à Verdun, dont 10. 000 dans cette seule ville, plus de 3.000 à Mouzon, 800 à Mézières, 500 au *Chesne*, 300 à *Grandpré* et un nombre moindre en beaucoup d'autres villages. Longwé l'Abbaye, entre la Chesne et Semuy, est tout entouré de villages empestés. La dysenterie décime Stonne, Sy, Sauville Bairon, Ptes Armoises, etc. La maladie faiblit un instant fin octobre pour reprendre avec violence à la St Martin (D. G.)

Les paysans narguent le fléau en « *retombant en leurs débauches* » ; Ils s'étourdissent et se consolent en se *remariant «à outrance !* » ; le curé de Mouzon fiança en une seule journée 18 «personnes; celui de Tannay 12! qui avaient perdu femmes ou maris » (D. G.) Au début de 1637, l'épidémie gagna Rethel ; elle éclata à Sedan en mars, et fit une « belle brèche à Stenay».

Gassion, après la prise de Corbie (1). « mange » Vervins et les environs et vient, avec 1500 chevaux, chez nous, les logeant dans divers villages. « Celui de Brieules-s.-Bar fut le « plus foulé de tous. Le dommage que les soldats ont fait a « été estimé à 60. 000 livres. Ils étaient bien 800 dedans. Le « vin n'était pas assez bon pour eux ; ils l'employaient à laver « les jambes de leurs chevaux; il leur (aux habitants) en fallait

---

(1) St Jean de Losne délivré le même jour que Corbie (14 novembre 1636) sauve la France à l'Est. Gallas, — un brigand — qui avait perdu 20. 000 hommes au siège, se vengea en mettant tout à feu et à sang dans les vallées de la Saône et de la Vingeanne « et *rentre en Allemagne avec plus de vaches que de soldats, la bourse bien garnie.* » J'aurais emporté quelque coin de France si j'eusse été si (aussi) bon soldat que *mangeur*, dit une caricature. » Même tableau en 1914-18 r

« trouver ailleurs ; ils tuaient tous les bestiaux et ne bougeaient
« de table tout le jour ; et avant leur coucher, il fallait que
« leur hôte leur donna par tête 20 sols, et tels en avaient pour
« 4 pistoles tous les jours, c'est-à-dire 30 ou 40 livres, et ceux
« qui ne voulaient ou ne pouvaient payer, on leur *chauffait*
« *les pieds*, et plusieurs y eurent les *bras rompus*. Ils découvrirent
« les maisons pour en avoir le bois.. on veid en peu de temps
« au dit village des rues où il n'y avait plus d'apparence d'édi-
« fices. Ils enlevèrent le *bled audit lieu et ès environ* et en envoyè-
« rent 200 septiers à Sedan. Ils traînaient avec eux charriots
« et charettes avec lesquels ils emportaient tous les meubles,
« coffres, ferrements, pots, escuelles, plateaux de cheminées
« et généralement tout comme si c'eût été au sac d'une ville en-
« nemie. »

Rejetés à l'ouest par les soldats du duc de Bouillon, ils re-
vinrent pour piller une *deuxième fois Landèves* (1631), mais
on les apaisa avec « quelques pièces de vin et autres *munitions
de bouche.* » Ils vont ensuite par Grandpré piller l'abbaye de
Chéhéry. Les monastères seuls, grâce à leur « sauvegarde »
souvent violée, il est vrai, possédaient encore quelques « munitions » (vivres).

La garnison du Chesne continua à *rançonner* tout le pays
avoisinant et le malheureux bourg perd ainsi plus 50.000 livres
charge énorme ! près de 200.000 frs (plus de 1.200.000 aujour-
d'hui) assurément au taux de la fin du 19ᵉ siècle. Mais on
commence à sonner le « *toquesin* » à l'approche des « bandes »
qui passent la Meuse pour « manger aussi à leur tour ; et, en
juin, les paysans exaspérés se soulèvent à Beaumont, à la Besace, en juillet, à Cheveuge, à Vendresse, et infligent des
pertes sérieuses aux pillards ennemis et aux régiments étrangers ». (1)

« Depuis Buzancy jusqu'à Verdun tous les villages sont déserts, tant à cause des ennemis que du séjour des soldats français. Toute la frontière de Picardie depuis la Champagne jusqu'à Calais est désolée, délaissée des habitants retirés dans les
villes, s'ils ont de quoi ; ou dans les *forêts prochaines*, où ils
bâtissent des toits de terre et de rameaux ».

––––––––––

(1) De ces misères et de ces révoltes allaient naître bientôt le *régiment de Vandy* recruté surtout dans nos pays. Ses chefs les plus connus furent d'Apremont, dit *Vandy*, et de *Riencourt* de Châtillon, lieutenant colonel ainsi que *Louis de Beauvais*, seigneur de Châtillon.

La peste reparaît à la Pentecôte à Vrizy et ailleurs. Les chevaux, *atteints du même mal que les hommes, meurent presque tous* dans la région de Beaumont et aux environs.

Les pillages, ince dies, meurtres et autres violences contre les personnes, accompagnés ou suivis de la famine et de la peste continuent pendant les années suivantes (1640-48) sans autre répit qu'une très courte accalmie de quatre mois — causée par la présence du roi à Mouzon, dont il fit lever le siège, et devant Yvois (Carignan) qui fut pris et rasé, « après avoir incommodé la frontière depuis 130 ans et surtout depuis la *nouvelle guerre*, celle de de 30 ans. (D. G.)

La bataille de la Marféc (6 juillet 1641) provoque un redoublement de craintes et de misères : « pillage des greniers de la *Maison-rouge*, sac de Chémery et de toute la région, etc ; bétail enlevé partout, cachettes (vivres, argent) des paysans vidées. Le pire est que chacun jugeait que ce n'était que le commencement des misères qui allait règner sur le pays... » D. G.

L'année suivante (1642) Sedan est cédé au roi comme rançon du duc de Bouillon engagé dans la *conspiration de Cinq-Mars*, et il dut « aller planter des choux ès (aux) montagnes de (son) vicomté de Turenne. » D. G. (3).

En 1643, la victoire de Rocroy (5 mai) mit un instant l'espoir de la paix dans des « cœurs flétris et brisés », et un ressaut d'énergie « aux courages éteints, anéantis par *la ruine universelle. (4)*

On attendait la paix ; elle ne fut signée qu'en 1648, mais avec l'Empire seulement (Traités de Westphalie). (V. appendice ; *Aveu du seigneur de Quatre Champs. (5)*

---

(3) et (4) D Ganneron *Antiquités ; Centuris.*

(5) Au milieu de ces luttes et calamités, les seigneurs s'efforçaient de maintenir leurs droits féodaux Ainsi le *12 juillet 1640*, l'un des derniers représentants de la famille de Miremont, seigneur de Quatre-Champs acquittait à sa suzeraine Marg. de Joyeuse, comtesse de Grand-pré, les droits dus pour la *mouvance* du fief et s'élevant à 450 livres. La mouvance indiquait la dépendance d'un fief inférieur à l'égard du fief dominant.

FRONDE (1648-1658)

La Fronde, guerre civile désastreuse et lamentable, allait remettre tout en question ; car l'Espagne escomptant nos querelles intestines prolongea la guerre jusqu'au *traité des Pyrénées (1658)* en faisant alliance avec les Grands ; ou, comme on disait : *« avec les Princes »*. Dans toute notre histoire, il est bien peu d'années aussi cruelles que celles qui s'écoulent de 1648 à 1660, « horrible tourmente » qui dura 12 ans !

Condé, après avoir soutenu Mazarin contre le Parlement, jeta le masque, en renouvelant les menaces faites déjà par son père en 1617. Poussé aussi par l'espoir de chasser « le Mazarin », et peut-être de supplanter la branche aînée des Bourbons, c'est-à-dire Louis XIV (voir Lenet), il se jeta à corps perdu dans la Fronde féodale dernière révolte des seigneurs, ou plutôt des *Grands*, contre la royauté devenue absolue.

Gouverneur de la Bourgogne, de la Champagne, de la Guyenne, et des villes de Ste Menehould, Clermont, Stenay, etc., Condé voudrait, à défaut de la couronne, reconstituer un second duché de Bourgogne, une petite Lotharingie. Mais il échoua malgré l'appui des seigneurs, de la Grande Mademoiselle, cousine germaine du roi, de Charles de Lorraine, du duc de Longueville etc,. etc,. malgré Turenne qui espérait recouver Sedan, malgré enfin son alliance criminelle avec les Espagnols (1).

En 1649, la France, éprouvée par une très grande famine, fut comme secouée d'un frisson de colère contre Mazarin et la Cour, incapables de remédier à la misère.

L'espérance d'une récolte abondante en 1650, avait soutenu un instant les courages ; mais toute cette récolte fut consommée par les troupes ennemies, et par le campement des armées dans les provinces de *Picardie Champagne*. La licence des armées dissipa en peu de mois ce qui eût pu nourrir ces

---

(1) « L'alliance avec l'étranger était dans les habitudes de la noblesse » : Feillet : *Les misères de la Fronde* : p. 157. Ganneron et Feillet ont été nos deux sources principales.

deux provinces durant une année. « Le reste fut emporté dans les places fortes ; le pillage des blés étaient accompagné des violences ordinaires au gens de guerre. » (D. G.)

« Alors on vit une armée de pauvres familles ruinées qui faisait pitié aux plus inhumains... errant de village en village pour mendier leur pain, ou renfermées dans les places assiégées comme Guise et Rethel et qui se trouvèrent accablées de tant de misères que l'esprit ne trouve point de paroles qui égalent la grandeur de son idée (1).

La campagne était ruinée depuis plus de 10 ans. « Des milliers d'âmes innocentes sont obligées de vivre de pain de son et d'avoine, et n'espérer d'autre protection que leur impuissance (2). »

Ce fut bien pis en 1650, où l'on vit le prix du pain monter à *100 sous la livre*, en juillet. « Les prédicateurs qui prêchaient la charité pour les pays dévastés (Picardie, Champagne) n'avaient besoin d'hyperboles ; » la misère allait bien au delà de leurs expressions ! (3).

La peste ajouta ses victimes à celles de la famine. L'hiver de 1650 avait été très rigoureux ; le printemps fut humide et froid. « Une sorte de fièvre inflammatoire (*feu St-Antoine*) frappa surtout les basses classes épuisées par une nourriture insuffisante ». Comme ce nouveau mal était plus violent sans comparaison et plus répandu sur plus de peuples que tous les autres ; que les courses des ennemis, le passage des gens de guerre, la cherté du blé, le pillement des maisons, les rigueurs de l'hiver, le défaut de logement, d'habits, de nourriture, de feu, de remèdes dans leurs maladies, les avaient réduits à un état lamentable où il n'y avait que Dieu qui peut leur procurer quelque assistance.... » (4)

Ne croirait-on pas lire une page sur les souffrances infligées aux habitants des régions libérées restés chez eux pendant la guerre de 1914-1918 ? Pas de feu, pas d'habits, pas de remèdes dans leurs maladies, pas de nourriture ! Tout cela c'est chose d'hier, hélas !

Turenne entré dans la Fronde, avait signé à Stenay avec les Espagnols un traité d'alliance (20 avril 1650). Il avait orga-

---

(1) D. Ganneron : *Centuries*.
(2) Cités par Feillet : *Les misères de la Fronde*.
(3) Omer Talon : *Lit de Justice*. 1648.
(4) Feillet : *Les misères de la Fronde*.

nisé là une petite armée avec les officiers et les soldats des régiments des Princes captifs à Paris. Il opéra sa jonction dans le Hainaut avec *l'archiduc Léopold* (d'Autriche), puis attaqua, et prit, peu après le *Câtelet* défendu par le brave *commandant Vandi* (1). Ensuite, il assaillit *Guise* qui résista énergiquement et l'obligea à se retirer.

Après avoir ravitaillé leurs troupes, Turenne et l'archiduc marchèrent sur Paris par la Capelle, *Vervins*, *Rethel*, *Fismes* et *Ferté Milon* (1-21 août 1650) (2). Léopold ne voulut pas aller plus loin, se souciant peu en somme de la liberté des princes (Condé, Beaufort, etc.), et, sans doute, aussi, de la Fronde. Les alliés se replièrent par la Vesle jusque sur la Meuse, et mirent le siège devant Mouzon (fin septembre).

En rentrant en Flandre, l'archiduc avait laissé à Turenne 3 à 4.000 fantassins et un gros corps de cavalerie 7.000 « chevaux » : allemands, espagnols et français pour hiverner en France, et ravager *le pays entre Meuse et Aisne* ; à quoi ne manqua pas cette armée hétérogène, sans solde et réduite à piller pour vivre. L'armée espagnole, conduite par Fuensaldagne, remontant l'Aisne par la *droite* laisse des garnisons dans chaque village et vint camper à Vandy où « des pluies abondantes la retinrent jusqu'en octobre n'étant possible de remuer le canon, ni faire marcher le bagage. » (3)

L'armée royale commandée par le maréchal Duplessis-Praslin marcha rapidement sur Rethel qui fut *pris en trois jours*. Turenne accourant pour sauver cette ville fut battu à plates coutures à *Semide* (4) (entre Sommepy et Leffincourt) au S. O. de Vouziers (15 décembre 1650), et s'échappa difficilement par Bar le-Duc et les bords de la Meuse, après avoir perdu les deux tiers de son armée.

Le vaincu de Semide, réconcilié avec la Cour pendant l'exil de Mazarin à Brühl (près de Cologne), battit Condé, (emprisonné au Hâvre, et libéré machiavéliquement par Mazarin

---

(1) Henri Martin, t. XII, p. 355. — D'Aspremont, dit Vandv, avait recruté son régiment parmi les malheureux de nos régions. Ses deux lieutenants-colonels étaient de *Riencourt* et *Louis de Beauvais*, seigneurs de Châtillon. Ce village était un fief de *l'abbaye de Mouzon*.

(2) Route suivie par Von Kluck en 1914.

(3) Docteur Vincent : *Inscriptions anciennes*.

(4) Bataille d'*Orfeuil*, dite de Vouziers, près de Monthois (8 septembre 1918) et de Semide, points de passage entre la Champagne et l'Argonne. *Semide* viendrait de Somme : tête, source, et de Ide. (?)

avant son exil, — à *Bléneau* et au *Faubourg St-Antoine* (1652) et l'obligea à se réfugier à son tour, en Flandre, auprès de l'archiduc Léopold. Ce fut la déroute de la Fronde féodale.

La grande Mademoiselle, cette triste et fantasque héroïne de la Fronde, rentrant à Paris après la défaite des Frondeurs, repassa par *Vandy* en traversant les *bois de Maison rouge*. Nos pères avaient alors sollicité la sauvegarde de la duchesse de Longueville, sœur de Condé, retirée à Stenay, auprès de Turenne, femme d'une intelligence supérieure, mais elle avait dû fuir en Hollande après la débâcle de son parti.

Pendant l'automne de 1650, les Espagnols avaient (voir plus haut) occupé *Vandy*, *Terron* et *Quatre-Champs* (1). Il restait dans ce dernier village un seul souvenir de cette occupation : *la date de « 1650 »* inscrite sur la clef de voûte d'une porte cochère donnant accès dans une grande cour entourée de bâtiments d'habitation et située en face et au sud de la nef de l'église ; (ancienne *maison Quillâtre*) (2).

Personne n'en pouvait donner aucune explication : les uns opinaient pour *1050*, et cette antiquité les flattait ; les autres lisaient bien 1650 ; mais cela pour eux indiquait la date de la construction de la maison ; cela pourrait être vrai si l'on entend *reconstruction* au lieu de construction ; car le village, occupé par les Espagnols, fut en partie détruit après avoir été pillé, rançonné, sans frein ni pitié. La population réduite à la plus extrême misère dut se «soulever» à la nouvelle de la victoire de « Semide » puis chasser les *étrangers* retirés dans le vieux château qui fut emporté et détruit. Il ne fut point rebâti, et le seigneur se fixa ultérieurement dans les dépendances qui elles-mêmes ont péri en 1918 (Octobre-novembre). Suivant la tradition, quelques-uns des soldats ennemis se seraient fixés à Toges et y auraient fait souche.

Le village avait dû déjà antérieurement souffrir beaucoup ; car l'homme qui porta la *contagion de Vouziers à Tannay* y passa nécessairement ; car les bandes étrangères, ou « domestiques » qui, *deux fois* pillèrent Landèves, venaient du nord par le défilé. Celles enfin qui campèrent si longtemps à Brieulles-s.-Bar et au Chesne (voir plus haut) y durent faire souvent

----

(1) Oudart Coquault, cité par le Dr Vincent : *Inscriptions*, etc...

(2) Elle a disparu, en 1918, lors de la destruction du village. Trois autres maisons portent au-dessus de leur entrée les dates 1692, 1713 et 1808 ; mais ce sont là des dates qui n'ont aucune importance historique assurément.

réquisition ; et quand le pays eut été « mangé à fond », l'épidémie acheva l'œuvre des armées.

Le village de Quatre-Champs et la vallée de la Fournelle
ont donc connu les pires extrémités de la misère vers 1650. Les
Alleux n'avait et n'eut plus qu'*un* habitant pendant 18 ans. Toges et Landèves furent en partie brûlés ; le petit Ban disparut.
La terre était retournée au désert.

Centre du village de 4 Champs en 1919

Et de ces calamités il reste une « pierre et une date : *1650* ! »
Pierre et date dont personne même ne comprenait le sens ou
l'origine. Il est vrai que, chez nous, rien ne dure moins longtemps que le souvenir des plus grands malheurs ! Chose heureuse, — bien qu'un peu triste, — car le bon soleil, la terre féconde de France et la vaillance de l'homme réparent ou restau-
rent tout en quelques années. Nous avons déjà dû « redéfricher
nos champs » et « rebâtir nos maisons » bien plus d'une fois.
Ils refleuriront et renaîtront les uns et les autres encore, et la
vie s'épanouira de nouveau sur nos champs et dans nos foyers
libérés. « Plus oultre, toujours plus oultre ! » C'est la vieille
devise de nos pères ; ce sera la nôtre aussi !

Quelles sont les causes et quels ont été les auteurs d'une
si longue et si cruelle calamité, savoir : la destruction des villages, la ruine des campagnes, l'extermination ou la disparition
de la population ?

En dehors d'un état de guerre étrangère ou de guerre civile si prolongé, 1618 à 1658, et des dépenses d'hommes et d'argent qu'il comporte, il faut surtout mettre en relief les faits suivants : d'abord le *recrutement des troupes*, sur les principaux marchés d'hommes de l'Europe, (1) ; ensuite le *manque d'armée nationale* ; ainsi la France ne possédait que *six régiments* nationaux en 1662 ; le reste des troupes se composait d'étrangers ne comprenant ni la langue, ni les mœurs, ni les besoins du pays qu'ils servaient, et souvent placés sous les ordres d'un chef étranger lui-même, comme *Rosen*, dur et brutal sans raison envers le soldat, exigeant et sans pitié pour l'habitant ; — enfin le manque de *solde régulière*, de magasins d'approvisionnement ou de munitions, etc., qui forçaient le soldat à la maraude, au vol et au pillage.

Si bien que les troupes dites « domestiques » c'est-à-dire nationales, ne se composaient souvent que d' « étrangers », pillards, voraces, impitoyables, « mangeant l'habitant », le rançonnant, et commettant sans scrupules tous les excès. « La guerre devait nourrir la guerre ». Si bien que le duc Charles de Lorraine dont le pays avait été si affreusement ravagé donnait pour mot d'ordre à ses troupes : « Frappe fort ; prends tout ; ne rends rien ! » (2)

---

(1) Les quatre grands marchés d'hommes de l'Allemagne étaient la Saxe, la Prusse, le Hanovre, les bords du Rhin. Venaient ensuite la Suisse, la Hollande, la Hongrie, la Pologne, la Croatie etc. . Les *mercenaires* défendaient n'importe quelle cause politique ou religieuse et obéissaient aveuglément au chef qui les avaient enrôlés ; mais souvent ils passaient sans scrupules d'un parti dans un autre, ou du service d'un pays au service d'un voisin... C'est que « la guerre était devenue « une industrie. Plus d'hommes et plus de nations, seulement la brutalité et son rude outil, le soldat ! C'est son règne, et on lui livre le « peuple, biens et vies, âmes et corps, hommes et femmes et enfants. « Quiconque a un pied de fer au côté est roi, et fait ce qu'il veut.... « L'horreur du sac des villes, les affreuses joies qui suivent l'assaut « renouvelé tous les jours sur des villages tout ouverts et des familles « sans défense. Partout l'homme battu, blessé, tué, la femme passant « de main en main. Partout des pleurs, partout des cris ! » Michelet. Des milliers et milliers de faits expliquent et justifient ce terrible jugement de notre illustre compatriote ardennais, et nous prouvent que la Guerre de Trente ans et la Fronde ont été pour nos contrées des fléaux effroyables. (Voir Feuillet : *Les misères de la Fronde*).

(2) Cinq armées, c'est-à-dire 150.000 hommes avaient pendant plusieurs années pillé, dévasté, écrasé la Lorraine. Callot, dans ses « *Misères de la guerre* », « ses *Mendiants* », nous montre les villages incendiés, anéantis, les arbres ayant plus de « pendus » que de « feuilles » aux branches !

Le baron d'Erlach « au service du roi » de France ne peut empêcher ses soldats mercenaires de commettre les pires atrocités dans les pays qu'ils étaient chargés de défendre. « Dourlaque », « Burlaque » devient dans nos pays le synonyme d' « homme féroce, impitoyable ». Un chant à peu près incompréhensible était encore chanté, il y a soixante ans à peine, par les fillettes dansant leurs rondes enfantines dans les villages de la vallée de la Fournelle :

> Jean Burlaque..... (Burlach !)
> Ah ! la laque !   = *lach*. de *lachen*, rire (?)
> Le loup te mangera
> Oh ! là.. là.. (1).

Turenne lui-même laisse toute licence à ses troupes, Condé se distingue dans la seconde Fronde par une « cruauté inexorable » (2) contre ses compatriotes eux-mêmes.

C'est donc au prix des plus cruelles misères que nos pères ont pu voir la frontière portée jusqu'aux limites de notre idiome c'est-à-dire assez loin d'eux pour avoir moins à craindre pendant un siècle et demi (1660 à 1792) les ravages et la férocité des mercenaires allemands.

*
* *

Tant et de si excessives souffrances ont eu cependant une heureuse et admirable contrepartie : le dévouement et la charité personnifiés sous les formes les plus humbles et les plus sublimes qui nous font voir l'homme sous un aspect et avec les sentiments les plus nobles, les plus consolants, les plus beaux.

Un membre du Parlement de Paris, Maynard de Bernière ému de tant de misère voua sa vie et sa fortune au secours des malheureuses populations de l'Est et du Nord.

---

(1) Burlaque. *Dourlaque* sont des déformations évidentes du titre du margrave de Bade — *Dourlach*, autre chef de guerre. Il n'est pas jusqu'au nom de d'Erlach (maréchal de France qui mourut à Brissach) qui ne cadre avec cette déformation, si bien que tous les chefs se trouvent ainsi réunis dans la même exécration, — excessive pour d'Erlach, peut-être plus malheureux que coupable.

(2) Condé garda toute sa vie ce mépris hautain et brutal de l'humanité. Boileau son commensal et son familier, disait de lui : « Je ne discuterai plus avec Monsieur le Prince ; il prend la raison comme les hommes, à la gorge ! ».

Il publia de 1650, *« l'année la plus funeste »*, à 1655 des « *Relations* qui provoquèrent à Paris (1) et dans les grandes villes
des « dons et aumônes, très abondants ; ils permirent de remédier » aux nécessités les plus pressantes de deux provinces totalement dévastées : la Picardie et la Champagne. On put
nourrir les malades, secourir les veuves et les orphelins, agran-
dir les hôpitaux, en établir de nouveaux. soigner les pestifé-
rés, enterrer les morts laissés, sans sépulture (2), acheter de
prodigieuses quantités de couvertures, de vêtements pour couvrir ou vêtir ceux qui étaient *nus*, donner des instruments et
des outils à ceux qui trouvaient du travail, acheter des semences pour le laboureur et permettre aux hommes valides survivants de remettre en culture, en Champagne seulement, « *40
lieues de terres abandonnées* ! »

La mère Angélique, et les gens de Port-Royal aidèrent efficacement à l'œuvre réparatrice de Maynard de Bernière et sou-
lagèrent les grandes misères de Paris et de sa banlieue dévastée.

Mais l'homme qui personnifia l'œuvre de secours et de relèvement, qui créa, organisa, distribua tant d'aumônes, con-
sola tant de malheureux fut *Vincent de Paul*, fils d'un paysan
landais, appelé si simplement alors « *Monsieur Vincent* », et devenu, après sa mort, d'une voix unanime et spontanée *St. Vincent de Paul.* C'est lui qui a créé ou revivifié, l'assistance publique, morte ou disparue depuis le 16me siècle dans les con-
vulsions des guerres de religion, en fondant les œuvres de la
« *Crèche* » ou des « *Enfants trouvés* », des « *Vieillards* » ou des
« *Incurables* », des « *petites sœurs des pauvres* » vivant non cloî-
trées, mais au chevet des malades, des « *galères* » ou du « ra-
chat des captifs » etc., lui-même ayant été captif à Alger.

Tête froide et solide, esprit lucide, cœur brûlant de charité,
il anima tout autour de lui et donna à ses œuvres d'assistance
une forme et une efficacité admirables. Il correspondit avec
les échevins de Rethel qui lui adressaient les lettres les plus

____

(1) Paris donna 80. 000 livres, argent liquide, sans les dons en nature qui furent innombrables.

(2) Les Lazaristes, affrontant les horreurs de la peste, enterrèrent,
au plus dur de l'hiver et en quelques jours, 1500 à 2.000 cadavres, hommes et chevaux, laissés sans sépulture sur le champ de bataille de Semide. Les chevaux pourris servaient de nourriture aux animaux sauvages, aux chiens et aux *habitants survivants,* ils répandaient au loin
une affreuse pestilence : Il y avait eu 8.000 tués !

désespérées et les plus émouvantes. Il vint à Sedan et établit un poste de secours à *Vandy*, c'est-à-dire « *un hospice des pauvres* » peu après 1650 ; car à la Toussaint de 1650, il se fit de grandes aumônes pour les pauvres gens de Champagne ruinés par l'armée de l'archiduc Léopold.

Pourquoi *Vandy* ? C'est que ce village était alors le bourg le plus important entre Ste Menehould et Rethel, région toute voisine du champ de bataille de Semide, et la plus dévastée. C'est que Mlle Legras (Louise de Marillac) (1), la « mère des pauvres », « l'âme vivante, l'épouse mystique » de Vincent de Paul, était apparentée à la femme de Jean d'Apremont seigneur de Vandy, et qu'elle avait épousé Legras, intendant du duc d'Orléans, oncle du roi, originaire de Vandy. Nos pays durent leur salut à cet ensemble de circonstances favorables qui mettent comme un reflet de gloire sur cette humble bourgade.

A la prière de M. Vincent, « la régente et le roi firent (14 février 1651) défense aux gouvernements, maréchaux, colonels de loger et souffrir qu'il soit logé « aucuns gens de guerre » dans les villages frontières de la Champagne et de la Picardie où la société assistait les pauvres et portait des secours... » C'était avouer et l'impuissance de l'Etat à remplir cette fonction, et, en même temps, l'excès des misères des régions secourues.

« Les villages d'entre Aisne et Meuse, le Dormois, *abandonnés pour être pillés* (lettre de Fabert à Mazarin), supportaient des maux incroyables. Pendant six mois ce pays-ci resta sans aucun rapport avec les régions voisines ».

Inutile de dire que « Vincent de Paul assistait sans jamais demander à quelle religion on appartenait », dit Fléchier.

Peu à peu cependant la vie revint, mais avec lenteur ; car il y eut encore bien des années douloureuses de 1651 à 1660 et au delà. Il fallut à nos pères *dix autres années* d'une patience, d'une résignation héroïques et d'un courage surhumain pour sortir petit à petit de cet enfer.

Condé, nous l'avons dit, établit (1653) à Rocroy le siège de sa puissance séditieuse et força les villages ardennais à lui payer tribut. Il augmenta ses ressources en installant là un grenier à sel, vraie machine à ruiner le peuple, à l'accabler.

Fabert, humain et juste, atténua autant qu'il put les effets

---

(1) Une jeune fille noble mariée à un roturier gardait le titre ou nom de « demoiselle ».

de cette satanique invention, et fit faire une enquête sérieuse dans deux cent trente villages des Ardennes, par Terwel dont les « *Notices cadastrales* » nous ont montré à nu l'étendue du mal. Fabert proposa hardiment l'établissement d'un cadastre général qui eût sauvé tout en simplifiant l'administration financière si compliquée, si arbitraire, si coûteuse et si ariérée. Les « financiers » firent repousser son projet qui avait fait merveille à Reims, à Rethel, etc., mais qui les eût empêchés de voler et de s'enrichir en pêchant en eau trouble,

photo Livoir

Vandy, vue de Vrizy : l'Aisne, prairies inondables. Chemin de grande communication : Vrizy, L. Ch., Brieulles, St-Pierremont, Beaumont, Mouzon suivi par deux armées allemandes en 1914, de von Hausen, von Einem ; par là, ils sont venus, et par là repartis.

Il fallut alors employer les moyens héroïques la « main de fer ». (Voir Fermiers généraux).

Le roi fit remise des loyers de maisons ou de terres aux locataires des villes et aux fermiers des campagnes. Il défendit de saisir les récoltes pour payer les fermages. Il supprima des *quartiers* (trimestres) de rentes et fit reviser sévèrement les titres de rentes sur l'Hôtel de Ville, etc. Beaucoup tremblèrent...

       ... plus pâles qu'un rentier
A la vue d'un édit qui retranche un quartier.

C'était presque la faillite. On poursuivit les traitants et leurs complices : les usuriers et les mercantis. L'un d'eux, *Lempereur*, qui avait volé 800.000 écus échappa à toutes les poursuites et à tous les tribunaux. Fouquet qui n'était peut-être pas le plus coupable, mais qui est le plus connu, paya durement pour tous ! Dans les malheurs publics, il faut toujours une victime expiatoire.

On vendit des titres de noblesse, et, enfin, on convoqua les *Grands Jours* qui frappèrent sans pitié brigands et voleurs, nobles et roturiers coupables. Ceux d'Auvergne sont restés célèbres qui remirent tout en place par une terrible et juste sévérité.

On anticipa sur les budgets ; on aliéna le domaine public, etc. etc.

Mazarin, un fripon qui avait introduit la malhonnêteté dans les affaires publiques, « dit Retz, son ennemi, disparut enfin en 1661, laissant une fortune de plusieurs centaines de millions, — des milliards d'aujourd'hui, dont la partie liquide fut confisquée sans bruit par Colbert au profit du trésor. En 8 ou 10 ans Colbert fit rentrer l'ordre dans les finances, la prospérité dans l'agriculture, la vie et l'activité dans le commerce et l'industrie, la confiance partout.

Mais il fallait remonter plus haut et couper le mal dans sa racine. On créa une *armée nationale* qui imposa le respect de la frontière au dehors et au dedans celui de l'autorité royale désormais incontestée : c'était enfin la paix.

Les troupes furent, sauf quelques régiments étrangers Suisses surtout, recrutées entièrement en France. Le soldat porta un uniforme, eût une *solde régulière*, logea dans des casernes, fut soumis à une discipline sévère et reçut un armement perfectionné etc.. Bref la France posséda une armée vraiment nationale et tous les désordres et violences disparurent : Les étapes, le droit de gîte furent sévèrement fixés et contrôlés. Plus de pillages, ni de réquisitions arbitraires, car l'armement et le ravitaillement étaient assurés par l'Etat, c'est-à-dire par l'*intendance*.

Les campagnes respirèrent enfin ; le vagabondage fut interdit, les misères atténuées ou secourues.

Cette paix, cet ordre, cette confiance furent le grand bienfait du règne de Louis XIV. De là l'énorme popularité de la royauté ; de là, l'affaiblissement décisif de la noblesse appelée et retenue à la Cour, en fait domestiquée et employée dans l'armée et la diplomatie.

———————

LA POPULATION AU XVIIᵉ SIÈCLE

Il n'est pas sans intérêt, au moment où finissait la Fronde et où se concluait la paix des Pyrénées avec l'Espagne (1658), de savoir exactement l'état des villages dépendants du défilé de la Fournelle.

Les registres paroissiaux tenus par le clergé l'eussent permis pour quelques-uns , mais la plupart avait cessé d'être tenus régulièrement pendant ces calamités, et ils ne furent repris qu'après la tourmente, c'est-à-dire après une interruption de plus de trente ans.

François 1ᵉʳ en avait ordonné la tenue régulière par l'ordonnance de Villers-Cotterets, en 1535, mais plutôt pour des raisons financières afin de faciliter la levée des impôts ; et Henri IV, après les guerres de religion, avait renouvelé les mêmes prescriptions, interrompues de nouveau, après 1635, par la Guerre de Trente Ans.

A défaut de ces documents précieux, une nouvelle fois anéantis presque partout dans le Nord et l'Est de la France en 1914-1918, ainsi que les *cadastres*, dans le dessein évident, de *disposer à volonté de la terre* après la victoire, et d'expulser les derniers survivants de la guerre et (1) de l'occupation allemandes, si sauvage en ce coin de terre, nous avons heureusement les notices cadastrales du Terwel établies en 1656-57, sur l'ordre de Fabert, par un homme intelligent et publiées par la Revue historique des Ardennes.

Ces notices font ressortir avec une clarté crue, la ruine complète de nos villages qui partagèrent le sort des cantons voisins si affreusement éprouvés. Tout était dévasté, détruit ou à peu près pour de longues années.

Le relèvement cependant fut assez rapide. La terre, la grande et presque unique richesse du paysan lui restait, qu'aucune autre alors ne pouvait remplacer. Cela suffit à son fidèle com-

---

(1) Ils l'ont de 1914 à 1918, répété à satiété aux habitants restés au village : « Vous irez chez vos bons amis d'Amérique, etc., Le pays sera vidé jusqu'aux Pyrénées !!! et les maisons détruites ; elles ne sont point faites comme les nôtres et ne valent rien.

pagnon pour reprendre goût à la vie et à la besogne, et pour
s'attacher passionnément à la terre-mère. (1)

Aidés du doux et bienfaisant soleil de France, elle et lui
ont toujours été les deux grands artisans du relèvement de notre
pays malheureux. Ils le seront encore demain.

On verra dans le tableau de Terwel que malgré la misère et
l'apauvrissement du pays, les impôts avaient augmenté démesurément. Ils devaient, chose incroyable, être payés à trois maîtres différents :

au Roi : 60.670 livres en 1656.

aux bureaux ennemis : 62.089 livres :

soit à *Luxembourg*, c'est-à-dire aux Espagnols et aux Lorrains,
et à *Rocroy*, c'est-à-dire à *Condé*, grand capitaine assurément,
mais alors véritable chef de brigands. Un « Rocroy » et un
« brigand » signifiaient exactement la même chose dans le langage du temps. Quelle chute ! et quelle exécration !

On payait pour éviter le feu, la prison ou le pillage. Plus
de 200 villages ardennais furent ainsi détruits ou ruinés pendant
cette période. Un grand nombre d'autres menacés s'empres-
saient de payer pour n'être pas « courus », c'est-à-dire « pillés »
ou « brûlés » par les bandes de cavaliers envoyés contre
eux jusqu'aux portes de Reims et de Châlons. Il fallait, en outre,
fournir « du grain et du foin » aux troupes du prince de Condé.

C'est ainsi que l'Espagne se vengeait de ses défaites, Condé
de son échec contre « le Mazarin » qu'il n'avait pu chasser, contre
Louis XIV qu'il n'avait pu supplanter. L'illustre Fabert, gouverneur de Sedan, avait su, avec le consentement du roi et de Mazarin, neutraliser une quarantaine de villages et leur éviter de
plus grands malheurs.

Le pays était devenu à peu près désert comme au X° siècle :
terres incultes, vignes abandonnées, paysans morts ou en fuite ;
Toges, Landèves, le Pt-Ban, les Alleux, Marcelot, brûlés ou détruits, Le Chêne Brieules rançonnés à fond, tel était en particulier l'état de la lisière de la vallée de la Fournelle vers 1656.

---

(1) Les quinze années qui suivirent 1660, sauf 2, furent presque toutes des années d'abondance de grains et de vin vendus à très bon
marché.

Notices cadastrales de Terwel

Voici l'état de nos villages en 1657, au moment où le Traité des Pyrénées allait terminer la guerre. (1658).(Rev. des Ardennes, 1903, page 124 et suiv.). Nous respectons l'orthographe de Terwel.

— Belleville: Au seigneur Auroux.Terrain stérile : 149 arpents à chaque roye, dont 49 aux habitants. Nul habitant n'est instruit du terroir comme ayant peu demeurer au lieu, et nouveaux venus. — Pré 279 arpents dont 29 aux habitants. — Bois : outre *celles* (?) du Seigneur, 12 arpents en usage. — Charrue nulle, sinon une au Seigneur, tenue par ses mains. — Pleins ménages 7 et 6 demy (homme ou femme veuf). Payent : Rocroy, 30 liv. ; rien Luxembourg ; taille 252 l. Taille nouvelle (de l'année) 127 liv.

—Chatillon.—Plusieurs seigneurs.Autrefois 70 habitants réduit à lamoitié. Terroir labour : médiocre et mauvais fonds 289 arpents dont 5 aux habitants. — Prés 283 arpents dont 19 aux habitants : usances : 44 arpents. Bois, 36 arpents engagez. Charrue nulle aux habitants ; 2 aux gentilhommes tenus par leurs mains. Pleins ménages : 29 et 9 demy, manouvriers. Ne paient rien aux ennemis par impuissance. — Taille 848 l. ; taille nouvelle 489 l.

Noirval. — Autrefois 110 habitants au Seigneur de Noirval. Terre labourable : médiocre, stérile 194 arpents dont 25 aux habitants ; le reste au Seigneur ; prez 69 arpents, dont 12 au Seigneur ; le reste aux habitants: — Charrue 1 non entière. Pleins ménages 15 et 12 demy, pauvres femmes, travaillent au bois. Ne payent rien aux ennemy par impuissance. Le village est réduit à 24 bâtiments.
Taille 262 l : taille nouvelle 293.

— Toges : à l'abbé de Landèves ; autrefois 30 habitants. Terroir stérile, 240 arpents à chaque roye, dont 140 aux habitants en propre, prez 29 arpents ; mauvais prez dont 1/2 habitants Vignoble 1/2 arpent. — Bois et rapaille : 120 arpents engagés aux seigneurs circonvoisins.
Charrue : 1 non entière. Pleins ménages 9 et 7 demy, pauvres femmes. — Ne paient rien aux ennemis par impuissance. — Le village a été brûlé par les ennemys, à 8 maisons près.

—Quatre-Champs.— Terres labourables 448 arpens, dont 1/4 aux habitants ; prez 98 dont 28 aux habitants. — Vignobles 16 arpents. moitié en friches aux habitants, excepté 2, 1/4 au seigneur. Bois 233 arpents au seigneur. Charrues 3 1/2 dont 2 au fermier du seigneur. — Pleins ménages : 24 et 8 demy dont la moitié, pauvres femmes.

Payent à Luxembourg 209 l. ; à Rocroy : 55 l. Taille 458 l. en 1658 : taille nouvelles 427 l.

Seigneur Davette, partie ; antrefois 75 habitants. — La Converserie à l'Hôtel-Dieu de Reims, — à présent déserte.

— BALLÉYSE (Ballay), au Seigueur de Saux — partie; autrefois 75 habitants, réduits à 12 bâtiments à présent.

. Terroir médiocre et partie stérile ; 140 arpents dont 16 aux habitants. Prez 51 arpents aux S^r, excepté 1 1/2 aux habitants.

Vignobles 16 arpents dont 10 aux habitants. — Bois : 3 arpents au S^r.

Charrue 2 1/2 aux censiers ;

Pleins ménages 9 et 8 demy, outre un réfugié de Caunoy.

Paient à Luxembourg 87 l. ; à Rocroy, en échange, — étant de Charleville. Taille de 285. ; taille nouvelle 293 l.

— CLAIRE FONTAINE. — à l'Ordre de Malte autrefois 8 habitants et 4 charrues.

Terroir 120 arpents les 2 tiers en mauvais fonds, dont 14 aux habitants en propre.

Prez, 20 arpents dont 3 aux habitants.

Pleins ménages 4 et demy. Ne demeurent au lieu : se sont retirés depuis 3 ans à Ballaize et Lendesve, et travaillent leur terroir audit Claire-Fontaine avec 1 charrue. Payent leur cotte part des charges qui sont imposées audit Ballaize. Payent à Luxembourg leur part des 87 l. avec Ballaize à Luxembourg.

Taille 152 l. ; taille nouvelle 90 l.

—Caunoy = hameau désert ; Le *Moulin des Bois* : désert

— La Noũadan : 1 babitant et 3 demy.

—VENDY. — Bourg à foires et marchés, au Sr. de Vendy ; autrefois ; 148 habitants.

Terroir labourable, bon et médiocre 299 à chaque roye, dont 89 aux habitants. Prez 246 arpents dont 38 aux habitants. Bois au Sr. — Usance : 12 arpents.

Pleins ménages 109 et 26 demy ; payent à Luxembourg 524 l. ; en échange à Rocroy comme de Charleville. — Taille 2610 l. ; taille nouvelle 2671 l.

—CHESTRE. — à l'abbé de Lendèves ; autrefois 50 habitants.

Terroir labourable bon et médiocre 246 arpents à chaque roye ; le 1/3 bon fonds dont, 60 aux habitants.

Prez 188 arpents Sr. et Censes ; rien aux habitants en propre.

Charrues ; 1 1/2 ; laboureur 4. Vignobles 16 arpents dont 6 aux habitants ; le reste au Sr. et Censes.

Pleins ménages 16 et 8 demy. Paient à Rocroy pour 66 l. et rien à Luxembourg.

Taille 171 l. : taille nouvelle 270 l.

— LANDÈVES fut pillée deux fois et sa belle église détruite (Voir Landèves)

— LE PETIT BAN. — Autrefois 13 habitants et 5 charrues,

Terroir médiocre 86 arpents de prez. Reste un laboureur à Ser-
vicourt qui laboure au P^t Ban.

Taille 33 l. ; taille nouvelle 11 l.

Ces curieuses notices, ou recensement, pour parler le langage actuel, qu'il ne faut pas prendre tout à fait à la lettre
cependant, méritent l'attention et appellent quelques réflexions.
Ainsi le sol valait mieux que ne le dit Terwel. C'est la culture
et l'outillage, le bétail et la fumure qui étaient insuffisants.

Aucun village de la vallée, ni de sa lisière n'a été épargné.
Tous ont affreusement souffert de la guerre étrangère et de la
guerre civile. Ainsi Toges, Claire-Fontaine, Caunoy, Landèves,
le Petit Ban, la Noue Adam, Marcelot, les Alleux, Noirval
Belleville, la Converserie et une partie de Quatre-Champs ont
été détruits, ou abandonnés par leurs habitants. Marcelot et
les Alleux sont restés *18 ans sans habitants et sans cultures*, et
Marcelot ne s'est jamais relevé. La population a partout diminué d'une façon effrayante et ce qu'il en reste comprend une
notable proportion de demi-ménages, c'est-à-dire de veufs et de
vieilles femmes pauvres et mendiantes sans espoir de relèvement.

Les terres sont restées incultes ; les limites ont disparu ou
sont inconnues des *nouveaux venus*. On accourait de toutes
parts pour prendre possession du sol abandonné. Par exemple,
il est probable qu'une partie de la population de Noirval s'est
établie à Belleville, voisin et plus riche. Houpillard n'existe
plus. Les seigneurs sont obligés de labourer eux-mêmes leurs
terres, ayant pu sans doute retrouver ou acheter quelque bétail.
Le nombre des charrues est infime et la proportion des champs
incultes est vraiment extraordinaire. Les vignes, dont les produits : raisin, vin, eau-de-vie, étaient si chers à nos pères,
sont en grande partie retournés en friches. Mais c'est par elles
que débutera la remise en culture du sol. En relevant l'espoir
et les forces des vignerons, le vin, en ce temps-là, comme de
nos jours, assura le retour à la vie. L'Est et le Nord de la
France n'ont rien vu de pire en 1914-18.

Ces notices nous montrent aussi combien était restreintes,
encore, et localisé la part du sol laissée aux roturiers (Quatre-
Champs est un des plus favorisé sous ce rapport), et dans quel
état de servitude vivaient toujours les habitants des campagnes. Les deux premiers tiers du 16ᵉ siècle avaient connu vraiment des jours plus heureux avec Louis XII, François Iᵉʳ et
Henri II ; le 13ᵉ siècle et la première moitié du 14ᵉ également.
La Fronde et la guerre de Trente ans marquent donc un arrêt,
voire un recul, dans le développement de la vie nationale !

———————

LES LISIÈRES DU DÉFILÉ

Disons quelques mots des villages, des hameaux et des châteaux ou domaines réduits à l'état de fermes ou censes qui, au nord ou au sud, touchent ou appartiennent plus ou moins et pour des causes diverses au petit bassin de La Fournelle et au défilé que nous achevons d'étudier, comme *Terron*, la *Wagnerie*, les *Alleux*, et *Marcelot*, *Maison-Rouge*, la *Motte*, *St. Denis et Bazancourt* au nord ; comme *Belleville*, *Boult-aux-Bois* et *Merlan*, *Lacroix aux Bois*, *Livry*, *Chamiot*, *Vouziers* et *Condé* ; car ces villages, censes et bourgades, sont pour ainsi dire inséparables de la vie du défilé qui leur offrait passage, qui attirait sur eux l'attention et souvent le danger et les malheurs des guerres si fréquentes et si redoutables en ces pays frontières, qui attiraient aussi les marchands et toutes les formes du commerce transitant d'un versant à l'autre, de l'Ardenne à la Champagne ou inversement : blé, fruits, vin, laine, bois, cuirs, armes etc.

Terron. — Ce mot semble venir du celtique *Theron*, *Teron*, ou *Terune*, *Toron* d'où *Torillon* ou *Taurion* = torrent, eau violente, chose et non fréquents dans le Limousin et le Cantal. (1).

Terron, en effet, a deux cours d'eau qui le menacent : l'Aisne, sujette à de grands débordements tortueuse, divaguant en bras multiples et changeants ; le ruisseau ou *rû des Quatorze* qui naît près des Alleux, creuse un sillon profond dans les gaizes du bois de Vandy, collecte de nombreux ruisselets, change les terres de son vallon en boues ou en marais presque infranchissables, d'où le nom de Malvâ ou *mal vau* ou *mauvais val* telun oued algérien il change trois fois de nom en 7 ou 8 kilom. de cours ; ruisseau des *Quatorze*, le *Bouillon*, le ruisseau de *Malva* (2).

—————

(1) Voir Dongnon *D^{re} topographique des noms de lieux : Cantal*.

(2) On trouve encore la forme *Malle Valle*, mauvaise vallée. La Cense de Malva, appartient à Vandy.

Les orages très violents qui viennent de l'ouest (Ste Vau-bourg, Attigny), ou passent par le Trou de Malva et le Trou de Moine (Quatre-Champs) et vont sur Quatre-champs qui les re-doutent beaucoup, ou montent plus au nord-Est sur le plateau des Alleux, de Maison-Rouge en jetant une énorme tribut d'eau sur les Bois de Vandy et sur le vallon de la *Teuce* sur Châtillon et la Bar. Le *Bouillon*, mot significatif et parlant, est alors fort gonflé lui-même, et Terron placé sur un tertre léger est souvent menacé par l'inondation, surtout quand l'Aisne dé-borde en même temps et inonde toute la plaine.

Le rû de Malva baigne la base du Montdiugon, joli site, où le fils du barbier poète d'Agen Jasmin, vint abriter pendant quelques années, en un chalet encore existant, ses rêves et ses fantaisies languedociennes.

Combien de cadets de Gascogne sont depuis, et bien avant lui venus chercher fortune en nos pays et même s'y fixer ? Henri IV, Turenne, Warnesson, Sahuget de Termes, grand maître en l'art des fortificat ons et dont descendait, au 18me siècle, la dernière *dame de Quatre-Champs, et de Sugny.* (1)

Sous la Ligue, Terron vit son seigneur, Warnesson, dit Griffon, prendre parti contre Henri IV et périr, les armes à la main, dans son château emporté d'assaut et incendié (1590). Griffon était ligueur. Sa seigneurie fut immédiatement donnée à d'Anglure, un des compagnons du roi.

Une des branches de la famille Colbert portait le nom de Colbert Terron (2). L'un des oncles du plus célèbre des minis-tres de Louis XIV, Nicolas Terron, avait, en effet, acheté la seigneurie de Terron, et il repose en l'église du village.

Deux écarts de Terron ont des noms assez curieux : *maquâ* et *Malvâ*. Le premier n'est qu'une déformation du mot allemand *Melcher* devenu *marcaire, maquar*, puis *maquâ*, l'r finale ne se prononçant pas. Un melcher ou marcaire (de *melchen* traire)

____

(1) Par une rencontre singulière, les Prussiens évacuèrent les habi-tants de Sugny à Quatre-Champs en 1915, où ils passèrent une partie de la guerre ; et quand, en 1918, les Boches sentirent qu'ils allaient être forcés de reculer, ils jetèrent tout ceux qui à Quatre-Champs avaient survécu au delà de l'Aisne par Vrizy et *Sugny*, tirant le canon sur les malheureux qu'ils avaient ainsi placés entre les deux armées, s'en faisant un bouclier contre les Français et un but qui servait à assouvir leur férocité exaltée par la défaite.

(2) Il existe encore dans l'arrondissement de Vouziers de nombreu-ses personnes portant le nom de Colibert, dont *Colbert* n'est que l'a-bréviation.

était un bouvier, un trayeur, un fromagier, un gardien de vaches, un éleveur peut-être qui a laissé son nom à la cense, toute entourée de prairies, et voisine de la rivière.

Quant à *Malvâ* (de Mal vau), c'était, et c'est encore, une grande propriété, formée de prairies, où se fait l'élevage des chevaux et des bœufs. Les *de Bohan*, seigneurs de Malvà au 18me siècle, étaient aussi co-seigneurs de Quatre-Champs et Livry. Enfin c'est près de Malvâ qu'eut lieu au début même de la Révolution, le duel des seigneurs de Vandy, *de Roucy*, qui fut tué, et de Quatre-Champs, *d'Escanevelle.* Une question de chasse, (les chiens du seigneur de Vandy ayant poursuivi du gibier jusqu'au château de Quatre-Champs) aurait, dit-on, motivé la rencontre mortelle. D'Escannevelle était, paraît-il, un tireur de premier ordre. Mais les duels étaient sévèrement interdits et les de Roucy étaient puissants. D'Escannevelle prit la fuite, passa promptement la frontière et ne revint plus. Ainsi disparut le dernier seigneur de Quatre-Champs.

En allant vers les *Alleux*, on rencontre, mais sur le plateau, la *Wagnerie*, domaine ou propriété de *Wagner*, (en allemand Wagner = le charron, ouvrier qui fait des tombereaux, des charrettes, des wagons (wagen = voiture) etc) (1). La zône de colonisation franque s'étendait là sur les deux côtés de la voie romaine Reims-Trèves, et les lieux dits d'origine germanique (datant des 5e et 8e siècles) y sont assez nombreux (Ex : Bobo, Lobier, Warneson, Maquâ, Wagnerie, les Alleux, Huileux, etc).

Les ALLEUX — (de *allœ* ou *allod* = propriété entière, franche de toutes charges ou impôts), — étaient des terres franches de tributs seigneuriaux ; elles étaient très rares et nos vieilles coutumes en parlent à peine... elles ne formaient qu'une petite exception à la grande division des biens, en *biens nobles*, et en *censitaires* ». (2) « Elles ne relevaient que du soleil », suivant un vieux dicton (3).

---

(1) Wagnerie peut vouloir dire aussi *Cense, ferme,* synonyme de *gagnerie, guingnerie, gagnage,* ou encore propriété de Gagnot, ou de Gaignières, noms propres assez fréquents dans la région. Le double W dans les mots d'origine franque se change très souvent en G, et quelquefois en H : Ex : Guillaume de *Wilhem* ; — Huileux, ou Willeux, de *Willer,* etc...

(2) Block. Dictionnaire de la politique.

(3) *Olloudius* était un des surnoms donné au dieu *Mars* des Gaulois, à *Camulus,* adoré particulièrement chez les Rêmes et les Trévires, dans l'Ardenne. Il y a, je crois, un *Chamouilly* aux environs de Sedan. Ce surnom se trouve en français, alleu, en allemand allod, en

Les Alleux ne furent d'abord qu'un hameau dépendant de Marcelot ; (1) mais la *pauvreté des terres* d'un côté, et les terribles ravages du temps de la Fronde qui forcèrent tous les habitants, — sauf un, — à fuir et à laisser *pendant 18 ans,* le sol entièrement inculte, avaient amené l'abandon complet de Marcelot au profit des Alleux quand survint la Paix des Pyrénées (1658).

Les Alleux sont entourés, au nord surtout, d'un vaste verger où dominent les cerisiers dont les fruits mûrissent beaucoup plus tard, — une quinzaine au moins, — que ceux du défilé voisin, ce qui prolonge l'agréable saison des cerises pour tous les environs. Aussi, l'on n'y cultive que des espèces tardives, le climat étant sensiblement plus froid, et déjà meuzin, c'est-à-dire ardennais.

Le vieux château de *Maison rouge* (2), ancienne *terre d'Assy*, doit son nom, dit-on, à sa construction toute en *briques rouges* ou peut-être à la terre avec laquelle on les fabrique (?) (3). La vaste forêt qui l'entoure en fait un parc de chasse très giboyeux. Le petit domaine de *la Motte*, appartenait au 16ᵐᵉ siècle à un seigneur lorrain en querelles constantes avec l'abbé de *St-Denis* (possesseur d'un domaine voisin) de Reims ; il a été acquis de nos jours et enclos, par le propriétaire de Maison rouge.

On cite parmi les derniers seigneurs de Maison rouge, ou d'Assy, le de Villelongue, les Colbert-Terron, les Colard, les de

---

anglais all = (oll) avec le sens de « plein », « tout » ; il signifie « le *maître des biens* », le « *dispensateur de la richesse* », conception primitive du dieu de la guerre que les Allemands vénèrent plus que jamais. La guerre pour eux est le « pillage « qui donne le « butin ». Ils ne l'ont jamais vue ni faite autrement. — M. Loth, Ecole de Paris, août 1923.

(1) Marcelot avait une maladrerie. Ce mot s'écrivait jadis « *les Marcelauts* » qui formaient un groupe de fermes ou de Censes, détruites pendant la Fronde.

(2) Maison rouge a été transformée il y a 50 ans (1870) en un superbe château moderne qui, de 1914 à 1918, a servi de résidence et de Quartier général à von Einem, d'assez triste mémoire pour sa *rapacité* et sa dureté envers les habitants restés dans les villages voisins. Le château fut mis à sac par les occupants avant leur départ précipité. (Octobre 1918).

Rivas, ou de Rivalz, les de Grandrut, les de Tassigny, etc. (1). L'un des romans d'Alexandre Dumas, « Le Chevalier de Maison rouge », tirerait son nom de ce château ? (2).

La Grande Mademoiselle, après la réconciliation de Turenne avec la Cour, aurait, en rentrant à Paris, repassé par le Chesne et la Maison rouge et Louis XIV revenant par la même route des sièges de Stenay et Montmédy aurait reçu l'hospitalité au château de Voncq.

Assy semble bien être apparenté à *Assé*, nom de trois villages du *Maine*, et à *Essey* Meurthe et Moselle (2 villages) ; il viendrait de *Aciacus*, ou plutôt de *Acciacus* devenu *Acci* au 9me siècle. Le nom dériverait donc de Accius, gentilice romain assez répandu dans tout l'empire, et dont l'un des représentants T. Accius était *fabricant de tuiles* à Klagenfurth (Autriche), et un autre, sans doute, dans l'Argonne (3).

Or tuiles et briques sont produits de la même industrie, fabriqués avec la même terre, et l'on peut affirmer que cette terre abonde à la Maison rouge et à *Quatre-Champs qui avait 5 tuileries*, dont 2 ou 3 très proches des bois de la Maison rouge (4). De là à conclure, sans trop craindre de se tromper, que *Assy* (ou Acci), serait un vieux nom remontant à la domination romaine et porté par un industriel nommé *Accius*, établi en nos

---

(1) A l'angle nord du domaine sur la route nationale 77 se trouve un lieudit la *Barbonne*, réputé assez dangereux, probablement par suite des légendes terrifiantes dont il est l'objet. Ce nom de lieu nous semble aussi d'origine franque ou germanique comme beaucoup de ses voisins. Il viendrait de *bach* = ruisseau, et *bohne* = fève, *fève des marais*, ou encore, *laitue de chouette*, en allemand, ou *véronique*, soit *fleur de coucou*, rouge pour la plante mâle et jaune pour la plante femelle. Le vallon de la Barbonne très humide, occupé par des prés marécageux, d'où s'exhalent des feux follets la nuit, où le jour, chante le coucou, où la nuit hullule la chouette, lieu d'effroi, par conséquent, était un endroit redouté pour les passants. (Cense jadis.)

(2) Une tradition veut qu'un écrivain local en ait fourni les données au grand romancier (?) On ne prête qu'aux riches, dit un vieux proverbe.

(3) D'Arbois de Jubainville : *La propriété foncière et les noms de lieux en France.*

(4) Une des fontaines, proche et au Sud du parc, porte le nom de *fontaine des Tuiliers* ; le terrain voisin, exploité par eux est dit : *Prés des fosses*, terroir de Quatre Champs. Fosses veut dire gouffre ; ce qui est le cas ici également : *Fosse tourneresse* = gouffre, en Normandie.

régions ; que l'industrie apportée est donc très ancienne parce qu'elle a trouvé là, et en abondance, terre propre à cette fabrication, et à volonté, le bois nécessaire à la cuisson ; parce que tuiles et briques avaient emploi au *Camp de Chestres*, et aux postes ou relais construits le long de la *voie romaine* toute proche, aux villas romaines établies dans toute la région.

Et l'on sait qu'il y a 52 ou 53 ans, (1870) le propriétaire de Maison Rouge, M. de Grandrut, fit fabriquer et cuire sur place toutes les briques et tuiles dont il avait besoin pour la construction du château moderne et du très long mur (plusieurs kilomètres) qui entoure complètement les deux domaines réunis en un seul, de *la Motte* (1) et de la *Terre d'Assy*.

Quant à la diffusion du nom d'Acci (Assé, Essey, etc) dans tout l'empire romain, elle s'explique tout naturellement, puisque partout il faut de la brique et de la tuile pour les constructions ; et l'on sait que les Romains furent de très grands bâtisseurs.

Le défilé est couvert au N. E., c'est-à-dire à son entrée par *Brieules* et les marais de la Bar. (Grimansart, Gignaux).

Au sud, *Boult* et *Lacroix* ainsi que les vastes forêts du même nom, de Chestres, etc. prolongés vers Grandpré (à 16 kil) par ceux de *Rains* (Reims) et de *Bourgogne* (2), couvraient efficacement le défilé : c'est pourtant par là qu'il fut forcé en 1792.

Boult (aux Bois) semble venir de *betuletum*, (de *betula* bouleau, mot d'origine gauloise adopté par le latin. *Bedolitum* apparaît dans les actes dès 832. De là sont dérivés les nombreux Boulaie, Boulaye, Boulois, Bouloy et *Belloy* que l'on rencontre partout (3).

Boult est donc un nom très ancien. Il est à la tête de deux importants chemins de traverse dans la forêt : l'un allant à Quatre-Champs, l'autre à Lacroix (aux Bois) vers Vouziers. On dit généralement Boult et *Merlan* ; les Templiers eurent une maison ou commanderie importante à Boult. Si Boult doit son nom au règne végétal, Merlan doit le sien à la nature

---

(1) La *Motte*, comme la *Butte*, indique un château féodal secondaire, un *manoir*. Les la Motte sont innombrables en France.

(2) Les *ducs de Bourgogne*, héritiers des Comtes de Flandre possédèrent un instant le Rethélois.

(3) D'A. de Jubainville : Loc. cit. — D'aucuns le font dériver du danois *boë* = demeure (?)

du terrain, *Marle*, ou en picard *Merle*, signifie *marne*, argile, roche qui abonde dans toute l'Argonne (1).

Des deux chemins dessus dits, l'un débouche dans un impasse, (Quatre-Champs) l'autre, remontant la vallée du *Barosset*, arrive par la *Linette* (ou *Linotte*) *au pied du plateau* qui porte Lacroix et Livry. C'est le chemin suivi par les oiseaux, en particulier par les linottes, ou linettes, à cause des sorbiers fort abondants en ces parages. La montée est rude mais courte. Les marchands, pèlerins et autres piétons utilisèrent et élargirent peu à peu cette voie plus courte qui débouchait sur un plateau dominant et facile, conduisant directement à Chestres et à Vouziers. Il y eut un péage établi sur cette route à partir du 16e siècle. François Ier s'en préoccupa ; et en 1789, la route Vouziers-Buzancy était en construction. C'est par là qu'eut lieu la surprise et que le défilé fut tourné en 1792. (2)

------

(1) Henri, Comte de Grand pré, fait vente aux chevaliers du Temple de 526 arpents et un quartier, (ou quartel) de bois, moyennant 100 livres et 22 sous parisis l'arpent, en septembre 1239. Ce sont les Bois de Boult aujourd'hui propriété de chasse de M. Warnier de Reims, touchant aux *bois de Rain* (Reims) et de Bougogne. (Cahier de la commanderie de Boux. C. 903 Rey : Lettre de Jean de Blois, chanoine à Reims). Les Templiers possédaient aussi Claire-Fontaine, Chamiot et Chambre aux Loups. On comprend mieux l'intervention de Philippe le Bel à Landèves.

(2) M. de Boullongne, sr. de Buzancy, avait pressé l'achèvement de cette route, terminée avant la route principale n° 77. Cette section faisait partie de la route de *Rethel à Stenay.par Vouziers et Buzancy*.

LA DÉFENSE DU DÉFILÉ.

Un défilé est un « passage » plus ou moins long, plus ou moins large « où il faut aller *à la file* » par conséquent difficile à franchir et facile à défendre. Quelques-uns sont infranchissables, par exemple dans les hautes montagnes ou les forêts. D'autres sont faciles à tourner ou à occuper et tous, en réalité, suivant les temps, les migrations ou les guerres, ont une histoire tragique souvent, mais toujours intéressante.

Le *défilé de la Fournelle*, dit improprement *défilé du Chesne*, ou confondu avec le *passage de Lacroix aux Bois* (1), a treize kilomètres de long et varie de 1/2 kilom. de large à ses deux extrémités (Noirval, Chestres) à 2 ou 3 au centre (Quatre-Champs). Il est situé juste entre les deux précédentes localités à 5 kilom. de Lacroix, au Sud ; à 8 kilom. du Chesne, au Nord. Il rappelle, en petit, le défilé des Thermopyles.

Il ne fait pas exception à la loi, car tantôt il a été forcé ou occupé, grâce à des circonstances favorables comme sous Henri IV, ou à des luttes sanglantes comme au Ve siècle par les Vandales ; tantôt il a été tourné comme en 1792, au combat de Lacroix au Bois ; tantôt enfin il a été franchi librement comme en 1814 et 1816, en 1870 et 1914 dans des conditions que tous, jeunes et vieux connaissent bien. C'est que depuis le début du 19e siècle, il est ouvert librement à la circulation des hommes et des marchandises par la création de la *route nationale n° 77* achevée en 1829, et allant de Sedan à Nevers par *Le Chesne*, Quatre-Champs et Vouziers (2), Châlons, Troyes,

---

(1) Le *défilé ou passage de Lacroix* fut d'abord une simple piste dans les bois. On établit un péage à Lacroix, et, finalement, une *route* à la fin du 18e siècle allant de Vouziers vers les villes de la Chiers (Stenay-Montmédy) et Thionville Metz, route bien plus courte et tout de suite très importante.

(2) Complété depuis vingt ans environ par *le chemin de grande communication de Brieules à Vandy-Vrizy* passant par Quatre-Champs. Le défilé de Lacroix suivi par la *route nationale Vouziers, Buzancy, Stenay*, etc., est rattaché au précédent par le chemin de *Lacroix, Toges, Quatre-Champs* et par celui de *Boult, Belleville au Chesne par Châtillon*, et enfin par celui de *Chestres à Voncq par Vandy et Terron*.

Nevers : route suivie par les Prussiens en 1814 et 1815, en 1870 et en 1914 jusqu'aux marais de St-Gond où Foch et Franchet d'Espéret et leurs héroïques soldats, les arrêtèrent : fortune diverse et variable suivant le maintien et l'abandon de la voie romaine Reims-Trèves, suivant le lent déplacement de *l'axe naturel militaire et commercial* tendant à se rapprocher de *l'axe naturel* trouvé et suivi par les hommes de la préhistoire, en partie conservé et utilisé par les Romains (camp de Chestres, déverticulum).

Mais après les temps si rudes des grandes invasions du Ve siècle, il fallut, dans la désorganisation totale et l'anarchie des temps féodaux, trouver un moyen efficace de parer au *danger permanent* des invasions germaniques.

Un moyen élémentaire et tout puissant y pourvut pendant près de mille ans. L'eau avait creusé le défilé ; l'eau servit à le défendre. L'eau, c'était le *marécage*, les *étangs* et les *ruisseaux* qui, avec la forêt, la nature montueuse et accidentée du pays avec le sol argileux de l'Argonne se délitant en boue, fortifièrent la vallée de la Fournelle et en firent un refuge ou un asile presque inviolable pour les habitants du Val et des lieux circonvoisins.

Presque tous les châteaux féodaux de la vallée sont situés sur la Fournelle même.

Chatillon avait son centre de résistance au *Petit-Châtillon*, ferme et maison forte à la fois, construit en plein marais, aux « *pâquis* » c'est-à-dire juste au point où le chemin de Châtillon au Chesne coupe la voie normale de l'écoulement des eaux, (v. chapitre 11), seul endroit par où l'on pouvait aborder Châtillon, poste militaire, entouré de tous les autres côtés d'eau et de marécages.

Noirval encadré d'étangs (v. chap. 11) avait sa maison forte et son église dans un îlot fortifié, sur un tertre surélevé mi-naturel, mi-artificiel au point le plus étroit du défilé.

Un chemin de fer départemental de Vouziers : 1° à Buzancy, 2° au Chesne-Raucourt dessert tout le défilé depuis une vingtaine d'années.

C'est par le chemin de grande communication de Brieules St-Pierremont qu'arrivèrent en 1914 (août) et que défilèrent pendant *cinq jours à marches forcées l'armée de von Hausen* allant buter aux marais de St-Gond. Pas un soldat ne resta en arrière ; et pendant *15 jours* la vallée présenta l'aspect d'un paysage préhistorique : les animaux domestiques errant et cavalcadant en liberté dans les champs, les bois et les jardins de la vallée.

Le vieux *château de Quatre-Champs*, *bâti en bois au 9ᵉ et 10ᵉ siècles*, était naturellement défendu par la Fournelle, large, aux bords escarpés sur deux côtés : talus, marécages ; puis par un *gué* (abreuvoir) et un ruisselet abondant sur les deux autres côtés, points faibles mais peu exposés, et d'où venait, ou pouvait venir l'aide (O., France). Le pré de la Cour, ou de la *Tour*, était une sorte de *foirail*, ou parvis, où se retiraient le bétail et les habitants en cas d'alerte, abri sûr parce qu'enclos dans une boucle du ruisseau et par un haut escarpement de 15 mètres de hauteur. Le côté nord, dit la *Ville*, ancien *vicus* ou *oppidum* gaulois, était d'ailleurs protégé par ses escarpements au sud et par une *coupure encore visible* et *souterraine* à la *gorge* même de l'isthme qui l'unissait à la *Montlignette*. Des *souterrains* auraient, dit-on, de ce côté mis la *grosse maison*, *l'église* et même le château (?) en communication avec l'extérieur. La coupure était élargie par les carrières de pierres longtemps exploitées derrière la ville, pierre très dure, *dite de Quatre-Champs*.

Ce château, placé au croisement de toutes les voies de communication du défilé était pourvu d'eau par une source intarissable (v. chap. III) qui a dû être aménagée par les Romains, car elle jaillit d'une grande profondeur entre des murs en maçonnerie épais et semblant construits de longue date. Les dépendances avaient trois puits plus récents à leur disposition ; l'un d'eux déborde dans les années pluvieuses. De vieux arbres et d'énormes noyers existaient encore il y a moins d'un demi siècle, autour des dépendances du vieux château détruit, appelées elles-mêmes maintenant « le château ». C'est jusque-là près de l'abreuvoir, que seraient venus les chiens chassant du seigneur de Vandy, cause du duel tragique mentionné plus haut.

Le *Château de Ballay* s'était posté aussi sur le ruisseau utilisant la force de la position : largeur, profondeur et rapidité du cours d'eau principal, doublé et triplé par la décharge du moulin, par un ruisseau plus petit et parfois très abondant. Les deux corps de ferme ou « maison fortes » situées au S. E. existent toujours près du déverticulum romain.

Ballay, d'ailleurs, est presque totalement encadré par la Fournelle et par le ruisseam de Caunoy venant finir dans l'étang *de six ou 8 arpents* qui séparait Ballay de Claire Fontaine. Cette *nappe d'eau*, dont on voit encore la digue, et les escarpements curieux de la Garenne Dessaux et des vignes de Ballay, la *maison forte des Templiers* à Claire Fontaine, le *château de Caunoy* situé en face même sur la rive gauche, tout cela rendait presque infranchissable la porte inférieure du défilé, bien gardée.

Le château rasé en 1790, fut depuis remplacé, à l'autre bout du village, par une maison d'habitation entourée de jardins, de prairies et d'un petit bois de sapins pittoresque. C'est là que revint vivre et mourir, après la Révolution, « *Monsieur Dessaux* », ancien seigneur, qui avait émigré en Suisse, où il avait étudié avec soin l'art de l'élevage et de la laiterie. Rentré en France, il avait transformé Noirval, dont naguère il avait été le seigneur, en centre d'élevage. Il avait tenté la même transformation à Ballay dans l'endroit le plus favorable à cette sorte d'industrie encore très importante aujourd'hui. On voit que l'on approche de *Landèves*, du *Châlon*, de l'*Aisne* elle-même à ce signe, que : plus on avance vers la rivière, plus l'élevage devient actif et varié.

N'est-il pas curieux de voir réapparaître 25 ou 30 siècles plus tard, l'industrie qui avait valu au Chalon son nom celtique. *Cabilionum*, cheval, tout semblable au mot latin : *caballus* ou *cavallus*, (cheval), industrie mêlant aux chevaux plus rares, les bœufs, les moutons aussi, élevés sur des côteaux plus secs mis en culture. L'élevage a ainsi pris tout son développement dans le défilé donnant des engrais, des bêtes de boucherie, de la laine et des peaux en quantité.

La tannerie pourrait renaître dans nos pays, où elle a été jadis active et prospère.

La culture de l'osier s'est développée rapidement dans les mêmes terrains humides et profonds. Le défaut de main-d'œuvre maintiendra pour longtemps, je crois, la prédominance de l'élevage.

Il y a là, dans ces deux faits, une persistance qui nous montre à l'évidence la valeur des conditions naturelles et climatiques et aussi celle de la toponymie pour les préciser et les fixer. Elles sont écrites sur le sol d'une façon indélébile.

Le *Camp de Chestres* (Voir Ch. III). commandait et commande encore par sa position, la partie inférieure de la vallée mais avec une importance bien amoindrie au moyen âge, après la chute des Carlovingiens. Il est alors supplanté pour ainsi dire par Vandy et par Vouziers, c'est-à-dire par la rivière d'Aisne et par ses larges marécages. Mais son nom, ni son souvenir ne furent jamais oubliés même aux temps les plus sombres du moyen âge.

Dans la vallée même un seul château se tient à l'écart du ruisseau : c'est le *Manoir de la Butte*, qu'habitaient *Warnier* et sa femme vers 1290. Ce manoir a totalement disparu, mais plusieurs lieux dits évoquent son souvenir : la *Butte* (= la

Motte), la *Nau Potencier*, les *Mesnils*, etc... Il complète avec les *étangs de la Fournelle, ou Queue de l'Étang* (1) et de la Maisenau, le barrage défensif au point où le défilé atteint sa plus grande largeur en amont.

Deux hameaux ou groupes d'habitations, aujourd'hui disparus, existaient aux extrémités de cette ligne de défense : les Mesnils, petit et grand, et la Maisenau, l'un surveillant le *chemin de Boult et de Belleville*, l'autre le *chemin de St-Denis* venant de Sy et des Armoises à travers le plateau boisé de Bazancourt, St Denis, Vaux Maillard et Huilleux, c'est-à-dire *les vieux chemins gaulois*. Il reste dans tous ces bois des traces de cultures anciennes assez apparentes. Par suite de la diminution de la population depuis un demi-siècle, les bois ont réoccupé en grande partie les anciens défrichements, surtout à Huileux et à Vaux Maillard (prononcez Maillà). (2)

Mais plus que les châteaux probablement, les nombreux étangs situés soit sur la Fournelle, soit sur ses affluents contribuèrent à rendre le défilé impraticable et retardèrent longtemps le rétablissement d'une route commerciale dans le défilé entre l'Ardenne et la Champagne. On en compte plus de *vingt* dont quelques-uns assez considérables et pourvus de digues solides et de vannes régulatrices fort bien établies (3). Le plus remarquable, *l'étang Pierrard*, possédait une double vanne, double par la Fourcière encore en très bon état (13 ou 15 arpents), (1).

Ces étangs rendirent d'autres services encore. Très poissonneux, ils apportèrent un appoint sérieux à l'alimentation, chose appréciable en ces temps où les jours de jeûne et d'abstinence étaient fréquents. En outre, ils régularisèrent l'écoulement des eaux. La Fournelle, à sec aujourd'hui près de la moitié de l'année, était alors pérenne, et bien pourvue d'eau sur tout son cours. Aussi les moulins installés sur ses bords étaient nombreux. Pas un village de la vallée qui ne pût sur

---

(1) Le possesseur d'une langue de terre allongée l'appelait la *queue* si la terre a une contenance égale à une mesure agraire connue, on la nomme les *vingt*, les *cent arpents* (lieux dits) à Quatre-Champs.

Queue désignait aussi au moyen âge une sorte de tonneau d'une contenance déterminée. Queue pourrait encore venir de *cubitus =* lit, par *Cobda*, qui ont donné = *Queudes*, nom de lieu situé plus bas sur le ruisseau ; le pré des *queudières* (voir ce mot.)

(2) Nom d'un des co-seigneurs de Quatre-Champs au 16 siècle.

(3) V. chap. III. On pourrait les rétablir facilement.

place moudre son grain, chose à laquelle tenaient beaucoup
seigneurs et habitants ; Moulins de *Noirval*, de la *Converserie*,
de *Quatre-Champs* ou de la Justice, où conduisait la *ruelle des
Ânes* au nom caractéristique, car c'étaient des bourricots qui portaient et rapportaient à dos, les «*dossées*», sacs de grain ou de farine ; moulin de *Toges* dont la digue de retenue est toujours visible, de Ballay près du château, de Caunoy, ou *Moulin des bois*
où la jeunesse allait danser et chanter il y a moins de cent ans,
de Landèves pour le monastère et les hameaux voisins, appelé
encore le *Moulinet*, très ancien, enfin le *moulin de Toupet*, moulin banal dépendant de Vandy.

Livoir phot.

Il reste même un souvenir des *moulins à vent* au lieu dit, le
« *Moulin à vent* » qui dut desservir le manoir de la Butte et le
quartier des *Mesnils*. Comme le vent se fait sentir souvent avec
force et régularité dans la partie supérieure du défilé où l'eau
courante est moins régulière, il est à croire que les Mesnils, les
Masures, Noirval, Châtillon et Belleville possédèrent plusieurs
autres *moulins à vent*. — Chaque château, ou maison forte,
avait donc, à portée de main et de vue, un moulin qui le ra-
vitaillait.

Quant aux *châteaux circonvoisins*, on peut dire qu'ils défendaient les approches du défilé sur les flancs nord et sud, et
complétaient pour ainsi dire les défenses naturelles formées
par les vastes forêts de l'Argonne aux fourrés épais, impénétrables, aux belles futaies de chênes ou de hêtres, aux ravins
profonds, escarpés et marécageux où ruissellent les eaux qui

délaient l'argile en boues dangereuses, (1) aux layons et sentiers enchevêtrés, inextricables où l'on se perd aisément.

Les principaux étaient le Château de Vandy, la maison forte de *Laubresle* (Voir chap. 9), Assy ou *Maison-Rouge* (1) La *Motte*, datant du 16ᵐᵉ siècle, Brieules ceint de murailles, à l'entrée Est du défilé, Belleville et sa *Maison* contigüe à l'église, reste d'un poste romain sans doute, où l'on voit encore les ruines d'une ferme placée au point culminant ; le *château de Livry* entre Lacroix et Longwé, dont les seigneurs avaient possédé Quatre-Champs après le mariage d'un de Bohan avec une de Willer. C'est près de ce château qu'eut lieu le *combat de Lacroix* en septembre 1792 et que fut tué le prince de Ligne. Les paysans des environs avaient pris une part assez vive à l'action.

Nos pères, on le sait, savaient utiliser les choses, — ici les forces naturelles, — à plusieurs fins. Ces réservoirs d'eau maintenaient le débit de la Fournelle pendant les longs étés ou dans les années sèches. Rétablis en partie et aménagés, ils pourraient servir à la production de l'électricité et à ses innombrables applications.

L'humidité plus grande, ainsi entretenue, était très favorable, en outre, à la végétation forestière, à l'atténuation des gelées tardives, à la régularité et à la pérénité des sources et du ruisseau central.

Tous aujourd'hui sont desséchés et remplacés ou par des bois, ou par de riches cultures sur leurs alluvions. Dans les nuits chaudes en été, ou tièdes en automne et au printemps, il s'échappe des feux follets qui naguère encore troublaient l'imagination des femmes et des enfants y voyant des *signes*, des *esprits* en peine, des *âmes* errantes, et qui ne sont en réalité que des feux-follets, des gaz émanés des humus déposés dans les bas-fonds par les eaux stagnantes et que le vent promène au gré de sa fantaisie capricieuse. La *Queue de l'Etang* la Barbonne, etc, étaient particulièrement privilégiées et redoutées, sous ce rapport. (2) C'était la *Sylve*, ou fée de la forêt, redoutée ou bienfaisante.

---

(1) 20 000 Prussiens périrent en 1792 pendant leur retraite (7ᵇʳᵉ 8ᵇʳᵉ 1792), dans les boues fangeuses de l'Argonne.

(1) Livry de « Libériacus », homme libre, gaulois ou romain.

(2) Voir les *Huards*, génies malfaisants qui égaraient les voyageurs. Ch. 3, Préhistoire).

LA FORET ET LES VILLAGES DES BOIS.

Rôle historique et social. — Importance économique. — Dissémination de la population.

Les forêts des Ardennes et de l'Argonne, — celle-ci n'étant en réalité que la bordure méridionale de celle-là,   ont joué un rôle de premier ordre dans la vie de nos pères depuis l'origine jusqu'aux temps présents.

Après les avoir, longtemps effrayés, elles leur ont donné abri et nourriture à l'époque paléolithique, dites des *chasseurs et des pêcheurs*, puis refuge et protection aux époques postérieures quand vinrent les conquérants qui les voulaient exterminer ou supplanter. Tout en sauvant la race, elles l'ont fortifiée en la défendant contre la rigueur des saisons, contre les maladies. Nul n'est plus robuste et plus sain, plus calme aussi que les hommes des bois : bûcherons, scieurs, fendeurs, débardeurs, charbonniers, etc...

Dans le passé bien plus que dans le présent, l'homme trouva toujours dans la forêt une partie de sa nourriture animale ou végétale : pommes ou poires sauvages (les boquettes). nèfles, merises, cesses, faînes, glands et champignons, etc., parmi les végétaux ; et, parmi les animaux : les aurochs, les ours aujourd'hui détruits ou chassés vers l'Orient, les sangliers, les *chevaux sauvages,* (1) loups, cerfs, élans et autres animaux plus petits, comme le chien. le premier animal domestiqué, le plus intelligent et le plus fidèle ami de l'homme ; comme le porc, le second des semi-domestiqués, et le plus utile, etc. A cette abondante venaison, la pêche ajoutait les produits de la pullulante vie des étangs innombrables dormant dans la forêt, des rivières, frémissantes et chantantes à travers les bois. Tels sont en-

---

(1) Les chevaux sauvages étaient alors chassés, tués et mangés en grand nombre. On a retrouvé près de *Solutré* (S. et Loire) un cimetière de 40.000 chevaux abattus et consommés sur place par les Gaulois. L'Ardenne et les Vosges possédèrent des *chevaux sauvages* jusqu'au 16ᵉ siècle.

core aujourd'hui la Suède, la Finlande, la Sibérie et le Canada.

Puis elle lui a fourni le bois dont il bâtissait sa hutte et plus tard sa maison, avec lequel il alimentait son foyer, cuisait sa nourriture, construisait son canot de pêche ou de voyage, etc. Elle a été la source intarissable des matériaux nécessaires à ses constructions diverses ou à son outillage : voitures, charrettes et charrues, instruments agricoles, charronage, tonnellerie, vannerie, boisellerie et de mille autres ustensiles propres au ménage, à la culture ou à la navigation.

A tous ces points de vue la forêt mérite de retenir toute notre attention : l'homme a pu vivre longtemps dans les bois avec une tranquillité relative et un minimum de ressources suffisant.

La Fournelle était encadrée sur tout son pourtour par des bois fort beaux, fils des terrains sableux et argileux du gault et des grès verts où dominent presque exclusivement le chêne et où l'on trouve peut-être les plus beaux spécimens de l'espèce.

De quelque point que l'on contemplât le paysage, plus austère au N. E., plus gracieux et plus clair au S. O., on ne voyait, — que d'énormes massifs de verdure, suivant toutes les ondulations du terrain, ou obéissant aux souffles de la brise, se courbant ou se cabrant aux fureurs de la tempête ; tantôt mer calme, tantôt océan furieux. Quelques points cependant étaient moins vêtus que d'autres, car le vent du nord, brutal et glacé, frappe durement les Hautes plaines de Toges et de Chestres, formées d'ailleurs d'un *sol maigre*, et de landes, et ne laisse pousser que des génevriers, des houx, des genêts, des bruyères roses et autres arbustes rabougris, ou des broussailles, et des plantes aromatiques qui délectent le lièvre, le lapin, les oiselets et plus encore les passants et les ouvriers forestiers.

C'est dans ces quartiers, où des sources abondantes, aux eaux pures et saines, surgissaient en tête et au creux des vallons voisins, que se trouvaient les refuges les plus sûrs, que s'élevaient quantité de censes, de hameaux, de petits villages comme *Houpillard, Caunoy,* la *Noue-Adam,* le *Petit-Ban,* les *Mesnils* qui, bien diminués, existent encore pour la plupart, enfin *Toges,* devenu gros village depuis longtemps, jadis hameau dépendant de Quatre-Champs, puis de Landèves.

Houpillard (1) eut jusque 350 arpents de terres cultivables,

---

(1) La cense de Houpillard avait été achetée et *amortie* par Philippe le Bel en faveur de Jean de Grandpré et de Jean des Granges, ses

entre Chestres, Landèves et Lacroix. Ses habitants, environ 100, étaient laboureurs et surtout « houpilleurs, fagoteurs » de « houpies ». c'est-à-dire de branchages et de cîmes d'arbres, désignés sous le nom vulgaire « *d'assoms.* » ou les « *assoms* ». La *som* (sommet, tête) d'un arbre était encore appelée « poupiette » ou « *coupielle* » (*coupeau*, sommet), ou simplement houpilles, et par abréviation : *houpie.* On dit couramment : « c'est de la bonne ou de la mauvaise houpie avec laquelle on peut chauffer le four et le four à chaux ». Ces fagots légers sont dits « *faguettes* » et fascines, (de *fau*, *fagus*-hêtre, d'où fagot, fagoter, fagoteux, et « fagotin »; mais les « fascines » ou faschines (de l'all. (*faschine*) sont faites avec des branches plus grosses et plus fortes.

La *Noue-Adam* si paisible, si gentille dans son petit vallon forestier et dans sa ceinture toute fleurie de vergers (pruniers, poiriers, cerisiers, etc) qui la rendent invisible et tant rustique et jolie, eut près d'une centaine d'habitants ; elle a été presque détruite en 1918 dans la dernière semaine de la guerre, et son charme s'en est allé avec les beaux chênes de la forêt, rasé à blanc par les boches. Les 19 hectares aux futaies incomparables, reste des bois de Lacroix, qui finissaient près du cimetière de Ballay, formaient un *site classé.* C'est l'éperon gaizeux qui porte *Caunoy* et les souvenirs des seigneurs de Balla dont la demeure féodale était tout à l'entrée du bois, en l'un des points les plus resserrés du défilé.

La *Normande* ne fut jamais qu'une cense médiocre au croisement des chemins de Belleville à Toges et de Quatre-Champs à Boult. *Adam*, Normand, sont les noms des fondateurs ou des premiers propriétaires. Les « *Normands* » sont nombreux en nos régions (Le Chesne, Ballay, etc). Normand désignait au 17ᵉ siècle, une famille de Châtillon. La *Croix Normand*, au carefour des chemins unissant les quatre villages cités plus haut, marque le lieu d'un accident causé par les neiges, les loups ou quelque autre malfaiteur.

La Normande n'a peut-être été que la pointe extrême du hameau de la *Maisenau*, car en remontant le vallon du même

---

nom, on a retrouvé des traces de culture soit au *Gros Boule*
toujours cultivé, soit à la *Carquine* (1) dans la partie la plus
sauvage du vallon.

Sur la *droite* et au *nord* de la Fournelle, on rencontrait :
Bazancourt (sur le déverticulum romain), dépendance de l'abbaye de St Remy de Reims. Forêt et cense d'abord, puis un
instant gros village après la guerre de Cent ans et la destruction de l'important bourg de Bairon par les Anglais (1360),
puis simple *chapelle de secours* pour Brieules, Châtillon, les
Petites Armoises et le Chesne, c'est-à-dire pour les populations
voisines dispersées dans les bois et les marais, aujourd'hui
redevenue ferme considérable, Bazancourt a appartenu pendant assez longtemps aux évêques du Puy (en Velay), donation faite peut-être par quelque pélerin reconnaissant à la
Vierge noire du Puy, ou à l'Université de St Majol, installée
dans la même ville, et en grand renom partout ; ou, plus sûrement, bénéfice d'un chanoine de Reims devenu évêque de la
Cité des Vélaves.

St-Denis (St Denis de Reims), vaste forêt défrichée, il y a
70 ans à peine, devenue depuis une ferme d'élevage modèle
pour les bovins de race bretonne ou hollandaise, dont la vente
est facile dans les boucheries des petites villes et des campagnes. Elle était jadis soumise à des droits de paissance en fa -
veur de Châtillon (et de Noirval ?). Entre St-Denis et Bazancourt, on exploita des carrières, aujourd'hui abandonnées, d'un
calcaire blanc bleuté d'un très beau poli.

Les *Bois* de la *Véry* (Vedrariæ = verrerie), de Maison-
Rouge (ou terre d'Assy), ceux du Chesne, de Marcelot et des

---

(1) Carquine peut venir du nom d'un ancien propriétaire appelé
Carquin restant au 17ᵉ siècle à Quatre-Champs, d'où Carquine. Quant
à Carquin, il pourrait dériver de *Karl-Kind*, fils de Charles. Nombre
de noms de famille sont, dans nos pays, terminés en *quin*, comme
Fransquin, fils de François ; *Pierquin*, fils de Pierre, etc. etc. Mais il
peut dériver aussi de Kar ou Kaer (celtique) = maison ; et de *Kinn*
(germ.) larmier, bec de gouttières, ganache du cheval, d'où gouttière,
larmier de la maison, ou des maisons, ce qui correspondrait bien avec
la *Maisenau*, ancien hameau.

Notons qu'il y a à Bruxelles le *Mannequin Pisse*. Mannequin dérive
de Manchen, de Mauchen « *le Petit homme* », *chen* étant un diminutif. Il se pourrait donc que Carquin soit un dérivé de (fils). Karlchen
= petit Charles et que Fransquin, Pierquin soient des similiaires : Franz-
chen, Pierchen = Petit Pierre, Petit François etc. Des familles Carquin,
Fransquin, Pierquin ont habité dans les trois derniers siècles Belleville,
Châtillon, Quatre-Champs, etc.

Alleux, de Vaux Maillard, de Landreville, Huileux, Vandy (700 arpents), de la Wagnerie, de Voncq, forment un massif imposant par son étendue, ses belles futaies de chênes, de frênes, de bouleaux qui poussent « comme du chanvre, » drus, forts et droits sur des limons marneux. C'est l'extrémité septentrionale de l'Argonne.

A diverses époques même récentes, — moins de cent ans, — ces forêts étaient mêlées de terres cultivées. On voit encore la trace des sillons et les chemins de charroi à *Huileux* notamment, avec quelques traces de constructions anciennes : chemin de St-Denis.

Les noms de *Vaux-Maillard*, de *Landreville* rappellent ceux des puissants seigneurs de Landres et Imécourt, en partie seigneur de Quatre-Champs au moyen âge par suite d'alliance, d'échange ou d'achat avec les familles de *Willer*, ou de *Wasteterre*, premières occupantes de ces terres et d'une partie du défilé de la Fournelle.

C'est par ces plateaux que vint et que s'établit la colonisation franque, amenée par la voie romaine Reims-Trèves, toute semée sur son parcours d'établissements francs : *Bazancourt* = (basilica curtis); *Grimansart* = sart de Grimm ; *les Alleux* = (allod, allœ = terres franches d'impôts) ; la *Barbonne* (= bar, nu ; *bohne* = fève : = fève nue) grosse fève ; la Barbonne un petit hameau dans un vallon marécageux entre Maison-Rouge et le Chesne ; la *Wagnerie*, (propriété de Wagner).

C'est lentement que la population de ces plateaux descendit dans le défilé mieux abrité des vents, aux terres bien plus fertiles ; aussi, trouvons-nous à l'orée des bois et à la base des talus *montignettes* et *rouillons*, ou « *roullon* », toute une bordure de hameaux », d'« enclos » ou « aclos », qui finirent par se grouper, se fondre avec les villages proprement dit à une époque assez récente, comme Praël, le P¹. *Ban*, vieilles Landèves, *Vaux Lohier*, la *Vauvrelle*, *Claire Fontaine*, *Enclos St. Remy*, la *Grand Vin* (vigne), *Háplé*, «les *Enclos* » ou « *Aclos* », (Bernard, Imbert,) la Nau Rasset. (1) — la « *Justice* », très ancienne avec ses carriers et ses tuiliers, et qui a dû avoir une certaine importance, la *Maisenau*, où l'on a retrouvé des assises

-----

(1). Ces « Aclos » nous donnent de façon certaine les noms de quelques uns des plus anciens habitants du village : *Bernard*, *Imbert*, *Rasset*, *Rosette*, *Curquin*, Jamelet, Claudot, etc., fixés sur leur terre, et tous à l'orée des *bois*.

de murs en établissant le chemin de Belleville et aussi des traces de culture dans le Val supérieur de la Carquine. Ce dernier hameau devait s'être groupé à droite du chemin de la Carquine a proximité de la Fontaine Isabeau, et de vergers de vieux poiriers mourants ou morts. D'assez nombreuses superstitions se rattachent à ce site : feux follets, la poule noire et le diable ; des attaques aussi, par les loups.

Puis à droite de la Fournelle : le *Moulin à vent*, les *Tuileries*, *sart Assot* qui semble rappeller *Assy* (Maison rouge, si proche) du *Pré Hachette* ou *Achette*, de ache, ombellifère qui croît en cet endroit, fleur dont on couronnait les morts, et de la Nau Potencier où se dressaient les fourches patibulaires du seigneur de la Butte :(Warnier de Ballay, 1290), la longue rue des *deux Mesnils*, des *Mazures* peuplés de laboureurs et de cordonniers affiliés à la Confrérie de St-Crépin, leur patron, martyrisé au 3ᵉ s, sur les bords de l'Aisne dans laquelle, il fut jeté la meule au cou, suivant la légende chrétienne.

Sous les noms, ou sobriquets, de *Choufliks*, ou savetiers, de Chou-maks de *Shûh* = souliers et de *flikers* = racommodeurs, rapiéceurs : d'où choufliks = savetiers ; et de *chou-maks* (de *Schuh*, et *macher*, faiseurs, — d'où cordonniers) ces ouvriers quittaient chaque année le village ; et, la hotte chargée de cuirs et d'outils au dos, en criant « *souil à refaire !* » ou simplement « souil arff » s'en allaient de village en village racommoder les souliers ou en vendre ; les Mesnils et les Mazuses étant trop pauvres pour nourrir tous leurs habitants surtout aux époques troublées, ou après des mauvaises récoltes. Noirval était pauvre alors et fort peuplé. Il est riche aujourd'hui et n'a plus que 60 habitants.

La base des collines boisées était donc semée de nombreuses habitations logeant une population assez disséminée. Mais la forêt resta le centre d'une exploitation active et régulière : coupes, débit des grumes en planches, chevrons et échalas, etc. production, dans les « fautes » ou « fauldes », du charbon de bois dont il se faisait grosse consommation en ces temps ou la houille était inexploitée, sinon inconnue.

Le seigneur d'ailleurs, tirait différents profits ou produits de ses bois.

Il louait aux vilains le droit de «paisson» ou de « pasnage ». c'est à-dire pâture (ou de glandée, etc.) location qui lui donnait des revenus assez considérables. Ainsi le comte de Grandpré en 1669 (22 septembre) cédait la glandée de tous ses bois à Ponce Buffet, fermier de la *Belle Joyeuse*, et à Louis Buffet, marchand à Talma, pour une année seulement, moyennant la somme de 40 livres.

« La paisson des porcs » que les anciens appelaient « *pasnage de la hure* », dépend de la quantité de chênes qui portent le gland et a toujours été de grands revenus pour la maison du Mont-Dieu. (1).

« Ainsi, l'an 1465, il n'y eut point de glands, mais il y eut telle quantité de *fayennes* (faînes), fruit du *fau* ou (hêtre), qu'on y mit des porcs sans nombre, et la dite *paisson* monta à 62 livres estimées plus de 3.000 écus, sans compter très grande quantité de nos porcs, de ceux de nos censiers (fermiers), ou des pauvres auxquels on permit d'y mettre leurs porcs par aumône.

« En 1495, la paisson avait 600 porcs, sans les nôtres ; chaque payant 4 sols depuis St-Rémy jusqu'aux rois, (c'est-à-dire pour la moitié de l'hiver).

« En 1507 et 1508, la paisson fut aussi belle, car les marchands nous payèrent pour les deux dites années 5000 frs qui seraient maintenant (1640), plus de 20.000, sans compter les nôtres. Ce que j'en dis en comparaison des paissons qui n'étaient vers l'an 1400 pour les plus belles qu'à 15 livres. Le 16e siècle fut donc une époque florissante ; car d'autres animaux, allaient encore dans les bois en été : veaux, vaches, taureaux etc. (2) ». La forêt du Mt-Dieu s'étendait, il est vrai sur près de 3.000 arpents.

Mais dans tous les villages, il y avait le *pasnage de hure* et à Quatre-Champs, le chemin qui conduisait au bois du seigneur s'appelait « *Chemin de la Hurée* ». Par là, les porcs montaient à la glandée sur la Haute Plaine de Toges et en revenaient ; la *Hurée* était, à l'entrée de la forêt, le lieu de rassemblement ou de dispersion des troupeaux de porcs du village : la *Hurée* (3). Ce nom est assez fréquent dans l'Est de la France,

---

(1). Dom Ganneron, les *annales du Mont-Dieu*. Edition Paul Laurent, archiviste des Ardennes ; ouvrage très précieux pour la connaissance de la vie et de l'histoire des habitants de nos régions.

(2) Le mot Hurée a aussi le sens de *talut fort raide* : « le sire de Biaujeu venu. si était la Hurée trop roiste (roide) pour saillir son coursier, et dit à celui qui portait la bannière... Et ce disant il sailli outre de si grande volonté que par dessus la *hurée* du fossé... » (Frois. tom. IV, livres I. p. 118).

(3) Le surnom de Huron fut donné par Champlain pendant son voyage de découverte au Canada en 1615, aux peuplades s'appelant eux-mê-

où l'élevage des porcs a toujours été fort important. On peut dire sans exagération que c'est le porc qui a sauvé nos populations en temps de calamité ; car il est aussi facile de le dissimuler que de le retrouver ; et il sait se défendre.

Tout en gardant leurs bêtes demi-sauvages, les *porchers*—ramassaient des faînes (fayennes ou *fayines*, en patois) qui leur donnaient un peu d'huile. Ils cueillaient, ou « *trifflaient* » (on dit aussi : riffler) les feuilles soyeuses du hêtre, pour remplir les paillasses de leurs lits rustiques, et pour les renouveler chaque année afin qu'elles fussent moins dures et plus propres en hiver ; ils recueillaient encore des simples ou vulnéraires pour soigner leurs maladies et celles de leurs animaux, et apprenaient ainsi à connaître la forêt et ses habitants dans leur vie intime et profonde. Ils défendaient leurs bêtes contre les loups, contre les voleurs et autres animaux malfaisants ou dangereux, car ils en devaient un compte sévère au maître du troupeau (voir St-Juvin).

Les porcs étaient vendus ou « tués » dans les derniers jours de l'année, entre la St-Martin et le Mardi gras. Et alors il était d'usage d'offrir des grillades (en patois, grillardes) aux parents aux amis ; et plus tard au curé, à l'instituteur. C'était, dans les familles, l'occasion de joyeux et abondants repas, où la viande de porc était accomodée d'un nombre infini de manières. Tout sert dans le porc ; il n'est pas d'animal qui fournisse une plus grande variété de victuailles excellentes. La graisse, ou *saindoux*, fondue et conservée en pot, remplaçait le beurre qui, de nos jours seulement, a pris le premier rang parmi les aliments gras, parce que plus agréable au goût, moins lourd et

---

mes *Wendats. Wyandots*, et habitant à l'ouest du lac Huron, ainsi nommés à cause de la frisure qui donnait à la tête l'aspect de la *hure d'un porc sauvage*. — Das altfranzosisches Wort : la hure scheint aus den *Nôrdl Frankreich* gekommen zu sein, dafür alte Zeugnisse : la gent barbée et ahurie, (normand *huré* = struppig) grand fut la hure que sor (sur) les ex (yeux) li pent — die dem wilden Schwein über die Augen hangt. (Dietz rom. wort Buch.) ce qui se traduit ainsi : Le mot vieux français la hure semble être venu de la France septentrionale. Il y a de cela de vieilles attestations écrites : la gent barbée et ahurie ; le normand huré — struppig — hérissé, ébouriffé; grand fut la hure qui sur les yeux li pent   qui pend sur les yeux du sanglier. — Egli : *nomina georafica.* La Hurée est bien une crête boisée dont les chênes ressemblent à des poils hérissés. Malgré cette explication un peu compliquée donnée par Egli, le mot Hurée nous semble simplement un collectif en *ée* venu de la réunion en cet endroit des troupeaux de porcs allant à la glandée ou en revenant.

plus digeste. Les autres parties de la bête s'accommodaient de
cent façons, en boudins, andouilles, saucisses, jambons et autres charcuteries, etc.

Le porc ardennais, haut sur pattes, courant sans cesse à la
recherche du gland ou de certaines racines, s'engraissait deux
ou trois fois moins vite que les races actuelles, mais vivait au
grand air libre pendant un an ou 18 mois, et donnaient alors
les jambons dits *de Mayence*, si savoureux, si recherchés dans
tout l'Est, et partout ailleurs, par les gourmets.

Les jambons, laissés un temps au saloir, dans la *saumure*
« ou saumoire », aromatisés d'herbes parfumées, enveloppés
de sarments de vigne et de papiers, puis suspendus dans la
cheminée où ils étaient exposés à l'action de la fumée d'un feu
de bois, ne sont plus guère connus dans les campagnes, où les
remplace, comme à la ville, le jambon gras et fade des races
tonkinoises et autres, engraissées en six mois. La plupart, sont
sans goût ni saveur. Mais ils demandent moins de temps,
moins de soins et se trouvent plus aisément.

La « tuerie » du porc était jadis un jour de régalade, de
beuveries et de plaisanteries, salées elles aussi.

Jusqu'à nos jours, le porc a donc été vraiment la providence
de nos populations agricoles ; et l'on sait, d'autre part son rôle
actuel dans l'alimentation publique (1). Rendons à ce pauvre,
à cet amusant et si utile animal ce témoignage que, s'il n'est
pas toujours propre, il est très sensible cependant à la propreté
et à la litière fraîche ; que s'il se vautre dans la boue ou dans
une bauge, c'est qu'il a besoin de se défendre contre les insectes et autres ennemis pullulant dans le fumier entassé à la
porte de son « ranc » ; qu'enfin s'il est goulu, ou, comme l'on
dit encore, « saffre » (sans doute de l'allemand *sauffen* = (manger
goulûment en parlant des animaux), c'est qu'on lui donne à
manger à des heures irrégulières et par rations trop inégales,
d'une nourriture vraiment sale et parfois répugnante, on ne peut
nier qu'il ne soit fort intelligent et qu'il ne sache bien que nos
soins méprisants n'ont d'autre but que de le rendre plus vite
apte à satisfaire notre propre voracité. L'anthropologiste trans-
formiste Zabouroff en fait sans hésiter un de nos frères inférieurs les plus proches, « le premier chez lequel, dit-il, on ait vu

---

(1) En 1914, les Allemands, grands mangeurs de lard, saucisses et
choucroûte, possédaient 25 millions de porcs en leurs porcheries, ce qui
leur permit de continuer la lutte plus longtemps. Porcs et poissons jouent
un grand rôle dans l'alimentation allemande.

apparaître nettement les premières lignes du *facies humain* ».
De là notre rancune contre ce dénonciateur ; de là sans doute
le nombre incalculable de plaisanteries amusantes, injurieuses
ou cruelles dont il est l'objet et la victime !

Pour le chasseur, la meilleure venaison est la plus recherchée vient aussi dans la forêt. Et nos forêts de l'Argonne
ont toujours été très giboyeuses, étant bordières de l'Ardenne,
au nord, et de la Champagne, au sud, pays de grande et riche
vénerie

*
* *

Depuis longtemps, depuis toujours, l'on a fabriqué beaucoup de matériel de guerre dans nos pays, et d'abord pour les
légions romaines de la frontière du Rhin, du 1er au 5e siècle.
L'Argonne a fourni des *écorces* de chêne, c'est-à-dire du *tan*,
pour la préparation des peaux et du cuir. La récolte du tan est
restée fort importante jusqu'en 1860. Beaucoup de villages
avaient des *tanneries* — : Buzancy, Vouziers, Quatre-Champs,
Brieules, Le Chesne, etc. etc.

1649 (1) 18 février. Vente par Chillâtre et Robert à Antoine
« Jardin, meunier à Mouron, de toute la qualité d'écorce que
« les recognoissants feront *faire et fagotter* dans la garenne du-
« dit Grandpré qu'ils font couper la présente année ; laquelle
« écorce ceux recognoissants feront faire de la grosseur et hau-
« teur ordinaire et accoutumée au pays, moyennant la somme
de 25 livres par chaque cent de fagots desdites écorces.

Ces écorces, réduites en *tan* par le meunier, étaient vendues aux nombreux tanneurs de la région ardennaise. On en
récoltait, on en employait partout, et l'industrie des cuirs
s'exerçait dans beaucoup de localités. C'est encore une des
plus actives, des plus belles et des plus réputées de notre pays
de France. Mais hélas, les petites tanneries ; de Vouziers Quatre-Champs, Brieules, Buzancy s'en sont allées avec les petits
moulins ; l'électricité a remplacé le tan, les grandes usines ont
tué les ateliers rustiques, les ouvriers ont quitté le village pour
l'échoppe de la ville. Le prix des chaussures a décuplé ; l'élé-
gance et la mode ont trop souvent remplacé la solidité et la
durée qui ont vécu un peu plus de temps que les roses et

---

(1) Archives des Ardennes, t III. Ste C. D. E. E. p. 463. Biblioth.
nationale.

qui reviendront. Le progrès d'aujourd'hui est, parait-il, à ce prix-là ! (1)

---

(1) On peut envisager la forêt à un point de vue plus élevé et plus général. « La ruine des forêts, dit O. Reclus, compromet tous les climats et tous les reliefs. » Indéfiniment victorieux des orages, l'arbre s'oppose aux ravages du ruisselement. La forêt fournit le terreau perméable ou la pluie s'infiltre ; les goutelettes unies vont former plus bas les fontaines. Tandis que sur les monts découronnés de leur selve le moindre orage suscite gave, neste, nants, dorons, etc., qui s'assemblent en *torrents* dévastateurs qui désolent, détruisent, changent tout en désert...

« *L'homme est fou.* Il déboise avec fureur son héritage : le sol s'écroule ; le climat, que la forêt tempère comme l'Océan, s'exaspère, le vent s'enrage ; la pluie tranquille fait place à l'orage foudroyant ; les rivières s'ensablent ; à une contrée saine succède une contrée malade. Et il faudra de grands travaux pour réparer de telles folies ».

On ne saurait mieux dire ; et la guerre mondiale avec ses destructions de forêts, ses coupes effroyables a déjà fait apparaître dans le Nord et l'Est de la France une partie des phénomènes signalés en ce passage si exact et si fort.

« Celui qui abat un arbre, tue un homme, disent les Turcs. « Quand un arbre de la forêt tombe, ajoutent les Canadiens, la terre et l'homme tremblent. »

Il faut donc aménager les forêts et non les dévaster ; planter des arbres et non en abattre immodérément. C'est le seul moyen de défendre la beauté et la salubrité de notre pays ; d'assurer le débit régulier et la pérénité de nos sources, la navigabilité de nos fleuves et la fécondité de nos champs et de nos prairies.

LE POUVOIR ABSOLU. (1660-1789).

Les Intendants et les essais de réforme.

La défaite de la Fronde consacra l'avènement définitif de la monarchie absolue qui devait durer près d'un siècle et demi avant de succomber sous le poids de ses fautes qui furent grandes, car elle jouissait d'un crédit illimité et d'un pouvoir sans borne qui lui permettait de tout oser, même les réformes les plus hardies.

Les fondateurs de la dynastie, à travers des fortunes diverses, avaient montré un grand sens politique et su réaliser l'unité nationale en mettant fin à l'anarchie féodale. Mais les derniers Bourbons manquèrent ou d'esprit politique, ou de prévoyance.

Malgré l'éclat des lettres, des arts et des sciences qui donnèrent une seconde fois l'hégémonie de l'Europe et du monde à l'esprit français, ils ne surent assurer le développement pacifique de notre commerce, de nos colonies, ni diriger à l'intérieur les réformes que nécessitait un régime vieilli et que réclamait une opinion publique de plus en plus éclairée. Une évolution hardie et intelligente nous eût évité une révolution violente ainsi que l'épopée révolutionnaire et napoléonienne qui a montré au monde les forces latentes prodigieuses enfermées en l'âme de nos pères du 17ᵉ et surtout du 18ᵉ siècles, mais qui a fatigué la race et ralenti son essor.

Le gouvernement personnel de Louis XIV commença brillamment par des réformes et des créations remarquables avec Colbert, Louvois et Vauban. C'est la période jeune et immortelle du règne (1660-85). Mais la révocation de l'Edit de Nantes, irréparable faute qui causa la ruine de notre commerce et de notre industrie alors en grande partie aux mains des protestants, qui provoqua une émigration considérable, éveillant partout des craintes et des haines contre nous et fomentant la formation des grandes coalitions de la fin du règne, la construction ruineuse du palais de Versailles (1) et les fêtes coûteuses de la Cour arrêtèrent le brillant essor du début qu'avait favorisé, de 1660 à 1675, presque sans interruption, une suite d'abondantes récoltes de vin et de grain apportant pain, paix et résurrection dans le nord et l'est, régions dévastées de ce temps là, de tous les temps.

Sauf Sedan, en partie ruiné, nos pays pâtirent peu de la révocation, qui, pourtant, en 1712, dans la guerre terrible de la succession d'Espagne, amena, sous la conduite du major hollandais Grovestein, un raid de cavalerie très pénible pour les populations de la Picardie, de la Champagne et des Ardennes, où ses excès réveillèrent le souvenir des tristes jours de la Fronde. A son retour il traversa notre défilé. La grande *banqueroute de Law*, 1721, ne fut en réalité que la liquidation posthume et désastreuse du règne de Louis XIV.

Le 18e siècle a été appelé le *siècle des banqueroutes*. Le règne de Louis XV en vit plusieurs, entre autres celle de l'abbé Terray ; celui de Louis XVI finit après la *guerre d'Amérique* qui nous coûta près de 2 milliards, et, après les folies de Calonne, par une situation financière si désespérée que l'on dut convoquer es Etats-Généraux pour y remédier et éviter « la hideuse banqueroute ». Il en sortit une révolution.

C'est que l'ancienne monarchie n'avait jamais su établir ni un système d'impôts justes et stables, ni une répartition équitable, ni une perception simple et facile. Elle laissa peser exclusivement tout le poid des charges publiques sur le Tiers-Etat, ou mieux sur les paysans qui en furent accablés. Le 18ᵉ siècle a donc été aussi le « *siècle de fer des paysans* ». Leur sort, en effet, fut dur et malheureux pendant toute la durée du pouvoir absolu.

Fénelon écrit à Louis XIV ; « Vos peuples meurent de faim ; les terres restent sans culture, les villes et les campagnes se dépeuplent. » Vauban ajoute : « Un dixième de la population mendie, et cinq autres dixièmes sont presque réduits à la même condition ; trois des quatre dernières sont fort malaisées. » En Champagne les habitants ont de pauvres cabanes délabrées et portent des haillons : « les enfants mangent baies et racines et meurent en grand nombre. « Pendant l'hiver de 1709 les blés et les arbres fruitiers furent gelés à peu près partout. La mi-

____

(1) La construction du Château coûta plus d'un milliard, soit 4 ou 5 au taux d'aujourd'hui. — Celle de Marly plus encore.

sère et la mortalité furent effroyables. On servit du pain noir sur la table du roi et les valets du château allèrent mendier aux portes. L'orge et l'avoine semées au printemps sauvèrent heureusement la population. En 1725, famine. Les hivers de 1739 et 1740 furent presque aussi cruels que celui de 1709. Masillon, évêque de Clermont, écrivait au ministre en 1740 : « Le peuple de nos campagnes vit dans une misère affreuse; sans lits, sans meubles ; la plupart même, la moitié de l'année, mangent du pain d'orge et d'avoine qui fait leur unique nourriture et qu'ils sont obligés d'arracher de leur bouche et de celle de leurs enfants pour payer leurs impositions. »

Des soulèvements causés par la faim éclatent en 1739 dans l'ouest à Ruffec, à Chinon, à Caen ; en 1750 et 1768 en Auvergne, en Dauphiné, en Béarn, en Provence et en Normandie. On attaque les greniers et les boulangeries ; on tue pour voler du pain. La détresse gagna même les faubourgs de Paris. Et l'honnête d'Argenson écrit : « Un jour, en septembre 1739, le roi traversant le faubourg St-Victor pour aller à sa nouvelle maison de Choisy-(le-roi), théâtre habituel de ses parties galantes, le peuple s'amassa et cria, non plus : « Vive le roi ! » mais « Misère, famine ! du pain ! » Et le même d'Argenson affirma « qu'il était mort plus de Français de misère depuis deux ans que n'en avaient tués toutes les guerres de Louis XIV. »

Ainsi le mécontentement et la misère étaient universels ; et il s'en fallut de peu que la révolution n'éclatât dès 1750. La fin du règne de Louis XV fut désastreuse, lamentable. Les dernières années du gouvernement de Louis XVI, de 1784 à 1790, ont été plus calamiteuses encore en beaucoup de provinces. M. Albot a montré à l'aide des mercuriales du marché de Rethel et des livres de raison de quelques particuliers (1) que pendant plus de la moitié du 18ᵉ siècle, les récoltes furent mauvaises et déficitaires en grains et en vin, que le pain fut cher dans nos pays de Rethelois, la vie difficile et pénible.

L'Anglais Arthur Young dans son voyage en France (1787-89) est frappé de la misère des paysans, de la pauvreté, et du délabrement de leurs demeures, de l'étendue des terrains laissés en friches, de la médiocrité du cheptel, du faible rendement des récoltes et de l'état arriéré de l'outillage agricole, et il rend les seigneurs responsables de toutes ces misères.

Ces mauvaises périodes étaient coupées de bonnes années

____

(1) Rev. Historique des Ardennes : t. VI.

assurément comme celles du début du règne de Louis XVI et de la guerre de l'Indépendance des Etats-Unis ; les « saisons » jouaient alors comme de nos jours un grand rôle dans l'état plus ou moins satisfaisant des récoltes Mais l'organisation sociale était si mauvaise, les impôts si lourds, l'ignorance et la routine si grandes encore qu'il eût fallu pendant de longues années un gouvernement éclairé, énergique pour vaincre les résistances d'en haut et d'en bas, pour tirer la France de cet état de misère générale et prolongée.

Quelques hommes comme *Turgot*, comme les Intendants *Tourny* à Bordeaux, *Blossac* à Poitiers, *Boussut* en Bourgogne, les *Rouillé* en Champagne, essayèrent de supprimer les abus, de faire des réformes et obtinrent des résultats encourageants. En 13 ans, Turgot avait transformé le Limousin, l'une des provinces naturellement les moins favorisées de France, et depuis, l'une des plus prospères. Devenu ministre, il déclare *exempte d'impôt pendant 15 ans* toute terre nouvellement défrichée, et l'on vit immédiatement 100.000 arpents remis en culture ! Que Louis XVI, moins faible, le maintînt quinze ans au ministère et la grande ennemie, la *faim*, était vaincue et la monarchie sauvée du « déluge », pour parler comme Louis XV.

Qu'allaient donc faire à Versailles dans les *Journées d'octobre 1789* les femmes des Halles de Paris ? « Elles allaient chercher — (et ramener) — le boulanger, la boulangère et le petit mitron ». C'est-à-dire « le roi, la reine et le dauphin », pensant bien, qu'eux présents, la ville ne manquerait plus de pain.

Depuis près d'un siècle et demi Versailles, « ce désert, ce favori », avait supplanté Paris et tout avait été faussé, désorienté. Redevenu la tête qui dirige et la main qui exécute, Paris remit en branle la machine embourbée, qui, au prix d'une révolution, reprit sa marche normale et naturelle.

La question *pain*, c'est-à-dire des céréales et autres produits alimentaires, était donc une question vitale. Il fallait d'urgence commencer par l'amélioration du sort des campagnes et donner au paysan des outils plus parfaits, du bétail et des chemins, des dégrèvements d'impôts, lui imposer des cultures nouvelles comme la pomme de terre, etc.. et surtout lui assurer des terres libres en plus grande quantité ; il fallait supprimer ou diminuer les privilèges de la noblesse et du clergé, et répartir les charges publiques avec plus de justice et percevoir les impôts avec plus d'intelligence et d'économie.

Sous Fleury, on reprit la construction des *grandes routes*, et on créa la *corvée royale*, bienfait à longue échéance, *souffrance immédiate, intolérable* pour les paysans obligés aux charrois en toute saison pour la construction et pour l'entretien des dites routes, sous peine d'emprisonnement. Cette *corvée* devint très impopulaire.

On créa les magasins de réserve. Mais les *traitants et autres brigands*, amassaient le blé pour créer des *disettes artificielles* afin de *faire hausser les prix et de réaliser des bénéfices.* C'est ce qu'on appelle le *pacte de famine* dont Louis XV, roi si indigne, fut un des bénéficiaires (*croupiers*). Ou bien l'on arrêtait les bateaux apportant des blés étrangers ; on jetait leur cargaison à l'eau à Rouen ; on brûlait les granges et les meules de grains autour de Paris, au temps de Turgot, pour provoquer sa chute ou pour empêcher ses réformes d'aboutir...C'était la *guerre des farines.*

Enfin on faisait dresser des statistiques qui indiquaient l'état des récoltes par région, mesure qui eût pu aider grandement à remédier à temps à la détresse des régions les moins favorisées.

En voici une qui date de 1751 et qui intéresse tout particulièrement la vallée de la Fournelle.

Généralités de Châlons

Élection de Rethel   *Subdélégation de Rethel.*

Mesures en usage : Vouziers	Espèces	Poids du septier	Prix de chaque espèce en chaq. lieu.	Prix arrêté
Ballay	Froment	180	8 livres	9
	Seigle	160	4	5,5
	Avoine	96	2	2,8
	»	200	10	10
Belleville	»	180	5	6
	»	120	2.163	3
Châtillon	id	même poids qu'à Belleville	7.-5,8,-3	même prix que Belleville
Condé	id	id	10.-4,8.-2.8 s.	id
Abbaye de Landèves	id	id	19,-4.8-2.8 sous	id
Noirval	id	id	10,-5.8-3.	id
Toges	id	id	10,-5,- 3.	id
Vandy	id	id	10,-5,- 3	id
Vrisy	id	id	10- 4,8-2, 3 *sous*	id

Ainsi, sauf Ballay qui a un poids et des prix particuliers

pour le *septier* ou setier, toutes les autres localités ont des poids et un prix «arrêté», c'est-à-dire fixé, et un «uniforme» et ne diffèrent que par le prix du froment, du seigle et de l'avoine *pris sur place*. Le septier de Paris, ancienne mesure pour les grains contenait 156 litres ; en 1771 il valait *vingt écus*. Depuis Charlemagne, paraît-il, le dit setier de blé égalait *quatre paires de souliers*, ou un bœuf.

On voit par le rapprochement des deux dernières colonnes que la marge laissée au bénéfice était nulle ou peu considérable. En temps de menace de disette, la liberté commerciale était annulée, ou peu s'en faut. Il en a été souvent ainsi au 19e et au 20e siècles. Ventre affamé n'a pas de loi. Cela explique en partie la *loi du maximum* sous la convention, et la *carte de pain* de 1914 à 1919. Ces exceptions sont des *lois de salut public* que le paysan et le marchand éludent parfois en faisant manger son blé au bétail plutôt que de le livrer à *prix fixe* ou réduit, comme cela eut lieu en plusieurs endroits pendant la dernière guerre.

Les récoltes de 1788 et 1789 sont évaluées d'une autre façon :

	1788			1789			
	Blé : Gerbes	Seigle :			Blé :		Seigle :
(Nombre de *gerbes* par arpent :	Poids Mesures de Paris.	Nombre de gerbes	Poids	»			»
Belleville: 96 g.	200 livres	72	360	grêlé			grêlé
Vrizy : 180	600 »	120	300	180-600 liv.	120 g.-300 l.		
Châtillon : 75	240 »	60	180	110- 80	80	180	
Toges : 100	400 »	60	245	récoltes anéanties			
Ballay : 96	400 »	60	230	par la grêle du			
Abb. de L. 80	400 »	72	270	16 juillet.			
Vandy : 72	240 »	60	225	96 230	72	270	
Noirval : 100	100 »	72	288	72 75	72	33	
Vouziers : 132	415 »	89	282	123 304	89	238	

La grêle du 16 juillet 1789 avait anéanti ou fort maltraité les récoltes dans 21 communautés, et l'on voit que la vallée de la Fournelle (Quatre-Champs compris, mais non mentionné ici) avait été cruellement éprouvée en tous ses villages, sauf Chestres. La récolte du vin fut nulle à Vandy.

Progrès à noter : en cas de grêle, le roi, par la voie de l'intendance, faisait remise totale ou partielle des tailles et accordait des secours aux sinistrés ; (semences, etc). L'idée de solidarité avait déjà fait de sérieux progrès dans les esprits.

Autre remarque intéressante. Le rendement en *gerbes* et en *poids* dénonce assez visiblement la qualité et la nature des terrains et aussi la diligence et la qualité du laboureur. Ainsi Vouziers et Vrizy ont des terres de 1ᵉʳ ordre : de là de gros rendements ; tandis que les autres villages ont des gaizes surtout : rendements moindres. On remarquera les soins plus diligents des gens de Toges et de Landèves et de Ballay, dont l'esprit est tenu en éveil et les champs mieux travaillés, les récoltes mieux *esherbées* au printemps, sans doute par la crainte de manquer de pain l'hiver suivant. Nécessité est souvent vertu. (Archives des Ard. Sie C, 241, *Tableau comparatif des récoltes dans le département de Rethel.* Portef. 103 p. 59).

Autres renseignements curieux : Prix des céréales du 1ᵉʳ septembre 89 au 1ᵉʳ septembre 1790 :

1ᵉ Froment : le septier 112 liv. de 4 quartel à
la mesure :   12 liv. le septier
2ᵉ Seigle :   »   96   »   7   id.
3ᵉ Orge :   »   100   »   5   10 sous- »
4ᵉ Avoine :   »   60   3   4   »   »

Mesures : — État des noms, qualités et poids des mesures dont on se sert dans le département de Rethel de 1746 à 1789. La livre ordinaire du pays est toujours de 16 onces poids de marc V. App : Poids. — Les grains de toutes espèces se vendent et se livrent en *quartel* : (4, au setier ou sac).

La *pinte* de Bourgogne pèse 1 liv. 12 onces La *pinte* de bière : 2 l. 1 once
»   de Champagne »   1 l. 15   »   »   de cidre : 2 l. 2   »
»   de pays   »   1 l. 12   »   » eau de vie : 1 l. 13 »
                                      » huile de
                                         navette : 1 l. 13 »
                                       « huile de
                                         poisson : 1 l. 12 »

Les années qui précèdent immédiatement la Révolution (1785-86-87-89), ainsi que celles du début, furent franchement mauvaises.

La grêle venait donc de dévaster 21 communautés dans le Rethelois ; les environs de Paris avaient été également fort éprouvés. Aussi le subdélégué de Rethel pousse un cri d'alarme et fait des demandes de mesures énergiques et radicales en ce qui touche l'*exportation*, et la création de « *magasins de réserve* ». « C'est en tremblant, dit-il, que l'on fixe approxima- « tivement le prix du blé cette année (voir tableau 3 ci-des-

« sous)... La province de Champagne n'a point de récolte en
« suffisance pour la nourriture de ses habitants. La plus grande
« partie d'entre eux seront obligés de se nourrir avec de l'orge
« et du seigle. Les 21 Communautés atteintes par le terrible
« fléau de la grêle fournissent abondamment ce comestible
« précieux, et bien loin de là, il faudra les approvisionner en
« totalité tant pour les nouvelles *semences* que pour la subsis-
« tance journalière ; ce vuide (*sic*) se fera cruellement sentir à
« notre désavantage ; et si l'exportation n'est pas défendue, si
« les précautions prises ne sont pas surveillées avec le dernier
« soin, il est fort à craindre que le pain ne s'élève sur la fin de
« cette année (1789) à un taux encore plus élevé que celui que
« nous avons vu.... Le *passage de la Meuse* (le couloir du fleuve
« de Charleville à Givet, Namur) est la ruine du pays, asser-
« tion que j'ai souvent avancée...» (1)

Notre subdélégué ; 1° se montre donc constamment opposé
à l'exportation des grains ; 2° il affirme que « le Français n'a
qu'un cri ; *c'est le pain* ; quand il en manque tous les fléaux
semblent l'accabler »..., et comme on est en révolution, il
ajoute : « 3° que rien n'est plus aisé que de rendre le peuple
français heureux : C'est de lui donner cette nourriture journalière à très bon compte. *Il faut que tout cède à cette nécessité.* En
conséquence : exportation défendue sous peine de mort ;....
création de magasins assurant deux années d'existence ;.... la
libre circulation des grains dans tout le royaume (Turgot l'avait
établie) *est de toute justice* ; par là une province vient au secours de l'autre... défense aux villes d'accorder des primes ;
elles réussissent ainsi à y amener l'abondance au détriment des
autres par l'appât séducteur qu'elles offrent aux laboureurs et
aux marchands de grains qui s'y portent en foule... ce qui est
toujours à l'avantage du vendeur et jamais à celui du consommateur ». (Rethel 19 septembre 1789).

(Thiercelet Duclos, subdélégué.

Ceci n'était pas si mal pensé pour l'époque et vu la nécessité publique. N'est-il point réapparu, depuis 1914, quelques-uns de ces phénomènes ? Et n'avons-nous pas éprouvé
des dommages et des misères pareilles par l'avidité féroce des
« mercantis » et autres trafiquants du même accabit ?

---

(1) La disette provoqua à Paris les *Journées des 5 et 6 octobre* ;
c'est-à-dire la chute de Versailles et le retour du roi et du gouvernement à Paris, redevenu capitale.

Qui, alors, en cas de détresse secourait la Champagne et les Ardennes? — « La Picardie,.. notre mère nourrice », répondait le subdélégué. Ce sont des marchands de cette province riveraine... qui viennent profiter du prix élevé du grain. Ils n'ont besoin pour cela d'autre encouragement que l'intérêt personnel, le plus sûr mobile de tous. Ils vont accourir .tous, non par attachement pour nous, mais par esprit mercantile.,. *C'est notre argent qu'ils cherchent* !

« Ces petits marchands multipliés, connus vulgairement sous le nom de *blattiers*, (on dit aussi *blaviers*), se répandent dans notre province avec une file de petits chevaux du pays tous chargés d'un sac et se répartissent habilement et choisissent le canton où le grain est le plus cher : ils ne se trompent jamais. Nous aurons leur visite intéressée sur la fin de l'hiver parce que le grain récolté pourra fournir jusqu'au printemps... »

Touché par ces arguments et par la situation critique, le ministre veut avoir d'autres précisions... » Il a à cœur d'être instruit, dit-il, de la quotité et de l'espèce des exportations en grain qui ont pu avoir lieu depuis quelque temps dans l'étendue de son département, et par quel pays et par quelle sortie elles sont effectuées ». A quoi le délégué répond vivement : « C'est le cruel pays de Charleville qui nous enlève nos grains nécessaires. Quand on permet l'exportation, c'est par la Meuse que tous nos grains s'échappent et passent aisément dans les pays étrangers, tels que l'Allemagne, la Hollande et la Flandre autrichienne ».

« Il n'est pas possible d'estimer la quantité de grains sortie du royaume par ce débouché ; ce qu'il y a de très certain, c'est qu'il en sort beaucoup et que ce grain est perdu pour nous.... En vérité ce grain nous a apporté de l'or... mais *man ;e-t-on de l'or* ? » Ne pourrait-on poser la même question, aujourd'hui ?

Parler ainsi, c'était parler d'or vraiment.... Ceux qui faisaient passer de l'or ou de l'argent en Suisse, en Espagne etc. en 1914-1918 agissaient de la même façon. C'étaient des traîtres qui pactisaient avec l'ennemi et s'enrichissaient aux dépens de la nation. A un tel crime on ne peut répondre que par la mort sans phrase et la confiscation, ou l'envoi au front !

La *disette* allait influer d'une façon cruelle sur la marche de la Révolution et provoquer la *loi du maximum*, etc...

Quoique les moyens de transport et de ravitaillement soient plus nombreux, plus rapides et plus puissants, nous n'agissons pas autrement en cas de disette, en effet.

Le moyen de transport dont il est parlé ici était le *portage à dos d'homme*, pendant bien longtemps, et les porteurs ou « *forts* » étaient nombreux ; puis le transport à *dos de cheval* qui a duré jusque vers 1850. Les petits chevaux employés avaient quelques caractéristiques curieuses. Tous étaient *baqués*. Leur échine avait pris sous la charge la forme d'une *courbe fortement concave* qui leur donnait un aspect bizarre. L'animal semblait être un automate presque coupé en deux. Le cheval portait non un sac, mais deux ou trois et marchait un peu comme le mulet du fisc « à pas comptés », ou « d'un pas relevé ». La « sonnette » était remplacée par des « grelots ». Tels ils étaient, tels je les ai vus en ma lointaine enfance.

Quant aux blattiers, ils passaient à cheval par les *vieilles chaussées*, couchaient dans les auberges des villages, portaient leur argent dans des ceintures larges et en cuir, et jusqu'en 1860 payaient en écus de 5 francs : l'or étant rare encore.

Vouziers étant, par la richesse agricole et la fertilité inouïe, de ses environs (plaine de Bourcq, rivière de l'Aisne, etc) devenu un des marchés les plus importants du blé dans les Ardennes, — un marché « régulateur » même, — on vit jusqu'en 1860, tous les samedis, vendre à son marché approvisionné de 2, 3 et 4.000 sacs ou setiers de blé (1), achetés et emportés sur leurs voitures *bâchées* (8-10-15 sacs par voiture) pour le marché du lundi suivant à Charleville, resté grand centre d'achat et de vente de blé et de méteil. Là, venaient s'approvisionner les populations ouvrières de la vallée de la Meuse et de l'Ardenne belge, ravitaillées par les blattiers de Bouvelmont et de la Crête de Poix, acheteurs à Vouziers.

Sur Sedan et Bouillon, les transports avaient lieu en caravanes, ou convois, par les voituriers de la Fournelle et de Quatre-Champs en particulier. Aller et retour, avec une charge de 20 à 25 quintaux, duraient *trois jours*. C'étaient un assez dur métier bien que la route 77 fut excellente. Dans les montées un peu fortes, on « *couplait* » l'équipage et l'on montait les voitures successivement. Ou bien les habitants du village le plus voisin convoyaient avec un cheval pour 25 à 50 centimes. Les routes et les chemins de fer ont fait disparaître tous ces usages, toutes ces formes du travail agricole. Plus de marchés

---

(1) Le sac d'une contenance de *sept* doubles décalitres ou 140 litres — l'ancien septier, pesait toujours un peu plus de cent kilos, soit de 200 à 225 livres ; les vieilles mesures ont longtemps persisté dans les usages locaux. Les mesures métriques les ont remplacées depuis un peu plus d'un demi siècle.

aux grains à Vouziers ; on achète et l'on vend sur échantillons et au poids, et le vendeur amène lui-même, à jour fixé, sa récolte pour le chargement d'un bateau ou d'un train de blé qui va à Charleville, ou vers Paris en passant par les *grands moulins* pour la monture et la vente de la farine. Le minotier et le meunier ont remplacé les blattiers ou blaviers. Les petits moulins sont morts, et leur tic tac monotone et amusant s'est tu. Les ménagères ne « font plus le pain » (« la cuitée ») *pour la semaine* : les boulangers chaque jour cuisent pour tout le monde. Tout un côté de la vie à la campagne a disparu complètement. Plus de *fours banals*, ou « seigneurials, » si coûteux, si impopulaires ! Plus de fours du tout même, où la maman cuisait la galette et autres pâtisseries aux fruits pour le plus grand plaisir des enfants et de toute la famille. Vieilles choses évanouies !.. Sans retour ?

LE SERVICE MILITAIRE
Sous l'ancien régime

La Fontaine a exprimé en quelques mots toutes les misères du bûcheron, qui sont celles mêmes des paysans aux 17e et 18e siècles.

> *Point de pain quelquefois* et jamais de repos
> Sa femme, ses enfants, les *soldats*, les impôts,
> Les créanciers et la corvée
> Lui font d'un malheureux la peinture achevée
> Il appelle la mort...
>
> (Le Bûcheron et la mort)

C'est une grave erreur de croire que le service militaire est une création toute moderne. L'homme a toujours eu besoin de se défendre parce qu'il était sans cesse menacé, lui et les siens, par des voisins querelleurs et rapaces. Le vol, le meurtre et la guerre sont aussi anciens en ce monde que le monde lui-même.

Les hommes préhistoriques se sont fait des guerres d'extermination, et l'homme moderne ressuscite sans cesse en les transformant un peu, les procédés les plus cruels des peuples les plus sauvages : dévaster, piller, incendier, exterminer, chasser ou réduire en esclavage le vaincu, ont été de tous temps les procédés coutumiers des conquérants et de leurs armées. En cette matière il n'y a pas grand chose de nouveau sous le soleil. Il y a 2000 ans et plus, les Germains venaient chez nous les armes et le feu à la main, demander des *terres* et ils prenaient aux Gaulois le 1/3, les 2/3 de leurs terres, la 1/2 de leurs maisons.

César en faisait autant, et vendait sur les marchés de l'empire romain des millions d'esclaves, donnait des terres à ses soldats, à la plèbe de Rome pour qu'elle le fit roi. Hier, l'histrion Guillaume et ses hordes fanatiques et faméliques agissaient de même en France, en Russie, en Serbie, en Roumanie.

Donc, de tous temps chez nous, comme partout ailleurs, il fallut organiser des forces pour se défendre. Les Gaulois levaient dans chaque tribut 1 cavalier et 10 fantassins par famille. Et Vercingétorix ordonna la levée en masse, en 52 avant J. C. pour la lutte suprême.

La phalange macédonienne, les légions romaines servaient de pareils desseins,ou paraient à des dangers semblables, suivant le temps et les circonstances.

Tous les hommes valides chez les Francs prenaient les armes en temps de guerre, Clovis conduisait ses guerriers à travers toute la Gaule et Charlemagne, ses terribles « squares » en Italie, en Saxe, en Espagne, sur le Rhin et le Danube sans que jamais la paix fut assurée pour un bien long temps. Il semble donc bien que la guerre ait été jusqu'ici l'état normal de l'espèce humaine que rien n'instruit, ni ne corrige. Boileau appelle l'homme « le plus sot animal », et Dosteyouski le déclare « le plus féroce de tous les animaux ».

De là, cette nécessité absolue et constante d'une organisation défensive chez les peuples les plus pacifiques.

Sous la féodalité, tous, vilains comme seigneurs, devaient le *service d'Ost* , ou d'armée. Chaque fois que l'ennemi paraissait,etles guerres privées étaient fréquentes, les vilains se réfugiaient dans le château devenu place de sûreté, avec leur bétail et leurs outils et aidaient à sa défense. Pour les guerres plus lointaines, le seigneur ou vassal, seul était appelé par son suzerain, mais la durée du service ne dépassait pas 40 jours.

Système défectueux puisque aucune guerre ou querelle n'était assurée d'une fin à terme fixe. Aussi dès le 13me siècle on voit apparaître les « *mercenaires* » et les « *soudoyers* » qui servent à prix d'argent, pour une *solde*.

Ainsi chez nous, on voit le comte de Grandpré Henri IV, figurer à la bataille de Bouvines (1214), comme vassal du Comte de Champagne.

En 1340, Jean II de Grandpré (1319-1371), suzerain du seigneur de Quatre-Champs fait montre (revue) à Mézières d'une troupe composée de 14 hommes : lui, un bachelier et 12 écuyers, qui, moyennant une solde fixe de 4 livres 10 sous, assure le service en 1329-40 à Mézières et dans certaines parties de la Thiérache.

En 1382, Edouard successeur de Jean prend part à la bataille de Roosbecque (ruisseau du cheval), et va, en 1383, avec 15 écuyers, aux gages de 285 livr. à Béthune ; il figure en 1385 à Amiens. à Arras, à l'Ecluse où il s'embarque pour l'Ecosse avec l'amiral Jean de Vienne et meurt probablement à Edimbourg. (1).

---

(1). A. de Barthélémy : *Les Comtes de Grandpré.*

Les gens du *Rethelois*, en 1405, sont à Dunkerque. Et de 1410 à 1412, *Jean de Grandpré* avec 140 chevaux et avec *Jean de Sampigny*, séjourne à *Bouconville* et tient garnison à Thiaucourt sur la frontière de l'Est, au moment où naissait Jeanne d'Arc.

Les « Francs-Archers » (16.000, un par parcisse), en 1449, ni la « Gendarmerie » troupes nationales ,création de Charles VII, ne paraissent avoir laissé aucune trace, ni souvenirs dans nos régions. Mais leur organisation amène l'établissement de la *taille perpétuelle* et du premier budget de la guerre (1449). Louis XI employa des Suisses, troupes fidèles et de bon service.

Il fallut attendre la formation des *légions provinciales* au nombre de 7, en 1524, composées chacune de 6.000 hommes, groupées en *bandes* de *600* hommes (1 bataillon), sous François 1er, transformées en *régiments* sous Henri II pour avoir réellement chez nous l'embryon d'une armée permanente et d'une infanterie sérieuse. (1). Il y a quatre cents ans à peine. Tout vient lentement dans la vie d'une nation, comme dans la nature « qui n'endure pas les mutations soudaines », si éphémères d'ailleurs. Le *taillon* pourvu à la solde des nouvelles troupes.

Henri IV, après le traité de Verdun (1598), ne conserva que *cinq* régiments : *Gardes française*, *Picardie*, *Piémont*, *Champagne* et *Navarre* ; pas un de cavalerie.

Mais quand la guerre avait lieu ou menaçait, le roi donnait des commissions à des officiers recruteurs pour lever des mercenaires. C'est ainsi qu'au début de la période française dans la guerre de trente ans (1635-48), il délivre une de ces commissions à *Jean d'Aspremont*, seigneur de Vendy, qui (le 3 octobre 1634) lève et commande longtemps le *Régiment de Vendy*, recruté en partie dans nos pays parmi les habitants ruinés, en partie avec des mercenaires étrangers, et avec lequel il fait vaillamment campagne dans la Valteline (1635), l'Italie (1636), l'année du Cid et de Corbie, de St Jean de Losne ; puis en Franche-Comté contre Jean de Werth et Gallas, en Allemagne

---

(1) Les conseillers de Philippe le Bel lui avaient fortement recommandé la création d'une infanterie et d'une armée nationales qui nous auraient épargné les malheurs de la guerre de Cent ans.

Les princes et seigneurs s'y opposèrent pendant plus de Cent ans. Il fallut les grands désastres de *Crécy* (1346), *Poitiers* (1356), *Azincourt* (1415), etc.., pour vaincre leur opposition intéressée et tenace.

(1638), avec lequel encore, il défend désespérément Marle, ville martyre aussi, celle-là, et Guise (1650) pendant la Fronde où il tient en échec Turenne et l'archiduc d'Autriche, commandant les Espagnols, qui tentaient une marche sur Paris. Il mourut en Lorraine et son régiment fut licencié en 1660 (20 juillet) lors du vaste licenciement qui suivit la signature du traité des Pyrénées (1658). Il avait pour lieutenants-colonels de Riencourt, et Louis de Beauvais, seigneurs de *Châtillon-s-Bar*.

D'Aspremont avait dû et su utiliser le désespoir des paysans exaspérés et *soulevés* dans l'Argonne septentrionale.

Louvois enfin créa une *armée* régulière : *l'armée royale* à l'aide des enrôlements volontaires, et du *racolement* confié à des *agents racoleurs*. La noblesse fournit les officiers. Soldats et officiers portaient *l'uniforme* et *l'habit royal*. La solde et l'intendance firent disparaître les pillages, les violences, etc... Une discipline sévère fit régner l'ordre dans l'armée. Le soldat logea à la *caserne*, au *quartier* et non plus chez *l'habitant*. Grâce aux places fortes créées par Vauban, la frontière de l'Est devint à peu près inviolable, Sedan, Mézières, Rocroy, Verdun protégèrent efficacement nos pays pendant près de 140 ans (1658-1792).

Mais les guerres de Louis XIV furent longues et grandes mangeuses d'hommes. Parfois même il fallut appeler l'arrière-ban, bien vieillot, tout à fait désuet, même un peu ridicule. Finalement, on dut créer la milice 1688, puis, trois ans après organiser le *tirage au sort* (1691).

Cependant on conserva une partie des troupes étrangères, 29 régiments sur 100, recrutés en tous les pays de l'Europe.

Les Intendants étaient chargés de lever les milices « parmi les gens non mariés âgés de 17 à 18 et même 40 ans, à raison de un par paroisse ».

Les miliciens étaient *élus* par les habitants ou désignés par le tirage au sort. Ils étaient habillés, — sans obligation d'uniforme, — armés et soldés par la paroisse, commandés par des officiers gentilshommes ayant déjà servi et choisis par le roi. Ils étaient exercés les dimanches et fêtes et ne devaient point s'absenter du village plus de 3 jours sans autorisation.

On organisa ainsi 30 régiments de milices, soit 25.000 hommes, qui en temps de guerre passaient à la solde du roi et étaient considérés comme des soldats de l'armée régulière affectés d'abord à la défense des places fortes. Le service durait deux ans. Rentré chez lui, le milicien était exempté de taille pendant deux ans.

Louvois augmenta le nombre des régiments de miliciens, étendit l'institution à toutes les provinces, *assimila les miliciens à la ligne*, et finalement les versa dans les régiments où ils apportèrent des vertus et des sentiments nouveaux insoupçonnés : l'ardeur et la ténacité, l'honneur et la fierté ; c'était des hommes et non plus des serfs. On le vit bien à *Malplaquet*(1709) où l'aile hollandaise fut à peu près entièrement exterminée, et à Denain (1712) où tout fut emporté, et le prince Eugène forcé de se retirer précipitamment. La France était sauvée et Louis XIV put mourir en paix.

Notre première armée nationale trouva son chant de guerre et de victoire, chant bien humble encore, mais dans sa simplicité bien français, c'est-à-dire fait de bravoure insouciante et de moqueuse ironie !

> Malborought s'en va t'en guerre,
> Mironton, mirontaine !
> Malborought s'en va t'en guerre
> Ne sait quand reviendra. (bis)
>
> Il reviendra z'à Pâques
> Mironton, mirontaine !
> Il reviendra z'à Pâques
> Ou à la Trinité. (bis)
>
> La Trinité se passe,
> Mironton, mirontaine !
> La Trinité se passe
> Malborought ne revient pas ! (bis)... etc.

C'était pour remédier aux abus de *l'élection* des miliciens que l'on avait établi le *tirage au sort*. Le contingent total des miliciens ne dépassait pas 10.000 pour toute la France, mais comme l'on avait porté la durée du service à 7 ans, il n'y eut jamais moins de 60.000 miliciens en service, chiffre bien minime.

Et pourtant l'impopularité continua, comme on va le voir.

Voici le procès-verbal, pour 1786, des opérations du tirage au sort dans notre circonscription.

La subdélégation de Château-Porcien (Rethel) devait fournir 40 miliciens ou soldats. Les paroisses de *Quatre-Champs*, Chagny, Ptes Armoises, Thénay (1) (= Tannay) et Chéhéry

---

(1) Aujourd'hui, on dit encore *Thénay*, et non Tannay et Petites-Armoises, canton du Chesne ; Quatre-Champs canton de Vouziers ; Chagny, canton d'Omont ; Chéhéry canton de Grandpré,

présentèrent 60 garçons, ou hommes veufs sans enfants, âgés, au 1° mars de l'année du tirage de 18 jusqu'à 40 ans, ayant la taille de 5 pieds au moins, *pieds nus*. Remarquons combien ces villages sont distants les uns des autres.

Cette subdélégation de Château-Porcien comprenait trois groupe de paroisses :

1° Celle de *Chanteville-Justine* avec 38 h. dont (?) propres au service : 1 soldat.

2° Celles d'Avaux-le-Château, Vieux-les-\sfeld, Bazancourt, Villiers devant le Thours, les Trembloux : 66 h.,49 propres au service : 1 soldat.

3° Celles de *Quatre-Champs*, Chagny, Chéhéry, Les Ptes Armoises, etc, 60 hommes, dont 55 propres au service, 3 exemtés, 1 soldat. Exempts (2) et privilégiés : 1 pompier, 1 maître d'école ayant 30 ans, 1 engagé au Royal Dragons.

4° Celle de Wasigny ; sur 40 h. propres au service, aucun ne s'est présenté. Ont été déclarés *fuyards* tous. les garçons et hommes veufs, et comme tels soldats provinciaux.

On voit que pour une vingtaine de paroisses, il se présentait 204 conscrits — dont 173 propres au service.

L'opération du tirage comprenait trois *phases* différentes :

1° la déclaration des *fuyards* et ses conséquences.

« Avons fait assembler ce jour d'hui en notre hôtel les garçons et hommes veufs sans enfants des paroisses de... pour tirer ensemble au sort, et en ayant fait faire l'appel en notre présence sur les listes à nous remises par le *Syndic* — et chefs des paroisses,... nous aurions vérifié et reconnu que les garçons et hommes veufs sans enfants dénommés dans le *chapitre suivant* (chap. I) étaient absents, sans nous avoir informés, ou les chefs de la dite communauté, des causes et motifs de leur absence, et personne n'ayant voulu les représenter et tirer au sort pour eux, nous avons déclaré *fuyards* tous les dits hommes veufs sans enfants et garçons dénommés au nombre de... 40, et, comme tels, soldats provinciaux pour servir à décharge de ceux à qui le sort sera échu et qui auront tout droit et pouvoir, en vertu du présent procès-verbal, et d'ordonnance de les faire arrêter par les premiers cavaliers de maréchaussée, huissiers ou autres sur ce requis, pour les conduire pardevant nous, et être décidé, s'il y a lieu, de les écrouer en prison, le tout à leur frais, risques et périls pour en être ensuite statué par M. l'Intendant.

---

(2) Il y avait alors plus de 39 cas d'exemption de la milice.

Premier Chapitre : Fuyards

Noms des absents déclarés fuyards.	âge	taille			Vacations	Lieux de naissance	Obser.
		pieds	pouces	lignes			

Nous avons procédé ensuite à l'examen de ceux qui se sont prétendus exempts de tirer soit en vertu des privilèges accordés par l'ordonnance du roi du 1ᵒ octobre 1774, soit par infirmité, défaut de taille ou autres motifs énoncés et détaillés dans les colonnes des observations du chapitre suivant, contenant les noms des garçons ou hommes veufs sans enfants qui se sont trouvés au nombre de cinq, et que nous avons à l'instant renvoyés dans leur paroisse.

Deuxième chapitre : Exemptés.

1ᵒ Quatre-Champs : (3).

	âge	taille	Lieu de naissance	Motifs d'exemption
Henry Aublin.....	30	5p. 2p.	Quatre-Champs	Mᵉ d'école ayant 30 ans.
Pʳᵉ Bartolet.......	23	5p. 2p.		renvoyés les années
Nics Jacquesson...	19	5p. 2p.		précédentes pour incommodités.

2ᵒ Thénay.

3ᵒ Les Petites Armoises.

Et il ne serait plus resté pour tirer au sort que 55 garçons et hommes veufs, d'âge et de taille convenables pour le service du roi, auxquels nous aurions déclaré que nous allions procéder par la voie du sort à la levée d'*un* soldat provincial en observant la forme prescrite par l'art. X du titre 8ᵉ de l'Ordonnance du roi du 1ᵉʳ décembre 1774, en faisant tirer les dits garçons et hommes veufs dans l'ordre qu'ils seront insérés dans le chapitre suivant :

Chapitre troisième.

Quatre-Champs :

Noms	âge	pieds	pouces
Gérard Quillâtre........	20	5	1
Gd Javelot.............	18	5	1

J. J. Warnesson	31	5	1
Jacques Blanpain	20	5	2
J. B. Blanpain	21	5	1
J. Louis Wuillemet	20	5	3
Louis Rosen	35	5	2
Nics Louvet	24	5	3
Mes. Quillâtre	23	5	2
Nics Collin	18	5	1
Pre Chambre	24	5	2
Pre Millet	20	5	3
Paul Dupont	20	5	2

Dans ces chiffres, Quatre-Champs comptait pour 17, Chagny 16, Tannay 20, les Petites Armoises 6.

Le soldat provincial pris en 1786 fut Jean-Pierre Bourgoin de Chagny, âgé de 18 ans, ayant 5 pieds 6 pouces, (fils de Michel Bourgoin, natif de Chagny lès Omont) : cheveux châtain-brun, les yeux gris, le nez bien fait, visage long, deux lentilles à la joue gauche.

En général, un don d'argent qui allait quelquefois jusques 100 livres, ou plus, était fait à celui qui « *tombait au sort* » par ses camarades ou par sa communauté. Un édit de 1731 réduisit, pour abus, ce don à « 10 écus ». Le sort se manifestait par un bulletin noir mêlé à la masse des blancs. Qui tirait ce bulletin était soldat.

On sera étonné de voir quatre villages, aussi éloignés les uns des autres, convoqués ensemble le même jour à Château-Porcien. C'était mesure de prudence contre un tumulte possible, des batailles ou des mutineries provoquées par la crainte, la colère ou la peur des miliciens récalcitrants, qui, souvent, comme on le voit ici pour Wasigny, fuyaient ou se cachaient pour échapper au tirage au sort toujours très impopulaire.

Les cahiers de doléances en demandèrent l'abolition en 1789 et ils furent abolis. Mais quatre ans après, la Convention décrétait : la *levée en masse,* et chacun obéissait. Les temps étaient changés et les conditions sociales aussi.

Le syndic de chaque village devait conduire les miliciens au tirage moyennant une minime rétribution qui était loin de représenter les frais du voyage. Le syndic avait remplacé le maire disparu, mais qui allait bientôt reparaître.

---

(1) Des représentants de toutes ces familles, sauf Rosen, existent encore aujourd'hui à Quatre-Champs.

Ainsi naquit et évolua le service militaire en France jusqu'à la Révolution et l'Empire.

On sait comment il s'est développé depuis, et comment la nation entière a dû être armée pour la défense du foyer et de patrie ! C'est chose d'hier et d'aujourd'hui.... de *demain encore ?* Et de beaucoup la plus grave. Le tirage au sort, si impopulaire, avait eu ce bon côté d'accoutumer les esprits à l'idée du service militaire et de la défense nationale, chose essentielle, capitale ; la Révolution, et les évènements des cent dernières années l'ont surabondamment prouvé !

LES FERMIERS GÉNÉRAUX

L'ancien régime n'arriva jamais à établir un système d'impôts simple, clair, honnête et supportable. Louis XII et Henri IV, Jacques Cœur, Sully, Colbert et Turgot, sont les seuls de nos hommes d'Etat qui aient songé sérieusement à des réformes financières justes et profondes. Par contre des nuées de malfaiteurs publics, de charlatans, de flatteurs et de viveurs, se sont évertués à pressurer, à ruiner la nation depuis les féodaux jusqu'aux courtisans de tous les princes et autres maîtres du jour, depuis Concini et Mazarin jusqu'au Régent, depuis Mme de Prie jusqu'à la Pompadour, la Dubary et la Talien, depuis les Fermiers généraux jusqu'à Terray, jusqu'à Calonne et Brienne si fous, si incapables, etc. ; il semble qu'ils soient tous pris du vertige de la dépense la plus extravagante et de la folie de la lilapidation des deniers publics. « Après nous le déluge ! » s'écriait le plus coupable de tous. (1)

Les *privilèges*, excessifs et innombrables de la noblesse, du clergé, de tous les privilégiés, particuliers ou villes, les guerres et les constructions fastueuses de Louis XIV, le déplorable gouvernement de Louis XV, la faiblesse incurable de Louis XVI, mirent toujours des empêchements insurmontables à toute réforme.

Il eût fallu réduire les dépenses de la Cour, les privilèges suranés et malfaisants des ordres privilégiés, — chose à laquelle Turgot seul songea, — soulager la misère extrême des paysans en allégeant leurs charges, en mettant *plus de terres, toutes les terres* (2) à leur disposition, *plus de liberté* dans le

---

(1) En laissant à la noblesse ses titres et privilèges honorifiques, ses *forêts* auxquelles elle tenait tant, et qu'elle eût bien gardées, mais grevées d'une *redevance perpétuelle* bien vite compensée par les *plus values*, on eût résolu aisément la question financière, apaisé les esprits probablement, écarté le danger d'un déboisement excessif et de débordements redoutables que rien ne peut plus conjurer aujourd'hui. Mais où sont les zéphyrs, quand souffle la tempête !

(2) En 1789, le peuple français avait à payer deux administrations : l'une, l'ancienne organisation féodale, qui ne *servait plus à rien* ; la seconde, celle créée par Colbert qui faisait tout. Jacques Bonhomme succombait réellement sous le faix. Pour se débarrasser de la première, il versa des torrents de sang, ce qui était fort inutile, les inté-

commerce et l'industrie, en supprimant tous les monopoles et particulièrement, la gabelle si malfaisante, et la corvée royale si dure et si mal appliquée, en développant les routes, les ports ainsi que le commerce maritime et l'essor de nos colonies.

Mais tout fut oublié ou mal soutenu. Et la société sans guide. sans direction éclairée, grisée de fêtes et de sophismes par des esprits légers, courut tout droit vers l'inconnu, c'est-à-dire à la chute et à l'abîme.

Et comme il fallait vivre, on recourut, après la *banqueroute de Law* (1718) et la chute du *Mississipi* qui ruinèrent une infinité de personnes, non à l'impôt qui était déjà accablant, non au *crédit* qui était mort du coup, mais à des expédients lamentables, démoralisateurs, non à des *économies* pourtant faciles, non aux réformes utiles, urgentes, mais à des *banquiers* et aux *fermiers généraux*, c'est-à-dire aux financiers.

Catherine de Médicis avait au 16e siècle importé en France le système florentin de *l'affermage de l'impôt public* à des fermiers généraux, personnages dangereux parce que forcément âpres et rapaces, flattant le prince, le poussant aux fêtes et au plaisir, pressurant le peuple sans pitié, l'acculant à la ruine ou à la révolte. Ce régime impitoyable et immoral dura deux cents ans, devint un des agents les plus actifs de la misère et l'une des causes immédiates est profondes de la Révolution. L'apogée du développement de cette funeste institution se place entre 1690 et 1763, c'est-à-dire sous Louis XIV et surtout sous Louis XV dont elle rendit le pouvoir et le nom odieux.

Les *fermiers généraux* furent d'abord 12 puis 40, puis 60, puis 45. Leurs privilèges et leurs fonctions, disparurent avec la Révolution. Un *bail*, comprenant la taille, le tabac, le sel, etc. bail d'une durée de 10 années et assez souvent renouvelable, était passé entre l'Etat d'une part et un *homme de paille* dont il portait le nom (David, Henriet, *Salzart*) et la signature, et qui représentait la Ferme en toutes affaires la concernant, fixait la somme à payer à l'Etat, somme qui s'éleva au maximum à 16 1 millions de livres, somme bien faible puisque la Ferme prélevait, à l'aide d'une « armée d'agents » de 3 à 5 fois plus sur le *Tiers Etat*, taillable et corvéable à merci, pour être

---

ressés ayant renoncé à leurs privilèges (août 1789)... L'administration féodale disparaît et l'autre subsiste, car les Intendants reçurent le nom de Préfets sans que leurs attributions fussent énormément modifiées. (de Mandat Crancey : En visite chez l'oncle Sam.)

plus précis encore, les villes s'étant rachetées,sur le *peuple des campagnes* livré ainsi pieds et poings liés aux agents collecteurs de la Ferme. L'Etat était volé, la nation foulée, écrasée.

Ainsi en 1757, au début de la lamentable *Guerre de 7 ans*, le budget s'élevait à 500 millions environ, dont 139 seulement pour satisfaire à tous les besoins de l'Etat, le reste étant mangé par la *Cour*, les *pensions*, les *rentes* et les *dons* établis sur la cassette du roi : la tête devenue plus grosse que le corps, menaçait de tout emporter.

Pendant près de 50 ans sous Louis XV (1715 à 1763) les fermiers généraux donnent les exemples les plus scandaleux. Fortunes élevées comme par enchantement et dissipées de même au jeu, à table, en constructions fastueuses à Paris ou aux environs. Fêtes continuelles d'un luxe insensé, inouï, démoralisateur, car il eût été mal que chaque fermier n'eût point à son service, à l'imitation de Louis XIV, architectes, peintres, sculpteurs, acteurs et actrices, écrivains, musiciens, étrangers de marque ou faméliques, tout à sa disposition ou à ses fêtes par vanité et ostentation de parvenus, de *nouveaux riches*.

Ces énormes et tant suspectes fortunes leur permirent d'entrer dans les plus vieilles familles parlementaires, dans la plus haute noblesse « qui fumaient ainsi leurs terres », et d'abaisser moralement l'une et l'autre, d'énerver, de fausser tous les ressorts moraux et matériels de la vie nationale. Jamais, au moment où allait disparaître le vieux monde féodal et royal, c'està-dire l'ancien régime, on ne vit tant de marquis,tant de comtes et de seigneurs de fraîche date, tant de *Turcarets* si fiers et si exigeants en tout, tant de Jeannots de la Jeannotière.

Dans notre petite région, quelques hommes ont pris part, avec des fortunes diverses et une responsabilité fort inégale, aux errements financiers de la *ferme générale*. Ce sont les *Le Riche de la Popelinière* de *Beaufort*, seigneur de Savigny, de Touly et de Quatre-Champs, de Vandy, les deux *de Boullogne*, *Augeard*, marquis de Buzancy et *Salzart* de Quatre-Champs.

Guidé par son père, Le Riche, receveur général des finances, et l'un des plus âpres Turcarets de la fin du règne de Louis XIV, de *la Popelinière* (1) se jeta à corps perdu dans l'affaire du Mississipi et réalisa de si scandaleux bénéfices qu'il

---

(1) Notre région a fourni, *six fermiers généraux*, proportion énorme, due sans doute à la longue influence exercée par le nom de Colbert ; et par la présence de *Machaut* (18ᵉ s), contrôleur général des finances. (Machaut, chef-lieu de canton, Ardennes).

fut poursuivi et condamné à restituer 1720.000 francs, soit
environ le 10ᵉ du produit de ses tripotages, heureux d'échapper
à ce prix à une plus dure expiation.

Lavé par les eaux bleues de la Méditerranée et remis à neuf
par le soleil de Marseille où on l'avait envoyé en disgrâce
temporaire, il rentre à Paris et se lance, sans frein ni retenue,
dans tous les plaisirs et toutes les extravagances : il donne
pendant un demi siècle le ton à l'insouciante société du temps.

Il aimait le jeu, la table, les chevaux et *la musique*. Sa maison de Passy devint le rendez-vous des peintres, des acteurs
et actrices à la mode, des musiciens les plus renommés du
temps : Rameau, Gossec, etc.. et de beaucoup d'autres, artistes ou flatteurs, qui logeaient chez lui, mangeaient à sa table
toujours ouverte et à tout venant, embellissaient les dîners fameux où ils donnaient les meilleurs concerts de musique,
jouaient sur son théâtre, car chaque financier à la mode avait,
au 18ᵉ siècle, son théâtre chez lui.

« En tout, il se distingue, dit l'un de ses flatteurs, par des
manières qui sont *bien plus d'un souverain que d'un particulier.* »
« Jamais bourgeois n'a mieux vécu en prince, et les princes venaient jouir de ses plaisirs », dit un autre. « Il tenait véritable
état de souverain », ajoute un troisième (1).

Sa renommée d'organisateur le fit choisir comme directeur
des fêtes et décorations lors du mariage du Dauphin, fils de
Louis XV.

La royauté, confinée à Versailles, ayant abandonné la direction des esprits, les fermiers généraux et autres financiers
prennent sa place et donnent le ton à la « Ville » et à la « Société ». Versailles est supplanté avant d'être détrôné. Paris
prend sa place et redevient la capitale : les destins ont changé.

La Popelinière, sous son nom d'emprunt ou de guerre
comme nous dirions aujourd'ui a été pendant un demi siècle
l'un des hommes les plus connus et les plus fêtés de son temps.

Il est juste de signaler que c'est lui qui a mis à la mode
chez nous les concerts et le goût de la musique. Il a en outre,
donné le premier l'exemple de marier et de doter chaque année *six jeunes filles pauvres* ; exemple bon à imiter aujourd'hui.

Enfin, point à noter, il est mort sans laisser de dettes, autre chose rarissime alors, après avoir été l'un des plus brillants
manieurs d'argent du 18ᵉ siècle, après avoir épuisé toutes les,
formes du plaisir, de la vanité et de l'ostentation, après avoir

____

(1) Thirion. — Vie privée des financiers au 18ᵉ siècle. p. 237.

essayé de jouer les Mécènes, etc. Gloire d'un jour ! Il tomba tout d'un coup dans l'oubli le plus profond !

Révoqué en 1762, lors de la réforme de la Ferme, il mourut en 1763, juste au moment où finissait la Guerre de 7 ans, l'une des plus néfastes de notre histoire. Généraux de Cour et de boudoir, ministres incapables, financiers, marquis et *marquises* du bel air, ou de pacotille, tombèrent en même temps dans le mépris sous le cri de l'indignation publique. Il s'en fallut de peu que la Révolution n'éclatât en ce moment même. Un terrible orage s'amassait dont on entendait déjà les premiers grondements.

On devait pourtant descendre un degré plus bas encore avec l'abbé Terray qui fit banqueroute, — le 18e siècle est le siècle des banqueroutes !—,avec la du Barry, avec Louis XV qui descendit au dernier degré de la honte et de l'indignité ! Avec lui, la royauté dégénérée et avilie avait détruit tous les ressorts du gouvernement, fondé et organisé si glorieusement par les grands Capétiens des 11e, 12e et 13e siècles.

Elle allait vivre encore un quart de siècle, ballotée entre les essais de réformes de Turgot, les expédients habiles de Necker, les folies de Calonne et de Brienne et la faiblesse incurable de Louis XVI.

La Nation frappait à la porte. Elle entra en scène le 5 mai 1789 et mit fin à l'ancien régime dans la fameuse *nuit du 4 août*, où l'on supprima tous les privilèges.

Un second financier Boullogne, frère d'un peintre de talent favori de Louis XIV, annobli par Louis XV, visa à une fortune plus haute. Nommé en 1744 intendant des finances, il épousa la fille du fermier général *de Beaufort* et devint *Contrôleur général*, c'est-à-dire Ministre des finances en 1757, au moment le plus critique. Il s'épuisa en vains efforts pour mettre un peu d'ordre dans les finances et pour subvenir aux dépenses de la Guerre de sept ans ; mais tout était à bout : impôts, crédit, emprunts ; et, malgré la faveur de Mme de Pompadour, il succomba et fut disgrâcié en 1758.

Son fils Louis, le 3e des de Boullongne, seigneur de Buzancy, entra dans la ferme générale, réformée à fond en 1762. Le nombre de ses membres fut ramené de 60 à 45, parmi lesquels figurèrent quelques-uns des noms les plus illustres de l'époque : (Lavoisier) — et les plus intègres (de Boullogne, etc). On limita les pouvoirs et l'action de la ferme et des fermiers. Le mal disparut en grande partie ; mais le nom fatal resta et la haine s'accrut. On allait en voir les éclairs sinistres contre la reine

(Mme Déficit) et contre les fermiers généraux dont les « derniers furent d'honnêtes gens ».

La ferme générale réformée et assainie par Necker, fut supprimée le 23 août 1789, au lendemain de l'abolition des privilèges.

Louis de Boullongne, bien qu'absent depuis 10 ans, fut, ainsi que tout les intéressés dans les *baux Salzart, David*, etc, traduit devant le Tribunal révolutionnaire.

Leur procès commença le 5 mai 1794. L'accusateur public, Fouquier Tinville, requit sans pitié contre les 33 accusés présents. Quelques-uns, et parmi eux *Augeard*, un instant jeté dans les cachots du Châtelet, avaient pu se soustraire par la fuite à l'accusation meurtrière. Ni la science de Lavoisier, ni l'honnêteté de Delahaye, ni les services rendus, ni le nombre des enfants ne purent sauver les plus célèbres du tribunal révolutionnaire. Le président Coffinlad s'écria : « La république n'a pas besoin de savants ». ! Sur 32 accusés, 28 furent condamnés à mort et exécutés le même jour. 4 profitèrent d'un non lieu ; 6 furent arrêtés plus tard ; d'autres parvinrent à fuir, dont Angeard qui venait d'acquérir le *Marquisat de Buzancy*, où il faisait alors de grandes dépenses pour aménager les eaux de la prairie, pour construire de fort belles écuries encore existantes etc. Sa fille venait de mourir à Buzancy et il accourait, quand, à Ste Menehould, il fut averti et n'eût que le temps de passer la frontière. Il a laissé des Mémoires plus prétentieux qu'intéressants.

Le signataire du dernier bail de la ferme s'appelait *Salzart* dont le nom semble indiquer une lointaine origine franque : Salzart = vendeur de sel ou faux saunier (?) de Salz = sel (1). On trouve à Quatre-Champs au milieu du 17e siècle une famille Salzart. Il semble bien que le *signataire du bail* ait appartenu à cette famille ; cette qualité ne lui donnait aucune autorité ; c'était simplement un homme de paille qui signait tous les actes de la ferme et en supportait les conséquences pénales. Il possédait à Quare-Champs, un petit bien affermé. Sa fille mourut vers 1855, ou 60. Il est à croire que les de la Popelinière, Salzart et autres furent attirés vers Paris et vers les finances par le nom de l'illustre Colbert, dont l'oncle *Nicolas Colbert*, enterré à Terron-sur Aisne, était seigneur de ce village, des Alleux et de Maison-Rouge.

---

(1) Peut-être aussi du Latin *Salix*, saule. dérivé du sanscrit, *Sâla* lui-même dérivé de *Sala*, eau, d'où *Salika*, aquatique. Le saule croît dans les lieux humides, d'où *Sals*, *Salsa*, *Saulx*, et le nom de famille *Des Saux* (?) (Cochery. nom de lieux.)

LE CHESNE. — VOUZIERS. — BUZANCY.

Bourgades dépendantes du défilé.

Le Chesne. — Le Chesne doit assurément son nom celtique
aux belles futaies de chênes des forêts voisines que traversait
la voie romaine Reims-Trèves, dont un fragment bien connu
« *la rue des laboureurs* » ou des « fumiers » existe encore dans
la plus ancienne partie du bourg. Au 14ᵉ siècle, Froissart écrit
le « *Kesne* » ; — cette forme archaïque a donné le mot « ques-
gnon », ou « kesgnon », une des pièces essentielles de la charrue
qui unissait la flèche et le soc à l'avant-train, et qui était faite
fort habilement avec un brin de chêne durci au feu et tordu,
La forêt, partie du domaine de St. Remy, fut défrichée ; et le
bourg reparut au moyen âge groupée autour de l'église ; il
obtint en 1208 et en 1398 une charte qui le plaçait sous la loi ou
coutume de Beaumont qui régissait plus de 600 villages.

La guerre de Cent ans le met tout de suite en vedette. En
1360, pendant le siège de Reims, les Anglais en font un de leurs
postes dans l'Argonne après la destruction de Bairon, bourg in-
dustrieux de plusieurs milliers d'habitants qui peuplèrent dans
les années suivantes : La Neuville, Pont-Bar, et le Chesne. Ils
rayonnèrent de là sur tous les environs «pillants et larronants».

Par là encore ils donnèrent la main aux Allemands et Brabançons d'Auberchicourt qui accouraient à la curée. Leurs ravages poussèrent les habitants au désespoir. L'un d'eux Jacque-
min Foulon organisa une conspiration contre le Comte de
Flandre qui leur avait octroyé leur charte, et qui leur retira
une partie de leurs franchises.

A partir de ce moment Le Chesne suit la fortune de nos
pays frontières. Les guerre de religion, la guerre de Trente ans,
la Fronde y apportèrent chacune leurs misères. La Fronde, en
particulier, y fut désastreuse ; la moitié de la population disparut et le bourg fut affreusement foulé par les Allemands, les
Espagnols et les partisans des Princes. (1) (V. Fronde). Les
habitants du Chêne figuraient au sacre des rois à Reims.

L'église du Chesne est remarquable. Le petit édicule en
forme de Croix qui se dresse près du pont du *Canal des Arden-*

---

(1) Voir Fronde.

nes évoque les anciennes libertés et rappelle aussi les tristes temps des guerres de religion.

Le Chesne avant la guerre de 1914 avait un transit fluvial important, assuré par la flottille des *Porteurs Ardennais* : Givet, Paris, Rouen, et gêné un peu par les trop nombreuses écluses (14) du canal rétablies dès 1919-20 pour aider au transport des matériaux de reconstruction.

Le Chesne *n'a point de défilé* : c'est un *passage* — Mais il commande par ses routes le défilé de la Fournelle (route Nle n° 77), la longue voie qui conduit par Montgon à Rilly-Semuy-Mont de Jeu et Attigny et par le chemin de fer départemental —. Point stratégique jadis important, diminué aujourd'hui.

Vouziers — A. Longnon a relevé au moins trois fois le nom de *Vouzy*, dans son ouvrage : « *Toponymie de la Marne* » ; il énumère les formes suivantes : *Vosies* (1204), *Vouziers* (1223), *Vousiæ* (1252), *Vouseies* (1263), *Vouceyum* (1307), *Vouzeis* et *Wouseis* (1366), *Voulzeium* (1405), *Vouzeiz* (1406), *Voulesies* (1464) *Voulsis* (1508), *Vouzeium* (1542), *Boulzie*, *Voulzi-* (1605), *Vouzie*, (1673).

Notre Vouziers *ardennais* a suivi le même processus assurément, mais il s'est dit encore (Les) Vouzières, Vouzy et *Voziers* mot apparenté à tous les Vouzy et Bouzy de la Marne, de la Meuse ; à la Voulsie de Provins qu'a chanté Egésippe Moreau, etc... Il se pourrait qu'il vint du gentilice romain *Volusius*, relevé par d'Arbois de Jubainville ; et que, comme la grecque *Thélines*, il dut son nom à un colon romain, officier, ou colon, ou marchand du camp de Chestres si voisin. Il nous semble qu'un fait naturel, l'eau, donnerait une explication très rationnelle et plus ancienne du nom de Vouziers, parent et congénère de *Buzancy* et de *Bussang*: *Bus* et *Vous*, le *b* et le *v*, l's et le *z* étant équivalents et se substituant souvent l'un à l'autre, comme on le voit ici dans l'énumération des formes précitées : la terminaison étant diverse et variable.

Vouziers est un point d'eau important et original. L'Aisne divague en bras dans la grande plaine sise entre Chestres, et Vandy d'un côté, Vrizy-Condé, Vouziers de l'autre. Vouziers domine du haut de ses escarpements la rivière aux longs et puissants débordements alluvionnaires et toute l'Argonne septentrionale qui lui apporte ses eaux par le petit torrent de la Fournelle, et jadis celles de la Bar (v. chap. 1).

Les *trois fermes*, appelés les « *Voziers* », ou « *Vouzières* », que l'on trouve à l'origine de la villette de Vouziers, étaient toutes trois à portée de l'eau pour le bétail, aux points occupés par l'*église*, position dominante et à pic ; par le *Moulin*, à l'inflexion et à la *chute* du cours d'eau ; et vers le « Château » en amont, à l'arrivée de l'eau ; toutes trois un peu abritées du vent du nord par le haut mamelon gaizeux qui portait le « *bois d'un an* », ou Dunan lambeau gaizeux, détaché de l'Argonne par la rivière. La puissance des débordements est telle souvent que les communications sont coupées en hiver avec les villages de la rive droite (1918-1923).

Un *oratoire*, très ancien, placé au lieu où s'élève l'église, remplaçant peut-être un temple romain, ou un német gaulois, protecteur des passants, dépendit de Théline jusqu'au 14e siècle et fut le point de cristallisation de la communauté vouzinoise. Vouziers occupait donc la porte nord de la *riche plaine de Bourcq*, très peuplée aux temps gaulois, comme le prouvent les découvertes archéologiques des 60 dernières années à Liry, etc., il en fermait, ou en ouvrait l'accès à volonté.

Le pont romain des Arches, les « *viez* (vieux) ponts » du moyen âge etc.. prouvent la valeur et l'importance du passage. Aussi les seigneurs des deux rives furent-ils presque toujours en bon accord, ou étroitement apparentés : les de Sault de Vandy, les d'Orthe de Falaise, les Guyot, les de *Savigny*, (1) les de Constant, les Sorbey, etc., pour favoriser le transit entre les deux rives. Il y avait des « *passeurs* » à Falaise, à Vrizy, des *ponts* à Vouziers sur les deux bras de l'Aisne et à Echarson (pont *Francœur*).

Après la disparition lente de Thélines, et violente de Richebourg (1617), la population de Vouziers s'accrut assez vite et atteignit plusieurs centaines d'habitants au début du 16e siècle. Des marchés importants y avaient lieu de temps immémorial. La guerre de Cent ans leur porta un coup mortel. Mais ils se relevèrent, et François 1er « autorisa la création d'une halle, d'un marché chaque semaine, le *samedi*, et *deux foires* ». Henri III permit de fortifier Vouziers (1578), « *lieu prochain de la frontière..* où il se tient foires et marchés» ; marchés qui avaient lieu sur la place de l'église, et qui furent transportés aux *halles* sur la Place actuelle. Vouziers devint au 19e siècle un des marchés régulateurs du prix du blé. Chaque samedi plus de 3.000 sacs étaient amenés et vendus par les paysans des environs. Les belles routes récemment ouvertes furent animées d'un

---

(1) Les de Savigny protestants émigrèrent à la révocation de l'Edit de Nantes 1685. L'un d'eux, au 19e s., devint l'un des professeurs de droit les plus renommés de l'Université de Berlin.

mouvement intense par le transport des blés, des bois, des osiers. Le commerce des bestiaux, bœufs et chevaux, favorisé par l'étendue des cultures, par les belles prairies de l'Aisne et de la Bar, par la création d'un *dépôt d'étalons* à Vrizy relève la vieille *race ardennaise* si résistante, si remarquable au temps du camp de Chestres ; ce vrai cheval de guerre, dont l'existence est bien antérieure aux Croisades, et à l'introduction en France (Tarbes) du cheval de race arabe. Tout cela créa au XIXᵉ siècle une prospérité inouïe et un bien être général, pas toujours respectueux des lois sacrées de l'hygiène ou de la sobriété jamais impunément violées.

C'est « aux *Viez Ponts* » et aux « Arches » que l'on voit le mieux les vestiges — (cachés, et ensevelis), — de l'aqueduc romain *Thermes-Chestres* (Voncq (?), de la *chaussée rectiligne (la vieille route)* de Chestres-Vouziers, Châlons, Troyes, etc...., menant aux foires de Champagne. *Cinq* grandes routes divergent à Mazagran, un peu à l'O.

Taine est né à Vouziers. Tout petit enfant, il fut souvent, et chaque jour conduit au Château, l'une des trois fermes indiquées ci-dessus, pour y boire du lait sortant tout chaud du pis de la vache. Une jeune fille, habitant là chez sa grand'mère, portait l'enfant sur ses bras, et, en lui chantant des cantilènes enfantines, en lui faisant voir la basse-cour, l'étable et la bergerie où il y avait force pigeons, des *mou-mou* (vaches) (de *mûhe* qui appellent : *mûhen*), qui donnent du lait aux petits enfants, et aussi des brebis sur lesquelles le bébé allait volontiers à «*dada!*» etc. etc. : ce qui lui valait beaucoup de baisers. C'est là qu'est peut-être née la première suggestion du livre célèbre sur « *Les fables de La Fontaine* ».

Le buste de Taine s'élève en face de l'église, près de la place du vieux marché. Il voit encore passer sous son regard éteint toute la vie de la campagne si bien sentie par lui, et aussi tout le mouvement du port, du canal et de la gare. Ceci n'est pas pour lui déplaire non plus. Les mêmes bras m'ont porté, dorloté ; la même voix m'a répété les mêmes cantilènes, m'a fait boire du lait tiède ; les mêmes lèvres m'ont embrassé bien plus souvent encore et plus longuement. C'est tout ce que j'ai jamais eu de commun avec le célèbre philosophe. Je n'en suis pas moins fier tout de même. — Vouziers a été détruit en 8ᵇʳᵉ 1918. après la terrible bataille d'Orfeuil lieu tout voisin de *Semide*. (V. carte Et. Major).

Buzancy. — Nous avons vu (chap. 1) le rôle de Buzancy et son importance dans l'origine et la distribution des eaux de notre vallée. Nous le retrouvons à la fin de cette longue chevauchée.

L'eau sculpte et façonne la face de la Terre, elle désaltère les troupeaux et les hommes ; aidée du soleil, elle féconde la terre et récompense le travail de l'homme. Tandis que mal acquis ou mal employé, l'*argent*, réputé tout puissant, gâte et perd tout. On le vit bien au 18e siècle à Buzancy comme à Versailles et en cent autres endroits.

Au 14e siècle, Buzancy était déjà un des bourgs notables du Comté de Grandpré (ancien Dormois). Le comte, Henri de Grandpré, lui octroya, au lendemain de Poitiers (1356) une charte qui le plaçait sous le régime de la *Loi de Beaumont* donnée à plus de 600 villages de nos régions. Elle peut se résumer ainsi :

« 1°) Le maire, les échevins auront la *Cour* (le tribunal ou la Justice), c'est-à-dire : connaissance, juridiction, arrhes, prinses (prises) et jugement de tous les cas quelconques *criminels* ou *civils* qui adviendront en la dite ville de Busancy aux ban et finage d'icelle, *jusqu'à la mort*, selon les lois et coutumes de la dite ville... *ou* (au) *royaume de France.*

« *Item.* Chacun bourgeois et bourgeoises de la dite ville paiera à nous.

au *jour de Noël* 12 deniers parisis et deux (2) poules ;
à Saint Jean Baptiste, 12 deniers parisis.
— Terrage de 13 gerbes : (*une*)
— pour chaque fauchée de pré : 4 deniers parisis ;
— et si vignes y était, ils paieront au fur... (et à mesure).
— Pour une garde de forteresse :
    à la St Remy : 3 deniers,
    à Pâques   : 3   »
— Et soigneront chemin convenable, comme en est usé d'ancienneté. »

17 avril 1357 (1)

On voit que Buzancy avait un Statut bien plus libéral que Vendy ou Ballay, etc.

Remarquons, en outre, que nous sommes au lendemain de Poitiers (Septembre 1356), que la Jacquerie menace, que Paris avec Etienne Marcel est en révolution et que la *Grande Ordonnance* date aussi de 1357, — que les Anglais vont « courrir » le royaume et que les nobles n'oseront les affronter. (Voir Guerre de Cent ans). Bien des raisons pour se montrer accommodants et généreux. Il fallut Charles V et Duguesclin pour nous tirer de là.

---

(1) Archives des Ardennes, t. III Sie E. p. 201. (Bibl. Nat.).

Buzancy suivit la fortune du royaume et les viscissitudes de nos pays frontières pendant les « Guerres de religion » et de la « Fronde » (1).

Au 18ᵉ siècle la bourgade était devenue un bourg agricole et industriel actif et prospère. En 1762, suivant d'Espilly, il comptait 185 feux et environ 900 habitants : laboureurs, tanneurs, meuniers, carriers, tisserands, et autres métiers. On voit ses marchands circuler, ses habitants contracter mariage dans les villages voisins, acheter et vendre parcelles de terre, plaider, etc.., en somme la vie s'éveiller et s'élargir. On sent monter un monde nouveau.

M. de Boullongne (ou Boullogne), (2) en pressant la construction de la route *Vouziers-Buzancy-Stenay-Montmédy-Metz,* avait accru cette activité. On allait en un jour à Reims, en trois à Paris par le coche ou la diligence. Beaucoup de droits féodaux tombaient en désuétude ou étaient discutés âprement aux anciens nobles : Ainsi à Vandy *Toussaint* et deux autres vignerons plaidaient longuement contre leur seigneur ; de même à Quatre-Champs, les habitants, contre la dame du lieu pour la restauration de l'église et du presbytère et à Châtillon (3) et ailleurs encore. Les paysans profitaient de toutes les occasions pour faire sortir la terre des mains nobles, et pour l'empêcher de passer aux mains de la noblesse d'argent.

Ainsi Augeard, fermier général, ayant acheté le marquisat de Buzancy à Mʳ de Boullongne et marié sa fille dans la haute noblesse, voulut donner un lustre plus grand à son titre de marquis tout frais émoulu. Il fit bâtir de fastueuses écuries que l'on voit encore ; il établit dans la prairie adjacente, à l'imitation de Versailles, des pièces d'eau, des bassins avec « jeu d'eau », etc., tout un clinquant de mauvais aloi qui prétendait singer Marly et Chantilly et qu'il n'eut même point le temps d'achever.

Pour relever le prestige éteint de la noblesse, il songea même à rétablir les droits féodaux. Les habitants s'y opposèrent énergiquement : « Ceux-ci demandent qu'il soit fait *dépense*

---

(1) En 1640-41 on voit un « honorable bourgeois » *Jean Cousin* comparaître à Grandpré, au château par devant Claude Baudelot (V. Quatre-Champs) pour une question de *droit de Colombier* au sujet de sa femme Lamorlette, du Morthomme.

(2) Cette route supplanta le *vieux chemin gaulois* : Buzancy-Boult-Quatre-Champs, resté apparent entre ces deux derniers.

(3) Messire François de Riancourt Seigneur en partie de Châtillon plaide contre Jean Thiriet, laboureur audit Châtillon, pour les biens à *Louis de Beauvais*, lientenant-colonel au Régiment de Vandy.

au sieur Angeard de demander et percevoir cens, lods et ventes
qui se perçoivent à Busancy ; ils prétendent que *tous les hérita-*
ges sont libres et francs ; ils fondent cette franchise et cette liberté
sur une charte de 1357. Par cette dernière, on anéantit la *main-*
morte et le *mémariage*, et on restreint des servitudes et amendes
(1).. » Voilà qui est net.

En 1662, cent ans plus tôt, Busancy payait une taille de
5.028 livres qui avait augmenté démesurément depuis un siècle par suite des guerres, des constructions ruineuses de Louis
XIV et des dépenses inouïes de la Cour et de la noblesse, retenue, attachés par des chaînes d'or à Versailles, endettée et dé-
racinée. Pour soutenir son rang, elle est obligée d'emprunter,
d'hypothéquer, de vendre ses terres. Ainsi en 1772 ou 77, on
voit le seigneur de Quatre-Champs mettre en vente sa seigneurie (2).

La royauté, par l'indignité de Louis XV, par la faiblesse
et l'irrésolution de Louis XVI, était tombée en quenouille. La
noblesse de cour ruinée et déconsidérée par le régime honteux des « maîtresses en titre », et des favoris, par ses alliances avec les financiers haïs et décriés ; le clergé attaqué
pour son intolérance, pour ses privilèges et ses richesses excessives, pour les mœurs galantes des abbés de cour et de quelques-uns de ses membres : de Rohan, de Bernis, (bois) de Lo-
ménie, de Brienne, se montraient indifférents au sort misérable du
bas clergé encore populaire dans les campagnes ; les Parlements
vieillots et entêtés s'étaient rendus impopulaires par leur opposition à toute réforme. Enfin les impôts devenus écrasants :
corvée royale, gabelle, vingtièmes, etc. etc., et si mal perçus par

---

(1) Archives des Ardennes : S⁰ C. p. 94, coll. 2 (Bibl. Nat.)

(2) « A vendre belle terre et seigneurie de Quatre-Champs située en
la vallée de Bourcq, à *une lieu* de Vouziers... consistante en toute justice, droit de chasse et pêche, château, deux cours, colombiers, viviers,
pressoirs, moulin, huilerie, vignes. 800 arpents de bois, 100 fauchés de
pré. La seigneurie de Quatre-Champs l'est aussi en partie de Noirval,
Ballai et les *deux Ménils.* » (Affiches de Reims, 16 juin 1777.)

24 février 1779 : Vente d'immeubles en roture situés à Quatre
Champs par *Nicolas de Bohan*, Seigneur dudit lieu et y demeurant, et
dame Charlotte de Beffroy, son épouse, à Nicolas Blanpain, laboureur
audit lieu moyennant 461 livres.

15 août 1783 : Bail 3. 6. 9., corps de ferme à Quatre-Champs con-
senti par Anna Gédéon de Sahuguet, marquis de Termes, seigneur dudit lieu au profit de Nicolas Louvet, laboureur audit lieu moyennant
1400 livres. (Archives des Ardennes, Sie C. Intendance de Champagne
et Testament de Finfe 15 août 1783).

les maltôtiers ; la misère et les famines fréquentes avaient ir-
rité les esprits et les avaient préparés aux nouveautés.

L'heure où « rois » et grands auraient à rendre des comptes
non plus « à Dieu seulement », mais à la *Nation* approchait farouche et inexorable. Toutes les réformes ou presque avaient
échoué. La révolution allait tout changer ou détruire, souvent sans pitié, parfois sans discernement, comme cela arrive
en tous temps et en tous pays. Despotisme et révolution sont
toujours très proches parents !

LA VIE AU VILLAGE

Le village, le château, l'église.

Quel était l'aspect de nos villages ? En quel état se trouvaient-ils à la fin du 18ᵉ siècle, au moment où de toutes parts s'annonçait une révolution, c'est-à-dire de grands changements dans l'état social et la condition des gens et des terres ?

La plupart des maisons villageoises étaient bâties en bois, ou en carreaux de terre séchés au soleil, ce qui donnait aux constructions un air vieillot, délabré : ce qu'exprime le mot si souvent employé : les *Mazures*. Tout un quartier de Noirval s'appelait les Mazures, bien que bâti en un des lieux-dits les plus riches du terroir. Un village ardennais porte ce nom. Et dans chaque village il y a encore des « mazures » à vendre ou à louer. Était-ce pauvreté, insouciance, désir de ne point attirer l'attention du seigneur ou du fisc ? Tout cela peut être. Car partout, on rencontrait des « masures », des « bagnoles », des cabanes, des « cahutes « en bois en planches, en carreaux de terre se délitant à la pluie : de là, l'aspect et le délabrement lamentables de la plupart.

Recouvertes en chaume, elles s'appelaient *chaumière* ou *chaumines*. Qui ne connaît la chaumine enfumée du bûcheron ? Quelques-unes avaient des devantures et des murs en pierre. C'étaient les plus riches. Deux pièces, une grande devant, une plus petite derrière ; une étable informe pour la vache ou la chèvre, pour les volailles, ou le porc ; un grenier pour le foin, les fruits, les légumes secs etc., un cellier, une grangette composaient les plus importantes. Le jardin et la chanvière entourés de haies s'étendaient derrière, quelquefois une « aisance » ajoutait un peu de commodité sur le devant ou le côté de la maison.

On entassait le bois de chauffage, le foin et la paille à l'extérieur contre les murs, sous un appentis, ou hangard, pour se défendre du froid et du vent pendant la saison rigoureuse.

La pièce d'entrée, la plus grande, souvent l'unique, mal chauffée, souvent enfumée, pavée d'un « *terris* » durci, était tenue proprement. Petite fenêtre, porte fermant au « loquet », cheminée mal construite, un banc, quelques tabourets ou escabeaux en bois, une table grossière, des écuelles en bois ou en étain, quelques nattes en paille, (1) etc., composaient le pauvre ameublement d'une maison ou cabane aux 17e et 18e siècles.

Le père travaillait du matin au soir comme manœuvre aux bois, aux champs, ou au château ; il gagnait peu, mangeait moins encore ! Point de pain quelquefois, et jamais de repos ! Ses enfants, fort nombreux, mal vêtus, couraient le jour, ramasser le bois mort dans la forêt, ou à la saison, allaient cueillir les pissenlits, les mâches ou doucettes, etc., ou, glaner dans les champs derrière les moissonneurs ; ils mendiaient souvent, et quelquefois, en hiver allaient à l'école. Le soir, toute la nichée piâlant, criant, demandant du pain rentrait à la maison, se serrait autour du feu attendant la pauvre pitance que la mère partageait entre tous, et s'endormait en rêvant d'un lendemain moins dur, ou moins cruel. « Qui dort *dîne* ! » disait-on. Souvent ils se couchaient sans souper ! Vieux et triste proverbe qui doit dater de ces temps peu fortunés !

Le jardin situé derrière la maison, ou à peu de distance, était, avec ses légumes, la providence de ces familles insoucieuses et fatalistes.

Les maisons des « bourgeois » étaient bâties plus spacieusement et mieux distribuées : cave, grenier, écurie, bergerie, grange, hangard, fournil, car beaucoup de ceux-ci s'étaient rachetés du four banal et cuisaient le pain chez eux, puits enfin. Ils avaient chevaux pour le labourage et les charrois, instruments aratoires assez primitifs et la plupart en bois : charrues, herses, etc..., outils divers : faux, faucilles, serpes, fourches et rateaux, bêches, pioches, appelées aussi « *houe* », d'où ho-wer (verbe), *piocher*, nettoyer légèrement la surface du sol, *houeur* (en anglais ho-wer), piocheur ouvrier qni travaille à la houe ; et enfin, *houet*, petit piocheur, lambin ; et *houette*, petite pioche. (2)

Une maison bourgeoise avait des dépendances, ou aisances devant et derrière : cour, jardin, enclos, verger, pré, etc. Elle (à Quatre-Champs) dénonçait une condition meilleure et plus

______

(1) Jeanne d'Arc à Domremy couchait sur une natte en paille. Les Arabes, en Algérie, dorment sur la terre nue, ou sur une natte dans leurs gourbis.

(2) A remarquer que l'*r* final dans les mots *houeur*, *piocheur* ne se prononce pas et que l'on dit *houeux*) piocheur ; d'où le féminin, *houeuse*, *piocheuse* ; et qu'il en est de même dans une infinité de mots anglais, où la finale *er* se prononce *eu* : Ex father = fazeu, père ; mother « mozeu » mère, etc.

élevée. Quelques-unes portent la date de leur construction :
1692, 1750, 1763, 1769, 1808. En général, une même famille
habitait le même quartier.

Les maisons s'alignaient fort irrégulièrement le long d'une
rue mal définie qui épousait toutes les formes du terrain,
avançant, reculant, escaladant, dévalant, — un peu aussi au gré
des caprices du sol et de là fantaisie du propriétaire, sans tenir
grand compte de la propreté, de l'hygiène, de la commodité
du chemin qui ressemblait plus à une fondrière ou à un égoût
qu'à une voie de communication. Chacun défendait sa « devanture » comme il pouvait, presque toujours fort mal, pour lui
et ses voisins, soit avec son « fumier », soit avec des tas de
bois, etc... De là des disputes sans fin et des haines tenaces.

Ainsi en 1751, le subdélégué de Reims, reçut requête d'un
particulier de Quatre-Champs « se plaignant qu'on ne peut
aborder avec charrois dans sa maison, parce que la rue est
embarrassée de fumier et tas de bois que différents particuliers
mettent devant leur porte ; que d'autres « *habitans* » (sic) an-
ticipent sur cette rue en poussant leurs jardins, « chanvrières »
et hayes au delà de l'alignement des anciens bâtiments. — Le
subdélégué:...

— a l'honneur de dire qu'étant informé des faits contenus
dans la dite requête, ils passent pour certains. »

« Vu aussi les anciennes ordonnances de M^rs nos prédécesseurs et notament celle de Mr de Baupré, du 20 février
1731, par laquelle *il est défendu à tout particulier de placer dans
les rues aucuns fumier, immondices qui puissent empêcher le
charroi* estime qu'il y a lieu, en renouvelant ces défenses d'ordonner aux particuliers de la Communauté de Quatre-Champs et
surtout à ceux dont se plaint le suppliant d'ôter leur fumier,
de dégager la rue de tout embarras, et en remplir les creux et
ornières, — et en ce qui touche l'anticipation des jardins, chemins et « hayes »... :

« Ordonne qu'à la diligence du *Syndic* (1) en présence du
procureur fiscal du lieu, les parties qui ont anticipé seront appelées à l'amiable pour, — en leur présence, tirer une ligne
droite sur l'alignement des anciens bâtiments ou autres bornes qui dénoteraient la largeur du chemin, pour ensuite les
rétablir dans la forme qu'il doit avoir été... » (Reims, juin

---

(1) Le *Syndic* avait depuis longtemps remplacé le *Mayeur* ou *maire* ;
il en remplissait les fonctions, et comme son nom l'indique, il parlait au
nom des habitants. — Le *procureur* fiscal était une sorte *d'avoué.*

1751 : Maillefer, subdélégué.) Les subdélégués ont été remplacés par les sous-préfets.

Ce qui est triste à dire, c'est que les choses n'ont guère changé depuis bientôt deux siècles, et que dans la plupart de nos villages : Quatre-Champs, Noirval, Belleville, Toges, Vandy etc. on voit encore les *fumiers entassés devant les maisons auprès des puits,* souvent ainsi *contaminés,* au grand dommage de la propreté, de l'hygiène et de la salubrité publique... Et les fontaines publiques changées parfois en cloaques infects ! en foyer de pestilence !

Voncq : capital du *pagus Vongensis.* Station de la voie romaine Reims-Trèves. Vue ancienne (17ᵉ ou 18ᵉ) d'après Oudart. — Bourg, jardins, vignes, troupeaux et habitants. (Communication du Dʳ O. Guelliot.)

M. le Préfet, nom moderne de l'Intendant, n'est pas plus ni mieux écouté aujourd'hui que ne l'était il y a deux siècles son prédécesseur. C'est à désespérer de la raison et du progrès. Ces hauts seigneurs, Intendants ou Préfets, ne quittent pas assez souvent leurs « Hôtels » ou « palais préfectoraux » pour aller s'assurer, *de visu,* si la loi, trop souvent muette ou ignorée quand son interprète fait défaut, est vivante, c'est-à-dire appliquée, si la santé publique est protégée, si chaque citoyen respecte la loi, la justice et les droits de tous et de chacun. Peut être disent-ils comme leur lointain ancêtre Jupiter : « *Je vois de loin...* » mais ils n'osent ajouter : « *J'atteins de même !...* » Ils ne voient pas, et frappent, quand ils frappent, souvent à côté.

Comme les anciens *gouverneurs :* « ils *représentent* » trop et n'exécutent pas assez.

Les agents enfin mis en crainte, mieux soutenus ou justement réprimandés, auraient toujours l'esprit tendus au bien public, les particuliers seraient moins négligents ou plus attentifs à bien faire, et la moitié des querelles ou des procès seraient supprimés au grand profit de la paix et de l'esprit publics. Mais est-ce cela que l'on demande aujourd'hui aux grands chefs des services publics ?

En politique comme en religion, il n'y a de vrai que la présence réelle.

Une disposition curieuse s'observe dans la distribution et le groupement des maisons. Outre l'observation déjà faite ci-dessus, — (de familles occupant tout un quartier), — on remarque dans presque tous les villages agglomérés : une place centrale à *forme carrée ou rectangulaire* où aboutissent 4 routes, ou plutôt deux directions principales se croisant sur cette place : C'est la *cour*, ou le *forum*, si caractéristique à Châtillon, (1) à Ballay, à peine esquissé à Quatre-Champs, mais double : au *Petit-Puits* et *autour de l'église*, centre de la vie morale et religieuse (voir chapitre III), toujours située près ou non loin de la place publique. C'est là qu'est le noyau, le cœur de l'agglomération. Là aussi aujourd'hui, l'école, la poste, la mairie ou Hôtel de Ville.

Mais il y a des *cours* plus petites, dont deux ou trois côtés sont encore fort apparents. Ces petites cours habitées par des gens de métier, parfaitement closes, ne communiquaient avec la rue ou la grand'place que par une « porte » ou un « passage » fermé. Noirval, Ballay en offre des exemples, peut-être Châtillon aussi. Mais cette forme est plutôt rare dans la vallée. Les gens de même métier et leurs familles habitaient là et n'en sortaient que pour aller à l'église ou chez les marchands de la *grande rue.* Ces « *petites Cours* » tendent à disparaître ; mais elles sont caractéristiques des âges antérieurs et des besoins d'association ou de défense en ces temps troublés. Toutes les maisons étaient couvertes de *chaume* ou de *tuiles.* Beaucoup de ces demeures rustiques, isolées ou groupées en hameau,.

------

(1) La vaste place publique de Châtillon semble avoir été, aux temps lointains de l'occupation romaine, une place d'excercices militaires ? ou un *petit camp* pour les troupes placées à l'entrée du défilé ?

s'élevaient à proximité de « leurs terres » soit par raison de
sécurité, soit pour la facilité des charrois et autres travaux des
champs. Vie un peu triste et monotone, mais saine et créatrice
d'énergie.

*
* *

Les *châteaux* seigneuriaux n'avaient, dans la vallée de la
Fournelle, ni bien grand aspect ni l'air bien rébarbatif. Ils
dataient des 10ᵉ, 11ᵉ, 12ᵉ et 13ᵉ siècles ; quelques-uns du 14ᵉ.
On distinguait le *château* proprement dit de la *maison forte*, où
l'on enfermait les dîmes et autres redevances, payées au seigneur non résident comme à Toges, par exemple, ou aux *coseigneurs* sans château par les serfs et vilains du village au représentant, ou délégué, desdits coseigneurs. Ces maisons étaient
« fortifiées » et gardées, par crainte de vols ou de pillage, par
le maire lui-même, *rétribué*. (V. Toges.)

Nous avons vu que les défenses du défilé étaient toutes, ou
à peu près, situées sur la Fournelle : l'eau étant l'agent principal de la défense du défilé. Au début furent construits les châteaux en bois.

C'était la *Maison forte de Châtillon*, entourée d'eau et de marécages, dite la « forteresse, » au « petit Châtillon » barrant la route
du Chesne, de Sy etc. fermant l'entrée du défilé. Celles de
Toges, de Terron, de Claire-Fontaine également.

L'église fortifiée de Noirval, située sur un tertre dominant
le profond ravin de la Fournelle et les étangs, commandait l'île
comprise entre la Fournelle et la *Glöye* ou *Glauye*. La cense, ou
ferme, faisait « maison forte. » La défense de la « ville » était complétée à l'ouest par le « manoir de la Butte » : Warnier, seigneur de Ballay, l'habita avec sa femme vers 1290. Il commandait la limite des terroirs de Quatre-Champs et des deux Mesnils et le débouché des chemins venant de Sy et des Armoises
par St. Denis, vers Quatre-Champs. Il en reste aujourd'hui
encore des indices toponymiques : la *Butte*, les *Mesnils*, la *Nau
Potencier* et le *Moulin à Vent*.

Les *Dalle* ont été longtemps seigneurs de Noirval. Leur
nom y subsistait naguère encore. Les Willer aussi, mais antérieurement. (Voïr Huileux), etc. Quatre-Champs avait Château-
fort dès le Xᵉ ou le XIᵉ siècle : Château situé entre le pré de la
Tour ou de la Cour, pré servant de refuge au bétail en cas d'a-

lerte, et le Grand pré, dans une position, bien choisie, très forte pour l'époque et barrant tout le passage. Il occupait le point central d'un large cirque de collines argileuses difficiles à descendre ou à gravir à cause de leurs talus raides et glaiseux, il était enfermé dans une boucle curieuse de la Fournelle, large (4^m) profonde, rapide, et dans le voisinage immédiat d'une source intarissable.

C'était comme le magasin général de la défense du défilé, le refuge commun en cas de guerre. Carrefour où tous les chemins se croisaient mais qui ne fut facilement accessible et praticable qu'à *l'époque romaine* par son *déverticulum* (Chestres-Tannay), et à *l'époque contemporaine,* la nôtre, par la *route nationale n° 77* qui l'emprunte sur une longueur de 8 à 9 kilom. (Vouziers, Quatre-Champs, Le Chesne), etc., construite de 1703 à 1829 par Trudaine et divers autres ingénieurs (1). Cette difficulté d'accès au village explique pourquoi celui-ci fut toujours tourné soit par Le Chesne, Maison-Rouge, Vandy (Henri IV), soit par *Lacroix aux bois* (1792), et pourquoi ces deux bourgades ont donné leur nom à deux défilés factices et fait oublier complètement le défilé *naturel,* celui de la Fournelle.

Détruit en 1650 par le soulèvement des habitants contre la garnison espagnole qui en fut chassée (2), il ne survécut plus que dans ses dépendances encore existantes (Maisons Govignon et Blanpain) et séparées du village par la *grand'route* qui a gâté tout le paysage. La création de celle-ci a été, militairement parlant, une calamité pour la vallée et pour le village devenu étape, pillés et ravagés tous deux *cinq fois* de 1792 à 1914. La dernière invasion (1914) a d'ailleurs amené la destruction de tous les villages du défilé et de sa lisière, sauf deux : Noirval et Châtillon.

---

(1) L'un d'eux, M. Chauvelon, s'était fixé dans le pays, au château de Rocan près de Chémery. Il construisit la difficile section de la vallée de la Fournelle.

(2) Quelques soldats étrangers se seraient alors fixés à Toges et y auraient fait souche ? Ex : la *Chiquette,* (surnom) = *chiqueta* ou *Chica,* la petite. Il y a près de *Sidi-Ferruch,* lieu de débarquement des Français en 1830, une *Torre-Chica,* petite tour, près de laquelle commença la *bataille de Staouéli* (1830) et la *marche sur Alger :* un des plus grands faits de notre histoire, un *Bouvines* africain. Un habitant de Quatre-Champs, Mary, soldat prit part aux deux actions, s'établit comme colon et fit souche et fortune, là-bas où je l'ai retrouvé vivant encore en 1880 à *Bir Kadem.*

Le *château de Ballay* avait les mêmes caractéristiques, mais plus accentuées encore que le précédent : *Placé dans une ile,* près du pont, flanqué d'une maison forte à l'Est, défendu par les hauts escarpements du nord (Garenne Dessaulx, etc. (V., chap. III), par le château de Caunoy, par la *maison du Temple*, à Clairefontaine, par le grand étang voisin (8 arpents) : le tout accumulé pour ainsi dire dans la partie la plus étranglée et la plus difficile du défilé, rendait celui-ci infranchissable.

Au delà, et en aval, la rivière d'Aisne et la Fournelle, confondant leurs plaines marécageuses, formaient l'obstacle le plus important depuis la destruction du Camp de Chestres (5e siècle, et 407) qui les dominait de sa belle et imposante table. (169^m). (1).

Les châteaux de la périphérie, ou des approches et des lisières du défilé étaient plus importantes et plus connus. Ils étaient construits en *briques* et *pierres de taille* depuis le 15e siècle.

Celui de la *Motte* fut élevée par un seigneur lorrain au 16e siècle pour harceler par esprit de taquinerie, les possesseurs ecclésiastiques de St-Denis et de Bazancourt ; celui d'*Assy*, ou « *Maison rouge* » commandait le chemin des Armoises et de Sy à Quatre-Champs, et à Vandy. Celui de Vandy ou plutôt celui de *Laubrelle,* vraiment fort (v. Vandy), celui de Belleville, la maison des Templiers, à *Merlan* du celtique : *merle* = argile près Boult (2), le *Château de Bohan*, près et au-dessus des sources de Liry, si pittoresques, près duquel fut tué le *Prince de Ligne* (1792 septembre) tous furent décrétés de démolition en 1791. Leurs débris, sans grande valeur furent employés au pavage des routes voisines, alors en construction : route 77 ; route de Rethel, Vouziers à Stenay par *Lacroix* et *Buzancy*. L'intervention de Mr de Boullongne, célèbre fermier général et d'Augeard, son successeur tous deux un peu *marquis* (d'opérette), avait hâté l'achèvement de cette dernière. C'est par cette voie que fut forcé le *passage de Lacroix aux bois,* après un

---

(1) La vue est saisissante, le matin surtout au lever du soleil, pour un observateur placé, sur la route de Condé-Vouziers, aux Champ de foire. Le camp romain domine vraiment d'une façon imposante toute la contrée environnante.

(2) La route est toute bordée de sorbiers dont les baies, à l'arrière saison, sont très goûtées des linettes et linottes et d'autres petits oiseaux de passage : d'où le nom. Il y eut aussi à Q-Champs une tuilerie *Marland* située à la Justice, près du moulin. L'abondance de l'argile explique la fréquence du nom homme ou lieu dit. (Boult et *Marland,* etc.)

combat assez vif et des péripéties bien connues et légendaires dans la région.

Les paysans du défilé prirent part à la lutte dans les Bois de la *Linotte ou Linette* où l'on voyait naguère encore des restes de retranchements élevés par eux. D'après la légende locale, les femmes allaient porter des vivres aux paysans retranchés au passage de Lacroix, et qui ne lachèrent pied qu'à la retraite de la troupe.

*
* *

Les églises du défilé, comme en général celles de la frontière, n'ont rien de monumental parce que éphémères, et étant trop exposées à la destruction et trop souvent. La plu-

Boult et Merlan. L'Église. Point de départ du *passage de Lacroix* aux Bois (1792) vers Vouziers. Route nationale.

part remontent au XIIIe siècle. pauvres *églises en bois*, comme les châteaux, puis en pierre dure de Quatre-Champs, et toute du style roman et ogival primitif : Brieules, Le Chesne, Châtillon, celle-ci dépendant de la riche *abbaye de Mouzon* étaient, les plus remarquables au Nord et au N. E.

La très belle église de l'abbaye de Landèves fut détruite vers 1650-1652.

Seule, elle avait un caractère monumental digne d'attention. Elle ne se releva pas de sa chute.

Toges n'avait qu'une sorte de chapelle *en bois* rappelant les églises de montagne et celles des régions forestières du nord de l'Europe. Elle était édifiée au centre du village, sur le sol d'un ancien marais et cachée par les arbres du cimetière ; mais les prières et les chants des humbles bûcherons du lieu, serfs de la riche abbaye de Landèves devaient être parfumés des senteurs naturelles et plus simples des côteaux, des vallons et des bois du voisinage. Elles voltigent encore dans les forêts prochaines, car la vieille chapelle a été détruite en 1914-1918. (V. Toges).

Celles de La Croix, de Ballay, n'ont rien de remarquable.

Celle de Noirval est peut-être la plus curieuse de toutes, avec sa nef aux arcs ogifs disparus (1), son portail détruit, remplacé jadis par une école, aujourd'hui par une simple auberge, son bas côté gauche enlevé, ses murs crénelés et son inscription extérieure illisible, encadrée dans une bande gothique où figurent en relief 2 ou 3 ouvriers, — des cordonniers sans doute, — travaillant de leur métier. Peut-être cette inscription a-t-elle quelque rapport avec le martyre des deux médecins de Cilicie, St Côme et St Damien, patron d'une des fontaines du voisinage, martyrisés au 3e siècle sous Décius, et dont quelques disciples fidèles, soldats ou marchands au camp de Chestres auraient apporté le culte jusqu'en ces lieux brumeux et lointains.

L'ancienne école de Noirval, remplacée depuis une vingtaine d'années seulement, nous dit que jadis les écoles étaient placées sous la surveillance étroite immédiate du clergé. La famille noirevaline des *Mestrehut* a donné des maîtres connus et respectés aux écoliers de toute la vallée.

L'église actuelle de Quatre-Champs avait dû, au 12e siècle, remplacer une chapelle ou une basilique, en bois, ou en pierre, bien antérieure, élevée sur l'emplacement du « *német* », ou d'un temple romain : c'est donc pour nous un lieu vénérable. Son entretien était en partie à la charge du seigneur, en partie à celle de l'Hôtel Dieu de Reims fondé par St-Rémy et aussi à celle du curé (voir plus loin) et des habitants.

----

(1) Ces mutilations regrettables remontent sans doute aux guerres de religion et seraient imputables aux bandes allemandes venues à diverses reprises en Champagne. Quant aux arbres qui ombrageaient toutes ces églises et cimetières campagnards, ils sont peut-être un souvenir altéré et poétique, mais bien vague de l'ancien culte des arbres : tilleuls, ormeaux, chênes, etc.., souvenir vénérable qui s'est perpétué aussi autour des *Calvaires*, et des *Croix* isolées si nombreuses en nos campagnes.

Il resterait de sa forme primitive son portail *roman*, au perron élevé, aux colonnettes encadrées dans l'épaisseur du mur, à la croix aux bras égaux placée dans l'arcature de la porte d'entrée, à sa double lucarne, ou *oculus*, (?) encadré de pierre de taille, et remplie aujourd'hui ; enfin à un clocher bizarre qui semble être une *ancienne tour*, surmontée plus tard dudit clocher tout à fait disproportionné.

Il n'a d'élégant que sa girouette, coq tournant au vent, prêt à chanter, prêt à combattre contre l'assaillant, d'où qu'il vienne. Ce clocher contenait, en 1789, trois cloches inégales sonnant à toute volée de joyeux carillons pour les « baptêmes » accompagnés de coups de fusil, sans doute pour avertir le nouveau-né que la frontière n'était pas loin, de distributions de dragées et de menues monnaies jetées en l'air, à la volée par les parrains et « marines » que les enfants se disputaient en les ramassant; sonnant encore pour les « gaies épousailles » quand, à la sortie de l'église, paraissaient les nouveaux époux accompagnés des parents et amis endimanchés de leurs atours : blouses ou redingottes, casquettes, etc., petits bonnets blancs, fichus, châles, jupes et tabliers simples ou à ramages, humbles et pauvres parures, souvent bien suranées.

Elles sonnaient aux grandes fêtes carillonnées, célébrant à la fois le retour des saisons et les évènements principaux de la vie du Christ : *Noël* (et le *jour de l'an*) pour la naissance du Christ et aussi pour le retour du soleil, ou pour le *gui*, symbole d'éternelle jeunesse; *Pâques*, où pendant trois jours elles se taisaient, — du mercredi au samedi, — parties pour Rome et remplacées dans leur office par les « *brouants* » où « *crécelles* », que les gamins allaient, de maison en maison « brouander » très exactement, pour annoncer les *offices de la semaine sainte*, et aussi pour recevoir, le samedi en récompense, des ménagères quelques *œufs de Pâques* ou quelques sous.

Les *Rogations* longues processions dans la campagne, vers les *Calvaires* pour demander la protection divine contre la grêle et l'orage destructeurs des moissons nourricières, dispensatrices du pain quotidien ! chacun, chemin faisant, plantait dans son champ, une tige de *buis bénit* souvenir druidique autant que chrétien.

Elles sonnaient « au feu ! » en cas d'incendie pour appeler à l'aide : contre la furie du « Coq rouge » dévorant les pauvres maisons ; contre l'orage qui apportait l'averse ou la grêle, ce fléau ! contre le *tonnerre* (« troun de l'air »)voix formidable annonçant la colère des dieux : *Tarann* ! (ou Jupiter).à laquelle répondait l'humble supplication des cloches. (1) Mais parfois le vieux dieu imposait brutalement silence en foudroyant les imprudents sonneurs. Enfin, leurs voix envoyaient tristement le dernier adieu à ceux que la mort visitait : c'étaient les « *laisses* », ou « adieux ! ».

En cas d'émeutes, elles lançaient la voix retentissante du *tocsin*, et aussi à l'approche de l'ennemi pour la prise d'armes ! On s'avisa même qu'elles pourraient parler sur les champs de bataille et on les fondit. Deux d'entre elles disparurent ainsi en 1792-1793 sur la réquisition des délégués de la Convention, et la troisième moins heureuse, périt, enlevée par les boches en 1915-1916. Le vieux clocher est resté debout ; mais depuis il est devenu muet.

Elles sonnaient à des *heures fixes* (6 h.,11 h.,4 h.,9 heures), pour le lever, pour avertir les laboureurs de dételer et de rentrer prendre repos et nourriture, eux et leurs bêtes, pour annoncer aux bûcherons que la « soupe arrivait » et que la hache, la serpe, la scie, le merlin et les bras qui les maniaient avaient besoin d'une heure de repos. Et diligentes, on voyait passer hotte au dos, ou panier au bras, les femmes allant à la coupe. A 4 heures, c'était le *marander* (2) ou goûter ; à 9 heures le *couvre feu*, en hiver, pour guider le voyageur attardé ou égaré.

Le soir d'une voix mélancolique et douce, elles tintaient l'*Angelus*, signal de la rentrée des troupeaux repus et craignant les voleurs ou les loups. Les brebis, suivant le berger vêtu d'un long manteau, portant sa houlette et jouant de la flûte ou de la cornemuse, soulevaient un nuage de poussière sur les chemins ou sur la route. Les vaches, bœufs, « aumailles et godins » marchaient pesamment devant le bouvier, ou *herdier*, harcelés par des chiens hargneux, et parfois, prises de folles et subites fantaisies, couraient la queue en trompette et comme mises en joie par les tintements de la cloche, par les notes sautillantes de la flûte ou de la cornemuse, par les brou-brou-brou répétés du berger et du bouvier.. Et tous rentraient à leur bercail respectif pacifiquement.

Cependant L'*Etoile du soir*, dite du berger, brillait doucement, et mourante, descendait à l'Ouest. De petites fumées bleues sorties des cheminées s'élevaient lentement au dessus

---

(1) On voit là le souvenir et la confusion de trois cultes : gaulois, romain, chrétien. La découverte du paratonnerre par Franklin, mit fin aux sonneries faites pour conjurer la foudre. Ces sonneries ont encore lieu dans les Cévennes, la Loire, et la Hte Loire.

(2) De l'italien *marandare*, manger à 4 heures, goûter.

des maisons et s'épandaient en nappes paisibles dans les vallons
jusqu'à ce que tout, flûtes, bêlement, aboiements, cris ou
chants, dans le grand silence du soir s'apaisant, laissait la
nuit descendre sur les champs et les forêts. Instant solen-
nel et émouvant! La vie achevait de battre son rythme quotidien ; le labeur des hommes s'arrêtait ; et chacun, bêtes et gens,
s'apprêtait au repos de la nuit, brève image du silence éternel !

Le lendemain, dès l'aurore, les cloches reprenant leur chant
habituel, sonnaient les « matines » ou la « messe basse » pour
rendre les femmes diligentes et « matinales » ; car il fallait préparer le déjeuner aux hommes partant reprendre le labeur monotone et bienfaisant, un instant interrompu, faire le ménage
et envoyer les enfants à l'école.

*
* *

Or, au milieu du 18ᵉ siècle l'église de Quatre-Champs menaçait ruine, et depuis longtemps. L'abbé Coutier venait d'exer-
cer pendant plus de 64 ans (1643-1706 ou 7) un long ministère qui ne finit qu'avec le règne du Grand roi. Et pendant ce
très long espace de temps la clôture du cimetière, celle du presbytère, l'église elle-même avaient été fort négligées. Celle-ci devenue trop petite par l'accroissement de la population demandait réparation et agrandissement urgents.

... « Le sieur curé de la paroisse (1751) demande par sa requête à Monsieur l'Intendant, réparation des *murs du cimetière*.
Mgr ordonne que la requête soit communiquée aux habitants
et propriétaires de biens pour délibérer sur la demande du
suppliant ».

« La *dame du lieu*, (1) que l'on peut regarder comme la
principale propriétaire, qui a eu communication de la requête prétend que la clôture du cimetière ne peut concerner
que les habitants qui seuls ont leur sépulture dans le cimetière ».

« A quoi les habitants répondent en demandant à être au-
torisés à soutenir l'appel qu'ils ont interjeté au bailli de Ste-
Menehould par exploit du 21 septembre dernier de la sentence
contre eux surprise par défaut au baillage du comté de Grand-

----

(1) Louise de Sahuguet de Termes, descendante de Sahuguet, ingénieur et organisateur de la défense de la Meuse au début du 17ᵉ siècle (v. plus haut). Sahuguet compatriote de Henri IV s'était fixé dans
les Ardennes.

pré le 10 août précédent par la dame veuve de Sugny, dame de Quatre-Champs.

« Les suppliants produisent *l'avis* de 2 avocats sur lequel la communauté assemblée s'est déterminée à soutenir l'appel au baillage de Ste Menehould par exploit du 21 décembre dernier. »   (Reims 22 janvier1753).

« Mais le curé demandait aussi des *barreaux aux fenêtres* du presbytère et que les murs et la porte dudit presbytère soient réparés.

« M.l'Intendant a débouté le suppléant en ce qui concerne les barreaux de fer, et ordonne qu'il sera passé un marché de réparation à faire aux murs de clôture et aux portes d'entrée de la cour du presbytère.

« Les *habitants n'y ont pas satisfait* ; le sieur Curé leur a fait signifier le 12 mai 1754, l'ordonnance du 12 décembre 1750 ; *il n'en est pas plus avancé* ; il paraît même par sa lettre qu'il y a encore d'autres réparations à faire... J'estime qu'il y a lieu d'ordonner la visite des ouvrages à faire au presbytère de Quatre-Champs. »

Clôture : La visite a été ordonnée le 23 juin ; le 25, elle a été faite ; le devis assure que ce sont *tous murs fondus ou prêts à fondre*, mais sont à rétablir *à neuf* ; aussi il est juste d'ordonner l'adjudication ; il est fait mention du détail estimatif des réparations viagères.   (7 septembre 1754).

Presbytère : Adjudication à autoriser ; le prix est de 200 frs ; l'objet est le presbytère ; les réparations viagères y sont détaillées ; elles sont de 13 livres. Ainsi reste 187 liv. à lever. Et le curé doit 13 liv. et les habitants et propriétaires de fonds, le restant.   Reims 24 mai 1755 « Maillefer »

« Le syndic et 2 habitants conviennent que les réparations sont nécessaires. La visite, dit le subdélégué de Reims, que l'on doit ordonner en constatera la nécessité.., et M. l'Intendant ordonnera sur le vu du *procès-verbal des experts* ce qu'il appartiendra.   R. 31 Janvier 1763.

On trouve là, et à vif, le tableau d'une querelle entre paroissiens et curé. L'église ne tient plus, le cimetière est mal en point, le presbytère n'a plus ni murs ni portes ; il n'est plus guère habitable. Le curé réclame à l'Intendant qui en informe les habitants. Ceux-ci font la sourde oreille. Mais aussitôt que la dame du lieu fait mine d'intervenir au baillage de Grandpré, du *comte suzerain*, ils se défendent comme beaux diables et en appellent au *baillage du roi* à Ste Menehould, et la dispute dure plus de 30 ans (1743-1767), Mais le curé n'aura point de barreaux *en fer* à ses fenêtres.

Cette dispute montre, en somme, que seigneur, curé et paroissiens n'étaient pas très riches, ou, comme on dit au village : « très argenteux ». Car, tous les trois, ils étaient tenus aux réparations, et chacun d'eux essayait d'en laisser la plus grosse part à son voisin. (1)

L'Eglise. — L'église devait être entretenue par les *décimateurs*, soit : 1º - l'Hôtel Dieu de Reims. propriétaire de la Converserie ; 2º — le curé, pour ses *novales*, à qui incombait l'entretien du *chœur* et *du chancel* ; et aussi par les paroissiens chargés de la *nef*. Or le toit, le banc seigneural, le pavage etc. étaient en piteux état.

« La dame du village, *Louise de Sahuguet* de Termes. veuve de Valentin de Sugny intenta un procès aux Administrateurs de l'Hôtel Dieu (1743) et chacun dut contribuer : les habitants pour 200 livres,   l'Hôtel- Dieu pour 282 l. et le curé pour 69 livres. Mais l'église était si vieilie, si caduque que 20 ans après (1769), il fallut recommencer : le cœur, aux fenêtres gothiques fut réparé en pierres solides ; les murs du pourtour très anciens furent démolis et refaits à neuf ; la *nef* fut *élargie de deux collatéraux*, ou bas-côtés, et le mur de droite percé d'une petite porte au dessus de laquelle on lit : *1769*, date de l'agrandissement et de la réfection faite à la demande des habitants, par la dite dame du village, le cœur et le chancel restèrent à la charge de l'H. Dieu (286 l. 68) et du Curé 83 l. 145. (2).

La plus grande partie des charpentes qui encombraient d'une forêt de poutres, etc., l'intérieur, disparurent. L'une des poutres transversales, celle qui séparait le chœur de la nef, portait en son milieu un Christ en croix très ancien qui, ne disparut que bien plus tard.

L'édifice actuel, en partie détruit en 1918, représente cette dernière métamorphose de la très vieille et très humble église

---

(1) Archives départementales.

(2) G. Robert : Rev. historique des Ardennes, (1913)

C'est peut-être les dépenses occasionnées par cette reconstruction et par la création des deux bas-côtés qui provoquèrent l'annonce suivante dans les « *Affiches de Reims* » : ..... à vendre « belle-terre et seigneurie de Quatre-Champs ,située dans la vallée de Bourcq à une lieue de Vouziers (— Quatre-Champs est à 8 kilom. —) consistante en toute justice, droits de chasse et pêche *château deux cours*, colombiers viviers. pressoirs, moulin, tuileries, vignes, 800 arpents de bois, 315 de terre. 100 fauchées de prés....» Juin 1777. Les lieux sont tels encore aujourd'hui pour les bâtiments.

romane en son portique, ogivale en son cœur. Deux beaux tilleuls abritaient encore, il y a 70 ans, le chœur de l'église et un peuplier bien malingre, dit « arbre de *la liberté* », planté en 1848, les aidait un peu à cacher sa vétusté et sa laideur. Victimes innocentes des querelles des hommes, — ici le maire et le curé,— ils tombèrent un jour, revélant crûment, et l'aggravant la laideur de l'abside et de la sacristie.

Le cimetière a été déplacé également. L'église occupe le lieu du « *német* », ou « bois sacré » des Gaulois. St-Gibrien parla évidemment là en 505? Peut-être St.Martin, patron de l'église, l'homme le plus populaire du christianisme en son enfance s'arrêtât-il là en allant à Trèves solliciter Valentinien III. Ces souvenirs aujourd'hui bien effacés, font de ce point un lieu sacré oublié, ou bien mal connu par les habitants du village.

LA PAROISSE. — LE CURÉ

Au moyen âge chaque village formait un *fief*, possédé et gouverné par le seigneur qui lève des redevances, rend la justice, frappe la monnaie quelquefois, tient l'épée, possède le droit de paix et de guerre privée, publie son *ban* ou règlement. Il est souverain sur sa terre. Les serfs, vilains et francs, à divers degrés, lui étaient soumis ! C'était le *pouvoir temporel* ou séculier.

Mais chaque village ou « Communauté » constituait aussi une *paroisse* placée sous l'invocation d'un saint, son patron, et dirigée par le curé qu'assistaient des « *marguilliers* ». Le curé représentait le *pouvoir spirituel* ou religieux.

Le Clergé de France avait des biens et des revenus immenses (1). Un quart à un cinquième des terres, et les meilleures, lui appartenaient. Ses privilèges étaient importants et nombreux : il percevait la dîme, ne payait pas d'impôts et formait le premier des Trois Ordres de la nation, etc.

Mais le Concordat de 1516, en laissant au roi la désignation des candidats aux *bénéfices* avait pour ainsi dire enrôlé le Haut clergé et la noblesse à son « service » par l'appât des riches *Commendes* (2). Le bas clergé fut sacrifié ; et, avec les *paysans* d'où il sortait, il supporta tout le poids des charges et institutions sociales. La condition du bas clergé au 18ᵉ siècle est misérable. Le curé de Quatre-Champs, par exemple, touchait le 1/3 des grosses et menues dîmes de ce village, de Toges et de Noirval. Il faisait donc le service de ces trois paroisses.

A la fin du 14ᵉ siècle, la cense de la Converserie lui payait 12 livres tournois (200 fr.) et 13 setiers de grains : blé, seigle, avoine. (Le setier = 162 litres). Il recevait la *dîme des novales* (40 à 50 journaux), les offrandes « des *chefs de ménage* aux gran-

---

(1) Dans la vallée de la Fournelle, l'Eglise possédait : l'abbaye de Landèves et ses bois, le prieuré de Chestre (voir chap. IV) la Converserie et dépendances (voir Quatre-Champs) ; les Commanderies de Boult et de Clairefontaine ; St-Denis et Bazancourt, etc... c'est-à-dire plus de la moitié de la vallée.

(2) On appelait *commende*, l'usufruit d'un bénéfice accordé par le pape ; et *Commanderie* : un bénéfice appartenant à un ordre militaire ; ci : les Templiers.

des fêtes », comme au 13ᵉ et 14ᵉ siècles, un *casuel* minime (baptêmes, mariages, enterrements), quelques *donations* faites par testament à l'église ou au curé. Mais la levée et le partage des dimes amenaient de nombreux conflits entre le curé et l'*Hôtel-Dieu*, surtout pour les novales, et depuis l'origine (1). Ainsi le curé *Coutier*, qui fut curé plus de 60 ans (1640-1704), plaide avec P. Balardelle, fermier de la Converserie, et un état des novales est dressé.

Parmi ses cinq successeurs, *Leclerc, Guénel, Martinet, Baudet, Champenois*, deux, Leclerc et Baudet, acceptent l'état ou arrangement établi par leur prédécesseur ; mais Guénot en 1736 plaide contre l'Hôtel-Dieu, « devant le *présidial* (2) de Reims, et fait enlever par son « *pitoyeur* » la dîme des novales qu'il est contraint de restituer en août ; il reçoit une *portion congrue* de 300 livres et un *préciput* sur les dites novales. Il doit par contre contribuer aux réparations de l'église. Martinet reçoit 500 livres en 1769 en vertu de l'Edit de mai 1768, et il abandonne ses novales pour un préciput de 18 setiers de froment « à *râcle* » (3) 12 d'avoine, 6 d'orge ; 3 de pois à *comble*. (4).

Quant à Champenois, le décret royal du 27 septembre 1786 élève sa portion congrue, ou traitement, à 700 livres, ce qui était plus digne et plus juste. On touchait à la Révolution.

La condition des *curés* et des *vicaires* était donc plutôt misérable et pénible dans les deux derniers siècles de l'ancien régime.

« Je plains, dit Voltaire, le sort d'un curé de campagne obligé de disputer une gerbe de blé à son malheureux paroissien, de plaider contre lui, d'exiger la dîme des pois et des lentilles, de consumer sa misérable vie en querelles continuelles.

---

(1) Voir Quatre-Champs, Chestres. etc... Chap. VII p. 83 et suiv.; et VIII 173 et suiv.

● (2) Tribunal supérieur au baillage, jugeant certaines affaires en dernier ressort ; il était intermédiaire entre le baillage et le Parlement, comme nos Cours d'appel le sont entre le tribunal d'arrondissement et la Cour de Cassation.

(3) *A râcle*, ou tout juste, p. c. qu'avec une *râclette*, ou un rouleau on enlevait tout ce qui dépassait le bord de la mesure employée ; *a comble*, ou s'élevant au-dessus du niveau supérieur de la mesure. Ces deux expressions sont encore usitées dans le langage courant. On vend au poids maintenant et non plus à la mesure.

(4) Une partie de ces détails sont empruntés à la Revue historique des Ardennes. P. Laurent, archiviste.

... Je plains encore davantage le curé à *portion congrue* (1)
à qui des moines, nommés « *gros décimateurs* », osent donner
un salaire de 40 ducats (2) pour aller faire, pendant toute l'année; à deux ou trois milles de sa maison, le jour, la nuit, au
soleil, à la pluie, dans les neiges, au milieu des glaces, les
fonctions les plus pénibles et les plus désagréables. »

Le *haut clergé* recruté presque exclusivement dans la noblesse, (on comptait 5 *évêques roturiers* seulement en 1789, sur
116 évêques et archevêques), était richement doté ; le bas
clergé sorti du peuple, vivait pauvrement, obligé de se défendre contre le haut clergé.

Les moindres évêchés rapportaient au moins 8000 livres.
Mais Strasbourg rapportait 60.000 livres à l'indigne cardinal
de Rohan, et Toulouse 126.000 livres au non moins lamentable cardinal de *Brienne* qui n'avait pas moins de 1.600.000
livres de revenus ! Les abbayes étaient de même attribuées à
la *noblesse*, aux *abbés de cour*, si peu estimables. Ainsi la royauté
achevait de réduire la noblesse au rôle de noblesse de cour,
ou de service, en lui donnant toutes les charges ou fonctions
de la *cour* : (60 millions) et de l'*Eglise* (250 millions par an),
en l'attachant ainsi avec des chaînes dorées.

Et ainsi s'enlisèrent et se perdirent sans profit pour la nation, la noblesse française et le haut clergé. La Cour était devenue le « tombeau de la nation. » (3).

Les financiers et les fermiers généraux, d'un autre côté, ruinèrent l'Etat et l'acculèrent à la banqueroute par leurs exac-
tions criminelles, par leur sotte vanité et par leurs ruineuses
et coupables extravagances. (4)

C'est ainsi qu'en grande partie s'expliquent la perte de nos
colonies, la misère des campagnes et l'explosion formidable de
1789, où l'on vit le bas clergé se joindre au Tiers Etat pour changer les Etats-Généraux en Assemblée Nationale Constituante.

---

(1) *Portion congrue* : part que le seigneur qui percevait les grosses dîmes d'une paroisse était obligé de payer au curé.

L'Hôtel-Dieu était le *gros décimateur* à Quatre-Champs ; il laissait au curé le tiers des dîmes perçues, *300 fr. au minimum*. Ce minimum fut porté par un édit à 500 fr. en 1768 ; et à 700 fr., en 1786, par
une déclaration royale. Le curé était souvent assisté d'un *vicaire*
qu'il nommait lui-même. Le vicaire recevait 150 livres depuis 1686 ;
200 livres à partir de 1768, et 350 l. après 1786. On comptait en France
35.000 paroisses.

(2) Ancienne monnaie d'or valant de 10 à 12 francs, suivant le
temps ou les pays.

(3) Marquis de Mirabeau.

(4) Voir Fermiers Généraux.

LES MÉTIERS

La coupe

Jadis comme aujourd'hui qu'elles fussent *biens communaux*, ou propriétés particulières, les forêts étaient aménagées en coupes régulières qui revenaient tous les 25 ou 30 ans suivant la nature des terrains, c'est-à-dire la vigueur de la végétation, suivant aussi les besoins des propriétaires dont quelques-uns « mangeaient assez souvent leurs biens en herbe », surtout quand, au 17 et 18ᵉ siècles, le jeu, les séjours à la Cour, devinrent pour ainsi dire obligatoires, quand les nobles devenus courtisans prirent l'habitude de vivre « noblement », c'est-à-dire de ne rien faire.

Les coupes après avoir été estimées et martelées étaient, vers la fin de l'automne, vendues à des marchands de bois, puis aménagées en lots et livrées aux bûcherons dans des conditions d'abattage, de façonnage fixées par l'usage ou débattues et convenues à l'amiable.

Les bûcherons commençaient, pour se mettre eux et leurs outils à l'abri de la pluie et pour cuire leurs aliments, par élever une hutte de forme conique le plus souvent, et assez semblable aux anciennes demeures des Gaulois, couvertes de branchages ou de gazon.

Puis le travail commençait. On *déambait*. Le *déambage* consistait à débroussailler le sol, c'est-à-dire en enlever ronces, épines, etc).., à *écoter* les menues branches et le petit taillis jusqu'à la hauteur de 1 à 2 mètres, à les ranger sous le nom de « ramilles » ou « ramettes », en petits tas ou *moyes*. Les ramettes servaient à *ramer*, à soutenir pois, haricots, fleurs, etc. ou à remplir le corps des fagots. Ce travail préparatoire se faisait à la *serpe*.

On employait ensuite la *hache* pour abattre *taillis* et *gaulis*, débarrassés à l'avance et au moment de la sève de leur écorce pour la tannerie, puis relevés et disposés en *ramiers*. Ceux-ci servaient à faire les gros *fagots* 40 à 50, 60 livres, liés avec des *harts* ou *liens*, trop souvent coupés dans les bois voisins, ou encore et plus récemment des rondins propres au boisage dans les mines. Les brins les moins utilisables étaient employés à la préparation du charbon de bois dans des *faudes* ou *faultes*, vendu et expédié surtout en ville ou pour certaine industrie métallurgique.

Ce travail achevé, on « *recipait* » ou « recépait » (1) ; les *étots*, ou plutôt les *étocs*, sur lesquels, jadis, discourut longuement notre « bon oncle » Sarcey. Fallait-il écrire *étoc* ou *et toc* dans l'expression « *raser à blanc étoc* ». Question d'une extrême simplicité cependant et se résolvant toute seule par cette simple observation ; la dérivation avait donné depuis longtemps *étoclée* (d'où *étroclée* en patois). Mais le moyen âge avec son insouciance complète de l'orthographe écrivait couramment *étot* : des « vieux estots », des « gros étots ».

Un étoc est la partie restant attachée au sol d'une *tige* ou d'une *touffe* de brins plus ou moins forts, plus ou moins gros que l'on a d'abord coupé à la *serpe*, bout qui peut atteindre de 15 à 25 cm. de haut, et que l'on rase ensuite soigneusement à la *hache* en ne laissant au ras du sol qu'une surface *blanche*, lisse, unie : de là l'expression : *raser à blanc étot*, ou étoc. Remarquons que blanc est ici adjectif et non substantif comme d'aucuns le croient. Remarquons encore que le bûcheron agit ainsi dans un double but : amasser des *soques* ou *soquettes* ou *souches* pour avoir en hiver, à la veillée un bon feu bien clair dans la cheminée ; puis assurer la reprise de la végétation et un nouveau tallage de la touffe de bois ; enfin empêcher le ravinement du bois et la dégradation du sol si contraire à la conservation des sources.

Certaines espèces tallent volontiers : le charme, le châtaignier, le noisetier ; d'autres, non. Si le terrain est pauvre, peu profond, pierreux : tallage, touffes épaisses. Si profond, non ; mais alors belles futaies, beaux et excellents bois d'œuvre.

En dernier lieu seulement et quand le bois était devenu clair, on abattait à la *hache*, les *grumes* ou arbres propres à la charpente, à la menuiserie, au parquetage, à la marine, aux échalas, etc. ; car l'Etat se réservait le droit de prendre, en les payant, les plus beaux arbres pour construire ses navires. Il ne restait plus alors que les réserves : baliveaux et arbres laissés ou réservés pour les coupes futures.

Les souches des gros arbres fournissaient « *ételles* » ou « écailles » très appréciés, bénéfice du bûcheron en ce temps-là La coupe était par terre.

____

(1) De *cépée*, touffe de tiges de bois, sortant d'une même souche au ras du sol.

Les scieurs, fendeurs, etc. préparaient les planches avec
l'aubier (dausses) ; les douves, les charpentes, les échalas, le
parquet, etc. etc. avec le cœur du chêne : produits riches de
la coupe.

Le *débardage* avait lieu en toutes saisons, la coupe devant
être entièrement vidée en trois ans au plus. Il se faisait avec
des voitures ou des mulets pour les fagots, bûches, charbons de
bois, etc. Avec des chariots et des *diables* pour les grumes.

Belleville. point culminant de l'Argonne septentionale, 236 m. Tour d'horizon
magnifique au Nord et à l'Est vers, Le Chesne, Stonne, Buzancy-Nouart, et au
Sud vers Grandpré. Restes du Château derrière l'eglise.

C'était un très dur travail, où bêtes, hommes et équipages recevaient parfois de rudes *atouts*, où harnais, traits, étaient souvent brisés, besogne pour les bourreliers et les maréchaux-
ferrants.

Les muletiers de Binarville, village de l'Argonne, arrondissement de Ste-Menehould, et leurs mulets, dures bêtes de
somme, étaient appelés par les marchands de bois pour débar-
der les fagots dans les coupes où le sol était trop raviné ; ou
encore pendant les années pluvieuses, quand les chemins
étaient impraticables aux voitures et accessibles seulement
aux mulets, bêtes sachant, avec leur charge de six fagots (20 à
30 kilos chacun), se tirer des plus mauvais pas et des plus
difficiles, marchant en terrain plat ou sur une route, avec la

solennelle gravité d'un chameau saharien, c'est-à-dire d'un
« pas relevé et faisant sonner sa sonnette » pour avertir le
passant d'avoir à se garer. Les enfants les regardaient avec
admiration, s'extasiant de la charge, de la force et de la marche aisée de ces pauvres bêtes.

Les *fagots*, entassés aux dépôts des marchands de bois, par-
taient, en septembre sur les voitures des laboureurs, moins
occupés, pour les villages du Vallage ou de la Champagne, où
le bois manquait alors, et qui s'approvisionnaient chez nous
pour la saison d'hiver. La Champagne a des sapinières maintenant, et le bois de l'Argonne ne se vend plus, il pourrit en
la coupe.

Les *grumes* étaient ramenés sur des chariots, et des far-
diers appelés aussi *diables* traînés par 8, 10 ou 12 chevaux.
Des chaînes de fer attachaient au fardier des arbres de 3-4 m.
de tour, hêtres ou chênes énormes, et tout sortaient des bois
« couverts » hommes, chevaux, voitures, de boue liquide ou
gluante, des pieds à la tête. L'arbre couché que l'on avait vu
debout en allant au bois cueillir des noisettes ou ramasser de
l'herbe, ou chercher des nids, frappait plus les villageois et
surtout les enfants, stupéfaits de la taille du géant abattu, et
enchaîné. Ils étaient heureux et inquiets tout ensemble, mais
d'une joie et d'une inquiétude indéfinissables. Pendant la halte
des hommes et des chevaux les gamins allaient le regarder, le
palper de leur main, ou grimper et s'asseoir sur l'épaule du
géant que l'on ne reverrait plus. Mais il y avait plus de silence
intimidé que de cris ou de bruit.

LE MARSAGE. — LA FENAISON

Les travaux agricoles étaient jadis à peine interrompus pendant l'hiver ; car après avoir engrangé les récoltes, il fallait les battre au fléau, vanner le grain au van d'osier, les cribler pour les débarrasser des graines parasites en vue des semailles futures ou de la vente. Il fallait pendant les jours si courts de l'hiver, et tout en ménageant le foin, soigner le bétail retenu à l'étable.

Mais à peine les vents du Sud ou de l'Ouest avaient-ils fondu les glaces et les neiges et enlevé le grand manteau hivernal qui couvrait les épaules de la terre que l'on voyait accourir, avec les tièdes effluves du vent austral, les longues théories aériennes des oiseaux migrateurs : oies et canards sauvages, cigognes au long col, grues « crâlantes » (de *Krâlen*, crâler) en leurs becs flûtés, leurs chansons aux notes de bois sec, tousse dirigeant vers le Nord et les immenses solitudes des « *toundras* » russes, où pullulent les poissons et les insectes dont elles font leur nourriture habituelle, où elles nichent, couvent et circulent en paix jusqu'à ce que l'approche de l'hiver les force à reprendre la route de l'Afrique et des régions australes. Ce double passage, annonciateur des saisons nouvelles, intriguait fort les enfants et les paysans enclins à tirer toutes sortes de présages du vol, des cris, ou du nombre des voyageurs.

Aux oiseaux de passage succèdaient des nuées de gentils oiselets, chanteurs divins de nos vergers, de nos champs et de nos bois, fleurs vivantes pour les yeux, infatigables destructeurs d'insectes nuisibles et dévorants, stupidement dénichés par des enfants ignorants ou par des tendeurs rapaces qui les « pipent » au passage, ou les prennent à la *glu*, au *filet* près des sources, ou le long des jolis ruisselets où ils viennent boire, se baigner, s'ébattre, et se rafraîchir. Destruction imbécile ! crime contre la nature, et finalement contre soi-même ! Les mœurs sont mauvaises, et les lois se taisent, ou comme leurs gardiens, dorment. Silence et sommeil de bien mauvais augure ! La « gare la cage ou le chaudron » du fabuliste, se traduisent aujourd'hui plus sinistrement encore : « Gare le désert ou la mort ! » Les oiseaux nous sauvent et nous les tuons !

Au fur et à mesure que le magnifique et bienfaisant soleil, un roi-soleil celui-là ! — remonte sur l'horizon et réchauffe la terre-mère, on voit les laboureurs ouvrir à la charrue les champs couverts de blé l'année d'avant, conduire les fumiers sur les guérêts et confier au sol l'avoine, l'orge, le blé de mars, etc., c'est-à-dire faire les *mars*, ou marsages, mot expressif, et caractéristique d'une saison intermédiaire où l'hiver et le printemps luttent à qui restera le maître. C'est la période des *hâles* (on dit : un temps *hâleux* ou *areux*), vents desséchants qui « hâlent la terre » et permettent les semailles même sur les terrains humides ! C'est le temps où il faut encore se couvrir, et déjà se dévêtir ; car si le vent est pinçant, le soleil, lui, darde des rayons chauds et pénétrants.

En partant le matin avec son attelage, le laboureur emporte dans un « *bisolet* », sac de toile), accroché au collier d'un des chevaux, celui sur lequel il monte, ou à celui du chef de file, un morceau de pain, quelques pommes, un brin de fromage dur, et une bouteille de cidre. C'est son « *casse-croute* » bien nommé son « *frichti* », (de früh stücken) son régal du matin. Après deux heures de labour, on « fait tabac ». Les chevaux se reposent, « soufflent » un quart d'heure ou 20 minutes, l'homme, s'abritant dans un fossé ou derrière un buisson, mange son frugal repas, casse la croûte littéralement, cause un peu à ses compagnons de labour », fume une cigarette ; et, s'il est jeune encore, reprend l'« attelée » en regardant monter l'alouette, et, comme elle, en sifflant une ritournelle. La gaîté est revenue, et dans 3 ou 4 mois on fauchera les avoines, pain du cheval ; les orges, pain des hommes aussi quelquefois aux mauvais jours, « armoise » ou bière rafraîchissante le plus souvent ; l'escourgeon, et enfin, le blé de mars, tout menu, prudent supplément ajouté aux emblavures de l'hiver, quand celles-ci ont « mauvaise mine » au début du printemps. Nos pères étaient gens prudents et raisonnables. Ils connaissaient, hélas ! les misères engendrées par une mauvaise récolte, et les souffrances de la faim.

> Point de pain quelquefois,
> Et jamais de repos !

Et pendant que la terre préparait les moissons futures, les oiseaux revenus, faisaient leurs nids, chantaient l'espoir et la joie ; les arbres se couvraient de fleurs et de feuilles, les bois aussi. Et dans les prés croissaient les herbages, joie des troupeaux qui, sous la conduite du « *herdier* » et la garde de ses chiens, allaient paître l'herbe tendre et fleurie, en attendant la *floraison*, la *coupe*, et la *rentrée* des *foins* ; et, trois mois plus tard, celle des *regains*.

Avril, mai et juin sont les mois les plus vivants et les plus beaux de l'année : c'est le printemps, le doux printemps, qui met tout en espérance et en joie avec ses vergers et ses prairies en fleurs, ses vents embaumés, ses sources chantantes, ses champs et ses bois « raverdis » c'est-à-dire rajeunis. Rien dans l'univers restreint où se meuvent les hommes, n'est comparable à ces tableaux enchanteurs, à ces métamorphoses innombrables et splendides, qui soutenaient tous les espoirs et remontaient tous les courages ? Qui a vu la France et ses campagnes dans les trois premiers quarts du 19e siècle a vu l'une des plus belles choses de tous les temps : une merveille incomparable ! Pourquoi les usines brutales et meurtrières, que l'on aurait pu et dû cacher, pourquoi les fumées mal odorantes et les poussières aveuglantes qui empestent et gâtent tout, pourquoi les énormes cités meurtrières où l'on ne fleurit que les tombeaux, où le simple et le naturel, le vrai et le beau sont travestis, moqués, bernés, poussés au ruisseau et roulés à l'égoût ?

La prairie est dans toute sa splendeur Le temps est venu de couper le foin. Les faucheurs commencent la « *fanau* » ou fenaison. Les voici à l'œuvre avec leurs faux ou (*dails*), leurs *bihots* ou buots, pleins d'eau vinaigrée, leurs pierres à aiguiser la faux, leurs marteaux et leurs enclumes propres à la battre ?

Les *andains* s'allongent dès 2 heures du matin, car l'herbe se coupe mieux à la rosée. A midi, l'arpent sera fauché et la journée (3 à 5 fr.), gagnée. Ils feront la sieste, et le soir à la montée de la rosée, ils couperont une autre parcelle de pré.

Les faneurs les suivent pour ainsi dire pas à pas, et avec leurs fourches éparpillent les andains épais et mouillés ; ils les « tournent et les retournent » avec leurs rateaux afin de sécher l'herbe à l'air et au soleil plus rapidement. C'est là que l'on rit et que l'on « batifole », ou que l'on chante aussi. L'air est si pur, si doux, si agréable et si salubre ! Le soir approchant, on rassemble le foin à demi séché, et le lendemain on répète les mêmes opérations au milieu de la joie et des cris, on entasse le foin séché en « môyes » appelées « buriots » ou « *buriaux* ». Il n'y a plus qu'à rentrer le foin. Ces travaux faciles et gracieux durent quinze jours à 3 semaines. La « fanau » est terminée.

Les animaux goûtent, en les voiturant, le foin nouveau.

Ils ont l'air moins mornes ou fatigués et comme grisés par les
parfums des prés et des champs : ils ont comme une vague
conscience que l'on songe à eux pour l'hiver prochain. C'est
leur fête.

La « fauche » des regains a lieu en septembre et même en
octobre alors que les vents ont fraichi, que les bandes d'étour-
neaux voltigent au dessus des prairies, que les roseaux inquiets frémissent et que les saules laissent tomber leurs feuilles jaunies. Les brumes déjà froides retardent souvent la rentrée de ces foins tardifs destinés surtout à la nourriture des
vaches. Moins de bruit et de gaieté dans les prés et dans les
granges : c'est l'automne qui vient, annoncé par les « *fusées* »,
belles fleurs roses de la colchique, toutes pareilles de formes
aux coupes de cristal où l'on boit le « champagne », dont les
grappes généreuses sont « foulées » dans le pressoir ou les
caves voisines. Elles feront, elles aussi, « éclater des fusées de
rire » chez les joyeux convives des fêtes d'hiver, et des joies de
la famille !

Les derniers travaux de l'année : récolte des pommes de
terre, des pommes, des betteraves et autres légumes,emplissent
les caves et les greniers. Le « woyen » ou wéyen, semage des
blés clôt le cycle énorme des occupations annuelles du villageois, cycle non point monotone ni ennuyeux, mais infiniment
varié, intéressant et sain. On n'a su jusqu'ici, chez nous, montrer à l'enfant ni à l'homme fait la beauté, la grandeur et la nécessité de cette partie de sa tâche. C'est un devoir impérieux
de réparer au plus tôt cet oubli inconcevable. Là, est le prin-
cipe de la résurrection de la France. Pâturage et labourage
sont et seront toujours les deux mamelles de la France ! et pour
elle, les vraies mines et les trésors du Pérou !

LA MOISSON

Les céréales : blé, seigle, avoine, orge, sont cultivés en nos pays depuis la plus haute antiquité. Le blé, en particulier, la plus précieuse de toutes, originaire de la Babylonie, s'est acclimaté à peu près partout, des cercles polaires à l'équateur. Il est la base de la nourriture des peuples européens, et en particulier du peuple français. Il croît et mûrit dans presque toutes les parties de notre pays. Sa culture demande une préparation éclairée et des façons nombreuses.

Dès la fin de l'hiver on *traverne*, c'est-à-dire l'on rompt les chaumes à la charrue afin que la gelée, la neige, l'air et l'eau le délitent et l'amendent en le pénétrant. C'est la *versenne* ou *versanne*. En été, on répète deux ou trois fois ce labourage ; on herse, on blute la terre pour la rendre meuble, pour détruire les herbes. Chacune de ces opérations a un nom spécial. Généralement on fume les terres avant l'une ou l'autre de ces opérations, la dernière habituellement. Puis on procède à l'ensemencement. Le laboureur, portant *semoir* au cou et au bras gauche marchant à pas égaux (ce qui s'appelle « *hatter* ») envoie à la volée, et en avant, d'un geste énergique et large, le grain de blé qui s'éparpille et tombe en s'égalisant sur une largeur de 2 à 3 mètres et plus.

Le *hersage* recouvre ensuite le grain et l'enterre à 2 ou 3 centimètres de profondeur. En général, on *chaule* le blé avant de le semer pour éliminer les mauvaises herbes, ou la rouille et autres maladies (1).

Dans la huitaine qui suit, on voit apparaître, verte et drue, la *plante du blé* dressée comme une petite flèche qui croît et pousse jusqu'aux premiers froids. La neige recouvre le sol en la protégeant contre les gelées trop fortes, et en donnant à celui-ci une partie de l'ammoniaque nécessaire à la croissance future.

La végétation recommence en mars et en avril. Le blé *talle* ; il épie en mai et en juin, et mûrit en juillet et en août, c'est-à-dire aux mois les plus chauds, et aux plus longs jours.

On le défend pendant cette longue période contre les plan-

---

(1) L'emploi des machines agricoles a simplifié et rendu plus aisés mais bien moins pittoresque, la plupart des travaux,

tes parasitaires (chardon, nielle, ivraie, jargerie, etc.) par l'*é-
sherbaye* on l'*écharbe* = (arracher les mauvaises herbes), opération jadis interdite avant le mois de juin pour protéger la cou-
vée et les compagnies de perdrix. Ce travail assez dur incombait jadis aux femmes qui savaient démêler les *herbes* propres à
favoriser chez les vaches la production du lait ; elles les
rapportaient sur la hotte. On ménageait le foin devenu rare
au début du printemps.

Les grandes chaleurs et les longs jours de juin et de juillet, —
le *harnu*—activaient la mâturation, ou « mûrison » du blé, etc.
Les « messiers » ou « blaviers » gardaient les moissons jusqu'à ce que le blé fût parfaitement mûr. Et nul ne coupait les
blés avant que le curé n'eût annoncé au prône le jour fixé
pour l'ouverture de la moisson, généralement vers le 20 juillet.

Parfois, pour éviter l'égrenage du blé trop mûr. on défendait l'usage de la *faux*. Ceux qui n'avaient que de petits champs
coupaient le blé à la *faucille* : cela s'appelait : *ciler*, (ou ciller
d'où le *cilage* et les *cileux* (rs). La main d'œuvre ne manquait pas
alors. Tous couraient gaiement à la moisson, enfants et parents ; et se faisaient un point d'honneur de ne laisser traîner
derrière eux, ni une tige, ni un épi de blé.

Le blé coupé était *amassé* en *javelles* égales. C'était à la
faux que se faisaient les moissons considérables. Le « faucheux (r) à pas menus et lents, s'avançait, lançait en cadence
sa faux armée de *dents*, ou baguette, en bois, de droite à gauche, et inclinant doucement les épis coupés sur le blé resté debout. Il ne fallait pas secouer le blé, pour éviter « l'écrouage »
(égrenage). Une ou deux *releveuses* suivaient derrière lui, la
faucille en main, relevant les épis coupés et déposant avec précaution la « javelle » ainsi « amassée » sur le sol. D'un coup
de pointe de sa faucille, elle débarrassait la javelle des char-
dons, etc. restés dans la moisson, et ne laissait rien *gléner* (à
glaner, traîner) dans le champ : épis ou folles herbes. Ces
pauvres gens avaient le sentiment de l'importance capitale de
leur travail et nul ne sabotait la besogne sacrée qui assurait
le pain pour l'hiver et l'an suivants.

On citait, on recherchait les meilleurs moissonneurs, « faucheux » ou « cileux ». D'aucun avait une véritable réputation.
Faire la moisson, c'était couper, amasser, lier, mettre en tas, ou
en « tassiot » de 10 ou 12 gerbes, la récolte de blé, de seigle,
etc. Et comme le fauchage et le battage des grains se payaient
en nature, c'était assurer vraiment le pain de sa famille.

On laissait la javelle ou l'*andain*, (s'il s'agissait de l'orge ou de l'avoine) sécher un jour ou deux. Puis à la rosée du matin ou du soir, pour éviter le « croàge » on liait en gerbes, serrées dans des liens de *glu* (paille de seigle) les « amassons» ou « javelles », et on les dressait en « cavaliers » ou en « douzaines » pour éviter les souris, ou la « germination » en cas de pluie. Souvent on mettait en travers et sur le tas, *une gerbe* qui représentait la dîne dont la levée était ainsi facilitée.

La moisson était surveillée par les « blaviers », « messiers », « dimiers » ou « pitoyeurs ». Nul ne pouvait se rendre au travail avant que la cloche eût sonné , nul ne pouvait rentrer voitures ou chariots de blé, etc. le soir venu, ou telle heure passée.

Le nombre des surveillants correspondait à celui des *décimateurs* qui les présentaient : un pour le curé, un pour le seigneur, un pour l'Hôtel-Dieu de Reims ou de St-Denis, un pour tel autre seigneur ayant terre au village. Ils étaient nommés solennellement, le dimanche qui précédait le « ban » ou règlement, en la « justice » du lieu par devant le *mayeur* ou maire, ou le *syndic*. Les décimateurs, ou leurs fermiers, les payaient, car les dîmes étaient souvent louées et elles comprenaient toutes les récoltes, blé, avoine, orge, pois, etc. Ils juraient de partager équitablement gerbes et autres récoltes au prorata des biens des décimateurs. Leur fonction ne durait qu'un an ; mais ils pouvaient être réélus.

« Ils devaient signaler, le jour même, au greffier de la «justice du village » toutes les infractions au règlement : fraudes, passage dans les « empouilles », glanage dans les javelles ou les douzaines permis aux enfants, femmes et vieillards seulement, paisson du bétail dans les chaumes avant la fin des trois jours laissés aux pauvres et aux glaneurs.

Aucune gerbe ne pouvait être enlevée avant le lever ou après le coucher du soleil sous peine d'amende (10 livres) (1).

Pour plus de sûreté les décimateurs étaient groupés 2 par 2 toujours, et pour tout, et devaient faire les partages sans favoriser personne. Les dîmes étaient rentrées dans la « *grange des dîmes* ». Les délits, contestations, disputes étaient rares ; les accusations aussi : vols, rentrée clandestine, dégâts par les animaux, tout était jugé par le bailli du village.

Le dîmier ou « pitoyeur » était pourvu d'un *bâton dimier* avec lequel il enlevait et transportait les gerbes à la « grange ». Fait de bois résistant, sa longueur variait de 1 m. 50 à 2 m. 50.

---

(1) Laurent. Rev. His. des Ard. t., 17 p. 100, Dr O. Guelliot, id.

Ferré solidement et relevé en bec aux deux bouts, incurvé légèrement au milieu, il permettait d'enlever de 2 à 4 gerbes à la fois et de les emporter à l'épaule.

Cette façon de *portage* se retrouvait dans le « *warcol* » qui permettait d'emporter à la fois deux grands seaux d'eau quand la source, ou le puits, était éloignée de la ferme ou de l'étable.

Ces deux ustensiles étaient encore en usage au 19e siècle, dans les « censes » ou « fermes » importantes, car les chemins étaient rares et les sentiers nombreux. A vrai dire, le portage à la « hotte » au « bâton » ou au « warcol », à la « balle » du colporteur, à dos d'homme ou de cheval », de « mulet » a été le moyen le plus employé à la ville et dans les campagnes par les petites gens.

La *dîme* fut abolie, le 8 août 1789 par la Constituante. Son curieux matériel ne lui a pas longtemps survécu ; mais quelques-uns de ses usages ont duré jusqu'en 1860 et plus. La dîme n'était pas uniforme. On prélevait une *gerbe*, un *boisseau*, un *cartel* etc., sur *cinq* : c'était le *cinquain* ; sur six, le *sixain* ; sur dix : la *dîme* ; sur 12, (la douzaine) 15, 20 (le vingtain) ou 30 (le trentain suivant les lieux et les coutumes.

Les fermiers de la dîme s'acquittaient en argent généralement ; et cela nous fait connaître les transformations opérées dans les usages et les mœurs.

Les principales dîmes étaient la « *dîme* » ou *part Dieu*, payée au clergé et la *part donne*, payée à la Vierge (Dame) ; le *champart*, ou « *part du champs* », payée au seigneur.

Les pitoyeurs ou dimiers prélevaient la dîme par tout le « finage », ou juridiction du terroir soumis au « *ban* ».

LE CHANVRE ET LA CHENNEVIÈRE

Dans un grand nombre d'actes de ventes, d'héritages ou de partage, etc., de maisons ou de biens, on trouve souvent cette mention : « *avec une chanvière* », c'est-à-dire un morceau de terre consacré à la culture du chanvre et du lin ; autrement dit un terrain très fertile. Marseille elle-même possédait une « *chanvière* », c'était la tant célèbre *Cannebière* ! (cannabis).

C'est que nos pères se vêtaient surtout de toile... de chanvre ou de lin, la laine étant relativement rare, et le coton n'ayant alors, ou presque, aucune importance : les seules cotonnades connues étaient les *indiennes* importées par les Arabes.

Comme textile, le chanvre a donc tenu un rang de premier ordre dans la vie privée de nos pères. Chemises, draps de lit, sarraux, dentelles, cordes et cordages, voiles, sacs, etc... étaient faits de toile de chanvre ou de lin : peut-être un peu rudes, mais solides et sains, et l'on attribue la disparition de la lèpre à l'usage du linge de toile. Ces deux plantes étaient cultivées partout en France.

On connaît le mot de Duguesclin prisonnier : « Il n'est fileuse en France qui ne filât un écheveau pour ma rançon ! »

Au 18ᵉ siècle le village de Quatre-Champs ne possédaient pas moins de 20 arpents de chanvière, et ses voisins en possédaient aussi à proportion. Le nombre des *tisserands* était considérable ; et on les voyait, au courant de l'hiver, venir chez les particuliers chercher la *filasse*, le *cœur* et l'étoupe qui donnaient le linge le plus fin ou le plus solide et le moins cher. Quelques semaines plus tard, l'*aune* (1 m. 20) en main et la pièce roulée sur l'épaule, on les voyait rapporter à la soirée la toile tissée.

C'était par dizaines que l'on comptait « tisserands et métiers » dans chaque village. Leur salaire n'était point élevé pourtant, bien que leur métier fut rude, et parfois meurtrier : déformant le corps, rendant l'homme « bancal, » ce qui l'excluait du service militaire, brisant ou défonçant les poitrines faibles et les hommes chétifs ou malingres.

La culture du chanvre et du lin demande un sol riche comme celui d'un jardin. On semait le chanvre en avril et le

lin en mai. Le chanvre étant dioïque, on cueillait la tige *mâle*
la première ; et on défendait le porte graine, ou *chanvre femelle*,
avec des oripeaux flottant aux vents pour effrayer les oiseaux
très friands de *chènevis*.

La récolte avait lieu assez tard. Une poignée de chanvre
arrachée formait une *mache*, sorte de petite gerbe, liée par un
brin, juste au dessous des graines. Au fur et à mesure de la
cueillette, les « maches » étaient étalées en « *poulières* » pour les
faire sécher et laisser mûrir la graine. Sèches, on battait les
« maches » sur un tonneau, et le chènevis servait à nourrir les
oiseaux ou à faire de l'huile à brûler qui entretenait les lampes
aux veillées du soir.

Les mâches ainsi allégées, étaient liées tête-bêche et im-
mergées dans le ruisseau et fixées au fond par des piquets solides ou de grosses pierres par crainte des débordements. C'é-
tait le *rouissage* qui durait une douzaine de jours, ou une quinzaine, et, souvent, gâtait les eaux, tuait les poissons et parfois
amenait des épidémies, et des fièvres dangereuses. Ce qui fit
interdire le rouissage dans les cours d'eau.

Alors, on étendit le chanvre et le lin sur une *terre humide* ;
la rosée abondante, l'humidité du sol « *rouissait* » ou « *roisis-
sait* » la plante aussi bien que l'eau courante.

Une petite région locale, favorisée sous ce rapport, en a
gardé le nom significatif de la « *Roise* ». Ce procédé était de
toutes façons bien préférable.

Le chanvre « *roisi* » ou « *roui* » était relié en bottelettes,
laissé quelques jours au soleil pour le séchage, puis ramené au
fournil. Et, quand arrivait la fin de l'automne, la ménagère
diligente se levant de grand matin, mettait les « maches » sécher
au four qui avait été chauffé la veille pour la cuisson du pain ;
alors de 2 heures à 8 heures, la *broie* retentissante mêlait sa
voix rauque et saccadée à celles de vingt autres molosses tout
pareils, aboyant, d'une voix menaçante et sonore à la lune,
aux étoiles ou aux esprits muets de la nuit. Le passant non
averti pouvait croire aux incantations farouches de quelques
vieilles sorcières des temps passés.

Ainsi était séparée la filasse de l'« *étillot* », (*ételle, éteule*)
(1), ou paille sèche et rigide du chanvre et du lin.

Le jour venu, la paysanne *teillait* la filasse sur un pied droit
fait d'un *bloc* et d'une *planche* d'un mètre de haut, légèrement
échancrée en haut et en son milieu, passant et repassant la

____

(1) Voir notre dictionnaire du patois.

natte de filasse sous l'*épousseteuse* ou « *planchette* » ; maniée de la main droite, tandis que la gauche tournait, retournait, allongeait, raccourcissait avec dextérité l'étoupe grossière et poussièreuse jusqu'à ce qu'il ne resta ni poussière ni paille dans l'écheveau qui sortait lisse et soyeux de l'opération.

L'écheveau noué en tête de poupée à l'un de ses bouts était livré au *chanveu* (r) chargé de le peigner au « *serand* » et de séparer le *cœur*, partie la plus souple, pour les toiles fines, de l'étoupe pour les grosses toiles : sacs, voiles torchons, etc.

Aussitôt les veillées d'hiver commencées, rouets ou « *tourets* et « *quenouilles* » ou « *clognes* », garnies de filasse entraient en jeu ; et il était curieux de voir, à la lueur d'un « quinquet » ou de la flamme rose du feu de la cheminée, une demi-douzaine de fileuses pédalant, pour animer la roue et la bobine, à qui aurait le plus vite fini de transformer son fuseau d'étoupe, ou sa « *clognée* » en une bobine de fil blanc ou gris.

La bobine, transportée sur le dévidoir aux 4 bras tendus. que tournait avec un réel plaisir un gamin ou une fillette, se transformait en un *écheveau de fil* plus souple et s'enroulait tôt après sur un « *épolet* » qui, dans la « *navette* », « ou » duite », allait courir entre la double rangée de la *chaîne* préparée sur le métier pour former, par les mouvements alternatifs de l'appareil, la solide trame de la pièce de toile.

A raison de 4, 5, 6, 8 sous le mètre ou un peu plus, la pièce s'achevait, en une semaine, une quinzaine au plus. Pour *blanchir* l'étoffe, on la mouillait et on la faisait sécher au soleil en l'*étendant* sur l'herbe des prés, ou sur des supports spéciaux.

L'étoffe ainsi fabriquée était d'une solidité rare et presque inusable.

La gloire d'une ménagère alors était d'avoir de beau linge de table, et une armoire bien remplie des draps et d'autres linges de corps embaumés de lavande, de thym et d'autres parfums de plantes odoriférantes qui pullulent dans nos champs et dans nos bois

La culture du « chanvre » dans les antiques « chanvières » a disparu totalement depuis une vingtaine d'années seulement. Toges. fut le dernier village qui abandonna cette culture nationale.

Le mélange du chanvre et de la laine donnait le *droguet*, étoffe plus chaude et peu coûteuse fabriquée en Champagne.

Nos pères portaient des vêtements de toile. Leurs sarraux,

ou blouses bleues, étaient ornés de broderies sur le devant et autour du col. C'étaients habits du dimanche.

Les rouliers, les blaviers et les bergers portaient des *limousines*, épaisses et longues houplandes de laine, importées du dehors.

Quantité de cordes, traits pour l'attelage, ficelles, etc., étaient fabriqués par les cordiers dans de nombreuses localités : Vouziers, Le Chesne, etc.

Les femmes tricotaient bas, jupes, gilets, cache-nez et autres vêtements chauds pour l'hiver, petite industrie domestique qui malheureusement disparaît de nos campagnes, comms disparaissent, supplantées par la mode, une infinité d'autres pratiques ingénieuses, utiles et peu coûteuses.

La *veillée* était vers 10 heures coupée de quelques minutes de repos pendant lesquelles les fileuses sortaient prendre l'air, s'il ne pleuvait pas, — ou on mangeait des pommes préparées dans un panier circulant à la ronde. — Une histoire amusante, ou un conte de sorcier effrayant remplaçait parfois le panier, ou la sortie. Ainsi passaient les longues veillées d'hiver.

LA CUEILLETTE ET LES VENDANGES

La vallée de la Fournelle est, dans son ensemble, un vaste
et magnifique verger produisant une étonnante variété de fruits
excellents, en partie consommés ou transformés sur place en
cidre ou en conserves ; en partie exportés soit vers Reims et
Paris, soit dans le nord du département, ou en Belgique, etc. ;
soit enfin, avant la guerre, en Allemagne qui, bon an mal an,
achetait à Quatre-Champs et aux environs pour 20.000 fr. de
fruits, principalement des pommes ou des poires pour la fabrication du cidre et plus particulièrement du cidre mousseux,
changé en vin de Champagne à bon marché, et aussi pour la
préparation en grand de marmelades et de confitures consom-
mées en énorme quantité de l'autre côté du Rhin. Il est probable qu'après les horreurs et les souffrances indicibles de la
guerre, après la destruction partielle et volontaire des arbres
fruitiers, l'exportation directe, au moins, sera pour longtemps
suspendue.

Plantés sur les plateaux (Belleville, Lacroix, les Alleux,
Quatre-Champs), sur les talus ou sur les pentes allongées (Quatre-Champs, Ballay, Toges, Chestres) les *cerisiers*, et guigniers
(dits *gaintiers*), les *pruniers* donnant plus de 20 espèces de
fruits : mirabelles, quetches, St Julien, *balosses* blanches (balos-
sier est le nom familier du prunier), reines-Claude, damas,
nobertes ou Norbettes, (1) etc. ; les *pommiers* et les *poiriers* :
royaux, (ou croquets), *calevilles*, *courts-pendus*, *Canada*, *rougets
de Normandie*, *blancsdureaux*, *cliquottes*, *belles-filles*, *fraisiers*,
culs blancs, *bretagnes*, etc. etc. ; poires de *Grisnoé* (ou Noël)
parce qu'elles mûrissent tard, poires d'*Arvault*, de *Notre-Dame*,
de *Karisi*, etc. ; *pêchers de plein vent* dans les vignes (à Thiopha, chap. 11 ;) enfin le *raisin* blanc ou noir, *(pineau de Bourgogne)*, jadis fourni par les vignes, mortes depuis 20 ans, ou
par les treilles attachées aux murs ou aux façades des maisons :
donnant récolte tous les ans (cerisiers, etc.), ou tous les deux
ans (pommiers) et fournissant des produits abondants et de première qualité, qui, si la vente était mieux organisée ou plus facile, ferait de ce coin de terre, une sorte d'eldorado.

---

(1) Arbre introduit par St-Nobert, sans doute (?)

La *cueillette* ou récolte, commence pour les guignes et les cerises à la Pentecôte, qui voit mûrir les bigarreaux de Metz, si beaux, si gros, si succulents ; elle se continue par les bigarreaux rouges et noirs, propres : les premiers à la vente, les seconds à la fabrication d'un *Kirsch* renommé, valant celui des Vosges, fourni encore, et en quantité par les *cerises* dont la maturation, ou *mûrison*, a lieu en juin et en juillet au temps de la fenaison et de la moisson. Ce beau fruit, très périssable malheureusement, donne des récoltes merveilleuses.

Une meilleure utilisation des voies ferrées et la formation de syndicats agricoles en faciliterait singulièrement la vente. Personne n'en a souci. On attend l'acheteur au lieu d'aller au consommateur. On attend toujours chez nous : c'est une infirmité nationale.

La cueillette des pommes et des poires a lieu en septembre et en octobre. C'est la plus importante de toutes. Jadis, en automne, on rencontrait sur tous les sentiers et les chemins des femmes et des enfants chargés de hottes, de paniers à bras, allant et venant, ou encore des hommes poussant la brouette chargée de pommes, fourmis diligentes, inlassables, songeant aux longues veillées de l'hiver prochain, au bon cidre doux et sucré que l'on boira, aux « *rabôtes* » et autres pâtisseries faites par la mère avec des pommes, des poires : régal des enfants naguère et des vieillards. Aujourd'hui toute la récolte est ramenée sur des voitures. La marche salutaire, l'effort individuel ont disparu, hélas ! par l'effet de l'évolution sociale, du bien être surtout. Et avec eux la poésie rustique et la famille s'en sont allées également, où vont les vieilles lunes, et les peuples inattentifs à leur avenir.

Beaucoup d'autres arbres ou arbustes ajoutaient leurs tributs à ces grandes récoltes. Les *noyers*, en partie gelés en 1870-71 et 1879, tous abattus ou gazés par les « sauvages » en 1914-1918, donnaient, avec les pruniers et les cerisiers, de très beaux bois d'œuvre à l'ébénisterie fort en honneur dans nos régions, ainsi que l'art du tourneur, aidant à la décoration des armoires, des buffets de salle, des bahuts, des crédences et des étagères, etc. L'œuvre de nos vieux artistes si honnêtes, si patients, si soigneux et si méticuleux a été presque totalement anéantie en Lorraine et dans l'Argonne par les pédants féroces de la Germanie, et ses curieuses productions transportées chez eux méthodiquement par des Compagnies automobiles de déménagement constituées ad hoc (1).

---

(1) Trois d'entre elles ayant leur point de départ et d'arrivée à Mayence, à Coblentz, à Cologne enlevèrent ainsi en nos régions pour

Il faut ajouter à ces récoltes, celle des groseilliers, des framboisiers générateurs de confitures si fines, celle des noisetiers francs ou autres, appelés aussi « coudriers » promoteurs de danses et d'amourettes, ou de gaies chansonnettes.

> « Nous irons au bois.
> Cueillir la noisette...
> Nous irons au bois
> Danser sous la coudrette...

Celles encore des *fraises* des bois, rubis tremblants et parfumés posés sur des tiges frêles et menues dans les taillis et les clairières ; des *champignons*, si abondants dans les prés et les bois surtout les *girolles* expédiées en masse sur Paris en août et septembre, des *nèfles* sur les néfliers (ou *méliers* ; de *mela* = pomme... sauvage), des *prunelles*, ou « *pimprenelle* », ou « *pimpurnelle* », sur l'épine noire, des *mûres*, ou mûrons, « *meurons* » dont les enfauts se barbouillent volontiers la figure pour se donner un air plaisant ou farouche.

Jadis on ramassait parfois les *glands* propres à la nourriture des porcs en hiver et les *faines* ou « fa-yines », fruits du hêtre pour fabriquer un peu d'huile de table ; mais le rendement en était bien faible, et l'œillette du Nord était employée couramment pour cet usage avant l'invasion de l'huile d'olive venue du Midi ou de l'Algérie et de la Tunisie, ou encore des huiles neutres tirées des arachides du Sénégal et du Soudan.

Les *jardins*, orgueil de la ménagère et des jeunes filles de la maison avaient leurs sentes fleuries de giroflées, de glais, de muguet, de tulipes, de roses, etc. et fournissaient encore ou des légumes variés : raves, salades, persil, haricots et petits poids, ciboulettes, céleri et cardon, rhubarbe, oseille, etc. c'est-à-dire la moitié de la nourriture de la famille ; ou des plantes médicinales nombreuses et variées : thé vert, mélisse, verveine, camomille, etc. pour les tisanes et infusions, le bluet, dit casse-lunettes pour les yeux, etc.

Les pharmaciens n'existaient pas encore ou étaient rares en ces temps-là, mais nos grands-mères connaissaient toute la pharmacopée propre au traitement des maladies : elles discu-

---

plus de trois cents millions de francs, de meubles et de linges concentrés et démarqués à Francfort ; et de là, envoyés aux « *Herren* Professoren, Doctoren, Soldaten und Officieren, bénéficiaires de si honorables dépouilles enlevées à « *l'ennemi* héréditaire, à l' « *Erbfeind* ». Ce qui ne fut point enlevé, fut brûlé, détruit ou anéanti avec une joie lourde et féroce ! une joie « purement, ou salement allemande ».

taient sur l'efficacité ou la vertu guérissante des plantes. Hors
de là, elles se résignaient, ou s'en remettaient aux vertus des
saints ou à la Providence, et souvent aussi, hélas ! dans les
cas désespérés, aux promesses mirifiques et aux panacées des
charlatans.

LA VENDANGE.

Mais de toutes ces récoltes, la plus désirée, la plus reli-
gieusement attendue était certainement celle des raisins, c'est-
à-dire la vendange (*vendemia*), mot qui indique à la fois, le raisin coupé et porté au pressoir, et le temps où à lieu la récolte en
vendémiaire (septembre-octobre), premier mois du calendrier
républicain. De toutes les récoltes c'était, en outre, la plus
gaie et la plus populaire. Ne chantait-on pas les jours de fête
ou de réjouissance ce refrain rustique :

> Bonum vinum
> Cor hominum
> Læ tificat

Le bon vin réjouit le cœur de l'homme ; et cela depuis le
temps où le légendaire patriarche Noé eut l'idée de cultiver la
vigne ; et, pour des chrétiens, depuis le jour où Jésus assis-
tant aux Noces de Cana changea l'eau en vin.

La vendange était le salaire et la récompense du long, du
rude et minutieux travail des vignerons et des femmes qui,
de mars en octobre, peinaient dûrement dans les vignes,

On parle toujours des vignerons et jamais des *vigneronnes*,
pauvres femmes qui bêchaient, toutes courbées, par le froid, le
vent de mars et d'avril, ou par la pluie, les pentes et les talus
très raides où se plaisaient et prospéraient la plante apportée
en Gaule peut-être par les Grecs, par les Phéniciens ou par les
Romains ces durs remueurs de terre,— qui aiguisaient et plantaient les échalas, déchaussaient et rechaussaient les pieds de
vigne, taillaient les sarments ; ou, à la saison de la pousse, re-
liaient les sarments nouveaux à l'échalas, épincetaient les bourgeons « *gourmands* », buveurs de sève, ennemis de la récolte,
de la « purée septembrale », liqueur si chère à nos pères, si
chère à nous-mêmes, puisque après avoir soutenu pendant
quatre ans le moral de nos fils et de nos frères, elle nous donna
la victoire sur les lourds buveurs de bière, si froidement féroces, sur les fils d'Odin, ennemi du genre humain tout entier :
« *Deutschland über Alles* » L'Allemagne au-dessus de tout !

La coupe du raisin avait lieu au jour fixé par le *ban de vendange*, établi chaque année par une décision des « vignerons

assemblés. Des *gardes* désignés veillaient jour et nuit sur la
récolte. Les délinquants étaient sévèrement punis , car on ne
bad.nait pas alors sur la question du pain et du vin, dons sacrés de la terre et du soleil.

Coupés au milieu des rires et des chants et rapportés à dos
d'homme dans de longs *sapins*, versés et ensuite foulés (aux
pieds souvent, (bien que cela fut défendu par un capitulaire de
Charlemagne) dans de grandes cuves, les raisins, après avoir
fermenté quelques jours étaient portés au pressoir, (on en
comptait *trois* à Quatre-Champs). Le vin obtenu était enfermé
dans des tonneaux soigneusement « *rhabillés* » ou « *rebattus* »
extérieurement, « *échaudés* » et *rincés* » intérieurement pour lui
garder ses qualités naturelles, et son *goût de terroir*, ou du
« *crû* », qui était comme la marque du sol et la signature du vi-
gneron expérimenté.

Le re dement à l'*arpent* atteignait 10 à 15 hectol. au plus
suivant l'année, les soins donnés à la vigne, la nature du cé-
page, etc. Et comme dans les limites actuelles du département
des Ardennes se trouvaient plus de 2.000 arpents de vigne,
la vendange se chiffrait par un nombre de *queues*, de *muids*, de
poinçons, ou de *pièces*, de *feuillettes* (125 litres, ou un demi-
poinçon) fort appréciable. Toute cette futaille nécessitait un
nombre sérieux d'ouvriers, tonneliers, agents des fermes ou de
la régie.

Le seigneur prélevait en nature la *dîme* du vin. Les possesseurs de pressoir en firent autant au 19e siècle. C'était dans
les deux cas une redevance lourde. De là, sans doute, le sens
péjoratif attaché aux mots *pressurer, pressureur, pressurage,
tour de vis* », etc... pris au propre comme au figuré.

On a vu (voir Vaudy, Toges. Quatre-Champs) que le seigneur, en donnant une charte de franchises aux Communautés,
se réservait le droit de régler par un *ban* la vente, le commerce et la circulation des vins, soit « *à broche ou à détail* » (1)
et que le régime variait de village à village. On a vu aussi que
l'abondance et la qualité de nos vins nous attira parfois de
gros désagréments (voir guerre de Cent ans), mais, par contre, ils furent le prétexte de joyeux festins (v. p. 199) et de redevances ou donations originales.

Les femmes buvaient rarement et peu, « *un doigt ou deux* »

---

(1) « en gros et en détail ». Il y a 20 ans à peine, on lisait encore
ces mots français écrits en grosses lettres de 30 centimètres au moins
sur les volets des marchands dans les villes hanséatiques : Lubeck, etc.

de ce vin qui leur avait coûté tant de labeur, tant de voyages à la vigne, la « hotte au dos » et la « bêche, la houe, ou la serpette à la main. » Elles en tiraient pourtant un sous-produit agréable, le résiné ou « *raisiné* » (1) qu'elles goûtaient volontiers avec leurs enfants insoucieux des peines et des labeurs de leurs mères ou de leurs sœurs, dont la condition fut si dure dans les trois derniers siècles. Honnêtes et vaillantes, sobres, dévouées aux soins du ménage, aux travaux des champs, elles ont tout donné d'elles-mêmes à leurs maris, à leurs enfants, à la famille et à la patrie, si souvent en danger, depuis les plus lointains âges de notre histoire (2).

----

(1) Préoccupées de « joindre les deux bouts » de l'année et d'assurer le pain quotidien, les ménagères préparaient en quantité des *conserves* : poires et pommes tapées ou chiches, pruneaux de cerises et de prunes, *brichaudées* ou marmelades de prunes : les unes séchées au four, les autres exposées au soleil sur des « *volettes* », les troisièmes cuites lentement dans des marmites ou des chaudrons, au feu de bois, toutes enfin distribuées en tartines « tout au long de l'hiver », surtout aux jours de fête : Noël, Jour de l'an, Pâques, etc.

Quatre-Champs possédait « *trois* cloches et *trois* pressoirs. » Ces derniers produisaient, outre le vin, 2 ou 300 pièces ou barriques de cidres année moyenne, en grande partie consommés sur place. Et si sonner altérait, les sonneurs pouvaient au moins boire *à titre larigot* (ou la rigole) et se désoifer, ou « *désoiler* », sur place dans les *tavernes*, ou dans les maisons qui vendaient à « *l'anluse* », c'est-à-dire en fraude et en cachette et qui étaient fort nombreuses malgré les agents de la régie appelés *rats de cave*.

Le village possédait aussi un « *cervoisier* » (brasseur), un ou plusieurs *brandviniers*, ou distillateurs, ou *brûleurs de vin* = (en all. *brennen*, brûler ; *wein* = vin). C'est l'eau de vie qui apparaît, et qui, avec les guerres napoléoniennes va, à partir de 1807, porter, en se généralisant au 19e siècle, un coup mortel à la *belle et forte race française*. On pouvait donc *boire à la régalade*, ou encore « *comme un sonneur* », le village avait vin, cidre, bière, eau de vie à profusion. Ses voisins aussi.

(2) Citons les noms de quelques-unes de ces héroïnes légendaires : *Velléda, Eponine. Ste-Geneviève, Ste Radegonde, Berthe* aux longs pieds, mère de Charlemagne, la « *Belle Aude* » fiancée de Roland, Blanche de Castille, *Jeanne d'Arc, Jeanne Hachette, Anne de Bretagne, Jeanne d'Albret*, et toutes les humbles et héroïques femmes inconnues des guerres du 19e et du 20e siècles !

L'ECOLE

Ce serait une grave erreur de croire qu'il n'y eut que peu ou point d'écoles dans les campagnes avant la Révolution. Le Moyen-âge a eu des écoles rurales ; chaque communauté se faisait honneur d'en entretenir une. Chaque monastère, chaque évêché avait son école. Reims en posséda une très célèbre. Paris et son Université attirèrent des écoliers de toute l'Europe. Cluny, Montpellier, Toulouse, etc. également. Beaucoup de petites villes avaient des Collèges. E réalité, l'instruction fut en grand honneur au Moyen âge et plus encore après la Renaissance.

Chaque village eut donc une maison d'école louée, achetée, ou construite par la Communauté qui subvenait aux dépenses, par des allocations annuelles ajoutées aux rétributions mensuelles payées au « maître d'école » par les parents.

Le clergé surveillait attentivement écoles et collèges. Et quand au 16ᵉ siècle, dans le grand mouvement de la *Renaissance*, ou sous l'impulsion violente donnée aux esprits par la Réforme, les écoles se multiplièrent partout, les *maîtres d'école* durent, avant d'entrer en fonctions, se *faire autoriser* par l'autorité ecclésiastique : curé, évêque. L'enseignement avait un caractère nettement confessionnel.

Louis XIV déclara même l'instruction primaire obligatoire, afin de rendre efficace la révocation de l'Edit de Nantes.

Dans l'Est, au 18ᵉ siècle, les écoles étaient très nombreuses ; et en Champagne, toutes les paroisses avaient une école dont le « Maître » était choisi par la Communauté et les pères de famille qui fixaient la rétribution scolaire. On savait donc ainsi à l'avance les avantages qu'offrait chaque école. Pour le choix, ou l'élection d'un maître, *chacun avait droit de présenter un candidat.* Mais en général, on s'en rapportait au Curé, au maître sortant, aux services antérieurs, ou à la bonne réputation du candidat (1). Et il en fut ainsi, ou à peu près, jusqu'au milieu du 19ᵉ siècle, au moins jusqu'au vote de la « Loi Guizot » (1833) sur la création des Ecoles Normales.

L'Assemblée se tenait dans l'église même au jour annoncé

----

(1) Solution curieuse, mais peu satisfaisante.

au prône par le Curé. Le syndic, le Curé, le procureur fiscal indiquaient les raisons du changement de maître. On procédait à l'examen des candidats, et, comme on tenait beaucoup au chant, une *belle et forte voix* était presque toujours une garantie de succès. En cela, nos pères étaient plus sages que nous ; ils chantaient en chœur.

L'élection avait lieu à haute voix. Un traité, dont les détails avaient été débattus et acceptés par les habitants, était passé pour une durée plus ou moins longue : 3, 6, 9 ans, etc.

Le bail fixait les rétributions, la subvention de la Communauté, la jouissance des biens communaux, la nature des fonctions et autres services ; car presque partout le « Maître d'école » était *sacristain* et *chantre* ; il sonnait l' « Angélus », les cloches matin et soir, soit pour annoncer l'ouverture ou la fermeture des heures de travail, soit contre les orages, chose dangereuse qui ne prit fin qu'après la découverte des paratonnerres par Franklin ; il portait l'eau bénite le dimanche dans chaque maison, chose qui se faisait encore il y a 20 ans, en Bretagne, et 60 ans chez nous, par des *porteurs d'eau bénite*. Il était encore greffier de la Communauté et chargé de lire les actes de l'autorité, lus jadis au prône par le curé.

La nature de l'enseignement, le nombre des classes et la durée des vacances étaient fixés par le même traité. Souvent les classes n'avaient lieu que pendant l'hiver et les élèves fréquentaient l'école jusqu'à 16 et 18 ans.

Les matières de l'enseignement étaient la lecture, l'écriture, l'arithmétique et le chant enseignés successivement par la *méthode individuelle* : chaque élève venait près du maître épeler sa leçon sur un *livre latin* ! ; chacun copiait sur une page blanche, avec une plume d'oie, la ligne tracée en tête par le maître.

On payait tant pour la lecture, tant pour la lecture et l'écriture, tant en plus pour l'arithmétique, ou pour le chant. L'enseignement n'était donc point gratuit. Il était presque toujours donné par des laïques.

Les écoles de filles plus rares étaient tenues par des religieuses.

Des collèges assez nombreux existaient dans les petites villes et les bourgs importants où bourgeois et paysans pouvaient commencer leurs humanités.

Et déjà l'on se plaignait que l'instruction nuisait à l'agriculture en rendant le paysan plaideur et paresseux, en grossissant le nombre des célibataires, des solliciteurs d'emplois, des moines, des laquais, des commis des fermes, des procureurs, sergents et mauvais prêtres, etc...

Ainsi l'instruction était assez répandue, et quantité de personnes aux 17e et 18e siècles savaient lire, écrire et compter. Pour s'en rendre compte, il suffit de relever sur les registres paroissiaux, le nombre des parrains et marraines, ou « marines », des témoins qui savent signer leurs noms (1), et beaucoup le signent, on le voit d'une fort belle écriture, d'une « *écriture moulée* » ; — le nombre de ceux qui mettent une croix en place de signature, et de ceux qui oublient ou négligent de signer va sans cesse en diminuant.

Ce relevé un peu long et fastidieux nous montre combien grands furent les progrès de l'instruction au 18e siècle, et quels étaient les noms des familles et le nombre de leurs membres, le taux de la natalité fort élevé, celui des mariages moindre, ou de la mortalité, très grand aussi. Cela aide à comprendre comment la population de la France atteignait en 1789, 25 à 27 millions d'habitants et représentait le quart de celle de l'Europe ; ce qui permit à la Révolution et à Napoléon de tenir tête, et si longtemps, à toutes les coalisations des monarchies européennes, de l'aristocratie et du mercantilisme anglais, trouvant dans ce duel formidable l'occasion et le moyen d'établir sur mer son hégémonie mondiale pour plus d'un siècle.

Cela nous permet encore de relever certaines expressions curieuses, comme « garçon » ou « jeunes filles à marier », accolées au nom du témoin, « parrain », ou marine ».

On rencontre à peine la mention... « *père inconnu* », ce qui prouve une moralité excellente. En ce cas le curé signait l'acte seul, et devenait comme le tuteur du petit malheureux. Cela me semble de toute façon supérieur aux pratiques actuelles. On trouve encore : « *baptisé par la sage-femme* » de là, la sévérité extrême dans le choix des accoucheuses qui doivent « *avant tout savoir baptiser* », la mort sans baptême étant considérée comme un grand malheur.

Les infanticides et les avortements étaient choses à peu près inconnues, mais les abandons d'enfants l'étaient moins.

On constate aussi que le « *formariage* » devient assez fréquent au 18e siècle ; les relations et la société s'élargissent ; les villages ne sont plus dressés les uns contre les autres, ni séparés par des barrières infranchissables. L'âge des défunts est de

----

(1) Alb. Babeau : Le village sous l'ancien régime.

plus en plus souvent indiqué à la même époque, renseigne-
ment précieux pour le statisticien.

.Le nombre des illettrés diminue rapidement ; et, conséquence naturelle et logique, celui des témoins apposant leur
signature sur les actes de l'état civil augmente à proportion. Il
passe de deux pour les baptêmes à 3 ou 4 pour les enterrements, et devient tout à fait copieux pour les mariages : 3, 4 à
8 et 9.

Un fait insignifiant nous en dit long sur le changement de
la condition morale du « maître d'école ». Au 17ᵉ siècle le
curé signait seul sur les registres paroissiaux ; le maître d'école
appose aussi sa signature au 18ᵉ siècle ; mais on sait que ses
fonctions l'obligent à assister le curé dans les offices, et dans
l'administration des sacrements.

Le tableau ci-dessous nous montrera à l'évidence les progrès considérables de l'instruction et la prochaine ascension du
Tiers-Etat, retenu si longtemps dans les limites étroites d'une
vie sans issue et d'une condition sans espoir. Il a désormais
un état civil régulier. Là, sont écrits ses quartiers de noblesse.
Désormais, il compte ! et on devra compter avec lui.

Les noms de quelques-uns de ces humbles maîtres de l'enfance dans notre village nous sont restés. Les voici a peu près
dans l'ordre chronologique : *Wuilemart, Mestrehut* au 17ᵉ siècle ;
Mestrehut, Romangin, Javelot, Aublin au 18ᵉ siècle. Comme l'été
leur laissait beaucoup de loisirs, ils travaillaient leurs champs,
remplissaient les fonctions d'arpenteur, l'office de notaire,
celui de procureur ; et cela relevait un peu leur humble condition. C'est ainsi que par un labeur acharné quelques-uns parvinrent à une certaine aisance, et acquirent une influence durable.

L'enseignement secondaire, sans être aussi libéralement et
fastueusement répandu qu'aujourd'hui, n'était pas négligé et
donnait de bons résultats. Il n'était point comme aujourd'hui
une tête trop grosse pour un corps affaibli et trop maigre.

Nombre de curés dans les villages enseignaient les éléments du latin à un chiffre assez restreint de jeunes gens qui
allaient ensuite à Reims, ou dans des pensions ou collèges ardennais, *Sedan, Laval-Dieu, Charleville*, compléter leurs études. Ce dernier, fondé et doté au début du 17ᵐᵉ siècle (1620),
presque en même temps que la ville (1606), et rénové par Louis
XVI, changé au lycée à la fin du 19ᵉ siècle « avait un personnel sérieux : 1 *principal* ; — 8 professeurs, dont 5 *régents*, donnaient un enseignement classique complet, gratuit et conforme

aux usages et méthode de l'Université de Paris ». « Les honoraires du personnel variaient de 1000 à 600 livres par an, qui
après 20 années de service obtenait une retraite égale à a moitié des honoraires »... Le prieuré de Saint Julien était attaché
au collège. Dans la dernière moitié du 18e siècle, le collège
compta de 63 élèves au minima (1772-73), à 169 en 1788, et
plus de 100 pendant douze ans. » (Rev. hist. des Ardennes, t.
15, 1908).

De là est sorti tout un essain d'hommes distingués qui
ont eu une grande influence sur la direction des esprits et des
affaires pendant plus d'un siècle.

L'Ecole polytechnique, créée sous la Révolution, fut installée d'abord à Mézières dans les bâtiments de la préfecture actuelle. En somme, l'enseignement avait trouvé sa voie au moment où débuta la révolution.

Les résultats obtenus dans une paroisse, celle de Quatre-
Champs, sont très apparents dans la très incomplète statistique suivante ;

Années	*Baptémes ou naissances*	*Parains et marraines*	*Signa- tures*	*+ n. s.*	
1662-73 (3 ans 2 mois	50	100	56	26 17=249	509
1696-99 (3 ans 3 mois	53	106	56	26 17=260	
1770-87 (10 ans)	168	334	222	20 45=789 : 789	
1787-92 inclus (5 ans)	71	»	»	» »	» »

Extrait des Registres fort incomplets de Quatre-Champs).

Statistique intéressante. Au 17me siècle un peu plus de la
moitié des parrains et marraines savent lire et écrire ; un *quart*
ignorent l'écriture (+ 26) et mettent une croix ;

Au 18e siècle, les 2/3 signent d'une très *belle écriture* ; 1/17
seulement mettent une croix.

*
* *

Jean Voulté (1510-1542)

Malgré les querelles si fréquentes des princes et des rois,
querelles si dures pour nos pays frontières, la vie intellectuelle
fut toujours fort active en nos régions. Les noms de Sorbon
(13e siècle), de Machault (14e), de Gerson (15e) qui, à travers
bien des vicissitudes ont brillé à l'Université de Paris, à l'Ecole
de Reims, à la cour des rois, ont grandement honoré l'esprit
ardennais et champenois.

Quelques autres noms de moindre importance méritent un souvenir, un salut en passant. Ainsi Vandy a donné le jour à un poète latin peu connu, de petite envergure, *Jean Voulté* (1510-1542), appartenant au beau temps de Louis XII et de François 1ᵉʳ, c'est-à-dire à la période d'érudition et de rétablissement des œuvres de l'antiquité. Belge par son père, français par sa mère, Voulté, après des études qui lui valurent les encouragements du célèbre Cardinal de Lenoncourt, dit l'Abbé Bouillot, dans ses « Biographies ardennaises », alla professer à Toulouse, puis à Lyon en 1536 et se lia d'amitié avec quelques-uns des hommes et des écrivains les plus éminents des débuts de le Renaissance · Marot, Budé, Danés, Rabelais et Macrin, valet de chambre de François 1ᵉʳ. Ses écrits, tous en latin, ont été plubliés à Lyon en 1537 et adressés au cardinal Jean de Lorraine, archevêque de Réims.

L'un de ses épigrammes est adressé à son village natal, et la description qu'il en fait ne manque ni de vérité ni de gratitude. Au début du 16ᵉ siècle, si vivant dans sa première moitié, Vandy devait paraître ainsi, et il ne retrouvera cette paix et cette prospérité qu'au début du 19ᵉ siècle, soit 300 ans plus tard.

VANDY

Le cours de l'Aisne te conduit à ta propriété,
Et au vieux fonds paternel de *Vandy*.
Le domaine fertile en vin, en blé est reconnaissant aux cultivateurs,
La terre féconde suffit largement à son bétail.
On y trouve de limpides fontaines, des jardins, des étangs,
Des bois et tout ce que nourrit une bonne terre.
L'horizon est riant, le climat d'une douceur très grande :
Il n'est rien que cette terre ne puisse produire.

Epig. b. I p.58 Lyon 1537.

. Les villages de la vallée de la Fournelle devaient alors connaître aussi cette abondance de vie heureuse et de biens qui va permettre à François 1ᵉʳ et à son fils Henri II, aidés de Bayard, du grand Guise et de Coligny, de tenir tête victorieusement au puissant Charles Quint et à son fils Philippe II et d'achever presque la « *reconquéte* » *de la frontière de l'Est* de la « *France orientale* », « de faire boire leurs chevaux dans les eaux vertes du Rhin » ! La langue française a *triomphé en nos pays* et la frontière recule jusqu'au delà de Metz, de Toul et de Verdun, c'est-à-dire jusqu'aux limites des Trévires, jusqu'aux points où le grand phare des Ecoles de Reims avait porté ses rayons. Et c'est là peut-être la raison lointaine de la destruction de l'illustre cité (1) ; de celle en 1914-18 aussi de sa sœur, Louvain ! Rien n'est tenace et féroce comme la « haine héréditaire » des Boches.

Les *lacs* minuscules dont parle le poète sont les quinze ou vingt arpents d'étangs dormant alors dans les vallons gracieux et les bois du voisinage ; ceux-ci couvrent encore aujourd'hui un massif de verdure de plus de 700 arpents. Les *vignes* occupaient naguère tous les coteaux gaizeux des alentours ; et la large plaine de l'Aisne, avec sa rivière paresseuse, ondule et verdoie toujours autour de l'éperon qui porte le village ; les couchers de soleil n'ont rien perdu de leur splendeur, ni la terre de sa fécondité. Seule l'heureuse bourgade a été totalement détruite en 1918 quelques jours avant l'armistice.

Avec beaucoup moins de souffle et de grâce, — et toute proportion gardée, — Voulté annonce déjà la Pléiade et sa poésie lyrique qui « vêtira » d'un « manteau de soie et d'or, taché de sang », hélas !, la seconde moitié du 16ᵉ siècle, si troublé et si vivant !

La famille de *Villelongue* possédait alors des biens importants aux *Alleux* —, à *Condé* — et dans la région. La branche des Alleux a fourni, dans la seconde moitié du 16ᵉ siècle un théologien : Tristant de Villelongue, qui, aveugle à 6 ans, n'en conquit pas moins le titre de docteur en théologie à l'âge de 28 ans (1590) et devint abbé de Laval-Dieu, où Méhul devait, un siècle plus tard, apprendre la musique.

De Villelongue composa de nombreux ouvrages de théologie et de controverse, matière et aliment aux terribles et sanglantes guerres du siècle.

Il eut pour successeur son neveu Roger qui, sous la conduite de Roquépine, fit l'épée à la main la guerre contre les Espagnols (1649). Il dut alors connaître le *commandant Vandy* créateur du 7ᵉ Régiment d'infanterie (V. Fronde).

A cette même famille appartenait encore le Comte de *Villelongue-Lacarde* des armées de Charles XII né en 1682, qui fournit à Voltaire des mémoires pleins d'intérêt pour son histoire de Charles XII, si alerte et si vivante.

Enfin un autre écrivain, de Foigny, fait naître à Chatillon-

____

(1) Reims avait été aussi un instant capitale de l'Austrasie au Xᵉ siècle. Elle pouvait la redevenir ; donc dangereuse: supprimée !

sur-Bar, *Sadeur*, le héros de son voyage imaginaire « *Voyage aux régions australes* ». Peut-être avait-il connu un habitant de Machault qui à cette époque alla chercher fortune aux Indes. Nous approchons du temps où *Tavernier* (1605-89) et *Chardin* (1643-1713) firent en Turquie, en Perse et aux Indes, leurs voyages si féconds en leurs conséquences.

LA POPULATION : QUESTION NATIONALE

Être ou disparaître : to be or not.

A Monsieur Louis Supervielle,
Directeur de la Banque française de l'Amérique du Sud,.
Bienfaiteur de Quatre-Champs.
Au Cours Fénelon ;
Aux Dames et Demoiselle, du Lycée Victor Duruy qui
ont vêtu ou pourvu de livres, de papier, etc. les enfants
de l'école et du village détruits : hommage très cordial
de leur ancien Professeur et ami.

Notre défilé a eu, en fait, une longue histoire, mais une histoire tourmentée et trop souvent tragique, parce que chemin naturel, et passage obligatoire pour les hommes et pour les marchandises, parce que refuge aussi où l'habitant trouvait abri et tranquillité relative aux bons et aux mauvais jours.

Ses deux extrémités noyées et marécageuses, faciles à défendre, souvent infranchissables, son centre agréable et fertile,

Quatre-Champs. Partie centrale du défilé, vue de l'ouest : Poterie-Synagogue les 2 enfants ; à g. le cimetière ; au centre, le village ; au fond, Belleville ; à dr. chemin de Boult.

sain aussi, tout son pourtour couvert de forêts protectrices en ont fait un lieu intéressant à connaître, à étudier ; car, en son voisinage immédiat, se sont accomplis des évènements décisifs comme la défaite d'Attila en 451, la bataille de *Valmy* en 1792, qui vit s'ouvrir une ère nouvelle et finir un monde ancien, celle de *Sedan*, 1870, génératrice de tant d'orgueil outrecuidant et de tant de morgue insolente et brutale, enfin celles de la *Marne* et de *Verdun* (1814-1816-18) réparatrices, mais accompagnées de telles secousses et de tels holocaustes que le monde entier en fut, et en reste encore tout ébranlé jusqu'en ses fondements, et qu'il doit chercher de nouvelles bases pour une vie nouvelle.

Mais ce qui marque cette histoire d'un trait particulier, typique, c'est que, depuis plus de vingt siècles, cette bordure est ou a été un *pays frontière*, une frontière éternellement menacée, c'est à-dire exposée à toutes les vicissitudes de l'histoire ;. flux et reflux des peuples, passage des armées, alertes incessantes ! qui vive perpétuel ! accompagnés de destructions sauvages, féroces, suivis de résurrections soudaines et merveilleuses dues à une rare ténacité dans l'infortune, à une joie calme et confiante dans la victoire, à l'espoir invincible d'un meilleur avenir : de là, en grande partie la gravité un peu mélancolique de l'esprit des gens dans le Nord et le N. E. de la France : ils se souviennent ! En somme, toutes les vertus qui donnent du ressort à la vie, tout ce qui en montre la beauté et la grandeur tragique, et aussi l'éphémère et effarante fragilité.

Et, en effet, que reste-t-il de tout cela ? Bien peu de choses. Quelques légendes lointaines parfois défigurées et inintelligibles, le souvenir de beaucoup de luttes, de vies et de morts obscures, de faits imprécis ou éclatants évoqués d'un seul mot, confondus dans la masse des événements tragiques et douloureux d'un pays frontière, d'un poste d'observation, auquel est confié le soin de veiller à la sécurité de la patrie entière ; car l'ennemi éternel est là à deux pas, convoiteux, menteur, affamé et pullulant, chose effrayante dont nos chefs rois, empereurs ou assemblées n'ont pas toujours eu une notion exacte, une conscience bien nette, une vue bien claire. Et alors quel réveil !

Le chemin a-t-on dit fait la race. Ici, comme dans tout le Nord et l'Est — immense passage toujours ouvert aux hordes de l'Europe orientale et de l'Asie, la race est solide, pleine de bons sens robuste, d'esprit alerte, de confiance obstinée qui se retrouve toujours, mais qui s'oublie parfois à des rêves chimériques, des rêves de paix universelle, d'égalité absolue. etc... qu'elle paie bien cher l'instant d'après. Les Allemands nous trouvent » fous mais sincères », sans doute parcequ'ils se sentent ou se croient tout le contraire. Notre sincérité est certaine, et notre folie, douce et bienfaisante ; tandis que leur *habitude de mentir*, leur *fourberie*, leur *furor* (*furor teutonicus*), ou « folie frénétique, n'est que trop réelle et trop connue de tout l'univers ; elle ne s'apaise que dans le sang et la destruction, le pillage et le vol. Il est très dangereux d'avoir de tels voisins.

On a souvent parlé de race pure. Une telle race n'existe pas. Tous les peuples sont formés d'individus de races diverses fortement mélangés. Depuis l'apparition de l'espèce humaine et de

l'histoire, les mélanges de races ont été innombrables, infinis.
Vingt peuples se sont croisés, fondus sur notre terre, et les ap-
ports étrangers continuent journellement. Par son climat, son
sol, ses produits, sa vie intense, sa langue, sa position centrale,
la France a toujours été un centre d'aspiration, d'assimilation et
d'évaporation intenses, dont les atomes ou individus, sont fondus ensemble et soudés en un métal d'une rare solidité, d'une
merveilleuse souplesse au bout de quelques générations : le tout

Leroy, phot.

Quatre-Champs : Les restes du « Vieux Château. — Le carrefour des routes ;
route nationale 77 ; au fond : Bois de Belleville et de Boult.

sous l'influence magique du sol, du ciel et du climat vrais créa-
teurs de la race. Quelques aspérités dénoncent, par ci par là, des
atomes réfractaires à l'action sociale, à l'assimilation.

De loin en loin et particulièrement aux époques de bien
être général, de richesses exceptionnelles et accumulées, un
affaissement moral se produit, et provoque un vide, une dépression orageuse qui amène une invasion ; tels César et les
Romains au S. E.., tels les Germains et les Arabes par le Nord
et par le Sud, tels les Anglais (guerre de Cent ans), les Espagnols (XVIe et XVIIe siècles) et les Allemands de nos jours.
De là des chutes profondes et des résurrections inouïes. On
avait rêvé, oublié une minute ; on s'était ressaisi l'instant
d'après. Mais le monde s'est transformé, et il faut encore nous
renouveler nous-mêmes sous peine de catastrophe finale. Avec
de la volonté et de la persévérance, la chose est très possible.

Avons-nous des preuves locales ou générales de ces évolutions, de ces invasions, de ces tremblements de terre et de ces résurrections ? Assurément ! En analysant attentivement les noms historiques ou patronymiques des personnes et des personnages inscrits dans les Chartes, les cartulaires, les Traités, les dénombrements du moyen âge, les registres paroissiaux, les actes de l'état civil, on découvrirait peut-être, certainement même, et d'une façon assez approximative, l'apport de chaque race depuis deux mille ans sur le substratum celtique et ligure antérieur, ou sur d'autres plus anciens et plus récents, la nature et la proportion des éléments constitutifs de l'ensemble. C'est là le rôle de la philologie et de l'anthropologie. Mais outre qu'une telle analyse n'est point aisée et qu'il faudrait être à la fois médecin, physiologiste, naturaliste et géographe, anthropologiste, psychologue et sociologue, etc. c'est-à-dire universel, pour démêler à peu près un écheveau aussi embrouillé, il faudrait encore beaucoup de précautions et de prudence pour n'arriver point, après avoir réveillé les morts, à heurter les vivants moins patients, plus susceptibles.

Prenons donc seulement des noms figurant dans les actes antérieurs à la Révolution : Les uns indiquent une origine celtique : *Déa* ou *Déart* = de *arthos* : ours, prêtre ou serviteur du dieu Ours ». — Vernier, du gaulois *Vernos*, aune, ainsi que *Bernier*, ouvrier travaillant le bois, l'aune propre à la conduite des eaux. Les autres disent une origine latine : Longis, Lefèvre, Favre, Lafavresse, *faber* = forgeron, ouvrier ; *Capéte* ou *Capette*, porteur de cape = (capa), Leclerc, Lemaire, Lesayne, Poncelet (petit pont ou *Pons*) ; Chorin (1).

Le plus grand nombre disent la taille, le teint, l'âge, l'origine, une qualité bonne ou mauvaise ; Legrand, Lelong, Lenain, Lebrun, Violet ; — Lejeune, Levieil, Vieillard, Lenfant Lebon, Legras, Lelarge, Legros Lebeau, Lefort ; — Champenois, Bourguignon, Lorrain, Normand, Picard, Breton, Flamand, Liégeard, Liégeois, Brébant ou Brabant, Lallement ou Lallemand, Lardenois (Lardennais), Lombard, Servois (homme des bois), etc.

D'autres encore, la profession, le métier : Brasseur, Cervoisier ; Cordier, Tisserand, Blavier ou Blattier (blé), Berger = gardeur de brebis (2), Pasteur, Bouvier, Taine = vendeur ou

---

(1) Ce nom propre, *Côte Chorin* (à 4 ch.), dérive probablement de *Curius* qui a donné *Corennus*, puis Corenc (Isère) et *Chorin*. (Ardennes).

(2) *Berger* est aussi un vocable allemand qui se prononce *Berguéur* et signifie *montagnard*, mais le sens et la prononciation se sont francisés tous les deux — en *berger* ; il y a confusion complète et absolue : il n'y a plus qu'un nom et un son.

fabricant de droguet, étoffe faite de laine et de coton), Dufour
ou Dufauré, Boulanger, Boucher, Maréchal, etc...

Un grand nombre indique l'importance ou prédominance
des bois et des vergers : Poirier, (1) (des) Pommiers, crisier,
Latreille, Prunier ; Delorme, Duchesne, Lépine, Lebois,
Dutremble, Fayard, La Fayette, Lacharme, Boule, Boulaye,
Laboulaye, Lehoux, Labourdaine, etc. etc. Et ce plus grand

Cliché Leroy

Quatre-Champs. Partie centrale. Vue d'ensemble : Tabure g. : à dr., Hte rue
Au fond, Haplé, la Garenne. Vue E.-O.

nombre forme la masse indistincte de la nation, celle qui
descend des colons, des vilains, des serfs, de la multitude
anonyme et qui se pousse, s'élève, ou demeure comme la terre
et la forêt éternelles, qui vit et meurt avec elles.

Une dernière catégorie marque la condition sociale, le rang,
etc... Leserf, Leriche, Bourgeois, Varlet ou Vasselet, Leprêtre,
L'esaint, Lermite, Lévêque, Labbé Lécuyer, Lechevalier, Milet
ou Millet : *miles, militis : Landknecht* ou Lansquinet = (le soldat romain ou germain), Bailly, Prévost, Lecomte, Lemarquis,
Leduc, Leprince, Leroi, Leroy ou Le Roy. Ce dernier nom était
fréquent partout, et particulièrement dans les pays frontières,
pour indiquer que l'on était du « *royaume* » (France) et non de
« *l'empire* » (Allemagne), que l'on ressortissait à la justice
du roi et non à celle du comte, du duc, etc., et que l'on était
bourgeois, « (Bourgeois-Leroi, » ou du roi), et plus brièvement

Leroi tout court ; ou encore, *huissier*, par conséquent *inviolable, sacré*, et que toute porte devait s'ouvrir au seul *nom du « roi »* ; et enfin qu'une « confrérie », religieuse ou autre, vous avait élu ou choisi comme chef, ou roi. Leray ou Lerey sur la frontière de *Flandre ou espagnole*, vient de *el rey*, = le roi.

Un dernier groupe, non le moins curieux, rappelle l'établissement de colons francs par infiltration depuis le IV⁰ siècle jusqu'à nos jours. L'écriture des noms a déjà pris une forme toute française et remonte aux 9ᵉ, 10ᵉ et XIᵉ siècles :

Ode, Eudes, Odon, Odette = désert, vaste Terre, — *Baquet* ou *béquet* = petit ruisseau ; (Bach, Bec = ruisseau). — Baudesson, Jacquesson, Warnesson = *Wald* et *son* : *Wald*, bois ; *son*, fils, = d'où fils de la forêt, fils de Jacques, fils de Warne, Jacques est le surnom du paysan au moyen âge ; Warne = garde attentif, homme prudent, avisé ; d'où Warnesson. — *Joffrin, Joffroy, Godfrin*, ou *Godfrain, Godfroy* ou *froid*, de *God, got* ou *Go* = *Dieu* ; *fried* = paix, = ami de Dieu. Dau = Dal ou Dalle, et Thal = vallée ; Daumont = mont de la vallée. — Enfin la très nombreuse famille des *Wuimet, Guimet, Guillemet, Guillemaille, Guimard* et *Wuimart, Guillaume, Willemin* ou *Willemain*, dont le nom semble dérivé de *Guille* ou *Willen* = volonté ; gens de volonté, de petite volonté. Le *W* se prononce *Oui*, et se changea aisément en G et en H, (ex : *Huileux*, de Willer, Willier = *villa*. Ceux-ci, à force de *volonté*, avaient su acquérir ou défendre un bien : c'était des propriétaires (???). *Héraux* (XIᵉ s. Quatre-Champs) vient de *Harold, Hérold*, nom fréquent en Angleterre ; *Herlin*, de *Herr* = seigneur ou soldat, et de *lin* = *lein* = petit seigneur, etc. *Servois* = homme des bois, de *Silva, Selve* = forêt, habitants des bois, etc..

Plus tard, on voit des Italiens (XIXᵉ s.) s'établir chez nous : *Moglia* (épouse, femme) à Terron ; ou des Espagnols, à Toges (1650) : *Chiquetta*, petite, *Chiquette*. Un espagnol réfugié à Toges (1650), et marié là, aurait eu 13 filles ; de là, sans doute le mot de *chiqua*, chiquetta : petite, et le Français chiquette, petit morceau.

Tous les noms que nous venons de citer ont existé ou existent dans la vallée et dans ses environs, et sont la preuve de l'étonnant mélange des races, qui l'habitent depuis 25 ou 30 siècles au moins qui s'y sont fixées et perpétuées. Et ce qu'il y a de curieux, et c'est que les qualités caractéristiques primordiales ont persisté avec le nom : force, beauté, prudence, volonté, amour du chant, de la musique, prolifiscence, etc... qui ont survécu dans la descendance, comme les cheveux blonds et les yeux bleus, ou le grand nombre des enfants.

Dessaulx, ou de Saulx, vieille famille, rappelle par son port noble et gracieux, par sa souplesse, sa force et sa résistance aux épreuves et aux vents de la destinée, la grâce flexible et la souplesse du *saule*, son symbole. (*Salix*, saule.) On trouve des de Saulcy, des Saussey (Salicetum) dans toute la France de l'Est et du Nord et du N. O. depuis le VIIe et le IXe siècles. J'ai eu l'avantage d'en connaître quatre générations successives à Ballay (voir Vandy, Ballay et Noirval), depuis l'ancêtre émigré en *Suisse* pendant la Révolution et s'y livrant à l'élevage, jusqu'à son petit-fils tombé vaillamment en Artois laissant derrière lui une nombreuse et belle famille et un nom glorieux.

La langue, — ici le patois, — nous donne un autre moyen de doser pour ainsi dire le mélange des races et de déterminer approximativement l'apport de chacune d'elle dans la masse de la nation ainsi constituée, en tenant compte bien entendu de cette loi : que le verbe le plus parfait a évincé peu à peu les idiomes moins achevés, ou les plus grossiers. Ici le latin, devenu le français, a supplanté tous les autres dialectes moins évolués et moins riches.

Si dès les Xe, XIe et XIIe s. les caractères généraux de la nation nouvelle sont fixés, il en est exactement de même de la langue parlée chez nous, bégayante encore, mais simple, forte, claire et riche déjà.

Il suffit de lire les instructions de Charlemagne à ses intendants pour la mise en valeur de ses fermes et domaines (capitulaire *de Villis*), pour comprendre l'importance que les Francs et hommes du IXe et Xe s. attachaient à l'agriculture et aux forêts. De là vient le nombre assez considérable de mots francs ou germains restés dans notre patois local : *Herde*, troupeau, *Herdier* nom d'homme, bouvier. *Matte* ou *Mathe* lait ; mathot, *maton*, lait caillé ; mâthis, ou matis, vendeuse de gauffres ou gaufrettes, et autres pâtisseries faites d'un mélange semi-liquide de lait, de farine, de beurre et d'œufs, cuites au gauffrier en toutes saisons, mais surtout en hiver dans les longues veillées de « *Noël* », ou de « *l'an neuf* », et du « mardi gras ». *Marcaire*, (ou Melcher,) trayeur : de melchen, traire. *Méuler*, cri de la vache, de (mühen = meuler, beugler), pour appeler son veau (1). *Heu*, herbe ; en patois local le *heu*, ou chiendent, est une herbe tenace qui envahit les *verseines*, ou *versanes* préparées pour les semailles d'automne et qu'il est difficile d'extirper. *Heu*

---

(1) « Allons voir la bonne *Mühe*, *Mühe*, c'est-à-dire la *vache*, qui fait *mouhmouh !* la *moumou*, dit encore souvent la mère à l'enfant.

voulait dire aussi légumes, herbe. On trouve à Münich, et en plusieurs autres villes allemandes, une *heustrasse*, la rue aux herbes, le marché aux légumes. Et dans chacune de nos vieilles villes, on trouve aussi un marché, une place aux *Herbes*. *Heusse*, petit clapet en cuir ou en acier placé dans la fente du moyeu de la roue pour l'empêcher de s'échapper (1).

(photo. allemande trouvée chez moi.)
Quatre-Champs fut occupé 52 mois par 3.000 h. et 1800 chevaux Sans cesse renouvelés ; les bourreaux en gaîté : 3 casinos, un cinéma, 3 commandatures : Rue haute.

Ente, canard. *Blanche*, motte de terre durcie, de *bloch*, *bloc*. *Brandwiin*, de brand -- *brennen* brûler ; et *wein*, vin, d'où *brandvinier*, distillateur. Les Francs aimaient les vins cuits. *Chlague*, de *schlag*, coup, bastonnade, ou de *schlacht*, bataille : donner ou recevoir la chlague. *Clousse* de l'allemand *Klaus*, poule qui a des petits, son cri d'appel ; d'où *clousser*, ou *gloussei* ?. *Crâler*, crier d'une voix forte, de *Krâlen*, imiter le coq, etc. etc. *Dail*, faux : germanique *deila*, *daele*, instrument propre à séparer la tige du chaume.

Le nombre de Francs et autres germains qui s'établirent chez nous dans la vallée fut donc assez considérable. La colonisation franque pour la prise du sol après l'extermination de

____

(1) Voir, Vocabulaire du patois de Quatre-Champs.

la population s'arrêta sur la Semoy et la Meuse ; pour la domination politique seulement, avec Clovis et ses fils, elle eut lieu
ensuite par infiltration, postes militaires, les limites de
l'ancien archevêché de Reims marque assez bien « la ligne de
séparation des deux mouvements ou époques » (1).

Depuis et avant 1468, date de la destruction de Liège et de
Dinant par le Téméraire, les Wallons ont, en groupe ou iso-
lément, cherché asile parfois, et travail toujours chez nous.
Les Liégeois s'installent à Mézières et à Grandpré, etc ; ils ap-
portent en nos pays l'industrie du fer ou du tissage des draps,
la fabrication des armes de guerre (Laval-Dieu, Charleville,
la Hurelaut, près de Rumigny Bairon au XVI⁰s.) ; et *Voulté*
(Vandy) le poète, descend par son père d'un de ces émigrés.
Beaucoup de fermiers de nos contrées sont des Belges de l'Ardenne belge moins favorisée par le climat ou la richesse du sol.
Rarement ils retournent en leur pays. Pendant la révolution
comme sous la tyrannie autrichienne, et après la chute de
l'empire, nombre de Belges cherchèrent refuge en nos contrées.
Et telles familles du village : *Blanpain*, *Brébant*, *Couvin* (l'arrondissement de *Couvin* fit partie des Ardennes jusqu'en 1815),
etc., attachées au service du roi ou de Napoléon, ou au parti
français, *Bohan*, d'*Escanevelle*, etc. sont venus s'établir à Quatre-Champs et dans le comté de Grandpré, tandis que d'autres,
poussés par l'esprit d'aventure ou de mercantilisme, par une
sorte d'atavisme irréductible, retournèrent au pays de Liège,
dans l'Ardenne, ou jusqu'en Prusse. Le sire de *Hans* opte au
XV⁰s. pour les Pays-Bas et devient seigneur d'*Oufalise*. Un autre, *Adalbert de Chamisso*, protestant, (auteur de « *l'homme qui
a perdu son ombre* », en allemand), va jusqu'en Prusse, au
XVIII⁰ siècle et s'y fixe sans honte, sinon sans regret.

Ce double mouvement eut un résultat curieux, la franci-
sation par la diffusion de la langue, parmi tous ces émigrés
forcés ou volontaires, par la marche lente et sûre de notre
idiome vers le Nord-Est, et le recul de la frontière dangereuse.
Mais on voit aussi quel temps, quelle patience tenace et longue
il faut pour faire ce que l'on appelle la reconquête d'une région
ou d'un pays perdu. Avis aux impatients ! à ceux qui sont
trop loin de ces mouvements pour les comprendre et en sentir
la terrible et dramatique grandeur, la tragique beauté. De là
le nombre des hommes de guerre célèbres, des chroniqueurs
et des historiens dans notre petit coin de terre, depuis Wille-

---

(1) Ch⁰ˢ Bruneau : *Limite des dialectes en Ardennes*, p. 81.

hardouin, Joinville et Froissart, jusqu'à Michelet, Taine et Lavisse, en passant par Gannelon, Fleuranges, Houssaye, Chuquet et Gaston Pâris. De là les noms si retentissants de Rocroy
et de Sedan, deux antipodes ! des plaines catalauniques et de
la Marne ! contre Attila et Guillaume ! Que conclure de ce trop
long travail ?

Plusieurs fois les villages ont disparu ; et chaque fois les
prés, les champs et les bois ont reverdi, refleuri, et les moissons et les vendanges ont mûri de nouveau pour consoler les
générations nouvelles auxquelles avait été transmis le flambeau de la vie et l'honneur de la race. Ils refleuriront encore.

*
* *

« L'homme est un apprenti, le malheur est son maître ».
Or le malheur nous apprend incontestablement que pour vivre, il faut « croître et multiplier », loi aussi vieille que le
monde. Rome est tombée pour l'avoir méconnue ; Celtes et
Francs ne l'ont jamais oubliée. Ils sont restés des races prolifiques et intelligentes.

Pendant de longs siècles la Gaule et la France ont été puissantes par leur population, mais faibles pas leurs divisions intestines ou l'excès de leurs richesses mal employées. Après
avoir, par un effort surhumain, remis en état de culture « *l'immense jardin* » qu'est notre pays, après l'avoir repeuplé en l'emplissant de petits poings roses, de gens gais et souriants qui
feront sans cris ni bruits discordants, mentir les noires prophéties des augures intéressés, par l'union à l'intérieur, le
travail joyeux et rémunérateur pour tous, nous aurons résolu
la question française.

Nous avons écrit il y a un demi siècle les lignes suivantes,
bien plus vraies encore aujourd'hui :

« La Révolution française à ses débuts faisait présider ses
grandes fêtes populaires par les enfants. Idée touchante de
mettre les faibles et les petits au premier rang, de montrer
qu'avec la sagesse et la prudence, la patrie avait besoin pour
vivre, pour garantir son avenir de ces bouches vermeilles de ces
yeux brillants, de ces têtes blondes, de ce joli printemps ! L'enfant symbolise la fécondité et la force de la race, la perpétuité
du nom français. »

« Le Directoire, Napoléon avec ses guerres continuelles, Napoléon III et les politiciens avec leurs intrigues et leurs agiotages ont tué cette « foi profonde », l'un chez les âmes fortes,
les autres chez les natures molles, les âmes plates et viles qui

ne pensent qu'à leur satisfaction personnelle, qui tombent dans un égoïsme odieux et deviennent comme les oies de Toulouse absolûment infécondes. Fous qui ne comprirent pas à notre grand dommage que pour assurer la tranquillité de la vie et la paix, il faut des *bras nombreux* et des *cœurs virils.* »

« Leurs funestes maximes ont mis chez nous depuis un siècle, comme une désespérance de la vie : on n'aime plus, on ne rit plus, on discute :

> Plus d'amour, partant plus de joie,

ni d'enfants. La richesse énerve les uns ; la dûreté de la vie arrête toute expansion chez les forts et chez les bons. Les familles s'éteignent ; plus d'enfants. Compte combien de foyers dans ton village manquent de ces flammes vivantes ! Telle commune de la Marne et des Ardennes ne voit pas une *seule naissance dans l'année. Par toute la France il en est de même.* Notre population décroît. » Dans un quart de siècle, dit Toussenel (1), la France aura deux ou trois millions d'habitants de moins qu'aujourd'hui. » Prédiction sinistre ! Des fatalistes la laisseraient s'accomplir. Des êtres intelligents, des Français doivent lutter et vaincre le monstre qui menace de les dévorer, de les faire périr comme Nation, ou bien ils méritent de perdre le nom et la qualité d'hommes... » ; d'où cette conclusion éblouissante comme le soleil ; « la *vraie question nationale,* celle qui va primer toutes les autres dans un avenir prochain, est *une question de population.* » (Dr Decaisne.)

« L'Angleterre en 1789 avait 10 à 12 millions d'habitants ; elle en a aujourd'hui 47, sans l'Irlande, malgré une émigration formidable de 30 à 40 millions d'habitants. Mais les naissances chez elle sont innombrables et sa fortune a suivi le même pas que sa population. « *Old England for ever* » ! La terre est devenue un vaste domaine anglais, 200 millions d'hommes parlent anglais. Et l'Angleterre n'a qu'une superficie égale aux 3/5 de celle de la France !

« La *Russie* eut une fortune plus rapide, plus extraordinaire encore. Sa population passe de 1720 à 1789, à 1880 et à 1914 de 14 à 35 millions, à 92 et à 178 ! Son territoire égale le 6me de la terre ! soit 45 fois la superficie de la France. Tout s'est évanoui, hélas ! dans un affreux cauchemar ; mais tout renaîtra après le cataclysme !

---

(1) *La France Africaine* : p. 14 et suivantes : 1878.
(1) Ornithologie passionnelle. 1854. Toussenel a été le premier commissaire civil de Boufarik. Il est l'auteur de « *l'Esprit des bêtes* ».

« Dans le même laps de temps, l'*Allemagne* de 1789 à 1914, a vu le nombre de ses habitants s'élever de 20 millions d'hommes à plus de 100 répandus en toutes les régions de la terre. Bismark proclamait « *que la question de prépondérance est inhérente au total de la population.* » et « *que l'Allemagne doit garder tous ses fils pour se défendre et en accroître le nombre aussi rapidement que possible.* » Guillaume II s'intéressait beaucoup « *aux nombreuses familles* », et à *ceux qui s'en occupaient* ». On sait ce qu'il en est advenu en 1870 et en 1914 ! et ce qu'il nous en a coûté !

Cliché Leroy,
Quatre-Champs : Le village détruit ; la rue Haute.

« La *jeune Italie*, si âpre à toute curée, n'a grandi si rapidement depuis 1859, que par l'arrivée de 5 à 600.000 bouches nouvelles, et en surplus, demandant chaque année la pâtée à leur mère patrie et une place à son soleil si doux, à son sol trop exigü, les 3/5 de celui de la France. Près d'un million d'ouvriers vont chercher du travail à l'étranger et beaucoup émigrent en Amérique. Craignons que demain elle ne prenne la première place dans la famille latine. Son exemple proteste contre l'axiome courant répété à satiété par les malins... les gros malins : « *Les peuples latins sont moins prolifiques que les races du Nord* ». Erreur capitale. Tout peuple sain est multiplicateur. L'Italie le prouve avec ses 40 millions d'habitants. A nous de l'entendre !

« Ainsi tous les groupes européens étant égaux, ou à peu

près, devant la civilisation quant aux moyens d'attaque et de
défense, ceux-là ont accru leurs forces agricoles, industrielles,
commerciales et militaires, — ont remporté en tout, d'écla-
tantes victoires, ont fortifié ou agrandi la patrie qui ont vu augmenter le nombre de leurs enfants. Leurs succès ont été exactement proportionnels à l'accroissement de leur population.
L'homme est donc la force, la richesse par excellence, celle
qu'il faut multiplier avant tout puisque c'est elle qui crée et
garde l'autre. Malheur à ceux qui l'oublient !

« Si cette loi du nombre intelligent est vraie, la proposition
inverse : « Une nation s'arrêtera dans son essor historique, ou
tombera en servitude, si la population s'arrête ou diminue, »
doit être également vraie et facile à démontrer. Elle l'est.

« La Turquie, l'Espagne, le Portugal, le prouvent. La France
est, hélas ! stationnaire.

Quelles seront les conséquences de cette situation si grave :
l'essor industriel arrêté, l'agriculture délaissée ou en souffrance
et placée devant ce dilemne : Ou avoir des enfants ou laisser
la terre inculte. « Celui qui possède la terre sera sous peu dans
la nécessité de ne compter que sur lui ou sur les siens pour en
tirer profit ». Si tu veux avoir des domestiques, aie des enfants ! »
Celui qui aura le plus de bras sera, au prix où est la main
d'œuvre, le plus riche et le mieux servi. On demande donc des
réformes qui ne seraient que des palliatifs ; on s'en prend au
Gouvernement, à la nation entière, de ce malaise inexpliqué.
On a tort... N'accuse que toi-même. Ecoute ce proverbe anglais : « Si chacun voulait se réformer, la nation serait bien
vite transformée » ; ou ce diction chinois : « Que chacun balaie
devant sa maison et la ville entière sera très propre. » Franc-
klin enfin ajoute : « Un enfant coûte moins à élever qu'un vice
à entretenir. » Là est le nœud de la question ; il faut le résoudre tout de suite, et sans délai tailler dans le vif. »

D'abord il nous faut faciliter l'immigration d'individus sains
et de familles honnêtes en refusant tous les indésirables, bien
entendu. Moyen assez précaire, mais au moins immédiat et propre à ranimer l'agriculture (1).

Ensuite réformer ou transformer nos mœurs et nos institutions sociales actuelles complètement désuètes ou malfaisantes.

---

(1) Les meilleurs colons et les plus proches seraient les *Danois* en
Normandie ; les Luxembourgeois, les Tchéco-Slaves dans l'Est et le
Nord ; les Irlandais, des orphelins Polonais dans le centre ; des
Portugais dans le S. O. et le Sud ; des Syriens et Arméniens en Tuni-
sie et Algérie ; des Suisses et des Roumains partout.

L'intelligence est pervertie chez nous, et l'activité sociale tourne à vide, quand elle n'est pas destructive. Il nous faut faire une France nouvelle et rajeunie : Œuvre immense et purificatrice opérée par la nation elle-même !

Partout, à la ville comme au village et plutôt là encore, nous devons ouvrir des *maternités* créer des *crèches* et des *pouponnières*, des *orphelinats*, — rouvrir même les tours pour éviter le massacre des innocents, réprimer *sans pitié* les manœuvres abortives. Ce sera l'œuvre divine des *dames de la Croix rouge,*

Cliché Leroy.

Quatre-Champs, partie haute. *Le village reconstruit.* Vue prise de la gare : *source du Château,* à g., entre les deux arbres. Au pied du mur blanc courbé, la *Charlotterie* descendant à la *source* et au Château.

de la *Croix blanche,* etc. qui soutiendront et réconforteront la mère et sauveront l'enfant, trésor incomparable ! Les aides ne manqueront certainement pas : à la maison, grand'mères, et jeunes filles prépareront vêtements et colifichets pour vêtir et amuser les petits. Cela se faisait jadis, cela s'est fait pendant la guerre ; cela doit se faire pendant la paix. Voilà du travail vraiment national.

Des « *nurseries* », des *Kindergarten* » doivent être établis dans toutes les maisons riches ou aisées, des « Kindergarten » comme ceux des pays du Nord et de l'Allemagne en particulier, si intéressants. Les jeunes *filles françaises,* diplômées ou non, apprendraient ainsi à soigner, à diriger les petits enfants,

à les faire parler, jouer et chanter, à marcher en cadence, à
planter et arroser des fleurs, ou des graines, à monter et à dé-
monter des maisons, des machines, à voir et à toucher les
objets, toutes choses qui leur plaisent infiniment, à aimer
« Mademoiselle » qui les aimera et se mariera en rêvant aux
chérubins de l'avenir. Tout est là ; car tout dépend du point de
départ. Le sentiment de la vie intime, profonde et morale,
reparaîtront bien vite, et pour longtemps. La jeune fille sauverait l'enfant qui la sauverait à son tour inconsciemment. L'enfant élevé au grand air et par groupe familial, grandirait, se
fortifierait, ne serait plus une pauvre petite et chétive créature
vouée à une mort certaine ou à une vie triste et lamentable.
Procréer, multiplier n'est rien, si l'on ne sauve le nourrisson,
si l'on ne lui donne la possibilité de vivre sain, gai et robuste.
Aussi en attendant que nos villes et nos maisons se transfor-
ment, Paris, Lyon, Marseille, etc. devraient avoir toutes,
comme Edimbourg et Londres, des centaines de parcs pour
mettre nos oiselets au soleil et à l'air pur sans obliger les
mamans inquiètes, ou les nurses à parcourir de trop longues
et dangereuses distances avec la petite voiture qui porte bébé,
condamné presque toujours ainsi, à rester dans sa voiturette
sur le pas de la porte, dans le corridor ou dans la cour où il
ne respire guère et où ses yeux prennent vite, hélas ! une bordure
bleue bien sinistre.

L'école enfin devrait être aussi, non seulement spacieuse,
aérée, ensoleillée, mais encore mise assez *à l'écart* de la route
ou du bruit pour la paix et le travail fructueux des élèves, pour
la joie et les ébats libres pendant les récréations. Quantités de
Lycées, de Collèges et d'Écoles primaires ont leurs façades fort
ornées sur la rue même, sans doute pour la gloire (?) de l'ar-
·chitecte ou de la Municipalité, mais aussi pour la mort de l'enseignement ou pour celle du maître et des élèves. Les programmes devraient être moitié moins chargés et les *certificats d'études* ou de *maturité* délivrés à l'Ecole, même sous le contrôle de
l'administration, de l'Université comme cela se fait en maints
pays d'Europe, au profit des études et de la santé des enfants.

Les programmes accablants devraient être, eux-aussi, allé-
gés de la moitié, et tous les devoirs faits avant la sortie de la
classe, pour les classes inférieures, afin que l'enfant eut le
temps de jouer après son retour au logis. Les études n'y per-
draient rien et la santé des enfants serait sauvegardée. En outre, et surtout en été, les enfants pourraient rendre de grands
services à leurs parents principalement à la campagne.

Jadis, les classes n'avaient lieu qu'en hiver, et les cours du soir pendant la mauvaise saison compensaient suffisamment le déficit de l'été.

Le travail scolaire étant fort pénible pendant les grandes chaleurs, les classes vaqueraient chaque fois que le thermomètre marquerait « tant de degrés » sans qu'il fût besoin d'une *autorisation* particulière du recteur ou... du Ministre ! Cela a lieu en beaucoup de pays. Pourquoi pas chez nous aussi ? La santé de tous s'en trouverait bien mieux. Et la force, et l'énergie, et l'intelligence de la nation en tireraient grand profit.

Phot. Vuibert.
Le gentil village de Montgon écluse du canal des Ardennes, près Le Chesne et la voie romaine.

L'apprentissage, la gymnastique, la natation, le bain dans de belles piscines, auraient temps et place dans ce système rationnel, humain et national à la fois. Trop d'étude dégoûte l'enfant du travail manuel ; trop de brevets, de certificats, de baccalauréats l'énervent et lui font prendre l'étude en horreur ; ils le poussent au rien faire, si non à la recherche des emplois publics, et des plaisirs faciles et stériles, à compter sur la protection, ou le piston, plus que sur le mérite pour l'obtention d'un emploi public ou pour l'avancement. La recommandation est devenue aujourd'hui un fléau public des plus dangereux. Il y a tel département où pas un emploi n'est pourvu sans l'avis favorable d'un comité politique ; c'est mortel.

Voilà l'homme formé et armé. Il est arrivé à l'âge où le mariage s'impose, où il faut donner un sens à la vie en créant

un foyer : c'est le *struggle for life*, comme disent les Anglais,
qui comprennent très bien ce que cela signifie. Le célibat est
une chose pour le moins anormale, sinon immorale ; il doit
être interdit, sauf les cas précis et motivés par la loi, à tout
homme sain, valide et apte au mariage, capable de proliférer
et d'élever une famille.

Et pour cela, il lui faut une maison saine, c'est-à-dire aérée,
entourée de jardin, éloignée de la rue pour que ni poussière,
ni bruit ne trouble sa tranquilité, ni celle des siens, quelque
chose comme la devanture d'un *cottage* anglais, si bien compris. Aucune habitation n'aura plus de trois étages au maximum, afin d'éviter les entassements, hygiéniquement si dangereux. Elle devra recevoir le soleil sur une ou deux faces,
de la base au sommet.

Les constructions monumentales ne seront permises que
pour les services publics ou les édifices, et isolées. Des cours
ou jardins publics fermés seront établis en ville à portée de
toute habitation et fréquentés par les voisins et surtout par les
enfants, le jour seulement, et aménagés pour leur jeux et leurs
ébats. Pour les adolescents nous avions jadis le *mail*, ou le
Pré, comme les Allemands ont aujourd'hui, et sous cent formes diverses, *l'aue* (le pré) assez éloigné de la ville, comme
les Anglais ont leurs terrains de foot ball, et leurs tennis, et
leurs criquets, etc. si animés, si vivants. Toute personne autre
que les enfants, les jeunes gens ou les sociétaires n'aura droit
à l'usage des terrains de jeux ainsi appropriés.

Pour les adultes, les sociétés d'horticulture ou d'agriculture, les comités divers, les syndicats les sociétés de chant et
de musique mettraient les individus et les intérêts divers en
relations constantes et plutôt sympathiques, jamais ennemis.
Alors vraiment la paix sociale règnerait parmi les hommes de
bonne volonté.

Tout ce qui concerne l'hygiène, la santé des hommes, serait réalisé dans les meilleures conditions et les plus nobles.
Plus de taudis meurtriers, plus de bouges infects, plus d'égouts,
plus de fumiers qui contaminent l'air et l'eau ! Le grand air pur,
le soleil et la lumière, purificateurs tout puissants, feraient
disparaître et bien vite, tous les êtres visqueux, malpropres et
dangereux qui aiment l'ombre, et qui circulent la nuit, — toutes les belles de nuit, toutes les fleurs vénéneuses qui croissent et multiplient sur les trottoirs des grandes villes, propa-
geant à outrance la stérilité et la mort lente, honteuse et désespérée. Par surcroît immédiat, elles engendrent la misère et

le crime. Les *gelées printannières* tuent la beauté et le parfum des fleurs, détruisant ainsi l'espoir d'une récolte future : c'est la mort sans phrase de l'individu et de l'espèce.

Tout honnête homme doit avoir un métier avouable, sinon il doit disparaître.

Mais qui fera les frais de cette résurrection ? Tout le monde d'abord, parce que tout le monde en profiterait et que tout profit se paie. Ensuite les riches, plus intéressés que quiconque en l'affaire, les nouveaux riches surtout. Pour justifier leur fortune soudaine et leur ascension imprévue, il leur faut décrasser le vilain ; enfin les fils uniques, les *célibataires* et autres parasites.... Si nous ne savons nous organiser, ni nous renouveler, nous périrons très vite. Il suffit d'avoir un peu voyagé pour en être absolument convaincu. Les nations comme les individus, ont le salaire et la liberté qu'elles méritent.

Dans une société ainsi transformée, il serait bien facile de légiférer puisque tout serait remis en place et en ordre : famille cité, nation.

Mais comme aux époques violemment troublées, le mal est devenu général. Le ministre italien, M. Mussolini, vient, dans un interview retentissant, (*Echo de Paris*, 5-8 *Octobre 1923* : A. Pironneau) de résumer la question, le mal et le remède à la fois : « Que chacun se souvienne :

« 1920 ! La paix est à peine signée que déjà sur le pays (l'Italie) déferle
« la *vague d'immoralité, de paresse et de jouissance* qui *n'épargnera*,
« *du reste, aucun peuple*, noyant les énergies et les consciences ; déjà,
« car *l'intervention* a trouvé d'irréductibles opposants que la victoire
« n'a pas muselés, et qui clament l'inutilité de la guerre et de ses souf-
« frances. On se prend à les croire, et d'autant mieux que cette paix
« n'a satisfait personne. — Que voit-on ?... les administrations et. les
« services publics désorganisés, les grèves à l'état endémique, les an-
« ciens combattants, les blessés, les mutilés tenus pour des gêneurs, les
« officiers bafoués, les paysans (en Italie) s'emparant des terres, les ou-
« vriers des usines et 2.000 communes tombant aux mains des révolu-
« tionnaires, le communisme prêt à consommer son œuvre de mort... ..
« Et pour parer à la catastrophe des gouvernements incapables, im-
« puissants ou séniles !... Mais des hommes veillaient groupés en *fais-*
« *ceaux*. »

Pour tirer son pays de ce trouble général et destructeur, le ministre italien a commencé par rétablir l'ordre dans la rue, dans les esprits et dans les affaires en remettant en honneur le « *travail et la discipline* », vertus élémentaires, en montrant aux Italiens dans l'*avenir*, le rétablissement de l' « *imperium* » romain, c'est-à-dire du nom et de la grandeur de l'antique Rome dans tout le bassin de la Méditerranée, où l' « *Italie doit tenir*

le premier rang » dût-elle le conquérir de haute lutte, par la
ruse ou les armes, même contre ceux qui ont naguère (en 1859)
collaboré si puissamment à son « *risorgimento* » en chassant
l'ennemi, l'Autrichien : « *il nemico e l'Austriaco !* »

Et de quel droit ? dira-t-on chez nous ?. — « Du droit qu'ont
ceux qui *croissent en nombre, en mérite et en puissance*, à l'héritage de ceux qui restent volontairement stationnaires, ou qui
décroissent et tombent en état de sénilité. ». Du droit des jeunes,
hommes ou peuples, à l'héritage des vieux. La presse italienne
unanime montre la frontière des Alpes, la Corse, la Tunisie et
tout le littoral de l'Afrique du Nord ; etc points vulnérables,
joyaux magnifiques qui donneraient l'empire de la Méditerranée aux Italiens, si pacifiques et si colonisateurs, parce que « *remueurs de terre* », comme l'étaient les anciens romains et autres
italiotes.

La situation est donc dangereuse ; mais on peut en prévenir les suites en *imitant nos pères*, en nous *souvenant* simplement, c'est-à-dire en « *croissant et en multipliant*. »

Dans les années qui précédèrent ou accompagnèrent l'établissement de la liberté, on enregistra quatre ou cinq fois plus
de naissances que l'on n'en compte aujourd'hui.

Ainsi à Quatre-Champs, on voit en.

1790	1791	1792	(Voir ci dessus le.
. 12 nais.	18 nais.	10 nais.	(tableau 1770 à 1790

Mais les 25 années de guerre qui suivirent, et les luttes de
partis depuis un siècle affaiblirent et déprimèrent la race. Il lui
faut donc se renouveler, comme, après de longues calamités de
plus d'un siècle et demi, l'Allemagne et l'Italie se sont renouvelées et rajeunies en recréant leur unité, en soudant par la langue et l'idéal les esprits et les corps dispersés et divisés, en brisant les résistances politiques, économiques ou sociales en
rendant, en somme, une âme à la race affaissée et oublieuse.

La question ethnique, ou raciale, domine tout, et la race dépend du milieu géographique, c'est-à-dire de la terre et du climat, qui, tôt ou tard, favorisent plus ou moins l'éclosion des
sociétés, des nations, et les rendent plus ou moins fortes plus
ou moins résistantes, sociables ; en un mot, humaines !

« Une société, dit Gobineau, est une réunion plus ou moins parfaite,
« au point de vue politique, mais complète au point de vue social d'hom-
« mes vivant sous la direction d'idées semblables, et avec des instincts
« identiques. Egypte, Assyrie, Grèce, Inde, Chine ont été le théâtre où
« des sociétés distinctes ont déroulé leurs destinées, abstraction faite
« des perturbations survenues dans leurs constitutions politiques.
« La férocité des Atzèques n'a pas empêché leur empire de prospé-
« rer... la férocité était le caractère des races du Nouveau-monde,

« (comme il l'est aujourd'hui de la race germanique, sidissimulée et
« si fourbe) — Les Spartiates avaient une législation de bandits (pa-
« reille à celle des *Eoués* du Dahomey, il y a 30 ans). — La mollesse et
« les lieux ne sont pas des coupables plus avérés. Les Phéniciens devaient
« leur puissance à leur corruption qu'ils semaient partout. Et c'est au
« époques corrompues que l'on trouve le plus de vertus, et le plus de
grands hommes ; Exemples : Athènes, Rome, Italie (15ᵉ s. 16ᵉ s.), Paris
etc.

La vitalité d'une race reste donc en dehors de l'état des
mœurs, et la corruption n'est pas une cause nécessaire et déter-
minante de la chute des Etats. Le fanatisme, le luxe, les mauvaises mœurs, l'irréligion n'amènent pas nécessairement la
chute des sociétés, c'est-à-dire la mort des nations qui meurent
tout comme les individus, chose dont ceux-ci ont bien rarement
l'intuition et plus rarement encore la conviction. Chacun de
ces défauts contribue certainement à hâter ces grands faits
historiques : naissance ou mort d'un peuple, comme chacune
des vertus contraires aident à conserver les forces, à préserver
les peuples d'une catastrophe soudaine, ou à prolonger leur
existence.

Il y a donc des moyens de retarder la chute, de relever
même un peuple affaibli, par exemple une meilleure organisation de l'instruction publique. Ainsi M. Mussolini annonce une
réforme profonde dans l'enseignement des Ecoles normales
italiennes, et dans le recrutement des fonctionnaires trop abandonné, au grand dommage de l'Etat, aux fantaisies déplorables
du favoritisme, ou aux vices du système de la *recommandation
politique* ou autre, c'est-à-dire du *piston* pour parler le jargon
du jour.

Des réformes profondes sont nécessaires chez nous actuel-
lement : d'abord un enseignement public moins théorique et
plus pratique, plus naturel, plus conforme aux besoins de
chaque région. La réforme peut-être réalisée en dix ans, en
vingt ans au plus, et avec des économies considérables, par la
suppression des trois quarts des Ecoles normales, et la réunion
à un « Lycée » ou à une « Université » voisine, des 25 ou 30 écoles
conservées sur 150. Les savants maîtres de nos grandes écoles
mettraient bien vite au point l'esprit et la science des futurs instituteurs et institutrices, et les méthodes rationnelles et graduées
de la science pédagogique à peine à ses débuts chez nous. En
attendant, il nous faut multiplier les « nurseries » et les « pouponnières », les classes ou « écoles enfantines » pour sauver les
petits ; il nous faut entourer toutes nos écoles de verdure et de
lumière, de salles de gymnastique ou de champs de jeux, de
piscines et de promenade pour les libres ébats de nos enfants
dont la naturelle pétulance a besoin d'être contenue et disci-
plinée. Nos Universités elles-mêmes ont un très grand intérêt

à être à proximité des champs et des prairies, des parcs et des
forêts, des monts et des eaux qui leur donneraient avec la
santé une idée plus exacte de la nature et de la réalité des choses.
Sous ces bienfaisantes influences la vie calme et chantante à
la fois reprendrait bien vite. Et la patrie renaîtrait une dixième
fois, pleine de vie et de jeunesse ! comme se relève l'arbre
robuste dont l'orage ou la tempête ont brisé les maîtresses
branches, bientôt remplacées par une multitude de rameaux
vigoureux. Il nous faudrait encore réprimer sans pitié l'ivrognerie
et le dévergondage, fléaux destructeur de la force, de la santé
des individus ; — solliciter, favoriser les mariages jeunes, —
encourager la maternité en aidant, en honorant le père et surtout la mère, — veiller attentivement à résoudre la question des
logements sains et confortables pour toutes les classes pauvres
ou riches, en réprimant les fantaisies ruineuses des architectes, des Sociétés immobilières et des propriétaires rapaces.
L'argent n'a pas le droit d'être malfaisant.

Enfin, et en attendant les bons effets de toutes ces *mesures
de salut public*, on devrait créer immédiatement un *Comité
national d'immigration* actif et énergique, qui, aidé d'*agents de
recrutement dévoués* appelleraient des pays amis (*Belgique,
Irlande, Pologne, Bohème* et Serbie, Roumanie, Nord de l'Espagne, Syrie etc.) l'excédant de leur émigration, enfants orphelins ou familles nombreuses surtout, — que d'actifs *Comités de
vigilance* départementaux aideraient à installer partout où il y
aurait des maisons vides et des terres abandonnées avec l'aide
du Crédit Foncier, ou du Crédit immobilier (elles ne manquent nulle part, et particulièrement dans le S. O., les Pyrénées,
les Alpes, les pays dévastés, etc.) qui n'attendent que des bras
pour essarter les friches et ramener partout la vie et la prospérité, par un sang nouveau infusé dans nos veines et nos
artères rajeunies. La *terre* et le *soleil* de France les assimile-
raient et les fondraient dans la nation secourable immortelle
et sans cesse renaissante. Francs, Burgondes et Wisigoths ont
été assimilés ainsi et ne s'en s'ont jamais plaints. La France
est une terre de résurrection ! *France for ever* ! (1) (Voir dernier
appendice : *Etat civil*)

---

(1) Une statistique de 1895 révélait le fait suivant dont l'extrême gravité n'échappera à personne : « Il y avait en France 1742.000 ménages stériles, et 2.400.000 féconds ! » *Petit Journal*. Que l'on joi-
gne à ce chiffre, celui des célibataires âgés de plus de 30 ans, par exemple et l'on jugera de la grandeur du péril national.

Aux grands maux les grands remèdes ! Impôt sur les célibataires et
les inféconds, et restriction des droits civiques. L'impôt sera propor-
tionnel d'abord, et ensuite *exclusivement affecté* à l'aide aux familles
saines nombreuses et peu fortunées ! — *Décorations* ordinaires ou spé-
ciales, réservées aux pères et mères : *Mérite Civique.*

APPENDICES

1. Effondrement : Le niveau de la mer depuis 10.000 ans.

Mr. B. St Jour dans sa brochure sur la « *fixité du niveau des mers depuis 10.000 ans* » s'appuyant sur les travaux des plus célèbres géologues et archéologues : de Lapparent, Suess, etc., rappelle cette opinion de de Lapparent : A « l'époque du pléistocène, le niveau de la mer a subi des vicissitudes attestées par la présence des plages maritimes émergées à de notables hauteurs, dites plages soulevées... Tout le monde est d'accord pour reconnaître que le *quaternaire* s'est terminé par une *invasion maritime* qui à l'époque du renne a déposé sur *toute la plaine maritime* les sables du Flandin.. »

L'empiètement de la mer jusqu'à ses limites actuelles, lors de la dernière révolution géologique d'il y a 10.000 ans (?) fut *subit, violent d'un seul bond.* — *L'affaissement du sol à l'époque tardenoise* dut être *simultané, très étendu sur l'hémisphère nord...* jusqu'à la Baltique. *L'ambre* apparut alors, mis à découvert par ce retrait de la mer.

Les conséquences de cet affaissement ont été :

1° — la formation du Golfe de Gascogne ;

2° — le changement *brusque et coudé*, presque sur la même ligne, de tous les cours d'eau du N. O. français (coudes de la Loire, de la Seine, de l'Aube, de la Marne, de l'Aisne, etc.) qui se dirigent vers le S. O. alors que leur direction antérieure était S. N.. »

M. Martel dans ses études sur les grottes des environs de Reims, signale les « traces laissées à la surface du sol dans le Tardenois par de *grands et violents courants d'eau...* » Serait-il téméraire d'affirmer que cet affaissement *subit et violent du sol vers le S. O* — (formation par effondrement brusque du sol *du Golfe de Gascogne*) — détermina les *fractures ou fissures par lesquelles s'échappèrent :* 1° — *de Mézières à Namur, les eaux du lac de Charleville et la Meuse supérieure ;* 2° — et de Mayence à Bonn, celle du « Grand Lac » ou « petite mer » d'Alsace, du Pays de Bade et de la Franconie par le Rhin. De là aussi la *capture de la Moselle* qui cessa de courir vers la Meuse. Cette explication a tous les caractères de la vraisemblance. Alors prit fin le *grand delta* de l'Argonne et de la Thiérache qui conduisait les eaux de la Meuse vers l'Aisne, l'Oise et la Somme. *Gosselet*, le célèbre géologue du Massif Ardennais, dit à ce sujet :

« L'Ardenne, qui était unie au Massif boulonnais et formait une *barre rigide infranchissable*, eut dans ses diverses oscillations tantôt son *ver-sant au sud*, vers le golfe séquanien (de là les constatations de M. Martel) et tantôt au Nord, la mer peu profonde qui déferlait jusqu'à Dinan. — Dans le premier cas, *toutes les eaux de la Meuse*, des *lacs du frond sud ardennais à l'époque jurassique* s'écoulèrent *vers le sud à travers les fractures* déterminées par les mouvements d'affaissement, d'exhaussement, des ridements du sol pendant la période jurassique. (Gosselet. *Ardennes.*)

En présence de phénomènes physiques aussi considérables, les prédictions d'un géologue américain (août 1922) sur l'effondrement du centre européen et d'une partie de l'Asie à la suite d'éruptions volcaniques n'ont rien en elles mêmes qui soit invraisemblable. Et la découverte des étranges monuments de l'Ile de Pâques dans l'Océan Pacifique, monuments tout pareils à ceux des Indiens d'Amérique, semble indiquer un cataclysme analogue, il y a 5 à 6 siècles seulement dans tout le sud-est de l'immense Pacifique. Le Chili et la chaîne des Andes pourraient un jour finir de la même façon, et le reste de la terre habitée également. — Le cataclysme du Japon, septembre 1923, vient de rappeler aux moins avertis le terrible sort qui attend la terre un jour ou l'autre dans ses divers parties à des dates plus ou moins lointaines.

Les 10.000 ans dont parle M^r St Jour évoquent à l'esprit le Dialogue de Platon où un vieux prêtre égyptien raconte à Solon qu'il y a 9.000 ans. Athènes et les Egyptiens eurent à lutter contre un peuple inconnu, les Atlantes, venus de l'Atlantide, grande ile s'étendant à l'Ouest des *Colonnes* d'Hercule; touchant à la Lybie, à l'Ibérie, etc...

Athènes et les Egyptiens ne durent leur salut qu'à la vaillance et à la discipline de leurs soldats, et aussi à de *grands tremblements* de terre et à un *raz de marée* effroyable qui engloutirent en un *seul jour et en une nuit fatale*, l'ile Atlantide et ravagèrent une partie des rives de la Méditerranée.

C'est alors que s'ouvrit le détroit d'Hercule, que parut le Golfe de Gascogne, la Manche, etc,. remplaçant des terres effondrées, que s'abaissa tout le littoral Ouest de l'Europe jusque dans la Baltique, que se vidèrent les mers alsacienne, franconienne, et Ardennaise, etc., que s'ouvrirent les failles et fissures gigantesques par lesquelles s'écoulèrent le Rhin, la Saône, le Rhône, la Meuse, — que s'inclinèrent vers l'Ouest par un coude brusque la partie inférieure des fleuves français, et que se produisit sans doute la *ligne de dépression* générale Bayonne, Bordeaux, Tours, Paris, Liège, Cologne, Berlin, Varsovie, Moscou, etc., si importante aujourd'hui. — et aussi l'*hiatus* dont parle tant les archéologues (— les habitants du littoral ayant disparu) — et qu'enfin se souleva la partie du Sahara située immédiatement à la base méridionale de l'Atlas. Un continent immense s'était effondré et avec lui avait disparu une race dont le nom seul a survécu.

Des phénomènes identiques récents ou très antiques se sont produits dans l'Océan indien, dans le Pacifique, et peuvent se renouveler demain dans l'un ou l'autre continent ou archipel. — Voir P. Termier : *Souvenirs d'un géologue*, où est examinée scientifiquement d'une façon si pathétique et si forte la tradition conservée en Egypte et transmise par Platon.

II. Le Dormois

Le Dormois. — Le Dormois paraît bien avoir tiré son nom de la *Dormoise* : (*Dormitensis*) pays des sources, des eaux, affluent de gauche de l'Aisne. A notre avis, c'est la surabondance de l'eau dans toute la région, où il bruine 5 ou 6 mois, où la chute des pluies atteint plus d'un mètre, où lacs, lagons, étangs, marais innombrables, brouillards épais et durables couvraient jadis ou noyaient les fonds et les vallées ; où sources, ruisseaux, rivières (Aisne, Meuse, Aire, Bar, Agron, Fournelle, etc), sourdent et ruissellent partout, s'étendant en larges nappes en partie desséchées aujourd'hui, qu'est dû le vieux nom celtique de Dormoise et de Dormois. Cette surabondance des eaux et des bois, contrastant si fort avec la sèche nudité de la Champagne avait frappé les habitants, Ligures ou Gaulois, d'où Dormitensis pays des eaux, des marais, etc.

D'ailleurs ce vocable, ou cette racine a, sous des formes variées, laissé sur le sol de la Gaule une empreinte ineffaçable que l'on retrouve en tous les lieux habités par les Ligures et les Celtes, montrant ainsi les limites de leur expansion en Europe.

Cette racine *durum, dorum*, celtique ou sanscrite, a une variété de forme due à la diversité des temps, de l'état hygrométrique habituel du climat, des régions et des peuplades qui les ont successivement habitées :

dur, Tur, Thur, dhuys

dore, doire, dour, doue, doué, douel, doux

Thour, Ter, Ther, Tar, Taur, etc

1° — Dans les *Alpes* : a) *Mont Blanc* et *Savoie* : — les Dorons, le Drac, Durance, Drôme, Théron, *Terron*, la Tarasque, Tarascon.

b) *Piémont* : — *Doire* baltée, doire ripaire ou en italien *Doria*) l'une finissant à *Torino* ou *Turin* ; l'autre à Yvois (*Eposium*, cheval, dans les prairies où l'on élève des chevaux (comme à Yvois, Ardennes).

Un célèbre amiral gènois, *Doria*, au nom prédestiné, descend d'une famille originaire de cette région : c'est un *Celte*, ou un *Ligure*:

c) Des Alpes au Rhône. La magnifique source de Rémusat (Drôme), le *Terron* (écrit Theron dans les anciens actes), — la *Durance* (*druentia*), si sauvage, le *Drac*, de Grenoble, *Tarascon* sur le Rhône avec sa *Tarasque, marais* jadis meurtrier et malfaisant, n'ont pas d'autre origine (*Tar* en hindoustani signifie *lac*), ni d'autre sens : torrents, marais vaseux.

II. — Les Pyrénées avec leur *Tarascon* (Ariège), le *Toro* (Trou de Toro) source de la Garonne, — le *Douro* des Celtibéres doivent ces noms à la présence de Celtes dans ces régions.

III. — Mais le *Plateau Central*, pays des Arvernes, etc. est le vrai conservatoire de nos vieux noms celtiques :

a). — Le Mont *Dore*, ou de l'eau, et son torrent la *Dore*, source de la *Dor*-dogne. En 1407, on trouvait encore des *ours* dans cette région riche en sources, en poissons, en grottes. L'ours est pêcheur très adroit.

b). — La *Dore* d'Ambert et son affluent la *Durolle* qui trempe les couteaux de Thiers ; —

c. — Le bassin du *Tarn (tar* = hindou : *lac)*, torrent si violent, si demesuré (7000 mc à la seconde) avec toutes ses chutes *(le Sabo)*, ses *avons*, ses grottes immenses, anciens *lacs souterrains*, (comme le *Mamouth* actuel aux États-Unis (Kentuky) avec ses 240 kilom. c. d'eau), comme les *grottes-lacs de* Rochefort sur La Lesse (Belgique, 8 kilom. que l'on visite en barque, etc. etc.), lacs remplacés par les grottes de Padirac, des Eysies, de Roquefort, etc, où ont si longtemps vécu les premiers hommes, adorateurs des sources : avec encore les pluies et les orages diluviens de Villefort, au pied du *Finiels* (1702^m), de l'*Aigoual* (1562^m), (l'humide), avec toutes les Cévennes, et leur *Tarnon*, leur *Dourdou,* leur *Thoré*, leur *Aveyron* la source et le torrent indomptable et explique le culte de *Taran*, dieu du tonnerre et de l'orage, et peut être le *troun'de l'air* ! de Marseille. (tonitru = taran = tonnerre).

4e Le Limousin et le Cantal laissent bondir leurs *Taurions*, leur *Tarde*, (source du Cher) ; leur *Tardoire*, vers la Dordogne et la Charente par leur *Dormant* sortant tout frémissant, comme la *Touvre*, des vastes lacs souterrains de la Braconne, leur *Théron*, ruisselet dont les eaux reflètent le château de *Turenne*, un grand nom, et d'autres petits manoirs. Le *Dorat*, sur l'Indre, est dans la Creuse ; et *Tours* ville des *Turons*, au bord du vaste *lac temporaire* que forment parfois tous les torrents accourus du plateau central au cœur même de la France pour en vivifier la douceur et en accentuer la grâce.

5° La Bretagne et la Normandie possèdent à côté de leurs *af*, et *av*, de leurs *dives*, des *nants* (*Nançon* de Fougères, *Divette* de Cherbourg) des *Durdu*, (eau blanche) et des *Durdent* qui finit à Fécamp, etc. etc.

6e. Au Nord et à l'Est, on rencontre le *Thérain*, avec Montataire. *Mons ad Tharam*, les 3 *Terrons* des Ardennes venus eux aussi de la plus vieille forme *Theron*, puis les *Dore* dans Dormois etc. ; et dans le *Tardenois*, les *Doue*, Douix, la Dhuys qui alimente Paris, entouré d'Yvette, d'*Avons*, d'*Avron*, de *Dormans*.

En *Brie* (brio = boue), les *Morins*, tombeau de l'orgueil boche, et les *Som* = source, tête, deux mots et deux sens qui se confondent (V. Semide, Fronde).

7e. En Alsace, Suisse, Allemagne, région du Rhin, les Thür, ou Thüre, porte, etc…

Plus d'un million de noms de *lieux dits* inscrits sur le sol de la France, composent une richesse toponymique incomparable et qui en diraient long sur la vie des générations innombrables ayant vécu sur notre sol, sacré par leurs travaux et leurs souffrances supportées gaiement et vaillamment depuis de si longs siècles, depuis les origines.

III. L'EVANGÉLISATION DE L'ARGONNE
DU NORD ET DU NORD-EST
DE LA FRANCE

On a vu l'œuvre de St-Martin, de St-Remy et de leurs disciples-dans l'Argonne au IVe, V^e et VIe. Elle fut continuée et achevée au VIIe et VIII^esiècles par des hommes de moindre renommée, ou d'origine différente, Irlandais, Ecossais pour la plupart, venus du célèbre monastère de *jona*, petite île écossaise située sur le Canal du Nord, à quelques kilomètres de l'Irlande et de l'Ecosse, pays celtiques.

St-Bellende et St-Fiacre se rattachent à ce groupe. Leur légende est fort ressemblante ; elle pénétra en nos pays par le Nord pour la première, venue de Flandre à Thin-le-Moutier, Mouzon et Châtillon, d'où elle s'avança vers Toges, pays pauvre. Celle de St-Fiacre, ermite au diocèse de Meaux, vint du Sud par Reims, Jandun et Toges Il était patron des jardiniers et guérissait, — les enfants surtout, — de la fièvre et de l'entérite. Or Toges et Meaux sont entourés de marécages qu'il fallut dessécher et que l'on transforma en jardins très productifs. Meaux leur doit sa fortune actuelle.

Une remarque importante s'impose ici. Le Dormois, boisé et marécageux, devait être encore en grande partie païen au VIIe, VIIIe, IXe siècle et au delà. Il y eut alors un grand effort d'évangélisation. Des *moines anglais et écossais* venus de Iona, disciples du célèbre *Columban*, furent attirés en nos pays (comme jadis les druides) par la renommée de St-Rémy. Parmi eux, — nous connaissons déjà St-Gibrien — il faut citer St-Wast, St-*Bertaut*, St *Amand*, oncle de de Bellende, écossais, St *Wimbaut,* St-*Omer*, etc. etc. et Ste *Vaubourg*, fille d'un roi anglais, patronne du village de ce nom que Charles le Chauve donna à l'église d'Aftigny, « *in honore sanctœ Walpurgis* ».

Cette cohorte de hardis missionnaires « *parla, évangélisa éleva des ermitages nombreux* » des couvents aussi, défricha le sol. Et l'un d'eux, St *Wolf* d'Yvoy, (Carignan), recevant la visite de Grégoire de Tours, l'historien des Francs, dit « *avoir bâti un monastère en l'honneur de St Martin ayant abattu l'idole* de *Dione*,(ou mieux Diane) déesse de la nuit, dont le culte était si enraciné, si vivant en nos régions. — Peut être *divonne* (??.)

On voit que le souvenir de St Remy, mort vers 545, agissait encore et resta très puissant sur l'esprit de ses disciples aux siècles ultérieurs.

Le groupe des *Saints Ardennais* ou Francs, acheva l'œuvre des Ecossais ; ce sont St *Lambert*, St *Walfroid*, St *Hubert*, « les saints de de la forêt » St *Arnoud*, St *Boniface,* etc ; on le voit l'œuvre de l'évangélisation de nos régions fut longue et difficile. Elle avait laissé une impression profonde dans l'esprit de nos pères gaulois, romains ou francs. Flle eut presque toujours sa source ou son inspiration à Reims.

IV. LE MOINE ET LE CHEVALIER

On n'aurait pas une idée complète de la société féodale et chrétienne du Ve au IXe siècle, si l'on ne mettait en relief le rôle joué dans la résurrection du monde occidental deux figures idéales : le moine et le chevalier.

Le moine défriche le sol redevenu inculte et désert. Il groupe la population autour des monastères et ranime la vie rurale et l'agriculture. Deux écrivains, d'esprit fort différents, Montalembert et Littré mais irrécusables tous les deux, vont nous le montrer sans réplique.

« Les ruines des cités et des villes furent cachées sous la nouvelle forêt... la période de dévastation fut assez longue (IXe s. au XIe s.) pour que les futaies devinssent hautes et les arbres séculaires. Le sol cultivé fut amoindri : le sol inculte fut énormément agrandi (dit le premier).,. La *Gaule entière* et toutes les contrées voisines les plus riches et les plus populeuses de l'Europe moderne furent couvertes de ces forêts comme on en voit encore en Amérique, comme il n'en reste plus dans l'ancien monde (qu'en Afrique)..., Il faut se représenter ces masses de bois sombres, impénétrables, couvrant monts et vallées, les hauts plateaux comme les fonds marécageux, descendant jusqu'au bord des grands fleuves et de la mer même.., sans cesse creusées par des cours d'eau, ou entrecoupées par des marais ou par des tourbières où s'engloutissaient les bêtes et les hommes qui s'y risquaient, peuplées de bêtes fauves innombrables dont la férocité n'était guère habituée à reculer devant l'homme : ours, aurochs, loups, sangliers, etc....

« L'horreur de la forêt attirait les moines qui y cherchaient quelque retraite profonde et solitaire. Si un antre leur offre un abri, ils s'y logent ; s'il faut creuser une cellule dans le roc, ils la creusent ; si aucune demeure naturelle ne se présente, ils dressent une hutte de branchages et de roseaux... et là, perdus dans les solitudes, on n'entendait plus d'autre bruit que le balancement des arbres gigantesques, les moines associaient à ce murmure de la nature le religieux murmure de la prière... »

« Montalembert : Les Moines d'Occident » (1837)

« Bientôt, dit le second, d'autres moines arrivaient ; des gens de diverses conditions venaient chercher des secours spirituels ou même matériels auprès des demeures hospitalières. Le roi et le seigneur touchés de dévotion accordaient de vastes concessions dans ces espaces qui ne servaient qu'à la chasse, et le monastère s'élevant au milieu de la forêt la fit reculer tout alentour pour en changer le sol en culture productive. Ainsi se formaient de grandes clairières ; ainsi le défrichement s'étendait, ainsi des populations se groupaient et des édifices religieux remplaçaient la hutte primitive abritant sous leur toit l'école, la bibliothèque, les instruments d'instruction aussi bien que la charrue, les engins aratoires et le produit des champs. Et désormais les moines, louant le Seigneur qui bénissait leurs travaux, se réjouissaient au milieu d'une nature qu'ils avaient rendue féconde et bienfaisante. « Partout éclatait, dit Montalembert, au sein de ces forêts si longtemps inabordables et de ces déserts désormais repeuplés l'hymne de la joie, de la reconnaissance et de l'adoration.... ». N'est-on pas tenté de tendre l'oreille et d'écouter s'il ne nous arrivera pas, à travers l'océan des âges quelque faible écho de cette ravissante harmonie. Certes, jamais il ne s'est élevé de la terre vers le ciel concert plus doux que cette symphonie merveilleuse de tant de voix pieuses et pures, enthousiastes et fidèles sortant toutes à la fois du sein des clairières et des vieilles futaies, du flanc des rochers », des bords des cascades et des torrents pour célébrer leur nouveau bonheur, ainsi que les oiseaux sous la feuillée, ou que nos chers petits enfants en leur charmant ramage quand ils saluent les uns comme les autres avec la confiante joie de l'innocence l'aube d'un jour dont ils ne prévoient ni les orages, ni le déclin.

E. Littré, Journal des Savants, Décembre 1862.

Le monachisme et la féodalité sont de tous les temps et de tous les pays. Les « *marabouts* » d'Algérie et du Maroc et les « *Cheurfa* » ne diffèrent guère des moines ni des chevaliers ou barons chrétiens. L'Inde a ses « *bramanes* » et ses « guerriers » ou « *tchatrias* ». L'Egypte, la Grèce et Rome ... ont connu les mêmes classes et les mêmes évolutions.

« Après le saint et à côté du moine, le baron, le chevalier, et le seigneur, la lance en main, le casque et la cuirasse et les jambières au corps.» « C'est, dit Taine, une *gendarmerie à demeure*, où, de père « en fils on est gendarme. Chacun y naît avec son grade héréditaire, « son poste local, sa solde en bien-fonds, avec la certitude de n'être « jamais abandonné par son chef, avec l'obligation de se faire tuer au « besoin pour lui. En ce temps de guerre permanente, un seul régime « est bon : celui d'*une Compagnie devant l'ennemi*. Et tel est le régi- « me féodal... »

Taine : Origine de la France contemporaine.

Le moine et le baron ne furent pas toujours d'accord, nous en citerons quelques exemples entre des milliers ; mais leur entente fut assez longue pour défendre l'Europe contre les Arabes, les Normands, les Hongrois, etc, et assez puissante pour la remettre en marche vers des destinées plus hautes et plus lointaines.

V. 12 JUILLET 1640

ACTE DE FOI ET HOMMAGE DU
SEIGNEUR DE QUATRE-CHAMPS

Aveu du Seigneur de Quatre-Champs à Dame Marguerite de Joyeuse, Comtesse de Grandpré... est comparu devant Claude Baudelot. (1) lieutenant au baillage, et Thomas Pierret, procureur fiscal audit Comité et baillage, son greffier ordinaire,

Jean de Miremont, chevalier et seigneur de Quatre Champs et Noirval et autres lieux, demeurant audit Quatre-Champs.... qui lui a dit qu'à cause du décès de feu Jean de Miremont son frère aisné, lui est échu et appartient la moitié, et la moitié moins un cinquième, des dites terres et seigneuries de Quatre-Champs, de Noirval, consistant en maison seigneuriale, basse-cour, jardin, vivier, haute justice, moyenne et basse, droits seigneuriaux, moulins, terrage, bois et.... prez et autres choses, lesquels droits sont mouvants en plein fief de haute et puissante dame Marguerite de Joyeuse.... offrant mesme de lui payer les droits dû (s) pour la mouvance du fief à cause du décès de Jean de Miremont..... amiablement traités pour le droit d'une année de relief dus è ladite Dame à 450 livres payables à la St Martin venant d'hiver prochain ...... faute, ma dite dame pourra résilier si bon lui semble.

Payé le 14 novembre la somme de 450 livres par la main de Me Thierry Coillot, notaire royal audit de Quatre-Champs.

VI. LE BLÉ

Qui eût jamais cru que 133 ans plus tard, on répéterait en France au Congrès de la meunerie à Marseille ; presque jour pour jour, 29 septembre 1922, les mêmes paroles que celles dites le 19 septembre 1789 par notre subdélégué. Il faut, a dit le Ministre de l'Agriculture, M. Chéron, que la France arrive à vivre sur son propre sol. *Cette vérité serait élémentaire* en tout temps. Au milieu de la crise économique et financière que nous traversons, elle devient *une question de vie ou de mort* pour notre pays. *A la base même de l'alimentation des Français est le pain...* Or l'année 1922 se solde par un gros déficit. Il ne faut pas qu'il se renouvelle. Nous venons d'adresser

------

(1) On voit qu'il y avait un *notaire royal* à Quatre-Champs. On en trouve encore d'autres et particulièrement au 18e s. *Brébant* descendant de Belges venus se fixer en France, Brébant est une légère déformation de *Brabant* = (*brechtbank*, terres à défricher) et désigne une des plus importantes provinces belges, celle dont Bruxelles est la capitale. Comme les Blaupain, les Brébant étaient au service du roi de France depuis plusieurs siècles et appartenaient dans les Pays-Bas espagnols au *parti français*. (V. population p. 430). J. *Cardot* au 16e siècle fut également notaire en notre village, etc...

pour la campagne nouvelle un appel à nos agriculteurs. Ils se disposent à y répondre. Mais pour qu'ils puissent le faire, il est nécessaire qu'ils vendent leur blé à un prix qui les récompense de leur débours et de leurs efforts. La politique du blé à bon marché en France ne nous conduirait qu'à acheter le blé à l'étranger. Toute spéculation contre l'agriculture en un pareil moment serait donc criminelle...

Ma pensée est que les producteurs de blé, les courtiers, les meuniers, les boulangers, les fabricants de pâtes alimentaires devraient se mettre tous d'accord avec le ministre de l'agriculture afin que la France produise tout son pain et cesse d'être tributaire de l'étranger. Et c'est l'intérêt des consommateurs eux-mêmes qui ne peuvent trouver l'abaissement normal de la vie que dans l'abondance de la production nationale (*Marseille 29 septembre 1922*). A un siècle et demi de distance, les faits étant les mêmes, les paroles, — ou la triste chanson du pain —, sont presque identiques. Elles sont donc vraies. En tout temps. « *le pain a été la base de l'alimentation des Français.* » On ne le sait pas assez, ou on l'oublie trop vite en notre pays.

VII. ANCIENS POIDS & MESURES

LES MONNAIES

1° Poids. — *grain* ancien poids = 20° partie d'un gramme.

gros = la 8° partie d'une once.

once (uncia), 12° partie de la livre ; la 16° aussi, de la *livre parisis*.

marc, ancien poids de huit onces, ou moitié de la livre.

livre (libra) ancienne mesure équivalente à un demi-kilogramme ; *ancienne monnaie se divisant en 20 sous.* Franc se dit pour franc en parlant d'un revenu annuel.

Obole, petits poids de trois quarts de gramme.

2° Mesures de longueur :

ligne (linéa) : trait considéré comme ayant ni épaisseur, ni largeur.

pouce (pollex) : 12° partie du pied = 27 millimètres.

doigt (digitus) petite mesure de largeur : « à deux doigt' près ; — de capacité : un doigt de vin

main ou *paume* (palma) distance comprise entre le bout du pouce et l'extrémité du médium quand la main est tendue.

pied (pes, pedis), ancienne mesure de longueur : 0 m 33 ; le mètre a 3 pieds de long.

coudée longueur du bras, depuis le *coude* jusqu'au bout des doigts : 1/2 mètre environ.

hat, (hater) pas allongé ; *hater*, mesurer au ha ! c'est-à-dire au pas allongé = 0, 75 à 0,80.

aune (ulna, avant-bras) = 1 m 20 environ ; *auner*, mesurer à l'aune (les étoffes).

brasse, longueur comprise entre les extrémités des deux bras étendus = 1 m 62. Mesure de marine : 2 mètres.

toise, ancienne mesure = 6 pieds ou 2 mètres ; — de volume 2 mc. de bois, de pierre, etc. — *Faire le toisé :* prendre la longueur et la largeur et la hauteur.

corde, mesure de volume pour le bois de chauffage = 2 mc, ou une toise.

lieue, ancienne mesure itinéraire 4.444 m. = 25° partie du degré méridien. (*lieue-marine* = 20° partie du degré méridien = 5.555 mètres).

3° Mesures agraires :

arpent : (42 ares 91, à Quatre-Champs) mesure très variable.

demi-arpent : 21 ares 1/2   id.

quartel : 10 3/4.

verge : are 0,42, 91 ; il y a 100 verges à l'arpent.

DÉFILÉ DE NOIRVAL

LA VALLÉE DE LA FOURNELLE : QUATRE CHAMPS

Extrait de la carte au 80.000ᵉ du Service Géographique de l'Armée.

Mesures de capacité.

1° *Liquides* : un *quart* = variable.

        un *demi* =   id.

   un *demi-setier* (à Paris) égalait 1/4 de litre environ, = pour le vin ; un verre.

un *cinquième* = 2 décilitres ; mesure pour l'eau de vie.

bolée, plein bol ; une bolée de cidre, de lait, d'eau de vie, de café, de fraises.

une bouteille = 0 l. 60 à 0 l. 80.

un pot = 1 litre ; ancienne mesure de grandeur variable : « *hôtel des trois pots*, à Senlis ».

1 pinte = 1 à plusieurs litres : (*une pinte de bon sang*).

cruchon, petite cruche = 1 litre ou un peu plus, volume très variable.

cruche, vase à anse au ventre large, au col étroit ; *cruchetée* de vin, de cidre.

pichet, petit broc : *un pichet de vin*.

broc, vase à anse en bois ou en étain destiné à verser le vin ou la bière. —Feuillette, quartaut, caque, pièces, poinson, pipe, muids, etc. sont des mesures variables.

2° *Grains*

picotin : 2 litres ; (*un picotin d'avoine pour un cheval*).

setier, mesure de Paris = 7 l. 1/2.

boisseau = 13 litres environ.

cartel ou *quartel* = un quart de sac.

sac (saccus) = 4 cartels de grain : blé, seigle, avoine, pommes de terre. D'où : *Sacquetée*.

Etat des noms et qualités des poids et mesures dont on se sert dans le département de Rethel au 18° siècle :

La pinte de Bourgogne pèse 1 liv. 12 onces

    «   de Champagne   « 1 l. 15   id.

    «   de pays.   « 1 l. 12   id. (nous avons été bourguignons)

    La pinte de bière pèse 2 l. 1 once.

        «   de cidre « 2 l. 2   «

        «   d'eau de vie « 1 l. 13   «

        «   d'huile de navette 1 l. 13   «

        «   d'huile de poisson 1 l. 13   «

La livre ordinaire du pays est toujours composée de *16 onces*, poids de marc. Les grains de toutes espèces se *vendent* et se *livrent* au *quartel* (1).

Monnaies. — Il y avait eu au moyen âge jusqu'à 150 seigneurs battant monnaie : de là une grande gêne pour le commerce, puis le grand nombre des *changeurs : lombards* ou *juifs*. Peu à peu, lentement, suivant les progrès de la royauté le nombre des monnaies diminua et le roi seul eut des *Hôtels de la Monnaie*.

Les altérations de la monnaie furent fréquentes en tous temps :

———————

(1) Archives des Ardennes Série C. Administration provinciale de 1746 à 1789, n° 241.

Voici les noms des monnaies de cuivre, d'argent ou d'or les plus connus et les plus usuels avant la Révolution :

denier (denarius) ancienne monnaie française = 1/12ᵉ d'un sou.

On prêtait au denier 20 c'est-à-dire à 5 %.

liard monnaie de cuivre qui a disparu, après 1850 seulement, = le 1/4 d'un sou. De là, l'expression oubliée : il ne vaut pas un *rouge liard* : un liard usé et poli.

obole, petite monnaie grecque = 0 fr. 15 centimes.

sous, sol (soldus) = 1/20ᵉ dela livre ou du franc ; valait au 13ᵉ et 14ᵉ siècles environ 8 fr. 60.

le *sou d'or*, avant l'an mille valait 100 frs.

livre, monnaie (et *poids*) se divisait en *20 sous* ; elle a cédé la place au *franc* fin du 18ᵉ siècle.

louis = 20 fr. ou Napoléon = 20 fr. ; avec ses multiples et divisions de 10, 5 ; 50 et 100 frs.

On distinguait la livre *parisis* (de Paris) de la livre *tournois* (ou de Tours) égales fictivement en valeur.

Mais il y eut les *doublons*, les *ducats*, les *pistolets*, les *moutons*, les écus (à *la rose*) et une infinité d'autres que l'on ne voit plus que dans les médaillers.

VIII. Appendices, Etat Civil. — Voici à titre de curiosité les formes nouvelles qu'à partir de 1789-90 prit la rédaction des actes de l'*Etat civil*.

a) Registres paroissiaux de 1790 : (et 91) : Quatre-Champs.

L'an mil sept cent quatre vingt-dix, le 23 9ᵇʳᵉ, je soussigné Gérard Champenois, curé de Quatre-Champs, ai baptisé le *lendemain* de sa naissance la fille de Paul Ballardelle, laboureur et de Marie Jeanne Latreille, ses père et mère, mariés ensemble, et habitants de la paroisse, à laquelle on a imposé le nom de Jeanne Elisabeth Françoise ; (— ma *grand-mère* —) le parrain a été Jean Louis Duchesne, jeune garçon, — et la marraine Jeanne Elisabeth Braibant qui ont signé avec moi, les jour et an que dessus : G. Champenois, curé de Quatre-Champs; Duchesne ; El. Braibant.

Les Ballardelle habitaient Quatre-Champs depuis plusieurs siècles et avaient assez souvent tenu comme *Censier* ou fermier, la Converserie, au 17ᵉ et au 18ᵉ S. tenue aussi alternativement par les Duchesne, les Louvet, les Blanpain, les Dupont qui tous, sauf un, y avaient « *assez bien fait leurs affaires.* » C'était des bourgeois-paysans, dont le nombre était assez grand au village.

b) Registres paroissiaux de 1792 :

« Clos et arrêté par nous, *maire* de Quatre-Champs soussigné au terme de la loi du *20 septembre 1791*, art. 1ᵉʳ du titre 6, ce cinq novembre 1792. *an premier de la République française* — (soit 46 jours après Valmy, et *6 semaines* après la retraite des Prussiens qui avaient laissé dans la Cour de la maison de Paul Balardelle, maisons Leroy et Legrand actuelles, beaucoup de toile et de lainage pillés par eux et distribués l'hiver suivant aux habitants.

1°. *Naissances* :

4 9bre 1792 — Marié Jeanne-Hulot, père, berger.

acte rédigé par Martin Meslier, *notable*, officier pour la rédaction des actes, en présence du citoyen Paul Bardelle, officier municipal, *notable*

et de Jean Blainpain, *notable* ; signé Nicolas Hulot, Balardelle, Blanpain, Meslier, notables (On sait que les notables seuls étaient élec-
teurs).

15 9bre — Marie Elisabeth Meslier ; signé. Duchesne, Meslier,
Braibant, Groux (de Méni-Garnier, Basse Normandie : Méni pour
Ménil).

21 9bre — Marguerite Victorine Aublin fille de Henri Aublin, maître d'école et de Catherine Romangin, baptisé par Gautier, curé des Alleux, supléant (sic) Champenois.

2° *Mariages. Officier civil : Fournet, Curé.*

3 Xbre an 4 de le liberté, an premier de la République :
Mariage de Poulain Pierre, d'Omont avec Jeanne Blanpain, fille
majeure de Nicolas Blanpain et de Nicolle Quillâtre. (signé) Paul Balardelle, MAIRE (mon arrière grand-père) : Baudelot, Poulain, Blanpain,
Nicolas Blanpain, Willemet, Balardelle.

En comparant les registres de 1790, 91 et 92, on voit quelles diffé-
rences curieuses se sont, vite, et pour un temps très limité, introduites
dans le langage politique:

— « Officier municipal », — off. civil », — « maire ». — « notable »,
« citoyen », « supléant ». — officier pour la rédaction des actes, au lieu
de « secrétaire ».

On remarque en outre, la sèche brièveté de la rédaction des nouveaux actes. Ainsi le mot *Hulot,* dans le premier, sert à deux fins : le
nom de famille de l'enfant, — et celui du père, brièveté plus apparente encore dans le second et dans les 2 suivants ; — une naïve vanité, ou un courage prudent dans l'affirmation des titres ou qualités : notable, officier, curé, maire.

On constate encore que les temps d'agitation politique intense sont
peu favorables à la natalité, comme les époques de grandes guerres. —
Paul Balardelle, mon aïeul, premier maire, a laissé le souvenir de traditions orales, transmises de père en fils, et remontant à plus de deux
cents ans. Les Balardelle habitaient le village depuis plus de trois siècles. On voit que les générations se touchent de plus près et sont plus
solidaires aussi, que l'on ne le pense communément.

POSTFACE

Echo affaibli des lointains souvenirs et des jours heureux de l'enfance et de l'adolescence, ce livre serait sans doute resté en l'état de rêve flottant et inachevé, si les guerres de 1870 et de 1914 n'avaient comme un éclair soudain soufflé le rêve en montrant la réalité crue : les défilés de l'Argonne, et en particulier *celui du Noirval* et de la vallée de la Fournelle, portes ouvertes des routes de Champagne, de Paris et du reste de la France. Solidaires les uns des autres, ils formèrent bien les « *Thermopyles de la France* ».

Quelques jours avant Beaumont et Sedan (1870) (où je fus spectateur avant de devenir acteur à mon tour) — un paysan intelligent me fit cette curieuse réflexion : « Je voudrais bien que la bataille prochaine eût lieu dans nos forêts et défilés, les Allemands ne passeraient pas, et *Quatre-Champs* deviendrait célèbre. » Hélas ! les Allemands passèrent venant du sud (Route 77), et traversèrent l'Argonne sans résistance ; *Beaumont* et Sedan en ont gardé une célébrité douloureuse. Il en fut de même en 1914, sauf à Verdun et aux Islettes, et il fallut 4 ans de lutte effroyable pour chasser *l'ennemi éternel* : « *l'ewig Feind* », de notre défilé et de la France, où il tint jusqu'à l'extrême limite de ses forces avant d'être rejeté au delà du Rhin, *vaincu*, mais toujours *menaçant. Abrolos* ! Ouvrons l'œil !

D'ailleurs notre défilé était célèbre depuis longtemps, mais d'une célébrité oubliée et inconnue. — Depuis 10.000 ans, et plus(???) *l'effondrement de l'Atlantide* avait incliné brusquement plus de la moitié du continent européen vers l'Ouest, suivant la marche apparente du Soleil ; et les eaux, venues des glaciers des Vosges et du grand lac lorrain, avaient creusé les défilés de l'Argonne en courant vers le golfe parisien par l'Aisne et la Marne, en transportant les riches limons de nos collines dénudées.

Les hommes et les animaux de la préhistoire suivirent le chemin des eaux ; notre défilé devint une *piste*, puis avec les siècles, une *voie romaine* importante (V. Chestres) puis une *chaussée* difficile aux temps féodaux et monarchiques, enfin une belle *route nationale* (1703-1820) épanouie en éventail à ses deux extrémités : *Mazagran-Tannay*. On pouvait à volonté fermer ces deux extrémités. En fait, elles le furent du 6ᵉ au 16ᵉs.

Deux grands faits dominent son histoire : 1° au point de vue militaire : le *Camp de Chestres* et son poste avancé : *Châtillon-sur-Bar* ;

2° *Un grand domaine, Quatre-Champs*, fertile en son centre, y existe : gaulois, romain, franc. — druidique, païen chrétien successivement. Morcelé aux temps féodaux par la création de *Noirval* et de *Toges*, devenu le carrefour des 5 *routes principales* du nord de l'Argonne, il commandait, et commande encore le transit important qui a développé, *Le Chesne*, Brieulles, *Buzancy*, et créé *Vouziers*.

Toute la lisière du défilé participe à son activité économique aujourd'hui, comme jadis elle était liée à sa vie historique ; on ne peut l'en distraire.

Le présent travail devait s'étendre jusqu'à nos jours ; mais l'affreuse guerre des Boches, où s'est jouée notre existence, et les infirmités d'une vieillesse troublée par les soucis et les deuils cruels : vue affaiblie, forces réduites au minimum, etc. l'ont limité à 1789. D'autres pourront l'achever et en montrer les grandeurs inouïes et les faiblesses lamentables (1789-1924).

Si modeste qu'il soit cependant, il doit beaucoup aux travaux des chercheurs et des savants dont on lira les noms au bas des pages dudit livre. Ils ont fourni l'étoffe ; j'ai donné l'ordre et la façon. Parmi eux je dois citer M M. Paul Laurent et G. Robert, archivistes ; Albot ; Babeau, Baudon, Bossu, Bruneau, Goffart, Dr Vincent, Meynard et le Dr Guelliot, si bienveillant, etc. etc ; — les Archivès des Ardennes (Bibl. nat.), de Reims, de Rethel ; les Revue des Ard. ; d'Ard. et d'Argonne ; de Champagne etc... et autres ouvrages historiques, géographiques, scientifiques d'intérêt général : Michelet, Taine, Julian d'Arb. de Jubainville, Feillet, Thirion. etc. etc., — surtout Ganneron, auteur des « *Annales du Mt Dieu* », des « *Centuries* », et son Editeur et ses biographes, si savants ; les géologues, et les botanistes : Sauvage-et Buvigny, Meugy et Nivoit : Gosselet ; Callay, etc. etc ; les éditeurs et photog. aimables qui ont aidé à l'abondante illustration de l'ouvrage.

Je ne puis oublier non plus la bonne volonté et les soins de l'Imprimeur-Editeur : M. E. Mazel. — Que tous soient ici, pour parler la langue de nos pères, « *loués et merciés grandement.* »

ERRATA

Nota : P = page ; n = note ; l = ligne ; l. — lire.

Page. 5. 17, et p. 6 l. lire *pilier*. — P. 7. 1 2 (fin de la n. 3 de la p. 6), l. : *Mouzom*; — et l. 4 : *Magus — champ, d'où champ* de l'eau. — P. 8, l. 27 : l. *Landénienne*. — P. 24 l. 27 : l. (nodules) *de phosphate de chaux*. — P. 31, l. 22, l. Ballay. — P. 43, n. l. *Termier*. — P. 49, l. 26 : l. *landes*. — P. 55, note, l. *Tambussare*. — P. 64, n. l. St-Gibrien, en *505-535* ; et n. 5, in fine, l. *Haurs* ou *Aurs*. — P. 65, l. 4, l. affaissement ; l. 32, l. au dessus *des* 3. — P. 70, placer « on changea » (l. 13) entre « meurtriers » et « les tranchées », (l. 12). — P. 92, l. 7, l. ... dite de la *chevauchée* nocturne de Bayard et des.... — P. 103, n. 2 l. *chanveux*. — P. 105, n, ajouter in fine : *popo ou pope, ou bo = prêtre*. — P. 107, n. 3. l. 2 : *moment de la..* — P. 135, l. 6 : *monachisme*. — P. 141, n. 2 : il y tenait. — P. 150, n. interchanger les n°s 2 et 3 des notes. — P. 154 l. 15 : *beaux-frères*. — P. 161, l. 9, l. ... fut *fief*. — P. 163 l. 22 : *abondance* au lieu d'abandon. — P. 166 : *Donchery*, l. 28, l. .. Binarville. — P, 170, l. 38 *payés* au lieu de noyés. P. 172, n. 3, l. Croy. — P. 194 : l. *appauvrissement* ; l. 30 : *redevenu*. — P. 203, l. 22 : *Bourgogne*. — P. 209 l. 21, in fine, *doublé*. — P. 255, l. 11 : *attachée* ; l 23 : *bois*. — P. 299, n. 11. l. 14 : *auluse*. — P. 320, l. 7, l. sentiment *et* vie intime.

TABLE DES MATIÈRES

Ouvrages du même auteur

1. La France africaine, broch. 100 p. 1879, épuisée..... 1 »
2. Petite géographie de la Marne, 1879, Martin-Vatin, épuisée.. 1.20
3. Les Français à Madagascar. Delagrave, 1883, Paris, épuisée.. 3.50
4. D'Alger à Tunis, chez Jourdan Alger, 1886, épuisée... 1 »
5. Géographie de « la France et ses colonies »,400 p. chez Quantin et May, 1884, épuisée.................... 2.50
6. Nos Fils et nos Filles en voyage, 270 p. chez Vuibert et Nony, Paris, *114 gravures*, 2ᵐᵉ édition.......... 6 »
7. Noirval et la Vallée de la Fournelle. in-8, 350 p. chez l'auteur (Paris) et chez E. Mazel, éditeur Largentière 18 »
8. En préparation : Le patois de Quatre-Champs........ »
9. Brins de verveine (chez l'auteur, Paris, 61 r. d'Auteuil, 16ᵉ).. »